JN249484

前方後円墳秩序の成立と展開

澤田秀実 著

同成社

序　文

　このたび、古墳時代研究者澤田秀実君が専修大学土生田純之教授並に前都立大学小野昭教授のお世話をいただき学位論文を提出され、めでたく合格されたとの事、その主旨を著書とされて公刊されるとの事、慶びに堪えない。

　澤田君は、私が法政大学に奉職して間もなくの学生であり、学部・大学院と私の許で勉学され、併せて全国的に古墳調査に参加され、積極的に自分の進む方向を求めてきた。時々その報告に来て話をされていたが、特に大学院時代の発表では院生間で激しく議論し合うこともあり、興味深く観察していた。この頃は、法政大学大学院は夜間の社会人入学の受け入れに改組をし、有職者の希望者も若干受け入れたので、考古学研究者の若手が進学して、各分野の研究の知見を発表し合い、議論し合っていた。既に各人が昼間の職場では調査・整理の実践を踏まえておるので、仲々興味深い発表もあり、私には実に楽しい時間であった。澤田君は、その中でも広く各地にフィールドを求め、知見を広めていった。畿内の大型古墳の調査も参加され、東日本各地にも広く知己を得て参加していっていた。それらの研究成果を踏まえて、かなり蓄積ができたかなと思っていたし、送られた抜刷なども手許に頂戴していたところ、学位請求にこぎつけられたことが伝えられた。私も在職中に学位提出者を審査した経験があるが、皆、鋭意努力された例であった。澤田君もまた努力を積み重ねたところであり、その賜物であることはいうまでもない。

　唯、澤田君のこの研究成果は、いわば一里塚であるというべきである。やや頑固な同君であるが、今後これを機会に踏まえ、より一層古墳文化の解明を進めてもらいたいと願っている。

　2017 年 8 月 29 日

伊 藤 玄 三

目　次

前方後円墳秩序の成立と展開

ま え が き

　本書での課題は列島各地に展開する古墳、とりわけ各地に造られた鍵穴形の前方後円墳の理解である。考古学研究者は前方後円墳、前方後方墳、円墳、方墳などを総称して古墳と呼んでいるが、これらの古墳を政治史研究に昇華させたのは小林行雄であり、伝世鏡論、同笵鏡論をはじめとする一連の研究によって畿内を優位とした政治的関係の確立を主張した（小林 1961）。さらに西嶋定生は大化 2 年の薄葬令に示された陵墓などの墳丘格差を起点に遡り、畿内を優位に展開する定式化した前方後円墳とその規模の格差に身分秩序（カバネ制）の存在を想定し、古墳の築造の背景に国家的身分秩序の存在を指摘して、古墳研究を古代国家形成史として位置づけた（西嶋 1961）。その後、近藤義郎は西嶋の主張するカバネ制の存在を否定しつつ、社会構成史的視点に立って前方後円墳の成立を検討し、部族連合による政治体制の確立と結論づけ、西嶋の認めた国家秩序に否定的見解を示した（近藤 1983）。近藤の研究は弥生時代社会のなかからいかに前方後円墳が成立するかを実証的におこなったものであり、最古式前方後円墳の祖形を弥生時代墳墓に見いだし、両者間にある飛躍的継承を重視し、前方後円墳の造られた時代を前方後円墳時代＝古墳時代と理解した。また、都出比呂志はこの前方後円墳時代には国家を特徴づける 4 つの指標（身分秩序、領域支配、租税、軍隊）が未成熟ながらすでに存在し、この前方後円墳の築造に象徴される政治体制を前方後円墳体制と呼び、このような体制秩序を文化人類学の成果から初期国家段階と結論づけた（都出 1991）。これに対し、広瀬和雄は首長層が政治的にまとまって形成した利益共同体を国家と定義し、前方後円墳の造られた時代を前方後円墳国家として理解し提唱した（広瀬 2003）。

　このように古墳研究の立場からみると、前方後円墳の築造に対して異なる理解がなされている。つまり、前方後円墳が畿内を優位に築造され、畿内を中心とした政治体制の存在を肯定しながらも、その政治体制を国家段階と捉えるのか、国家以前とするのか、またその過程とみるのかで見解が分かれている。

　ところで小林行雄は古墳の築造開始年代を記紀の記述から 4 世紀初頭と考え（小林 1961）、それが通説となってきた。けれども近年の古墳研究は紀年銘を持つ遺物の研究が進み、最古式前方後円墳に対して暦年代が付与されつつある（岸本 2001・2004a、福永 2005）。それによれば最古式前方後円墳は西暦 250 年頃に築造された可能性があり、前方後円墳の築造開始と「邪馬台国」「卑弥呼」が重なるとの理解が可能になりつつある。そして、このことは考古学的知見と文献史料との連接を示唆しており、文献史学による「倭国王」の起点（川口 1978）と最古式前方後円墳の築造開始との一致を意味する重要な観点となる。また、この観点より国家成立を見直すことは考古学的立場による見解の相違を回避するばかりでなく、新たな研究視点ともなり得る。

　本書では、このような研究の現状や観点を踏まえ、まずは前方後円墳の成立過程を竪穴式石槨と

前方後円墳築造企画の変遷、三角縁神獣鏡の製作動向から明らかにしていく。また定式化した前方後円墳の持つ政治秩序の実態を築造企画の配布から読みとり、その秩序が果たした国家形成過程における前方後円墳の役割について論じてみたい。さらに三角縁神獣鏡の製作年代から前方後円墳成立期の暦年代観を再確認し、これまで接点がなかった文献史学における邪馬台国時代と考古学における古墳時代との関係についても言及していきたい。

第1章　前方後円墳の成立過程

第1節　前方後円墳成立の諸問題

　前方後円墳の起源を追究した研究は古く、蒲生君平の宮車表象説にはじまる（蒲生 1808）。その後に蓄積された研究は多岐にわたるが、前方後円形という形態の起源については茂木雅博が指摘するとおり、器物模範説、円丘方丘二墳結合説、大陸起源説、の三種に大別が可能である（茂木 1988）。ただし、いずれの研究も外見的類似度からの想定に留まっており、型式学的検討より導かれる系列関係など考古学的方法論を用いた研究上での議論とは捉え難く、積極的な評価は困難である。

　このような議論が進むなか、小林行雄は三角縁神獣鏡の同笵関係を緻密に追究し（小林 1952・1957・1961）、その広範かつ多量な分有関係の評価により前方後円墳の成立を日本古代政治史上に位置づけた（小林 1955・1961）。一方、西嶋定生は、この分有関係は中国王朝の冊封体制への編入を契機に生まれ得たものと考えた（西嶋 1961）。また、当時の国際関係のなかに前方後円墳の成立の契機を求めた西嶋は、さらに定式化した墳丘を持つ前方後円墳に注目し、その広範な広がりを「カバネ」秩序に基づく身分秩序だと考え、国家形成史との関連で前方後円墳の成立を捉えている（西嶋 1961）。

　これに対し、近藤義郎の研究は、単に横からの流れである中国大陸、朝鮮半島からの伝播のみを考えるのではなく、日本の弥生時代の墓制にその祖形を求める方向性を提起した。すなわち、弥生時代社会の発展のなかに前方後円墳成立の契機を求め、列島内での自立的発展を重視したのであった（近藤 1966・1968・1977a・1977b・1984・1986a、近藤編 1992b）。

　近藤の研究は、まず最古の前方後円墳の抽出からはじめられた。この研究はおもに墳形から進められ、小林行雄が「前期古墳の副葬品にあらわれた文化の二相」（小林 1956・1961）のなかで示した古相、すなわち舶載鏡のみを持ち碧玉製腕飾類を持たない前方後円墳のいくつかに前方部が撥形に開くものがあることに注目し、備前車塚古墳、椿井大塚山古墳などの一群の古墳が最古式であると主張した（近藤 1968）。これは撥形前方部を持つ前方後円墳から採集、出土した特殊器台形土器、特殊器台形埴輪によって追認された（中村・笠野 1976、宇垣 1984）。次に近藤が進めたのが、弥生時代の墓制、すなわち近藤が「弥生墳丘墓」と呼ぶ（近藤 1977a）墳墓の調査研究であった。近藤は、のちに最古式の前方後円墳には、すでに①定型化した墳形、②葺石、③埴輪、④長大な割竹形木棺を持つ竪穴式石室、⑤中国鏡の多量埋葬指向、の5点を総体として具備していることを指

摘した（近藤 1986a）が、都月坂2号弥生墳丘墓、養久山5号弥生墳丘墓、伊予部山弥生墳丘墓、立坂弥生墳丘墓、楯築弥生墳丘墓などの発掘成果によって、前述した最古式古墳に備わる5つの諸要素が断片的、不定形ながら弥生時代墓制のなかに存在することを明らかにし、これらの要素がのちに飛躍的に発展、継承され、前方後円墳という墳墓形式が成立したとの見解を示した（近藤1984）。ただし、この飛躍をもたらした技術体系は中国より導入、到来したものと考え（近藤1986a）、弥生時代社会からの自立的発展を重視しながらも、なお大陸からの技術的な影響を想定した。

　このように前方後円墳成立の研究は、近藤の一連の研究成果によって弥生時代社会からの「飛躍的継承」であったとしても、自立的、発展的に生まれ得たものと理解された。また、その後、纒向石塚など前方後円形を呈した「纒向型前方後円墳」と呼ばれる弥生墳丘墓などの調査（寺沢 1988、寺沢編 1989）によって、弥生時代後期の首長墓の実態が明らかになり、列島内での系列的変化による前方後円墳の成立が明らかになってきた。

　ところで、岸本直文は丁瓢塚古墳の測量成果をもとにして、近藤が最古式前方後円墳の特徴のひとつとした撥形前方部の起源が、讃岐地方の積石塚に求められることを指摘した（岸本 1988）。また筆者も、かつて丁瓢塚の時間的位置について墳丘形態に注目して検討をおこなったことがある。そのなかで丁瓢塚の編年的位置づけを、近藤が最古式とする箸墓古墳より古く、讃岐地方の積石塚である鶴尾神社4号墓より新しいと考え、その積石塚の祖形となるものが楯築弥生墳丘墓を含む吉備地方の弥生墳丘墓であると考えた。また、この知見から、近藤が指摘したように前方後円墳の祖形が弥生墳丘墓に求められるとしても、弥生墳丘墓から前方後円墳への変遷過程は飛躍的な継承というよりは、むしろ漸移的な継承であったのではないかという疑問を提示した。

　このように小林、西嶋、近藤らが示したとおり、前方後円墳が列島内においても独特な位置を占める墳墓であり、その成立が列島内における統一的な国家形成を示すものであるとするならば、最古式前方後円墳やその前段階の墳墓の実体が明らかになり、前方後円墳が列島内で自立的に発展し成立することが認められつつあるなか、前方後円墳と弥生墳丘墓の両者の微細な系統系列関係を追究し、前方後円墳がいかにして生まれ得たのかという、その成立のプロセスを明確にすることは、単に技術的推移を明らかにするだけでなく、当時の政治体制や政治的統治システムの成立過程をも明確にするものと考えられる。

　そこで本章では、はじめに弥生墳丘墓、讃岐地方の積石塚、丁瓢塚、最古式前方後円墳において、共通に対比することが可能な竪穴式石槨と墳丘形態に反映された築造企画を取りあげ、その製作、築造技術の変遷と展開から前方後円墳の成立過程について検討を加える。そして、その次に三角縁神獣鏡の製作動向と配布の実態把握から前方後円墳成立期の政治動態を復元し、前方後円墳の成立過程および前方後円墳に具体化された列島的な政治体制の成立過程を跡づけていく。

第 2 節　竪穴式石槨の型式学的検討

1.　竪穴式石槨研究史抄

　古墳時代の竪穴式石槨研究で重要な役割を果たしたのは、小林行雄である。小林は、1941 年の
「竪穴式石室構造考」（小林 1941・1976）において、おもに平面形態の分類作業を展開し、A 群、
B 群、C 群の設定をおこない、さらに石槨の形状構造の特色として 6 つの点を掲げ、前期古墳の石
槨と中期古墳以降の竪穴式石室との分離を可能なものとした。この区分は新資料を加えた今日でも
有効であり、竪穴式石槨を研究する際の基礎的な作業であった。

　その後の研究は、堅田直（堅田 1964）、北野耕平（北野 1964・1974）、田中勝弘（田中 1973）、
山本三郎（山本 1980・1992）、都出比呂志（都出 1981）、新納泉（新納 1991b）らによって、小
林の B 群石槨の基底部粘土床を中心に進められた。これらの研究に共通する点は、粘土床の構造
を類型化し、粘土床の型式から竪穴式石槨の時間的変遷を捉えるところであった。けれども、各研
究者が抽出し、類型化した粘土床そのものには大きな違いはみられず、各型式の編年的位置づけは
出土遺物によってなされていたり、粘土床の系列的な理解に基づいて導きだされたもので、提示さ
れた変遷観は多様であった。また、類型化された粘土床の消長は一定の時間幅を保持しているため
に、その構造差がすなわち時間差を反映しているものとは捉え難く、やや問題を残している。この
粘土床の構造差は墓坑の掘削から側壁の構築までの順序や割竹形木棺の安置方法（埋納様式）が表
出したもので、これらは遺体埋葬時における祭祀の順序や葬送儀礼の在り方の違いであり、この構
造差は時間的な差とみるよりは、むしろ被葬者の出自集団の差と捉える方が穏当である。

　ところで、名本二六雄は広島県内の資料をもとに小林分類の A 群に属する竪穴式石槨について
検討を加え、これらの石槨のいくつかが弥生時代末葉から古墳時代初頭に属することを明確にした
（名本 1983）。また、弥生墳丘墓の竪穴式石槨と古墳時代の竪穴式石槨の関係を石材から言及した
のが宇垣匡雅（宇垣 1987b）である。名本は A 群から B 群への変化については A 群の一部が長大
型の祖形となる可能性を指摘したものの意見を保留し、宇垣も A 群、B 両群の相違を提示したに
留まり、両氏とも、その両群の系統系列関係には言及していない。

　このように、粘土床や石材など、竪穴式石槨の属性において付加的な要素からの研究が進行する
なか、主たる構成要素である石槨の壁体構造に注目して、その構造の変化から構築技術の差異を読
みとることは、竪穴式石槨の構築に携わった工人の動向を跡づける研究とも考えられる。特に異な
る石材で同様の壁体構造を持つ石槨や、これとは逆に同じ石材を用いながら同地域内で違った構造
を持つ石槨がみられることから、石材供給地や石質による石材形状の制約による壁体構造の差異が
認められない例もあり、壁体構造の差異は竪穴式石槨の構築技術の推移を示すと見なし得る。ま
た、不動産たる竪穴式石槨の壁体構造の検討より導かれる石槨の型式が、被葬者の死亡時期を示す
のはもとより、その推移から小林の A 群、B 群の双方の系列関係の解明が可能となる。そして、
A 群石槨の多くが弥生墳丘墓にみられ B 群のそれが前方後円墳のなかに見いだされる今日、前方
後円墳の成立過程を論じるうえで重要な役割を果たすと考えられる。したがって、本節では、竪穴

式石槨の壁体構造に注目し、その型式学的な検討により編年的位置づけをおこなっていく。

2. 壁体構造にみる竪穴式石槨の変遷

a）分類基準

まず、本節で用いた資料の分布と属性を第1図および第1表に示す。

本章の目的が前方後円墳の成立過程の解明にあるため、本節では古墳時代のB群（長大型）と呼ばれる石槨については、前期古墳のなかでも小林が古相とした古墳のものを中心に用い、前期中葉から後半にかけての石槨はその典型的なものだけを提示している。

分類は、おもに石槨の壁体構造と控え積みの在り方、また石槨閉鎖の状況に基づいておこない、さらに墳丘構築と墓坑構築との関連も考慮する。この墳丘構築と墓坑構築との関連は、春成秀爾が指摘するとおり（春成 1976）葬送儀礼の在り方を示すものであり、単に石槨の構造、構築技術の変遷のみが知られるのではなく、葬送様式をも復元できる点においても有効だと考えている。

b）分類

前述のように、すでに小林行雄や都出比呂志が平面形態に基づいてA群、B群あるいは短小型、長大型に二分している。ここでは、この成果を踏まえつつ両者の細分を試みる。

まずA群（短小型）についてみてみよう。

a類―割石小口積みで壁体をほぼ垂直に積むもので、板石、木材によって石槨を閉鎖している。

　　　黒宮大塚墳丘墓、鋳物師谷1号墓A主体、都月坂2号墳、金敷寺裏山墳丘墓、さくら山

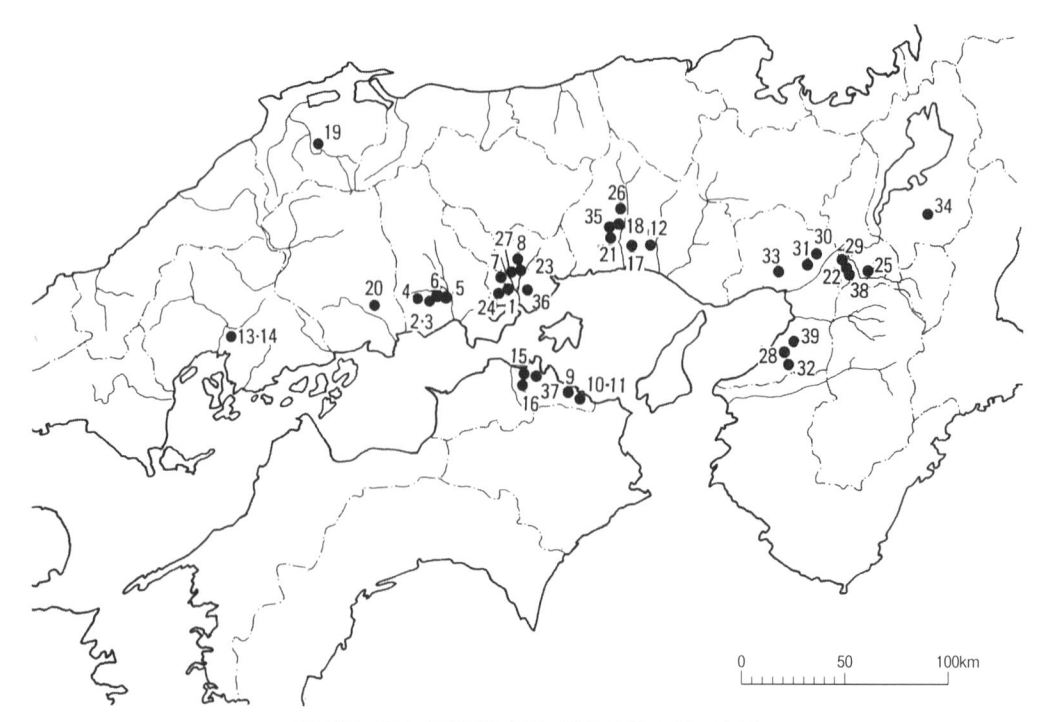

第1図　竪穴式石槨分布図（番号は第1表に対応）

第1表　竪穴式石槨の規模および諸属性（番号は第1図に対応）

	遺跡名	石槨長 (cm)	石槨幅 (cm)	石槨高 (cm)	蓋石	埋葬頭位 (主軸方向)	控え積み	墳丘との関連	型式 (式)
1	都月坂2号墓	265	90	68	板石	(北東-南西)	?	?	I A
2	鋳物師谷1号墓	290	97-91	90-85	板石	東	なし	石槨が先	I A
3	鋳物師谷2号墓F主体部	220	80	70	板石	北	?	?	I A
4	黒宮大塚墳丘墓	220	90-80	70	木	東北東	なし	石槨が先	I A
5	金敷寺裏山墳丘墓	260	90	70	板石	北	?	?	I A
6	宮山墳丘墓	270	100	?	木	(東西)	?	?	I A
7	楯築墳丘墓	270	120	110	板石	(北西-東南)	?	?	I A
8	さくら山方形台状墓	192	35	38以上	板石	(北西-東南)	なし	石槨が先	I A
9	奥10号墓	210	90	65	木	(東西)	なし	石槨が先	I B
10	奥11号墓1号石槨	220	60-50	60	木	(東西)	?	?	I B
11	奥11号墓2号石槨	140	40-35	45	木	(東西)	?	?	I B
12	西条52号墓	350	140	90	木	(東西?)	?	石槨が先	I B
13	西願寺遺跡C地点2号	230	80	70	木	(東西)	なし	墳丘なし	I B
14	西願寺遺跡D地点2号	240	85	90	木	(東西)	なし	墳丘なし	I B
15	猫塚中心主体部	300以上	110-118	173以上	持ち送り	(東西)	?(積石塚)	?	II A
16	鶴尾神社4号墓	407	101-123	160以上	持ち送り	(東西)	?(積石塚)	?	II A
17	丁瓢塚南主体部	400以上	110	60以上	持ち送り	(東西)	?	墳丘が先	II A
18	養久山1号墓	520	100-90	110以上	持ち送り	(東西)	なし	石槨が先	II A
19	神原神社墓	580	130-90	140	持ち送り	北	壁体より1〜2列	墳丘なし	II A
20	石鎚山1号墓1号主体部	280	75	100	持ち送り	北	壁体より1〜2列	墳丘なし	II A
21	権現山51号墳	473	107-90	30以上	小形板石	北	下方のみ	墳丘が先	III A
22	元稲荷古墳	550	130-100	210	小形板石	北	下方のみ	墳丘が先	III A
23	浦間茶臼山古墳	700	120-90	?	小形板石	北	下方のみ	墳丘が先	III A
24	七つ坑1号墓	520	100-90	110以上	小形板石	北	下方のみ	墳丘が先	III A
25	椿井大塚山古墳	690	120-100	310	大形加工板石	北	下〜上まで	墳丘が先	IV A
26	吉島古墳	540	120-100	100以上	大形板石	(東西)	下〜上まで	石槨が先	IV A
27	備前車塚古墳	590	130-120	150	大形板石	北	下〜上まで	墳丘が先?	IV A
28	北玉山古墳	550	90	140	大形板石	(東西)	下〜上まで	石槨が先	IV A
29	長法寺南原古墳	530	110-100	140	大形板石	北	下〜上まで	?	V A
30	茨木将軍山古墳	640	100	80	大形板石	(東西)	下〜上まで	墳丘が先	V A
31	紫金山古墳	700	100	80	大形板石	北	下〜上まで	構築墓壙?	V A
32	忍ケ岡古墳	750	100-60	110	大形板石	北	下〜上まで	?	V A
33	池田茶臼山古墳	640	110-100	130	大形板石	北	下〜上まで	墳丘が先	V A
34	瓢箪山古墳中央石槨	670	130-110	110	大形板石	北	下〜上まで	石槨が先	V A
35	龍子三ッ塚1号墳	330	90	?	?	(南北)	?	?	V A
36	金蔵山古墳中央石槨	610	120-110	120以上	?	(東西)	下〜上まで	墳丘が先	V A
37	高松茶臼山古墳1号石槨	560	110-75	140	大形板石	(東西)	下〜上まで	墳丘が先	V A
38	寺戸大塚古墳	645	85-76	160	大形板石	北	下〜上まで	墳丘が先	VI A
39	駒ケ谷山古墳	500	130	?	大形板石	(東西)	?	?	VI A

方形台状墓、楢津墳丘墓の石槨がこれにあたる（第2図1〜4）。

b類—河原石、角礫積みで、壁体が外傾するもので、木によって石槨を閉鎖している。奥10号墓、奥11号墓1号、同2号石槨、西条52号墓、西願寺遺跡C地点2号主体部、同D地点2号主体部がこれにあたる（第3図1・2）。

c類—栗石、割石小口積みで、下方から数段目まではほぼ垂直に積みあがるが、上方は顕著な持ち送りがみられ、内傾している。また、接合部を加工した大形の蓋石はなく、側壁に用いた石材と同じような石材を持ち送って石槨を閉鎖している。猫塚中心主体部、鶴尾神社4号墓、丁瓢塚南主体部、養久山1号墓中心主体部、神原神社墓、石鎚山1号墓1号主体部がこれにあたる（第3図3・4）。

このうち、a類、b類は、石野博信がA群、B群としたものである（石野 1983）。のちに宇垣匡雅もこの石槨について触れ、「壁面傾斜と使用石材を関連させて考えることは困難である」（宇垣1987b：p.31）としながらも、その分布差や壁面傾斜の違いについては石野の分類を評価している。

次に、前期古相古墳のB群（長大型）石槨についてみてみよう。

d類—粘土床を持ち、板石小口積みで、下方数段目まではほぼ垂直、あるいは割竹形木棺に沿ってやや外傾気味に積みあげ、上半部は顕著な持ち送りによって内傾している。小形ながら側壁とは石材を異にした蓋石を用いて石槨を閉鎖している。権現山51号墳、元稲荷古墳、浦間茶臼山古墳、七つ坑1号墳中心主体部がこれにあたる（第4図1・2）。

e類—板石、割石の小口積みで、ところによっては下方から持ち送りによって積みあげ、上方も持ち送りによって内傾しているが、石槨の閉鎖には大形で接合部を面取り加工した蓋石を用いている。控え積みには角礫、亜角礫を用い、墓坑全体を充塡している。椿井大塚山古墳、吉島古墳、備前車塚古墳、北玉山古墳がこれにあたる（第4図3・4）。[6]

f類—基本的にe類同様の壁体である。ただし、控え積みには石槨壁体と同じ扁平な板石、割石を用い、墓坑全体を一定の秩序に基づいて充塡している。瓢箪山古墳中央石槨、長法寺南原古墳、紫金山古墳、茨木将軍山古墳、忍ヶ岡古墳、池田茶臼山古墳、龍子三ッ塚1号墳、金蔵山古墳中央石槨、高松茶臼山古墳1号石槨がこれにあたる（第5図1・2）。[7][8]

g類—板石、割石の小口積みで、壁体をほぼ垂直に積みあげている。石槨の閉鎖にはe類、f類同様大形で面取り加工を施した蓋石を用いている。控え積みにはバラスなど装飾性の強い小石を用い、墓坑全体を充塡している。寺戸大塚古墳後円部石槨、駒ケ宮山古墳がこれにあたる（第5図3）。

以上は、石槨壁体構造および石槨の閉鎖方法に基づく分類である。これらは棺床の構造差を越えて、類型化が可能である点が特徴である。ここに棺床構造とは別の技術体制を認めておきたい。次に控え積みの在り方、石槨、墓坑と墳丘の関連について検討し、各類型がどのような時間的関係にあるのかを確認していく。

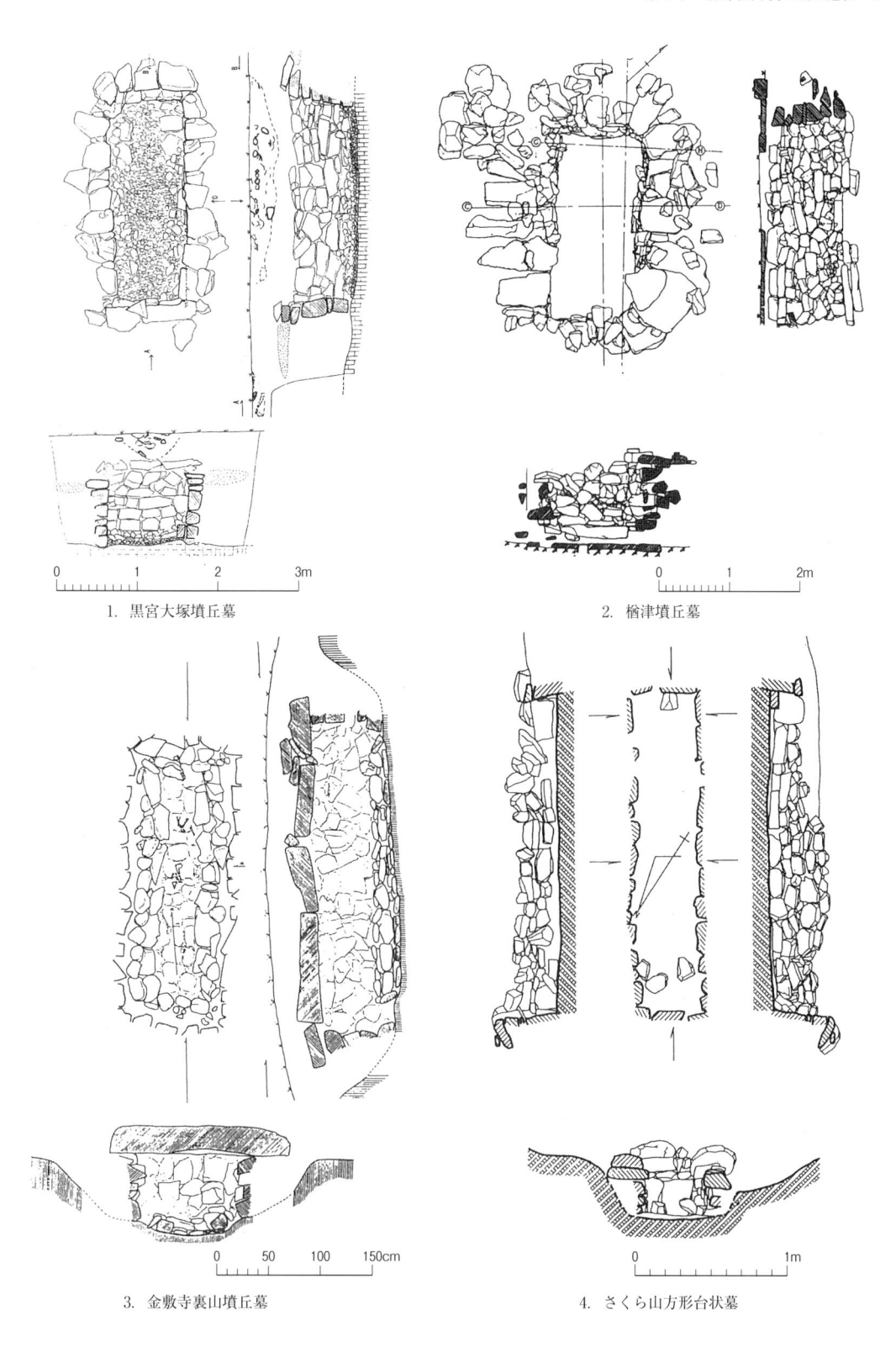

1. 黒宮大塚墳丘墓

2. 楢津墳丘墓

3. 金敷寺裏山墳丘墓

4. さくら山方形台状墓

第2図　a類竪穴式石槨（スケール不同）

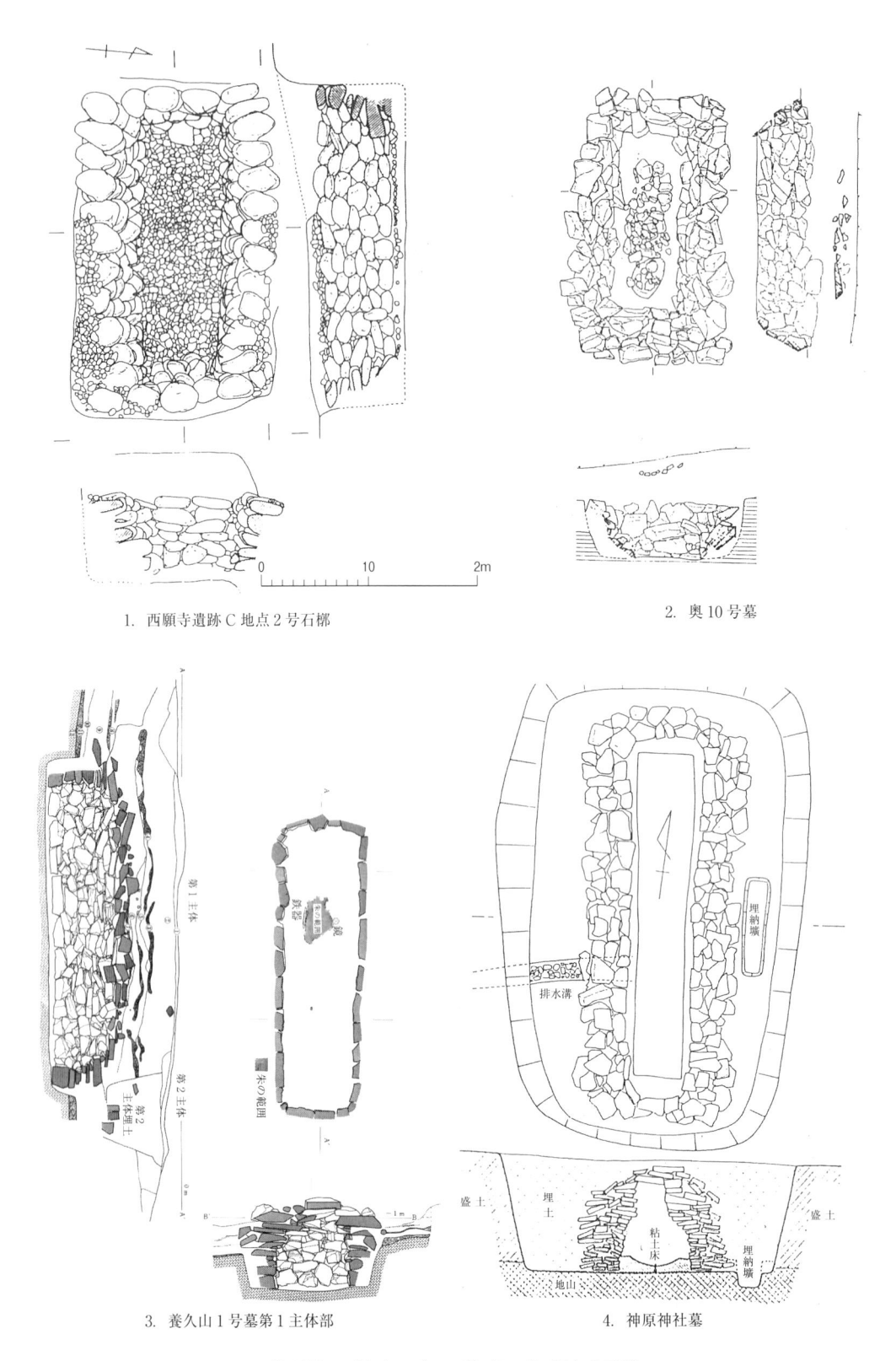

1. 西願寺遺跡C地点2号石槨

2. 奥10号墓

3. 養久山1号墓第1主体部

4. 神原神社墓

第3図　b類（1・2）、c類（3・4）竪穴式石槨

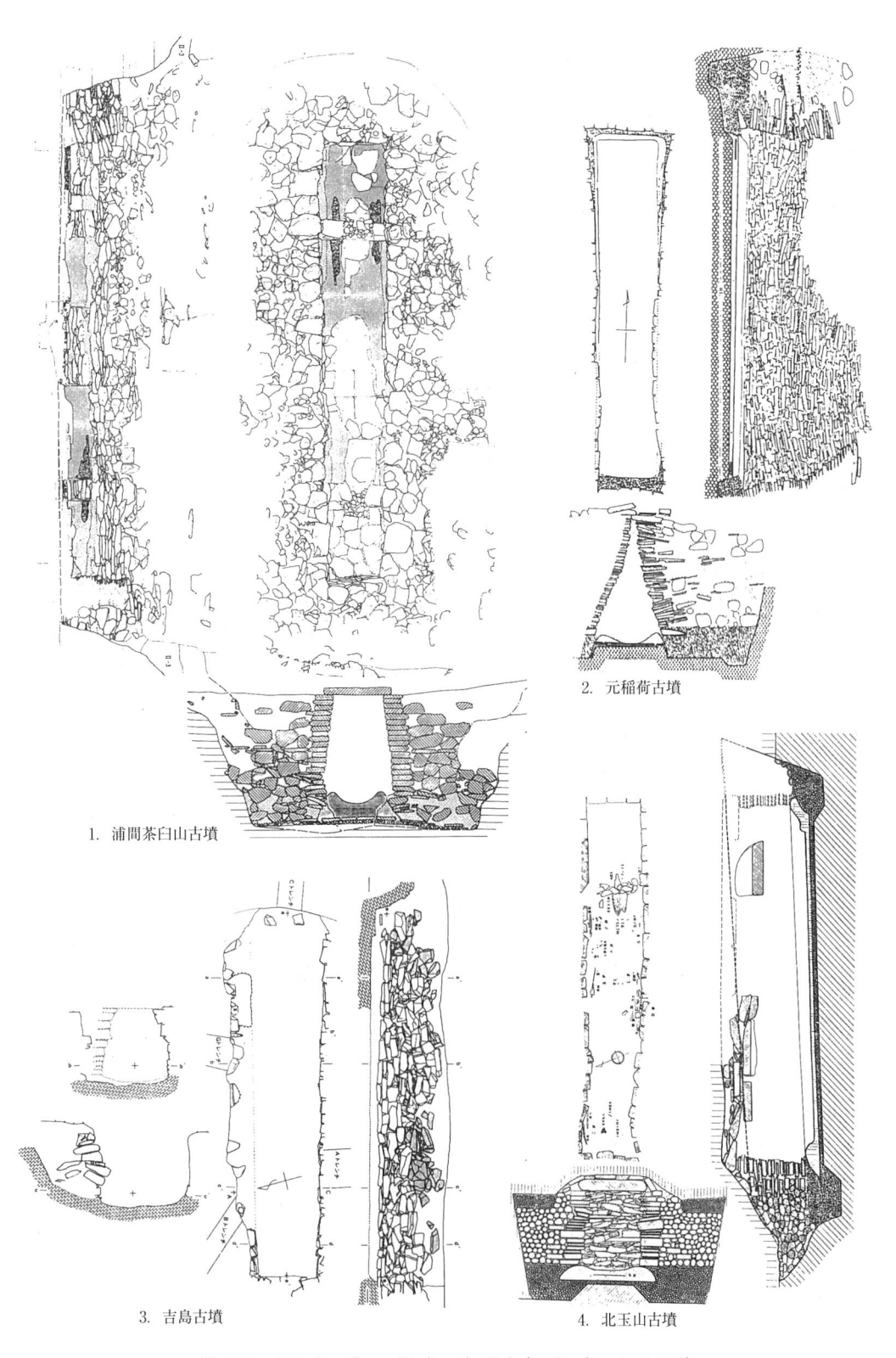

1. 浦間茶臼山古墳

2. 元稲荷古墳

3. 吉島古墳

4. 北玉山古墳

第4図　d類（1・2）、e類（3・4）竪穴式石槨（3・4：1/100）

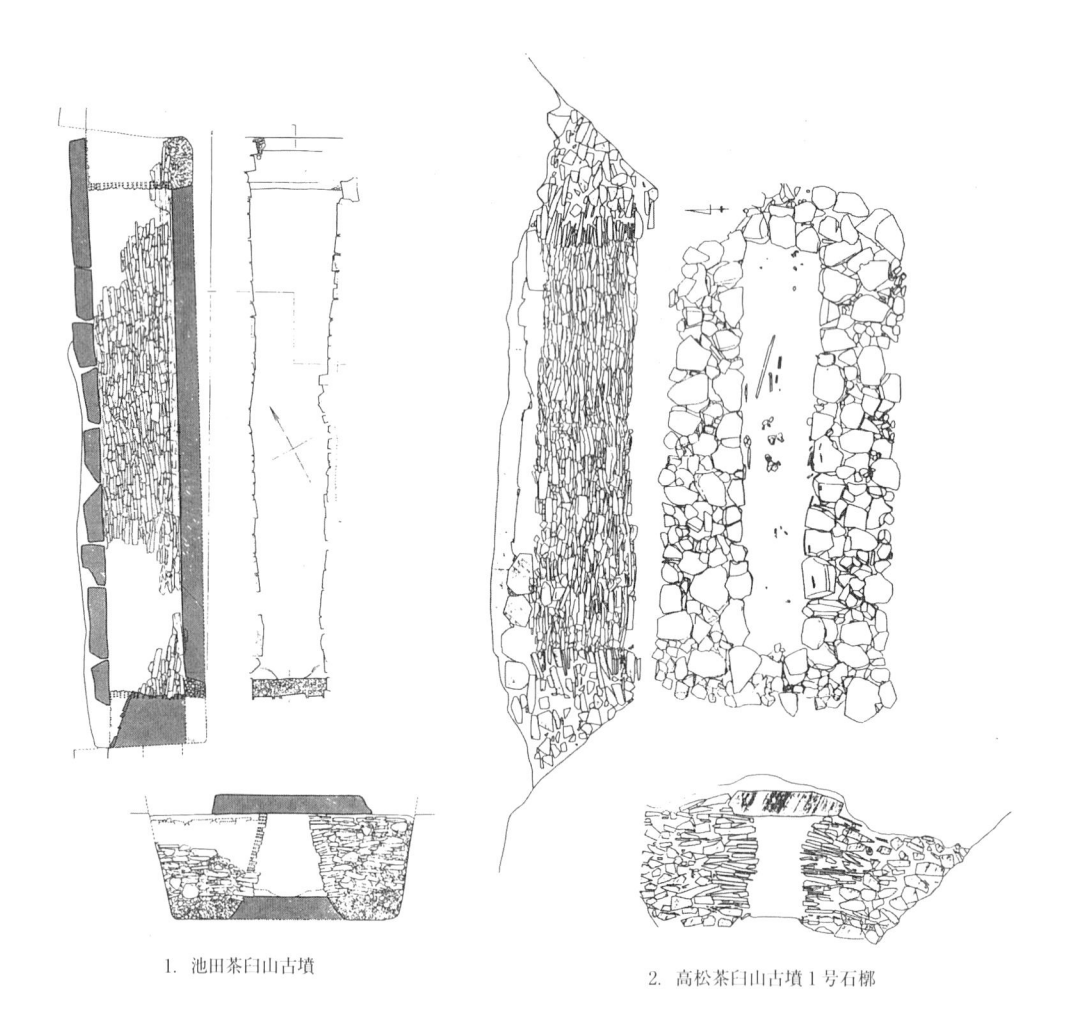

1. 池田茶臼山古墳

2. 高松茶臼山古墳1号石槨

3. 寺戸大塚古墳

第5図　f類（1・2）、g類（3）竪穴式石槨（1・2：1/100）

c）控え積みの在り方

控え積みの在り方は、細かくみれば前述のように7つに分類できるが、ここでは、むしろ、以下の3つに大別しておきたい。

　　・控え積みをほとんど持たないもの……………………………………a・b・c類

　　・控え積みを下半部のみに持ち、上半部が不規則なもの…………d類

　　・控え積みを下半部から上半部まで持つもの………………………e・f・g類

控え積みの役割を側壁への荷重を外側へ分散させるものと考えるならば、a・b・c類、d類、e・f・g類のあいだに技術的な推移が見いだせる。つまり、a・b類では側壁を垂直あるいは外傾に積んでいるために控え積みの必要性はなく、むしろc類のように顕著な持ち送りを持つ石槨に必要なものである。けれども、c類の石槨では控え積みを持っていない。この点は、c類の石槨が、余分な荷重を側壁にかけないよう側壁と同様の大きさの石材を持ち送りによって閉塞しており、蓋石というべき大形、小形の石材を用いないことで側壁への荷重の軽減をはかっていると考えてよいだろう。また、小形ながら蓋石を用いて石槨を閉鎖するd類では、その荷重を分散すべく控え積みを下方にのみ導入している。そして、大形かつ重量のある蓋石で石槨を閉鎖しているe・f・g類において、石材に十分に用いた控え積みに展開する。つまり、墓坑内に充塡する控え積みの在り方から、a・b・c類→d類→e・f・g類という技術的な推移が看取される。

　ところで、e・f・g類は用いる石材に違いがあるものの、ともに墓坑全体に石材を充塡する控え積みである。また、ともに持ち送りによる壁体を持ち大形の蓋石によって閉塞しているが、この3者の場合、蓋石から壁体にかかる荷重をどのように周囲に拡散させるかが石材の形状に具体化されているものと見なし得る。つまり、e類のように角礫、亜角礫を用いる場合、角礫同士の咬み合いには隙間が多くでき十分でなく、蓋石からの荷重の分散を控え積みの本来の目的とするならば、その目的は十分に達成されていない。これに対し、f類では壁体と同じ板石など扁平な石材を用い壁体と同様に一定の順序で積みあげ、墓坑内の密閉度を保っている。このようにf類においては、蓋石からの荷重の分散は壁体を通じ一定に保たれ、もっとも安定した構造を持っている。一方g類は、墓坑内全体にバラスなどの小石を充塡したもので、密閉度の点では優れていようが、個々の重量が軽い小石ゆえに控え積みの本来の目的である壁体の支えにはなっておらず、実用性よりもむしろ装飾性を重視して製作されたものと考えられる。つまり、一見共通するこの3者の控え積みの在り方にも、荷重分散の技術的進化や装飾化の傾向が看取され、d類からe類への変化の方向性が認められるならば、e類→f類→g類という一連の変遷を認めることができる。

d）墳丘と石槨の関係

墳丘と石槨の関係は、換言すれば墳丘築成と石槨築成の先後関係であり、ひいては葬送儀礼の順序を指し示すものである。この問題に関しては、すでに宇垣匡雅（宇垣 1987b）によって考察が加えられている。

宇垣は、「弥生墳丘墓の場合は小墳丘であるため、わかりにくいことも多いが、第一次埋葬の墓壙は、地山面ないし若干の盛土をおこなった面から掘り込まれており、墳丘築成のかなり初期、な

いしは墳丘の築成開始に先立って墓壙の掘削がなされて」（宇垣 1987b：p.34）おり、弥生墳丘墓（a・b類）の竪穴式石槨は、墳丘築成以前に構築され石槨が完成した後に棺が納められ、その後に墳丘が完成したと考えている。また、それに対して前期古墳では、墳丘がほぼ完成した後に墓坑の掘削がなされ、棺の納置後に石槨が完成し、墳丘が完成するとしている。この見解は、典型的な弥生墳丘墓や前期古墳を比較する場合においては参照すべき点が多いが、養久山1号墓など、時間的にその中間に位置づけが可能な墳墓への評価は、「部分的に古い手法を示すもの」（宇垣 1987b：p.35）としており、中間段階の設定を含めてなお再検討の余地がある。そこで、養久山1号墓の石槨と墳丘との関係、および竪穴式石槨の構造について検討を加えていく。

　養久山1号墳の場合は、墳丘築成に先立って墓坑の掘削がなされ、棺の納置後に石槨が完成し、その後に墳丘の築成、完成がなされる。つまり、弥生墳丘墓の手法を用いている。しかし、養久山1号墓の竪穴式石槨の構造は、前項で述べたとおり、側壁に持ち送りを用いながら控え積み、蓋石を持たないことから弥生墳丘墓の石槨（a・b類）や前期古墳の石槨（d〜g類）とは区分できる。したがって、新しいもののなかに古いものが存在すると考えるより、むしろ弥生墳丘墓と前期古墳の中間的な在り方であり、過渡的な手法を示すと理解する方が穏当である。つまりc類の竪穴式石槨は、葬送儀礼において弥生墳丘墓的手法を残しながらもa・b類とは区別でき、また控え積みそのほかの構造においてd・e・f・g類の前段階に位置づけられるので、時間的にはa・b類とd類との中間に位置するものと考えられる。[9]

　e）編年

　これまで石槨の壁体構造や閉鎖方法といった技術的側面から抽出した7つの類型は、控え積みにみられる技術的発展と墳丘と石槨の関係から知られる祭祀形態の変化から、b類を除いて時間軸に置き換えられることを示してきた。つまり、控え積みの在り方からa・b・c類からd類を経てe・f・g類へ、また壁体の支え具合からe類→f類→g類へ、さらに墳丘と石槨の関係からa・b類からc類を経てd・e・f・g類へという変遷であった。この3つの変化の方向性を整理すると、a・b類の先後関係はともかく、a・b類→c類→d類→e類→f類→g類という変遷が考えられる。

　ところで、ここでa・b類に関して若干触れておく必要がある。

　a・b類の時間的先後関係は、石槨の諸要素のみでは論じられず、また出土土器などそのほかの知見からも明確にし得ないものがある。ただし、石野博信や宇垣匡雅が指摘するとおり（石野 1983、宇垣 1987b）、a類は吉備地方に多く、b類が讃岐地方に多く分布することや、b類とc〜g類とのあいだに技術的系統関係を認めることが困難なことから、この類型差は時間差とするよりも技術的な系統差を示すものであり、この差は石槨製作集団の差異を示すものと思われる。[10]

　一方、a類は、板石、割石を用いた壁体の在り方からみてc類とのあいだに系統関係が求められ、c・d・e・f・g類の祖形となり得るもので、a・c・d・e・f・g類は一連の技術的系統関係のなかに位置づけられるものといえよう。そこで、これまでa〜g類としたものを、ここでa類の系列をA系列としb類のそれをB系列に置き換え、a類をⅠA式、c類をⅡA式、d類をⅢA式、e類をⅣA式、f類をⅤA式、g類をⅥA式、またb類をⅠB式としたい（第6図）。断るまでもなく、Ⅰ

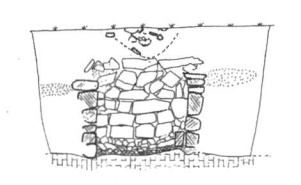
黒宮大塚 I A 式（a 類）

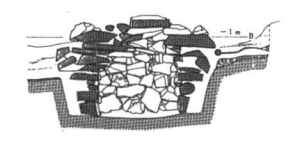
養久山 1 号墓 II A 式（c 類）

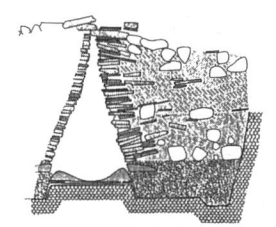
元稲荷古墳 III A 式（d 類）

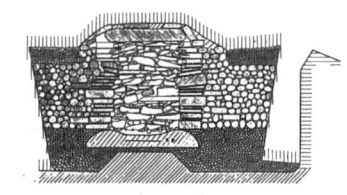
北玉山古墳 IV A 式（e 類）

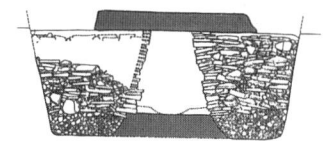
池田茶臼山古墳 V A 式（f 類）

寺戸大塚古墳 VI A 式（g 類）

第6図　竪穴式石槨の変遷（写真以外 1/100）

式から VI 式へは、時間的な推移を示すものである。

　以上、竪穴式石槨の変遷について検討を加えてきた。これまでの検討によって、弥生時代から古墳時代への竪穴式石槨の変遷が明らかになった。これら竪穴式石槨に関してみれば小林行雄のいう A 群から B 群への推移は、近藤義郎が示した飛躍的継承（近藤 1986a）という変化より、むしろ製作技術、葬送儀礼の変化からみて、漸移的かつ系列的な推移として捉えられた。また、石槨の長大化に関しても同様に漸移的な傾向が認められるであろう[11]。けれども、これまでの検討はあくまで竪穴式石槨の変化や推移であり、前方後円墳の成立を考えるうえでは十分とはいいきれない。そこで次に系列的な推移を持つ A 系列の竪穴式石槨にみられた動態を、石槨を内包する墳墓に置き換え、その墳墓の形態から検討していきたい。

3. 竪穴式石槨と墳丘形態

　これまでの分析結果を示したものが、第1表の右端である。これによると、I A 式石槨を持つ墳墓は吉備地方の弥生墳丘墓にみられ、I B 式石槨を持つものは讃岐地方東部、播磨地方の弥生墳丘墓にみられる。II A 式石槨を内包する墳墓は猫塚、鶴尾神社 4 号墓、養久山 1 号墓、丁瓢塚など、讃岐地方の積石塚や丁瓢塚類型[12]に属する墳墓に多くみられる。III A 式石槨を持つものは箸墓類型墳のなかで特殊器台形土器、特殊器台形埴輪を伴う諸古墳であり、IV A 式以後の石槨を持つ古墳の分布は各地に広がる。

　このように竪穴式石槨から、讃岐地方の積石塚と丁瓢塚の先後関係は明確にし得ないものの、それらの諸墳墓と箸墓古墳を含む箸墓類型の諸古墳とのあいだには、時間差が認められた。これは鶴尾神社 4 号墓と箸墓古墳から出土した壺形土器の対比からも矛盾するものではない（渡部 1983）。そこで、ここでは竪穴式石槨の系列的理解から、楯築弥生墳丘墓を含む吉備地方の弥生墳丘墓→猫塚→鶴尾神社 4 号墓、丁瓢塚（丁瓢塚類型墳）→箸墓類型墳という墳墓の変遷を考えておきたい。

これを墳墓の形態に置き換えるならば、弥生墳丘墓など円形、方形墳から積石塚積石塚の双方中円形墳を経て前方後円墳に至るという墳墓形式の変遷も想定されるであろう。つまり、竪穴式石槨の動態同様に墳墓形式のレベルにおいても、弥生墳丘墓から前方後円墳へと段階を追って漸移的に推移する可能性も考えられる。したがって、前方後円墳の成立にあたり、少なくとも竪穴式石槨に関しては、吉備地方がその祖形となるものを受容し、讃岐地方、播磨地方でより完成したものに作り換えたと言ってよい。詳細は次節で検討するが、見とおしとしては墳丘形態においても同様の変遷が想定される。

　以上、前方後円墳という墳墓形式の成立過程について、竪穴式石槨の変遷から概観してきた。その結果、近藤が指摘する竪穴式石槨の長大化（近藤 1986a）は飛躍的なものではないこと、また、竪穴式石槨の創出にあたって、吉備および讃岐地方、播磨地方が密接に関連していたことを示し得たかと思う。また、石槨以外にも石槨を内包する前方後円墳の平面形態にも言及し、その変遷観を述べた。しかし、箸墓古墳以前の墳墓と考えた鶴尾神社4号墓や丁瓢塚の先後関係など、前方後円墳の成立を論じるには残された問題も少なくない。また、竪穴式石槨の変遷もほかの要素によって検証しなければ十分ではないだろう[13]。

　次節では、これら残された問題を踏まえ、前方後円墳の築造企画の変遷より前方後円墳という墳墓形式の成立過程を明らかにしていきたい。

第3節　箸墓古墳の成立過程

1. 前期前半代の畿内大形前方後円墳築造企画の変遷

　前方後円墳平面形態の研究は、おもに上田宏範（1963・1979）、甘粕健（1965）、椚国男（1975・1977・1978）、石部正志・田中英夫・堀田啓一・宮川徏（1978・1979）、小沢一雅（1978・1988）らによって進められた。これらの研究に共通する点は、墳丘各部の相対比によって前方後円墳のプロポーションを表現させ、その比率に基づいて築造企画を型式あるいは設計として認識するところにある。けれども、提示された理解は、北條芳隆が指摘するとおり異なっている（北條 1986）。また、前期の前方後円墳については、各氏が示した型式相互の関連性、特に各型式間の系列的理解は十分に示されていない。

　このように多様な理解が生じる背景として、前方後円墳の設計原理ともいうべき作図の仕方やその原則の復元に研究の重点がおかれたことと、研究者によって多様な墳丘復元がなされたことの2点が挙げられる。特に前期の前方後円墳など形状にバリエーションがあるものに関しては、復元に個人差があらわれ、前方部と後円部で極端な段差を認める、やや無理のある復元を提案し、さらに前方部の形状や段築成の状況など細部に差異があるにもかかわらず同一類型と見なすなど、個々の前方後円墳の築造企画の復元とそれに基づく類型の設定、把握に問題が認められる。

　これに対し北條は、先学の論点を整理し測量図を重ね合わせる作業をとおして、複数の古墳で築造企画の共有を認め、畿内大形前方後円墳の個々の墳丘形態を個別の築造企画として抽出し、類型化を試みている（北條 1986）。このように個々の墳丘状態をひとつの類型として抽出することが可

能ならば、すでに北條が予察した（北條 1986）とおり、その類型内の中心となる古墳の墳丘形態を個別の築造企画と理解し、その築造企画の型式学的検討によって組列の提示が可能となる。いくつかの前期古墳の復元案は、以前に取りあげた（澤田 1990）ので、その復元案を踏まえ和田晴吾や北條らの作業（和田 1981、北條 1986）を継承し、抽出される築造企画の型式学的検討から、編年案を提示していく。ただし、本節の目的をおもに前方後円墳の成立過程の把握においているため、前期古墳に限って検討している。

　まず類型の抽出は、和田や北條らの作業を踏襲し、測量図同士の重ね合わせによって導いている。細かい作業過程は第3章で詳述するのでここでは省くが、作業の結果、箸墓古墳はもとより西殿塚古墳、行燈山古墳、五社神古墳、渋谷向山古墳についても、築造企画を共有する古墳を認めている。⁽¹⁴⁾ここでは箸墓類型の設定にならい、これらの古墳を基準とする一群を、それぞれ西殿塚類

第2表　箸墓系列の類型墳一覧（2017年5月1日現在）

	箸墓類型	西殿塚類型	行燈山類型	五社神類型
1/1	箸墓古墳	西殿塚古墳	行燈山古墳	五社神古墳
2/3	椿井大塚山古墳			
3/5	梵天山古墳	前橋天神山古墳		金蔵山古墳
1/2	浦間茶臼山古墳 黒塚古墳		八幡西車塚古墳	
4/9	朝子塚古墳 飯籠塚古墳 姉ヶ崎天神山古墳 黒塚古墳 弁天山A1号墳 禁野車塚古墳 森1号墳 豊前石塚山古墳	白山神社古墳 元稲荷古墳	今富塚山古墳 芝丸山古墳 白鳥塚古墳 玉手山7号墳 中山茶臼山古墳 小熊山古墳	会津大塚山古墳 紫金山古墳
2/5			稲荷森古墳 馬の山4号墳	宝塚1号墳 平尾城山古墳 花光寺山古墳
1/3	加瀬白山古墳 五塚原古墳 植月寺山古墳 西求女塚古墳		千塚山古墳 壺井丸山古墳 黒崎山古墳 美和山1号墳 仁馬山古墳 西都原72号墳 南大塚古墳	太田八幡山古墳 矢道長塚古墳 飯岡車塚古墳 梅の子塚古墳 輿塚古墳
1/4	雪野山古墳 宍甘山王山古墳	権現山50号墳 琴平山古墳	堂の森古墳 井辺前山24号墳	手古塚古墳 甲立古墳
1/5	美野中塚古墳			五所皇神社裏古墳 秋葉山2号墳 長光寺山古墳
1/6	杵ガ森古墳 権現山51号墳 備前車塚古墳 片山古墳 七つ坑1号墳 矢部大坑古墳		臼ガ森古墳 豊前赤塚古墳	大峰山5号墳 赤岾古墳

型、行燈山類型、五社神類型、渋谷向山類型と呼称する。また、各類型に属する古墳を、ここでは類型墳と呼んでいる。なお、現在までに確認している類型墳は第2表、第13・14表（第3章）に示したとおりである。

　次に抽出した各類型相互の関係から組列の有無を検討する。検討は類型の基準となる古墳がもっとも本来的な築造企画を具体化していると考えられるため、先に掲げた箸墓古墳、西殿塚古墳、行燈山古墳、五社神古墳、渋谷向山古墳の測量図を用いている。

　まず各古墳の前方部に注目すると、箸墓古墳の前方部側面は緩い弧線を描きながら外反するいわゆる「撥形」を呈する。このような前方部を持つ古墳として西殿塚古墳、行燈山古墳が挙げられるが、両者の前方部側面は箸墓古墳に比べ、西殿塚古墳、行燈山古墳の順にカーブの度合いが緩やかで、五社神古墳、渋谷向山古墳前方部側面は完全に直線であり、直線化の傾向がうかがえる。また、石部らの分類基準（石部ほか 1978）に基づく後円部直径に対する前方部長の比率に注目すると、箸墓古墳、渋谷向山古墳が6区型、西殿塚古墳が5区型、行燈山古墳、五社神古墳が4区型[15]と前方部の短小化傾向がみられる。

　段築成の構成に注目すると、箸墓古墳では後円部で5段、前方部では前面のみに4段の段築成が報告されている（宮内庁書陵部陵墓課 1989）が、後円部最上段の円丘は祭壇ともいうべき特殊施設と考えられ、後円墳、前方部とも4段築成と考えられる[16]。一方、西殿塚古墳では後円部が3段築成であるが、前方部では前面に2段の平坦面がみられるほか東側側面に前面での上段の平坦面に続く平坦面がくびれ部手前まで認められるなど、後円部に比べ前方部の段築成は十分に整備されていないようである。また、行燈山古墳も後円部では明確に3段築成が把握されているものの、前方部は前面に2つの平坦面がみられるほか、北側側面にくびれ部手前まで前面の平坦面より続く2つの平坦面が認められるなど、西殿塚古墳と同様な様相を示す[17]。これに対し、五社神古墳、渋谷向山古墳は、後円部が3段、前方部2段築成で、後円部下段の平坦面が前方部の段築成平坦面に連接し墳丘を1周するなど、前方部における段築成が明確になっている。

　また、2段目を1とする後円部の斜面比に注目するならば、箸墓古墳は1対1対1[18]、西殿塚古墳では1対1対2、行燈山古墳では1対1対2、五社神古墳は1対1対3、渋谷向山古墳では1対1対3であり、最上段斜面比の増加傾向が看取される。このように段築成の構成に差異が認められるものの、後円部や前方部前面に段築成を有する点には共通性も見いだせる。また、後円部最上段斜面の増加傾向や前方部側面に施される段築成の明確化を重視するならば、このような段築成の傾向は墳丘築成上の技術的系統関係にも置換でき、平面企画の系統関係だけでなく、技術系統でも古墳相互の関連性が見いだせる。

　このように前方部の形状に差異を見いだしながらも、段築成において各古墳相互の関連が認められるならば、箸墓古墳より五社神古墳、渋谷向山古墳にわたって抽出した一連の傾向は系列的関係として読みとることは可能であろう。したがって、ここでは先に掲げた4つの傾向を整理し、箸墓古墳→西殿塚古墳→行燈山古墳→五社神古墳→渋谷向山古墳あるいはこの逆という型式組列を考えておきたい。

　ところで、ここで取りあげた5基の古墳の前方部は、すべて左右非対称である。これは等高線の

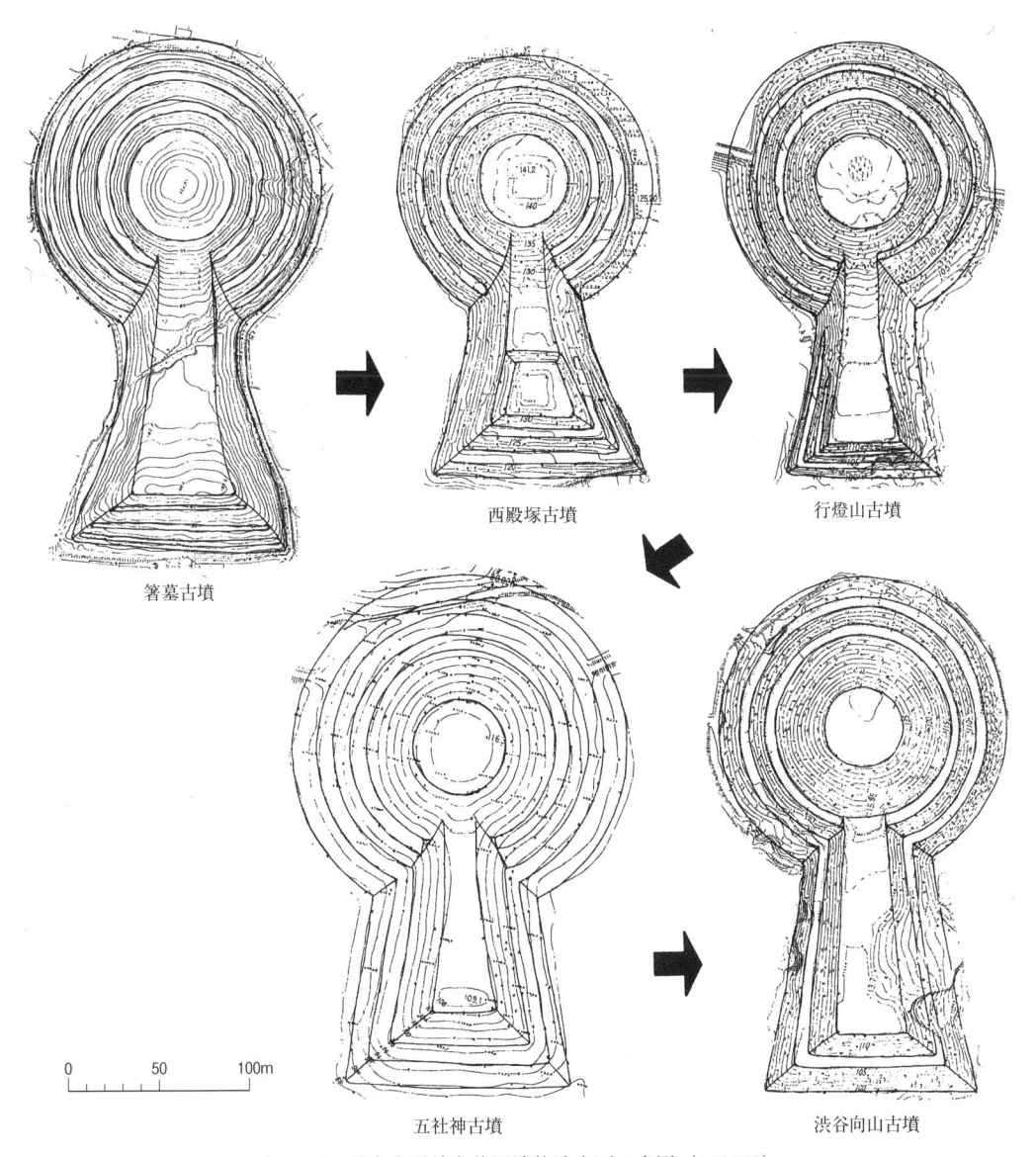

箸墓古墳

西殿塚古墳

行燈山古墳

五社神古墳

渋谷向山古墳

0　　　　50　　　　100m

第 7 図　畿内大形前方後円墳築造企画の変遷（1/4,000）

走行具合や宮川らの地割り実験[19]からみて後世の改変や墳丘施工時の失敗とは見なし難く、非対称の在り方に一定の原則が認められること[20]から、むしろ当初の企画が左右非対称であったと考えるのが自然であろう。ここに掲げた系列的関係にある 5 基すべての墳丘が左右非対称であるのは、新たな企画を考察する際に旧企画を参考にし、歪みをも踏まえて企画の更新がなされたために生じた現象との考えも成り立つ。したがって、この前方部の歪みは、先に示した系列関係の妥当性を示すものとみている。

　以上、分類を試み、各類型相互の型式組列を考えてきた。最後に、この組列の変化の方向性を検討し、編年案を提示したい。

　一般的に型式組列の方向性は、その祖形となるものを見いだし、その系統関係より組列の先頭の

抽出によって決定する場合が多い。けれども、前方後円墳墳丘形態の場合、楯築弥生墳丘墓などに祖形を求めるとしても、その後の飛躍の度合いが大きく、弥生墳丘墓と最古式前方後円墳の系列的関係については未知の部分が多い。したがって、墳丘形態から組列の先頭を決定することはやや困難であり、変遷過程の知られる埴輪の型式によって決定せざるを得ないのが現状である。

　なお、近藤義郎は、特殊器台形埴輪を有し撥形前方部を持つ前方後円墳が最古式前方後円墳とし、箸墓古墳をその候補とした（近藤 1986a）が、行燈山古墳や渋谷向山古墳が普通円筒埴輪を有する（戸原・笠野 1977、笠野 1979）ことから、ここではその妥当性を認め、箸墓古墳を含む箸墓類型を組列の先頭として捉えることとしたい。したがって、その組列の先頭を箸墓類型とするならば、箸墓類型→西殿塚類型→行燈山類型→五社神類型→渋谷向山類型という変化の方向性が理解されるであろう（第7図）。また、この変化の方向性は、渋谷向山古墳墳丘各部の特徴が前期末に位置づけられる佐紀陵山古墳に類似することからも保証されるものと考えている。ここでは、この型式組列を箸墓系列と仮称し、畿内大形前方後円墳の編年案の一端としたい。

2. 畿内大形前方後円墳の型式学的検討

　本項では畿内大形前方後円墳の平面形態とともに新たに側面形態についても検討の対象とし、型式学的方法を用いて吟味した。結論を先に示すと、これまでに把握された箸墓系列（澤田 1991a・1993b、岸本 1992・1995a・1995b）のほかに、桜井茶臼山古墳を組列の先頭とする一群を把握することができた（岸本 1997、澤田 1998）。ただし、この両者は、それぞれが独立して展開しているのではなく、平面形態に反映している築造企画と側面形態に反映している立面構成、換言すれば立面構成は築造技術を反映することになろうが、それらが両者に密接な関係を保ちながら変化を遂げているなど、複雑な在り方をしている。

　以下、後者を桜井茶臼山系列として、二系列の展開と関係性を確認したい。

　a）箸墓系列

　前項では平面形態の型式学的検討から箸墓古墳→西殿塚古墳→行燈山古墳→五社神古墳→渋谷向山古墳と展開するものを箸墓系列として捉えていたが、これを平面、側面形態の双方から見直した場合、渋谷向山古墳の位置づけが問題となった[21]（澤田 1995）。渋谷向山古墳の平面、側面形態と箸墓系列に属する諸古墳との相違点をみると、平面形態に関しては後円部径と前方部長の比率が箸墓古墳で8：6、西殿塚古墳で8：5、行燈山古墳、五社神古墳で8：4と徐々に前方部の割合が減少し、前方部の短小化を一連の変化としているのに対して、渋谷向山古墳は8：6と箸墓古墳に近い形態をとり、一連の傾向から外れる。また、側面形態でも特に行燈山古墳、五社神古墳と比べると、下段平坦面の前方部から後円部にかけての連接具合、後円部上段の平坦面と前方部墳頂平坦面との位置関係に大きな差異があり、3者に系列的な連続性を認めることは困難であった。つまり、箸墓系列諸古墳の後円部上段テラスは、後円部から前方部にかけて造られたスロープによって途切れるか（箸墓古墳）、完全3段化した前方後円形の2つのテラス面を持つか（西殿塚古墳、行燈山古墳）、後円部上段テラスが前方部の頂部平坦面より下位に位置するために収束するか（五社神古

墳）のいずれかであった。これに対し、渋谷向山古墳のそれは前方部頂部平坦面に連接して全周しており、最上段が円墳状に独立している。また、下段平坦面が前方部を含め全周するのも五社神古墳を除く箸墓系列の諸古墳ではみられない在り方である。このような渋谷向山古墳と同様な側面形態を持つものを検索した結果、測量図の精度上、その資料性に問題が残されるものの桜井茶臼山古墳、メスリ山古墳を類例として挙げることができた。

　五社神古墳に後続する大形前方後円墳は、直後に宝来山古墳が挙げられ、さらにウワナベ古墳、大山古墳と続く（第8・9図）。五社神古墳から宝来山古墳へは、外側面が直線的になる周濠の形態に共通性が認められるほか、段築成の完全3段化とともに前方部の長大化が変化の方向性として挙げられる。それ以降は、やや長い前方部に共通性がみられ、前端幅の拡幅、前方部高の増加といった変化の方向性が認められる。ただし、宝来山古墳からウワナベ古墳へはややヒアタスがあり、そのあいだを埋める築造企画があるのかも知れない。これは、特にここでの議論に抵触しないので、今後の検討課題としておきたい。以下、上述の桜井茶臼山古墳、メスリ山古墳と渋谷向山古墳の関係をみていく。

　b）桜井茶臼山系列

　桜井茶臼山古墳、メスリ山古墳と渋谷向山古墳との関係をみると、段築成の在り方、特に上段平坦面と前方部墳頂平坦面との位置関係に共通性が認められ、3者が同一系譜上にあることが一見して推察される。結論をいうと、渋谷向山古墳と佐紀陵山古墳との関係[22]を留意して組列の有無を検討したところ、桜井茶臼山古墳を先頭とする桜井茶臼山古墳→メスリ山古墳→渋谷向山古墳→佐紀陵山古墳という一連の型式組列を見いだすことができた。

　まず段築成に注目し、後円部段築の中段を1とした斜面比を比較すると、桜井茶臼山古墳では上段から1：1：1であったが、メスリ山古墳では1.5：1：1、渋谷向山古墳では2.5：1：1（第10図）と変化しており、上段斜面比の増加傾向が看取され、そこに一連の変化が認められる。したがって、渋谷向山古墳は平面形態に関しては箸墓系列と基本的な枠組みを持ち、企画自体は関係を有しているものの[23]、段築成の構成や側面形態からみた場合には桜井茶臼山系列のなかに位置づけることが可能である。むしろ、段築成の在り方に反映された技術的系統関係を重視するならば、渋谷向山古墳は桜井茶臼山系列のなかで理解するが穏当であろう。形態的には前方部前端幅の拡大と前方部高の増加が認められ、箸墓系列と同様な傾向がうかがえる。渋谷向山古墳の直後に佐紀陵山古墳が位置づけられるが、両者は2/3規模で基本的な枠組みを共有しているほか、周濠の在り方に共通性がある。また段築成が完全に3段化するところに変化の方向性が認められる。佐紀陵山古墳以降の展開は、津堂城山古墳、仲津山古墳、百舌鳥陵山古墳、誉田御廟山古墳と続くが、これらは規模こそ異なるものの形態に関しては基本的な枠組みを共有しており、前方部高の増加が変化の方向性として認められる。

　最後に両系列の諸古墳間の時間的併行関係を検討し、畿内大形前方後円墳の編年的位置づけを確認しておきたい。

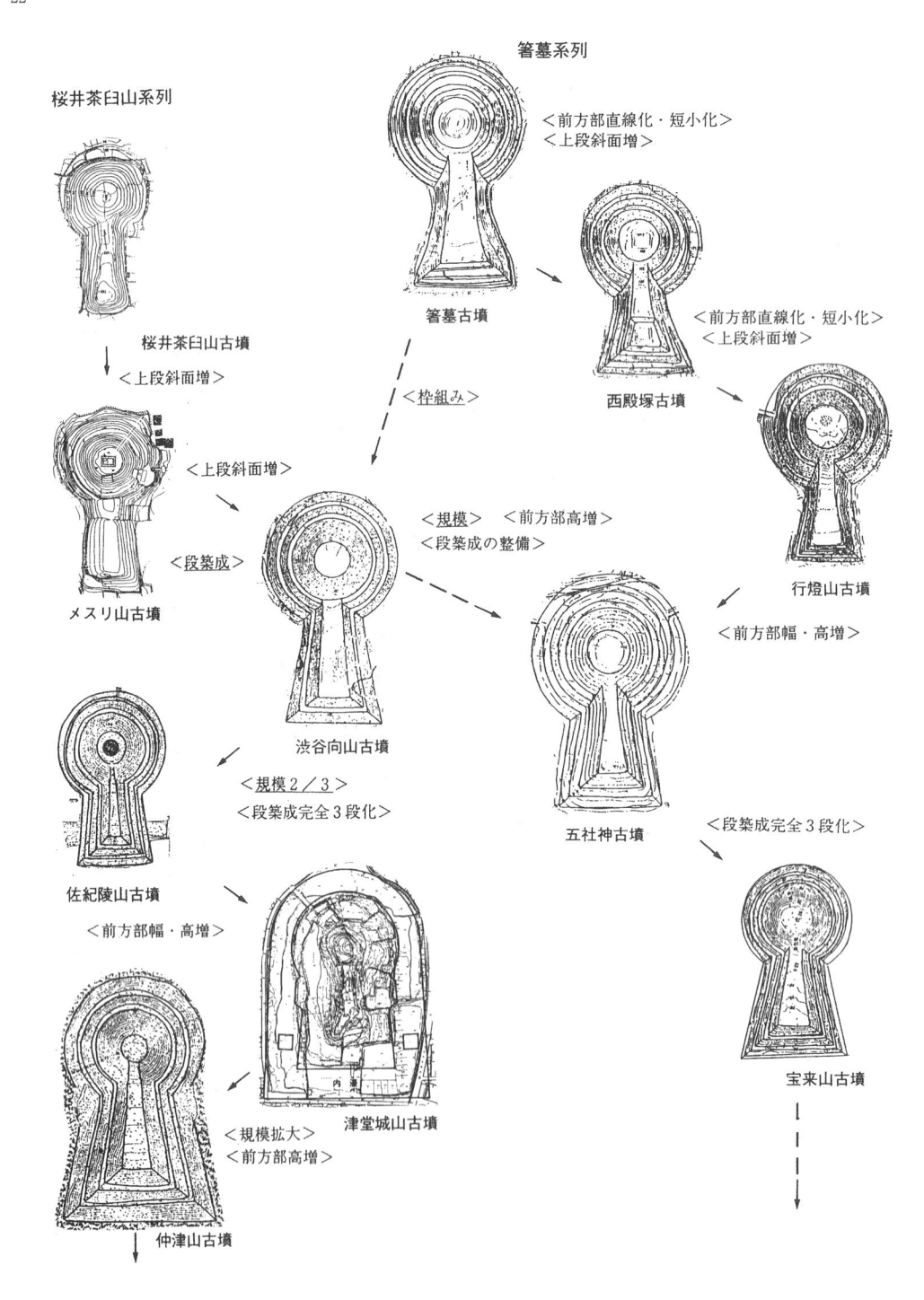

桜井茶臼山系列

桜井茶臼山古墳

＜上段斜面増＞

メスリ山古墳

＜上段斜面増＞

＜段築成＞

佐紀陵山古墳

＜前方部幅・高増＞

仲津山古墳

箸墓系列

箸墓古墳

＜前方部直線化・短小化＞
＜上段斜面増＞

西殿塚古墳

＜前方部直線化・短小化＞
＜上段斜面増＞

行燈山古墳

＜前方部幅・高増＞

＜枠組み＞

＜規模＞　＜前方部高増＞
＜段築成の整備＞

渋谷向山古墳

＜規模2／3＞
＜段築成完全3段化＞

五社神古墳

＜段築成完全3段化＞

宝来山古墳

津堂城山古墳

＜規模拡大＞
＜前方部高増＞

第8図　畿内大形前方後円墳の型式学的変遷（1）（1/8,000）

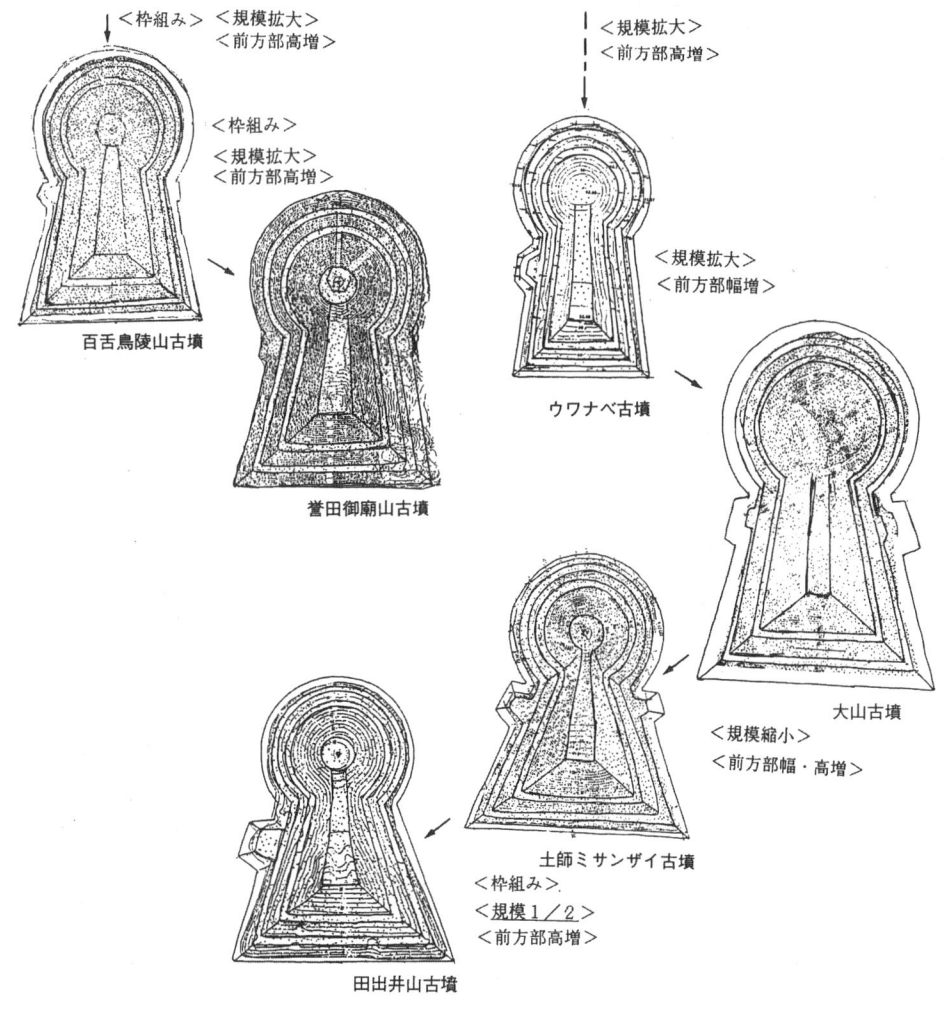

<＜枠組み＞　＜規模拡大＞
　　　　　＜前方部高増＞

＜枠組み＞
＜規模拡大＞
＜前方部高増＞

百舌鳥陵山古墳

誉田御廟山古墳

＜規模拡大＞
＜前方部高増＞

ウワナベ古墳

＜規模拡大＞
＜前方部幅増＞

大山古墳

＜規模縮小＞
＜前方部幅・高増＞

土師ミサンザイ古墳
＜枠組み＞
＜規模1／2＞
＜前方部高増＞

田出井山古墳

第9図　畿内大形前方後円墳の型式学的変遷（2）（1/8,000）

c）時間的併行関係

両系列の時間的関係は、諸要素の置換関係の検討によって把握が可能である。

先にみたとおり、この渋谷向山古墳は段築成の構成や前方部側縁の開き方などに相違する点があるものの、平面形態については箸墓古墳と基本的な枠組みは同一であり、渋谷向山古墳の前方部前端にめぐる「コ」の字状の施設を除いて規模も同大である。このような箸墓古墳や箸墓系列の諸古墳と渋谷向山古墳の形態には関係性や類似性が認められ、それらはいくつかの基本的な枠組みにおいて、要素を共有している可能性がある。そこで再度、箸墓系列の諸古墳と渋谷向山古墳との相違点について後円部の斜面比に注目してみていくと、箸墓古墳は4段築成ながら1：1：1：1、西殿塚古墳では3段築成で1.5：1：1、行燈山古墳では2.5：1：1、五社神古墳で3：1：1（第10図）となり、桜井茶臼山系列と同様に上段斜面比の増加がうかがえる。これを最上段をより高く盛土するという両系列に共通した技術的水準であるならば、両系列間の時間的関係は上段斜面比の比較検討によって求められる。

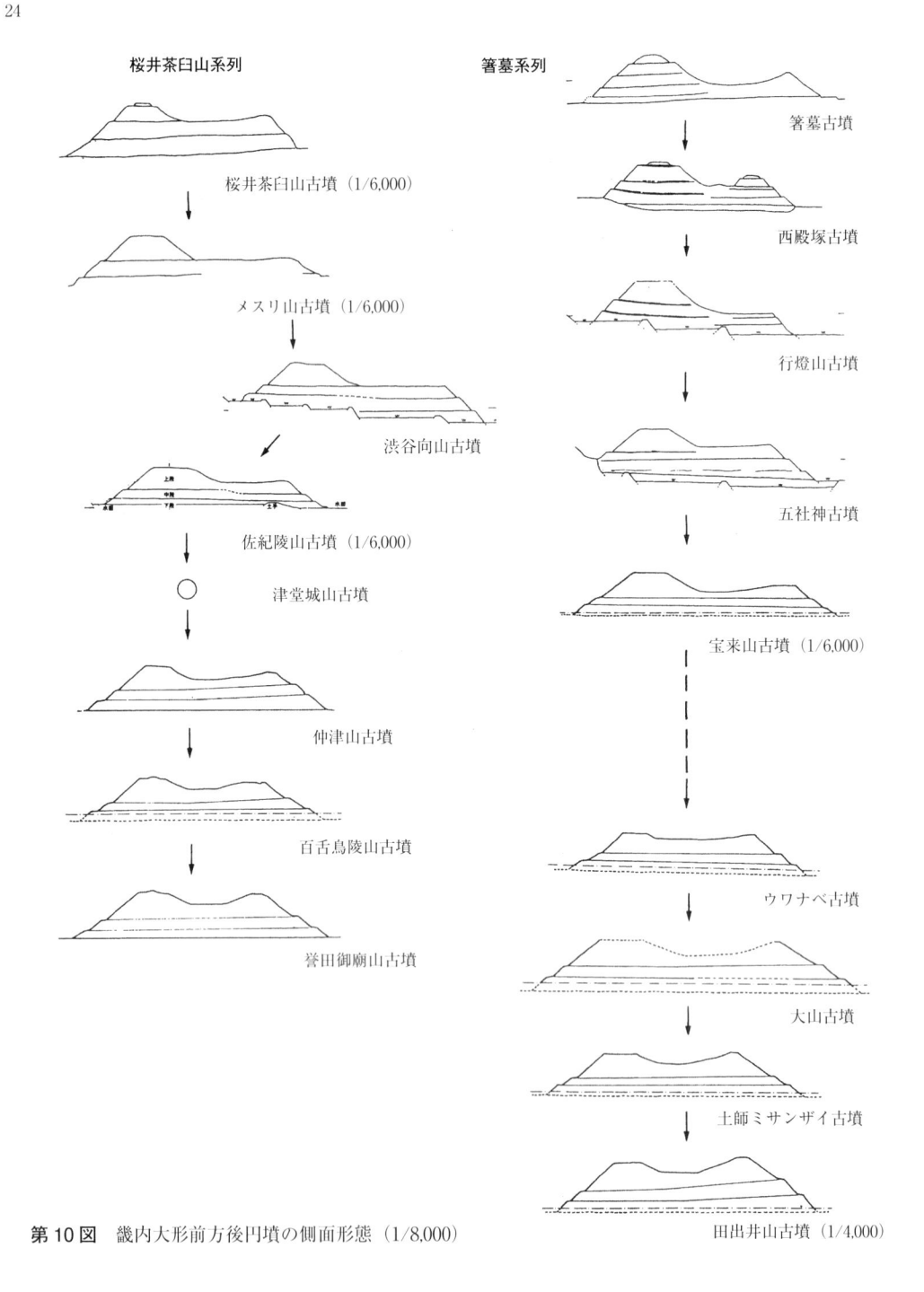

桜井茶臼山系列

桜井茶臼山古墳（1/6,000）

メスリ山古墳（1/6,000）

渋谷向山古墳

佐紀陵山古墳（1/6,000）

津堂城山古墳

仲津山古墳

百舌鳥陵山古墳

誉田御廟山古墳

箸墓系列

箸墓古墳

西殿塚古墳

行燈山古墳

五社神古墳

宝来山古墳（1/6,000）

ウワナベ古墳

大山古墳

土師ミサンザイ古墳

田出井山古墳（1/4,000）

第10図 畿内大形前方後円墳の側面形態（1/8,000）

　この見解にしたがって、箸墓系列と桜井茶臼山系列の諸古墳の時間的併行関係を求めると、箸墓古墳、桜井茶臼山古墳（ほぼ同時期）→西殿塚古墳、メスリ山古墳（ほぼ同時期）→行燈山古墳→渋谷向山古墳、五社神古墳となる。問題となる渋谷向山古墳と五社神古墳の先後関係については、前方部と後円部の比高から再検討すると、五社神古墳の前方部がより高く築かれており、渋谷向山古墳を行燈山古墳と五社神古墳の中間に位置づけることができ、五社神古墳に先行して渋谷向山古

墳の築造がなされた可能性が考えられる。これは行燈山古墳よりも五社神古墳の前方部前面幅が広く設定されていることからも肯定される。つまり、ここにも前方部を高く築造するための措置がなされており、技術的な推移に伴う変化が看取される[24]。また段築成の構成に関しても行燈山古墳から五社神古墳にかけて急激な変化がみられるが、両者のあいだに渋谷向山古墳を入れて考えると、行燈山古墳から五社神古墳への移行が容易に説明できる[25]。このように箸墓系列ではこの五社神古墳の段階で桜井茶臼山系列の影響を受け、それまで後円部と前方部で互い違いであった箸墓系列の段築成が整備されたものと考えておきたい。なお、これらの関係は第 8・9 図に示したとおりである。

　したがって、ここでは前期から中期中頃の畿内大形前方後円墳の変遷については、箸墓系列で箸墓古墳→西殿塚古墳→行燈山古墳→五社神古墳→宝来山古墳→ウワナベ古墳→大山古墳、桜井茶臼山系列で桜井茶臼山古墳→メスリ山古墳→渋谷向山古墳→佐紀陵山古墳→津堂城山古墳→仲津山古墳→百舌鳥陵山古墳→誉田御廟山古墳と展開していく可能性を考えておきたい。また、以下ではこの変遷観をもとに箸墓古墳の成立過程を検討していく。

3.　箸墓古墳の成立

　ここでは、弥生墳丘墓と呼ばれるもののなかに箸墓系列（澤田 1991a）の祖形となるものがないか検討し、箸墓古墳の成立過程を追究する。まず、前節で抽出したⅡA 式の竪穴式石槨を内包する墳墓について検討していく。

　ⅡA 式石槨を持つ墳墓は、猫塚、鶴尾神社 4 号墓、丁瓢塚、養久山 1 号墓、神原神社古墳が挙げられる（第 11 図）。このなかで神原神社古墳は、墳形が十分に把握されていないので、ここでは検討の対象から除外する[26]。ほかの墳墓は前方後円形あるいは双方中円形を呈しているが、これらの墳墓の前方部あるいは突出部は、細長く、また側縁がくびれ部から前面にむかって曲線的に外反する、いわゆる撥形を呈しており、最古式前方後円墳である箸墓古墳と共通の要素が見いだせる。筆者は、前期前方後円墳の前方部の変化の傾向として短小化と側縁の直線化の傾向を指摘しているが（澤田 1991a）、この観点で前方後円形墳墓の鶴尾神社 4 号墓と丁瓢塚をみると、鶴尾神社 4 号墓は、後円部の下から 3 段目の石列を基準にすると[27]石部正志らの分類（石部ほか 1978）の 8 区型（以下、区型を用いる場合はこの分類による）で、緩い弧状を呈する細長い前方部を持ち、また丁瓢塚は 7 区型で緩い弧状を呈して開く細長い前方部を持つ。この両者は、ともに緩い弧状を呈して外反する前方部を有しており、また後円部直径に対する前方部の比率は 8 区、7 区であり、6 区、5 区、4 区と短くなる前期前方後円墳前方部の一連の変化の傾向のなかで位置づけが可能である。そして、これは箸墓古墳と丁瓢塚、鶴尾神社 4 号墓が同一系列上にあることを示している。また、左右非対称な撥形前方部を有し、整備された段築成や 100 m 余りの墳丘規模を持つ丁瓢塚が、箸墓古墳とより多くの類似点を見いだせるので[28]、箸墓古墳の直前に丁瓢塚を位置づけることができる。丁瓢塚と鶴尾神社 4 号墓の先後関係は鶴尾神社 4 号墓が丁瓢塚に先行して築造されたと考えているが、これは先に触れた前方部の短小化（澤田 1991a）という前期前方後円墳の築造企画の変化の方向性に矛盾するものではない。

　ところで、養久山 1 号墓は墳長約 31.5 m であるが、きわめて細いくびれ部や一旦狭くなって再

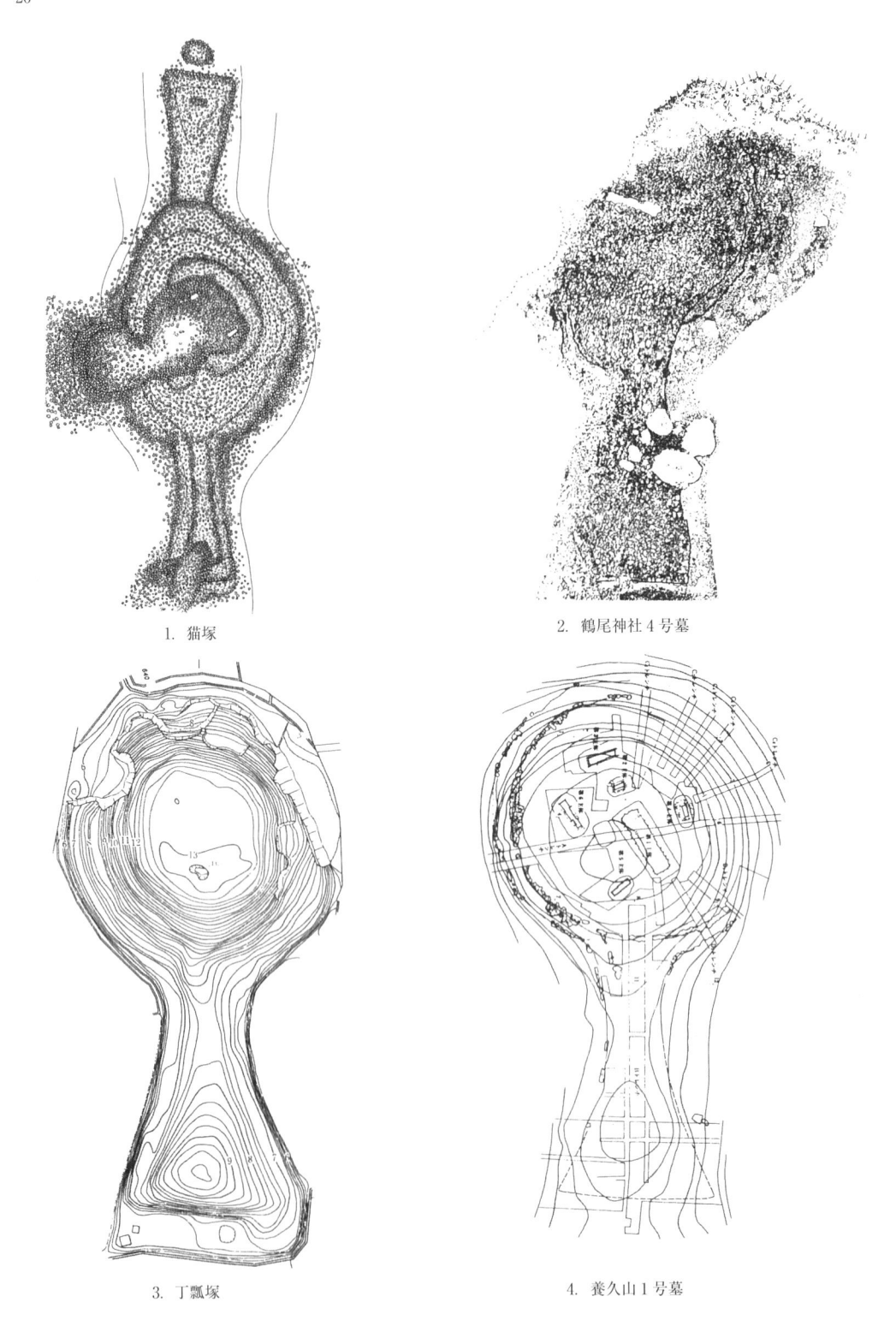

1. 猫塚

2. 鶴尾神社 4 号墓

3. 丁瓢塚

4. 養久山 1 号墓

第 11 図　ⅡA 式石梆を持つ墳墓（1・3：1/1,200、2：1/500、4：1/400）

び前端にむかって開く前方部を有するなど、丁瓢塚に共通する要素が多い。養久山1号墓と丁瓢塚を1対3で重ねたものが第12図であるが、後円部では基底部が合致しているほか、養久山1号墓の2段目石列が丁瓢塚の段築成2段目の基底部に合致している。前方部では基底部の一致はみられないものの、養久山1号墓の基底部石列が丁瓢塚の段築成2段目基底部に合致している。これは養久山1号墓の前方部基底部が後円部基底部より高い位置での設定に起因するが、養久山1号墓と丁瓢塚は前方部、後円部の比高差など各部の計測値が近似しており、両者は築造企画を共有していたと見なし得る。また、丁瓢塚と築造企画を共有する類型墳として坂出市爺ヶ松古墳、善通寺市野田院古墳が挙げられる（第3表）。つまり、丁瓢塚類型墳は揖保川水系を越えて讃岐地方にも存在しており、のちの箸墓古墳以後にみられる地域（古墳群）を越えた築造企画の共有がこの段階に読みとれる。したがって、丁瓢塚は規模こそ104mであるが段築成もすでに備えており、設計原理や築造企画など前期古墳に繋がる築造技術はこの段階に具備していたものと考えてよいだろう。

　ところで、鶴尾神社4号墓の前段階はどの墳墓だろうか。

　鶴尾神社4号墓は、石清尾山山塊に所在する積石塚であるが、同じ石清尾山山塊にはⅡA式石槨を持つ猫塚をはじめ数基の双方中円形の積石塚が存在している。鶴尾神社4号墓は、現状では南西方向にのびる尾根筋が破壊され十分な復元ができないが、立地から考えて旧来は双方中円形呈していた可能性も考えられ、その前段階の墳墓として同じ積石塚である双方中円形の墳墓との見方も可能であろう。また、石清尾山山塊の積石塚のなかでも猫塚は、細長く弧状を呈する突出部を有し

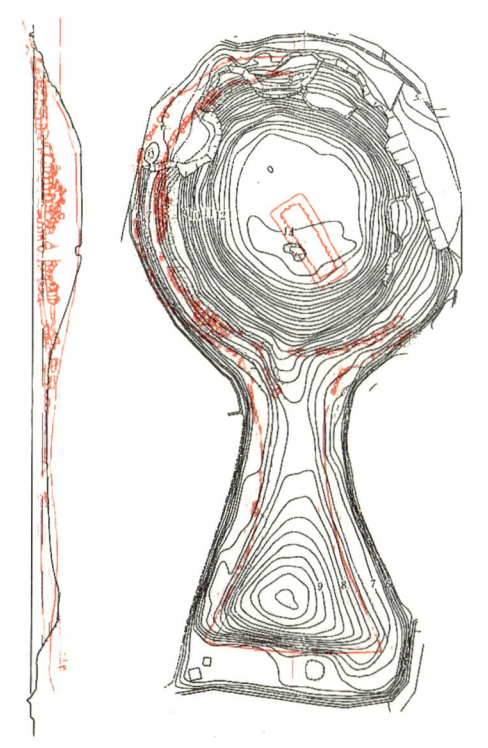

第12図　丁瓢塚（黒：1/1,200）と養久山1号墓
　　　　　（赤：1/400）

第3表　丁瓢塚を基準に墳丘企画が
　　　　設定されている墳墓

	播　磨	讃　岐
1	丁瓢塚	
1/2		爺ヶ松古墳 野田院古墳
1/3	養久山1号墓	

ており、鶴尾神社4号墓の前方部の築造企画に直接的な影響を及ぼした墳墓とみることができる。ここでは、この関係を重視し猫塚を鶴尾神社4号墓の直接段階に位置づけておきたい。また、このように前方後円形墳墓の由来を猫塚など双方中円形積石塚に求められるのであれば、その積石塚の祖形はやはり双方中円形を呈する楯築弥生墳丘墓と考えるのが自然であろう。

　楯築弥生墳丘墓は、備中足守川西岸下地域に所在し、2方向に突出部を持つ墳長約90mの双方中円形を呈する墳墓である。立坂型の特殊器台形土器を有することから、弥生時代後期中頃に位置づけられている弥生墳丘墓である。現状では、2方向の突出部はともに失われているが、発掘調査によって2重の石列を伴う壮大な突出部が確認されており（近藤1987、近藤編1992b）、構造は異なるとはいえ緩く曲線的に外反する撥形前方部に近い形状をとる[30]（第13図）。今のところ、このような壮大な突出部を持つ墳丘墓は類例が少なく、しかも撥形を呈するものはほかには猫塚しか知られていない。楯築弥生墳丘墓の第2主体部や北東、南西突出部からは讃岐地方より搬入されたと考えられるサヌカイトの剥片や石核が出土している[31]（近藤編1992b）。また、楯築弥生墳丘墓より1kmほど南に位置する上東遺跡からは、立坂型特殊器台形土器に先行する鬼川市Ⅱ式の段階に高松市大空遺跡に類似する壺形土器が出土（柳瀬・伊藤1974）し、さらに岡山平野の百間川今谷遺跡からも讃岐地方に関連が求められる壺形土器が出土している（下澤1982）など、客体的ではあるが吉備と讃岐との交流を跡づける資料が散見される[32]。

　このように、双方中円形という墳形や撥形を呈する突出部の在り方から考えて、猫塚の築造時期が今一つ不確かではあるものの、岸本直文が指摘するとおり讃岐地方の積石塚は楯築弥生墳丘墓と

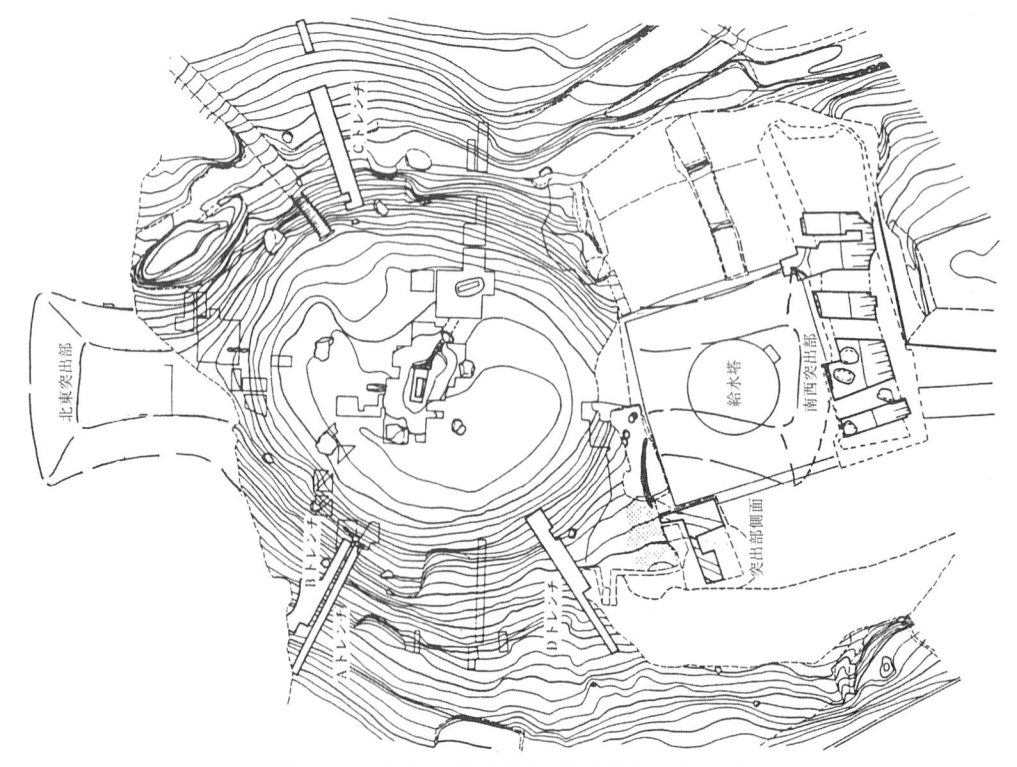

第13図　楯築弥生墳丘墓墳丘復元想定図（1/800）

の関連のなかで考えるのが自然である（岸本 1988）。また、土器にみられる弥生時代後期における吉備地方と讃岐地方の交流は、猫塚と楯築弥生墳丘墓の関係を肯定するものである。ただし、猫塚と楯築弥生墳丘墓の先後関係は、先に触れたとおり楯築弥生墳丘墓よりも猫塚が鶴尾神社 4 号墓により近い形態をとることから、楯築弥生墳丘墓が猫塚に先行して築造されたものと思われる。したがって、前期前方後円墳の変化にみられる一連の傾向（澤田 1991a）が鶴尾神社 4 号墓よりはじまるとしても、箸墓古墳以前の箸墓系列の前段階の墳墓の変遷を、ここでは楯築弥生墳丘墓→猫塚→鶴尾神社 4 号墓→丁瓢塚→箸墓古墳と考えておきたい。

　ところで、纒向石塚など前方後円形を呈する墳墓と箸墓古墳との関係についても触れる必要があろう。

　寺沢薫は、纒向石塚を箸墓古墳の直前に位置づけ、両者が系列的関係にあると理解している（寺沢 1988）。纒向石塚も 90 m 前後の規模と撥形を呈する突出部を有するが、段築成や不正円形を呈する後円部の形状や後円部に対する突出部比率など、前節で抽出した箸墓系列に繋がる積極的な要素を見いだすことは困難である。したがって、これまでに示してきたとおり、箸墓古墳は楯築弥生墳丘墓に続く猫塚、鶴尾神社 4 号墓、丁瓢塚の系列的変化の後に成立したと思われ、纒向石塚と箸墓古墳とは別な系列関係にあるものと理解される。[33]ただし、纒向石塚や纒向形弥生墳丘墓の祖形となるものを、楯築弥生墳丘墓に求めるのは可能である。[34]

　以上、前期の前方後円墳築造企画の変化の傾向を顧み、その前段階の墳墓の在り方を勘案してきた。ここでは、楯築弥生墳丘墓→猫塚→鶴尾神社 4 号墓→丁瓢塚→箸墓古墳→西殿塚古墳→行燈山古墳→五社神古墳という系列的変遷を考えておきたい（第 14 図）。箸墓古墳以後定式化した前方後円墳にみられる変化の傾向は、鶴尾神社 4 号墓から認められ、ここに第一の技術的な画期が看取される。また、丁瓢塚に 1/2、1/3 規模類型墳が認められるが、これはすでに丁瓢塚の段階において箸墓古墳の段階とほぼ同一の技術水準を持ち得たことを示すものであり、第二の技術的画期が読みとれる。これは築造企画の配布を基にした政治システムに基づく配布原理の存在を示すものでもあり、墳丘の築造企画の配布を基軸とした政治システムの開始を示唆するものと考えられよう。

　したがって、前方後円墳は、弥生墳丘墓から飛躍的に成立したのではなく、技術系統的には、むしろ楯築弥生墳丘墓より段階を踏んで成立したと考える方が無理なく説明できる。つまり、前方後円墳の築造企画についても、竪穴式石槨と同様、特にその撥形前方部は吉備地方、讃岐地方、播磨地方での動態によって変化し、成立したと考えるのが自然であり、そこには海外からの技術や思想の影響を認めることはできない。また、箸墓古墳の成立過程にみられる丁瓢塚段階での同一企画墳墓（類型墳）の築造開始とその波及は、単に技術的向上を意味するのではなく築造企画の配布を原則とした政治的統治体制系の開始を示すものと考えられる。

　このような前方後円墳の成立過程を踏まえ、次節以降では三角縁神獣鏡の製作動向と鏡群の検討によって、その配布の実態を明確にし、前方後円墳成立期の政治的動態を明らかにしていく。

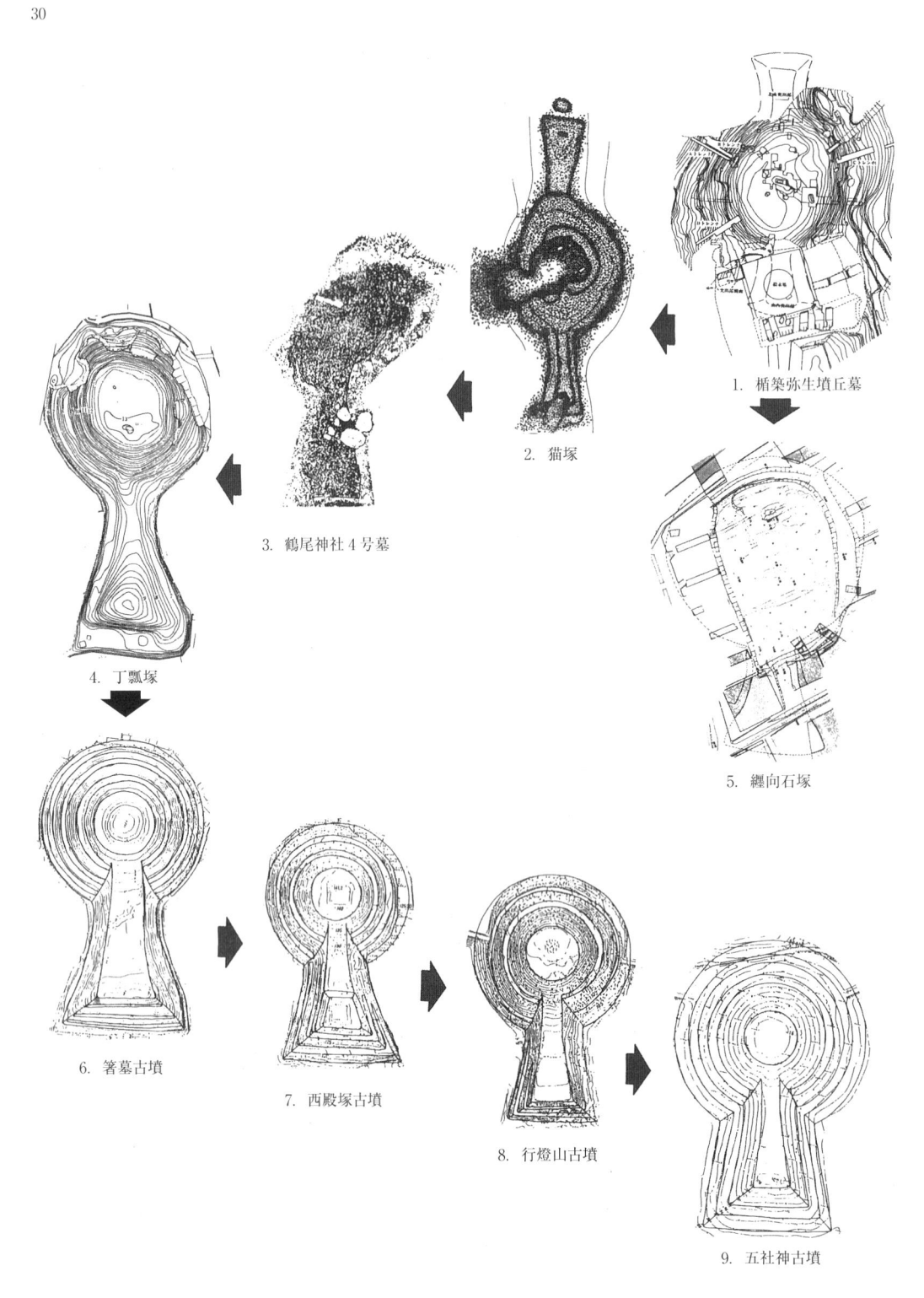

1. 楯築弥生墳丘墓

2. 猫塚

3. 鶴尾神社4号墓

4. 丁瓢塚

5. 纒向石塚

6. 箸墓古墳

7. 西殿塚古墳

8. 行燈山古墳

9. 五社神古墳

第14図 箸墓古墳（箸墓系列）の成立と変遷（1・2・4・5：1/2,000、3：1/1,000、6〜9：1/6,000）

第4節　三角縁神獣鏡の製作動向

　三角縁神獣鏡の研究はいうまでもなく、小林行雄によって精力的に進められた。

　小林は、椿井大塚山古墳や備前車塚古墳での三角縁神獣鏡の発見によって飛躍的に進展した同笵鏡分有関係に注目し、古墳時代研究を古代政治史のなかに位置づけた。特に「同笵鏡」の理解に基づいて発表した、弥生時代の地域的な集団関係の在り方を越えて広範な政治連合体が畿内優位のもとに成立したという仮説（小林 1952・1961）は、多くの支持を集めた。また、1957 年に発表した「初期大和政権の勢力圏」では、三角縁神獣鏡の「鏡式」の違いによる同笵鏡分布の偏りを提示し、これが大和政権の勢力拡大の過程を示しているとした（小林 1957・1961）。すなわち、単像式鏡を主体とする「西方型鏡群」と呼んだものが北九州から濃尾地方にかけて逸早く配布され、やや遅れて複像式鏡群を主体とする「東方型鏡群」が瀬戸内から関東地方にまで配布されたと論じている。けれども、この考えは岸本直文が指摘するとおり、個々の鏡の新古関係を論じたうえでの議論でないために、配布の段階差の主張は必ずしも十分ではない（岸本 1989）。分布の型に外れる例もみられ、再検討の余地がある（都出 1989）。

　このような問題点に対し、前節までに前方後円墳の築造企画の型式学的検討から、箸墓古墳を中心とする築造企画の汎列島的な波及を示し、古墳時代前期の前方後円墳の築造企画が三角縁神獣鏡と同様にある一定の政治的秩序に基づいて順次配布された可能性を考えてきたが、第5節では前方後円墳より出土した三角縁神獣鏡の鏡式あるいは鏡群と前方後円墳の平面形態および竪穴式石槨の共伴事例から、3 者の型式の組み合わせにみる相関性を追究し、築造企画や三角縁神獣鏡配布の実態をより明確にし、当時の政治的動態を明らかにしていく。

　そこで、本節では古墳より出土した鏡群を分析する前提作業として、各鏡式の時間的、系列的関係性の整理より導かれる三角縁神獣鏡の製作動向について検討していく。

1.　三角縁神獣鏡研究史抄

　先に触れた小林行雄の研究に続いて三角縁神獣鏡の系譜についての研究は、1970 年に西田守夫によって具体化された（西田 1970）。西田は、三角縁神獣鏡のなかに見いだせる画紋帯神獣鏡および画像鏡に系譜的に繋がる諸要素を抽出し、この 2 者の複合によって三角縁神獣鏡が生みだされたと考えた。この見解は、三角縁神獣鏡の出自を明確にし、さらに三角縁神獣鏡に具現化された銘文、三角縁の形態、画紋帯神獣鏡、画像鏡などの諸要素の検討からいくつかの鏡群を認め、背後に認められる製作者集団を想定した。けれども、この西田の研究は、三角縁神獣鏡の製作体制を言及するうえでは、祖形の抽出に留まり、祖形より受け継いだ諸要素が多様な三角縁神獣鏡の紋様要素の理解のなかでどのような系列的関係にあるかにまで及んでいない点に問題が残されていた。

　また、小林は 1971 年に「三角縁神獣鏡の研究―型式分類編―」を発表したが、この論考は、神像、獣像の配置法を基準にした型式分類であり、20 数種に及ぶ分類より内区を乳により四区画ないし六区画に分割し神獣像を種々に配置することが三角縁神獣鏡の製作の原理であったと論じてい

(35)
る（小林 1971）。しかし、この分類の結果導きだされた 20 数種の配置は、決して数量的に均等ではない。これは岸本が指摘するとおり、抽出した類型相互の系列的関係を十分に把握していないために生じたものと思われ、各々の配置の変形が累積した結果ともいえるであろう（岸本 1989）。つまり、この小林の研究も、三角縁神獣鏡の配置に類型を見いだしたものの各々の系列関係を追究しておらず、配置法より導きだした各型式の新古関係を十分に示すには至っていない。

　このような小林や西田の視点を継承した岸本直文は、1989 年に「三角縁神獣鏡製作の工人群」を発表した（岸本 1989）。このなかで岸本は、三角縁神獣鏡の主要な属性である神獣像の図柄に注目したが、その図像表現の型式分類によって 17 の神獣像表現を抽出し、類型化した個々の単位を「表現①」などと呼称した（以下、表現○とする場合、岸本直文の神獣鏡表現の分類（第 15 図）を指す）。そして、これら内区の主紋様である神獣像の表現の型式学的分析を通じて、各鏡式の時間的、系列的関係を整理し、三角縁神獣鏡の製作に携わった三派の工人群を抽出し製作動向を論じた。これらの系統系列的な理解に関しては、大枠でその妥当性が認められる。けれども、岸本が(36)「四神四獣鏡群」、「陳氏作鏡群」、「二神二獣鏡群」と呼ぶ 3 つの鏡群相互の細かい併行関係などは十分に示されておらず、これらの工人三派で製作された鏡式間の厳密な同時性を論じる場合に問題が残されている。しかし、この研究によって工人群単位での製作やその体系が明らかになり、小林が示した鏡群の新古関係が逆転し、分布の型の理解に新たな問題を投げかけた。

　また岸本は、その後、権現山 51 号墳出土 1 号鏡の検討において、表現⑤に属す権現山 1 号鏡に関して表現⑥の鏡とのあいだに神獣像の置換があるなど、両表現間に親密な関係を指摘するとともに、表現⑤のなかで配置 A をとるものが配置 J₁ や配置 I をとる表現⑤の鏡に先行して製作されたものとした（岸本 1991a）。岸本は前稿において表現④・⑤を当初より二神二獣の配置 I、J を持つことから「二神二獣鏡群」とした（岸本 1989）が、これら表現④・⑤は岸本自身が指摘したとおり四神四獣の配置 A などを初現的な在り方としている点や、「四神四獣鏡群」や「陳氏作鏡群」との関連も無視できないことから、「二神二獣鏡群」の設定に再検討の余地が残されている。

　一方、新納泉は、外区から縁部の断面形、傘松形、銘帯と紋様帯、乳などの要素の変化とその対応関係から三角縁神獣鏡の型式系列を 5 つの段階に整理したうえで、権現山 51 号墳出土の 5 面の三角縁神獣鏡鏡群について型式学的な位置づけをおこなった（新納 1991）。この研究は、副次的に配される各種の単位紋様に注目し、その型式学的検討から各鏡式の製作時の同時性を辿るものであり、岸本の示した主紋様たる神獣像表現の研究では辿れない各系列間での併行関係を追究し、提示した点で高く評価でき、三角縁神獣鏡の製作動向を理解するうえで重要な研究である。また、新納(37)のおこなった傘松紋様、乳の分類は妥当なものであり、本節でも再度検討を加えるが結論的にいうとほぼ一致する。けれども、時間差の見いだせそうな捩紋座乳を持つ鏡群と波紋帯鏡群とを同一段階に位置づけるなど細部で問題を残している。

　以上、これまでの研究を顧み、いくつかの問題点を指摘してきた。岸本によって提示された 3 つの鏡群間での鏡式の併行関係や「二神二獣鏡群」とした鏡群の設定に問題が残されているが、製作動向をより厳密に把握し、古墳出土鏡群を分析するためには、特に前者の問題に関して検討を加える必要がある。この問題に関しては、すでに新納によって試みられた単位紋様に注目した分析視点

第 15 図　神獣像の分類

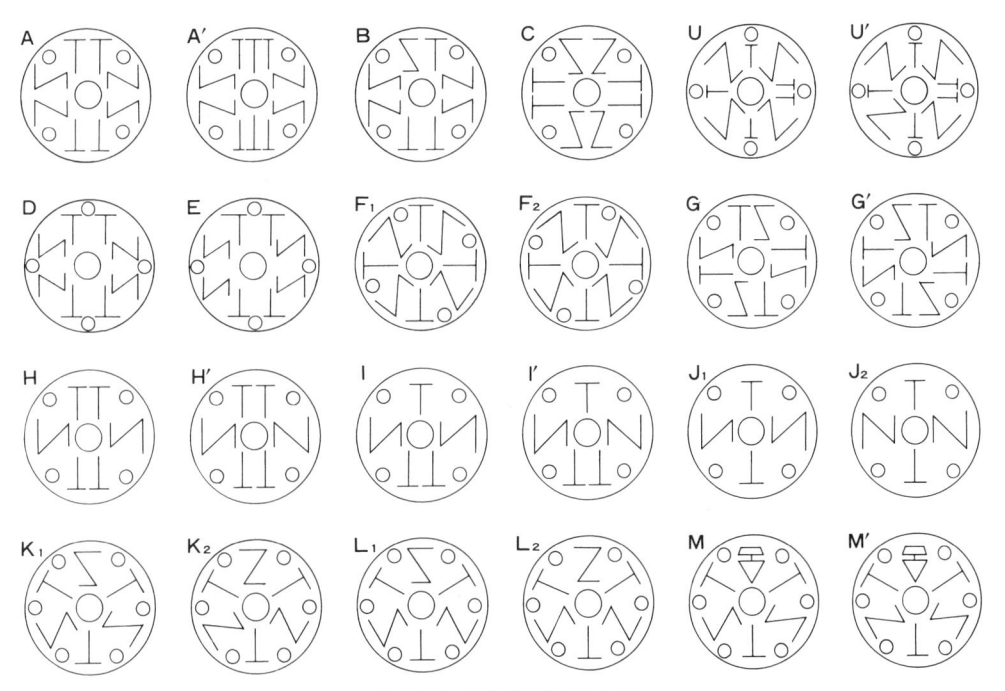

第 16 図　神獣像配置の分類

が有効であり、後者の問題に関しても、この分析に基づいて系列関係を理解していく必要があると思われる。

　ところで、傘松紋様は四神四獣鏡系の配置（配置A・A′・B・E・F₁・F₂など）を持つ鏡に多くみられ、特に対置式神獣鏡の影響下に生まれたと考えられる配置A・A′などの三神五獣鏡の神像のひとつとして充填されているのが初現的な在り方といえる。後述のとおり、傘松紋様は4種に分類が可能で、時間的経過とともに形態の変化がみられ内区のなかでの位置も多様な在り方を示すが、結論的にいうと捩紋座乳と密接な関係を持って変化しているものと理解できる。また、捩紋座乳は、表現③・④・⑤・⑧・⑯などの配置I・I′・J₁・J₂などの二神二獣鏡系および配置K₁・K₂・L₁などの三神三獣鏡系の配置を持つ鏡にみられる乳座である。先に触れたとおり、岸本は、この捩紋座乳を画像鏡の系譜を引くと考えた「二神二獣鏡群」に多くみられることから、その祖形を画像鏡の乳座に求め、三角縁神獣鏡の製作当初より存在すると理解している（岸本 1989）。しかし、捩紋座乳は中国出土の画像鏡においては管見に触れず、その出自は別に求める必要がある。のちに論じるとおり、表現④・⑥・⑧・⑭の鏡では傘松紋様の傘下に捩紋が見いだせ、その一部に乳状の突起がみられるものが存在しているが、これは捩紋座乳の出現を画像鏡の影響によって説明するのではなく、傘松紋様の変化のなかでその出現過程が説明可能なことを示唆している。

　したがって、岸本の神獣像の研究を基礎としつつ、ここでは新納の分析視点に依拠して、単位紋様である傘松紋様と乳を取りあげ、型式学的検討を試みる。そして、そのうえで岸本の設定した工人群三派間での鏡式の併行関係を追究し、あわせて岸本の提示した製作動向を再検討していくことにしたい。なお、配置（第16図）は『椿井大塚山古墳と三角縁神獣鏡』（京都大学文学部考古学研究室編 1989）を、また鏡式番号（目録番号）は『大古墳展—ヤマト王権と古墳の鏡—』（奈良県立橿原考古学研究所附属博物館ほか編 2000）の成果を用いることにした。

2.　傘松紋様・乳の形態分類と変遷

　本節で検討の対象とした資料は、現在知られている130数種の鏡式のなかで観察が可能であった105種である。なお、このうち傘松紋様を持つものは51種、捩紋座乳を持つものは24種で、双方を持つものが8種であった。⁽³⁸⁾

　a）分類

　まず、傘松紋様であるが、第17図のごとくa～d類の4種に分類が可能である。傘の数など3～5枚とばらつきがあるが、分類の主眼を傘松紋様傘下の台座においているためにここでは一括して扱っている。以下、各類型の特徴について述べていくことにする。

　a類—傘松紋様の傘下の紋様が蓮弁状の房をあらわしたものである。表現①の鏡に多く見いだされ、ほかの表現では表現②で1例（9鏡）がみられるのみである。

　b類—傘松紋様傘下の紋様が環状に表現されているものである。おもに表現②の鏡に多くみられ、表現⑦の26鏡や表現⑧、表現⑨の鏡にも若干施されている。やや大きい素乳との組み合わせで施されることが多いようであるが、表現④では例外的にc類の傘松紋様や捩紋

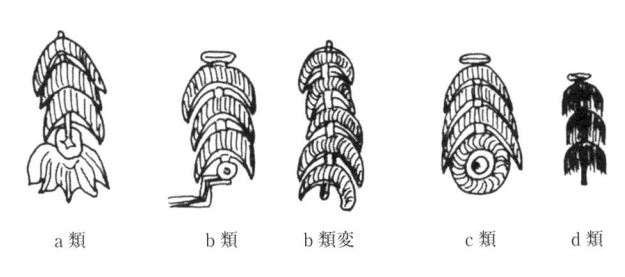

a類　　　　b類　　　　b類変　　　　c類　　　　d類

第17図　傘松紋様の分類

第4表　神獣像表現と傘松紋様

	a類	b類	c類	d類		a類	b類	c類	d類
表現①	5	1	0	0	表現⑥	0	2	5	0
表現②	1	11	0	0	表現⑦	0	3	0	0
表現③	0	0	0	0	表現⑧	0	1	3	0
表現④	0	2	7	0	表現⑨	0	3	0	0
表現⑤	0	0	2	6	表現⑭	0	0	3	0

座乳との組み合わせで出現している。

c類—傘松紋様の傘下の紋様として捩り紋が施されたものである。岸本が「陳氏作鏡群」とした表現⑥、表現⑦、表現⑧、「二神二獣鏡群」とした表現④の鏡にみられる。台座を持つ乳との組み合わせで見いだされることが多い。また、捩り紋のなかに乳状の突起あるいは乳そのものが入り込むものもみられる。その数は、4つの乳のうち1ないし2個で乳の全体を占めるのではなく、素乳との組み合わせでみられる。

d類—傘部の表現が線刻で、傘が開いていないなどa〜c類とは異なり写実的である。おもに表現⑤の鏡に多く施され、表現⑥の鏡にも副次的に配される傘松紋様である。侍従が傘松紋様を持つ例もあり、特徴的な存在である。

　以上、傘松紋様について概観してきた。新納の1式がa類、2式がb類、3式がc類に相当するが、これらは第4表に示したとおり、神獣像の表現と対応して数量的にまとまりをみせている。例えば、a類が表現①、b類が表現②で、ともに岸本が「四神四獣鏡群」に含めて考えた鏡に多く見いだされ、c類は表現⑥・⑧などの「陳氏作鏡群」に含まれる鏡式群に見いだせる。また、d類も表現⑤の鏡の鏡式群にみられるなど、単純にaからb、c類を順次経過してd類に変化するわけではなさそうである。

　一方、乳についてみてみると第18図に示したとおり、Ⅰ類（素乳）、Ⅱ類（台座付素乳）、Ⅲ類（捩紋座乳）、Ⅳ類（車輪圏座乳）の4種に分類することが可能である。

Ⅰ類—素乳である。1.0cm前後のものが多く、表現①・②の鏡で多くみられ、少数ではあるが表現④・⑤・⑥・⑦の鏡にも見いだすことができる。なお、表現④・⑤の鏡では配置A、A′でのみ、この乳が配されている。

Ⅱ類—台座を持つ乳で、大きさは台座を含め約1.5〜2.5cmである。表現⑥の鏡で多くみられ、表現①・②・⑤・⑦・⑧の鏡にもみられる。

36

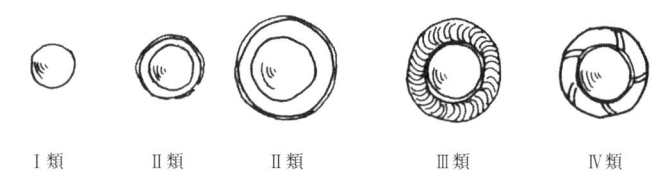

Ⅰ類　　　Ⅱ類　　　Ⅱ類　　　Ⅲ類　　　Ⅳ類

第18図　乳の分類

第5表　神獣像表現と乳

	Ⅰ類	Ⅱ類	Ⅲ類	Ⅳ類		Ⅰ類	Ⅱ類	Ⅲ類	Ⅳ類
表現①	8	3	0	0	表現⑦	2	2	0	0
表現②	8	3	0	0	表現⑧	0	3	4	1
表現③	0	1	6	0	表現⑨	2	1	0	0
表現④	0	1	9	0	表現⑩	1	1	0	3
表現⑤	1	6	6	0	表現⑪	0	1	0	3
表現⑥	2	5	0	0	表現⑫	0	2	0	2

Ⅲ類—捩紋座乳で、大きさは振り紋を含めて2.0～2.5cmである。表現③・④・⑤・⑧・⑯の鏡にみられ、そのなかでも配置Ｉ・Ｊ・Ｌ・Ｋなどの二神二獣鏡系、三神三獣鏡系の配置をとるものに多く見いだされる。

Ⅳ類—車輪圏座乳で、大きさは車輪圏座を含め約2.0～2.5cmである。波紋帯鏡群である表現⑩・⑪・⑫・⑬の鏡に多く見いだすことができ、表現⑧の鏡のなかにも僅かに認められる。

　このように乳は、座の在り方から4種に分類が可能で、各類型は量的には偏りがあるものの、岸本の示した神獣像表現の枠組みを越えて存在している点が特徴といえる（第5表）。傘松紋様の各類型が神獣鏡像の表現単位でまとまるのに比べると対照的な在り方を示しており、各鏡群の併行関係を辿るうえでひとつのメルクマールとなりそうである。

　次に抽出した傘松紋様と乳の各類型に組列がないかを検討し、その変遷を追究していく。

　ｂ）組列の検討

　ここでは、これまでに抽出した傘松紋様、乳の各類型に組列がないかを追究する。ここでは傘松紋様、乳それぞれについて検討を加え、その変遷をみていく。

　まず傘松紋様ａ類であるが、この類型が表現①の各鏡や表現②の9鏡（第21図4）にみられる。表現①の鏡は、対置式神獣鏡の配置を踏襲した配置ＡやА′、また環状乳神獣鏡の配置を踏襲したと思われる配置ＵやＵ′にみられる表現であり、配置からみて対置式神獣鏡や環状乳神獣鏡に近く、祖形となる鏡の影響下に生まれた最古式の鏡式と考えられる。また、9鏡は、同向式の配置をとり、その神獣像の表現は②のなかで理解できるものの、岸本が指摘するとおり画紋帯同向式神獣鏡に近く、やはり祖形となる鏡の直接的な影響を受けた最古式の一面と考えられるものである（岸本1989）。このなかに傘松紋様ａ類がみられることは、この傘松紋様が三角縁神獣鏡の製作の初段階より採用されていたものと理解できるであろう。

　ところで傘松紋様は、「旄」（西田 1970：pp.210-211）や「幢幡紋」（奥野 1982：pp.117-124、pp.139-152）とも呼ばれるが、新納泉が指摘するとおり、「節」に求めるのが妥当であろう（新納 1989：pp.149-154）。この見解にしたがうならば、この「節」にもっとも近いものがより原形に近く古いものといえるが、現状ではa類の傘松紋様がそれに近いようである（新納 1991a）。ここではa類を組列の先頭と考えておきたい。

　傘松紋様a類からb類への変化は、表現①と系列的関係にある表現②の鏡に傘松紋様b類が多く施されている点からみて、新納が指摘するように簡略化（新納 1991a）で説明可能である。

　傘松紋様b類からc類への変化については、現状では十分な説明を加えることは困難である。そのなかで表現⑦の 26 鏡（第 19 図 1）では傘松紋様b類の傘が4～5枚あるが、その最下段の傘が傘松紋様傘下の環状の紋様に絡みついて捩り紋風に施されているほか、同じ表現⑦の 32 鏡（第 19 図 2）ではb類の傘松紋様傘下の座に横縞を持つ獣像の後ろ脚が捩り紋風に絡みついている。

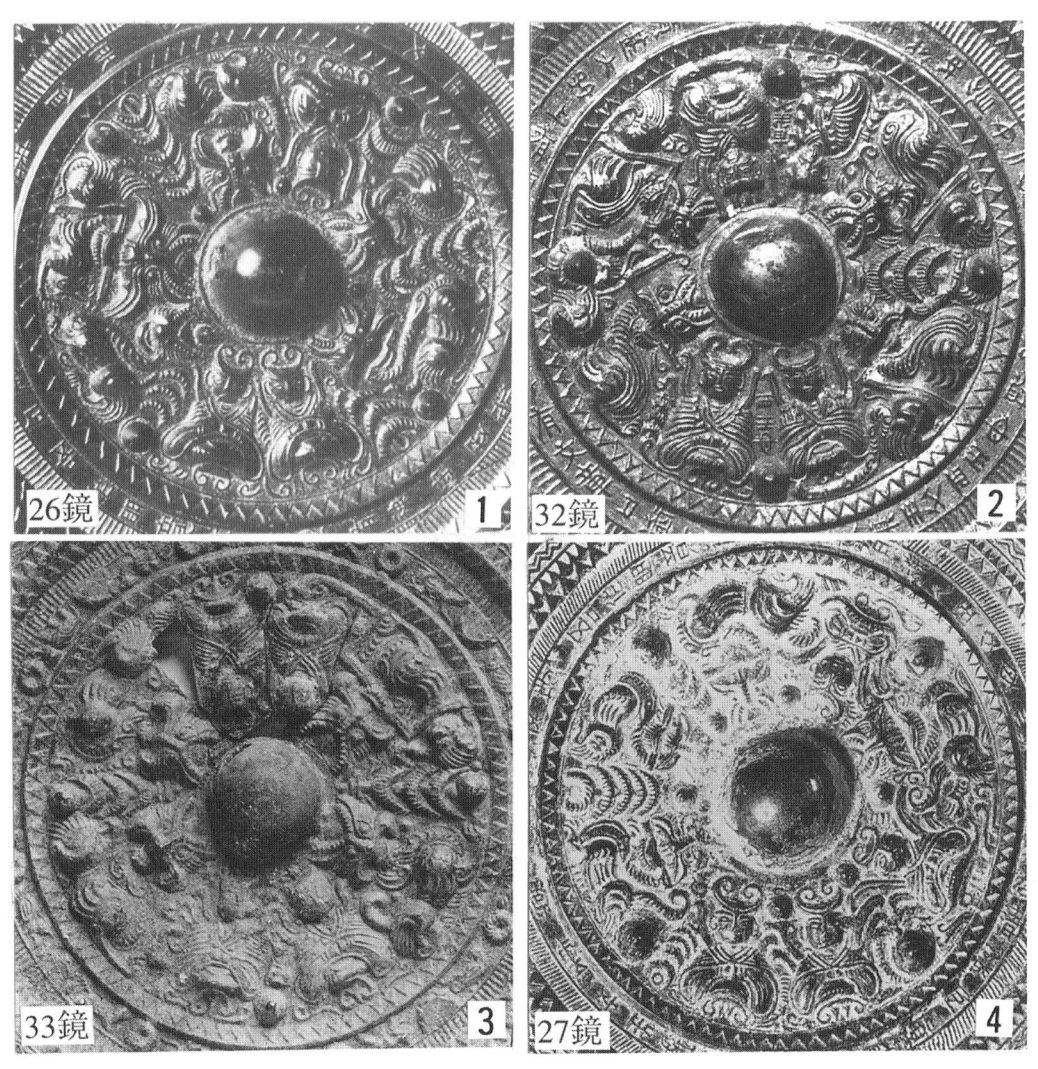

第 19 図　表現⑦の鏡

これらは、表現⑦の鏡のなかに純粋な傘松紋様b類（33鏡）やc類（27鏡）を持つ鏡がみられることから（第19図3・4）、b類からc類の傘松紋様を生むひとつの要素になりそうである。つまり、この表現⑦のなかで33鏡→26・32鏡→27鏡と変化したものと理解できる。不十分であるが、これら表現⑦での傘松紋様の変化をb類からc類への変化の根拠と考えておきたい。また、この変化が表現②と系列的関係にある表現③ではなく、岸本が別系統とする「陳氏作鏡群」に含まれる表現⑦の鏡に認められることには注意を要する[39]。

傘松紋様c類と乳Ⅲ類（捩紋座乳）との関連については、「四神四獣鏡群」のなかに位置づけ可能な表現⑭の18鏡、19鏡にその接点が求められる。

19鏡（第20図1）は、配置Cで傘松紋様c類を十字に4つ充填している鏡で、傘松紋様より45度ずれた内区のほぼ中央にやや大振りの乳Ⅰ類（素乳）を4つ配している。一方、18鏡（第20図2）は、19鏡とほぼ同じように傘松紋様c類が十字に4つ充填されており、45度ずれた内区中央にやや大振りの乳Ⅰ類を配しているが、その違いは傘松紋様傘下の座が4箇所ともすべて小ぶりながら捩紋を伴った乳となっているところである。

ところで表現⑭ではこのほかに配置Aをとる37鏡（第20図3）や39鏡があるが、これらは傘松紋様c類ながら岸本が指摘するとおり表現①と傘松紋様の入れ方が共通し（岸本 1989）、さらに正面で手を合わせる神像の在り方など表現①との関連が考えられ、表現⑭のなかでも表現①に近く古いものといえそうである。先に19鏡、18鏡を取りあげたが、19鏡の神像はⅤ字の衿から多条の翼をのばす表現②の特徴と、正面で手を合わせる表現が省略され輪郭線で縁取られた突帯を腰にわたす表現③の神像の特徴を有しており、また18鏡での神像では表現②の特徴が失われ、表現③の神像に近くなっている。これは37鏡から19鏡を経て18鏡へ変化することを示すものであろう。このような神像の在り方からみて表現⑭の鏡では、37鏡→19鏡→18鏡という変遷が想定される[40]が、この表現⑭での3種の鏡の変遷過程において、傘松紋様傘下の振り紋が傘を持ったままではあるが乳に置きかわることが理解できる。したがって、この変遷が妥当であるならば傘松紋様c類から乳Ⅲ類（捩紋座乳）への変化を認めることができ、先に検討した傘松紋様a類からb類への変化や獣像の後ろ脚を介在とするであろう傘松文様b類からc類への変化の過程は妥当なものといえそうである。

一方、乳の変化については、表現④を例に説明していく。

表現④で四神四獣鏡系の配置Aを持つ41・44鏡（第20図4）では、4つの乳Ⅰ類（素乳）と表現⑦の鏡でもみられる、傘が4枚あり、傘下に下半分が欠けた振り紋を持つ傘松紋様c類が1つないし2つ配されている。また、配置Ⅹ（H）の16鏡（第20図5）では典型的な傘松紋様c類と乳Ⅱ類が施されている。これに対して二神二獣鏡系の配置を持つ90・93（第20図6）・97鏡では、これとは逆に4つの乳Ⅲ類（捩紋座乳）とc類の傘松紋様1つが配置されている。この表現④の鏡では、先の表現⑭の18鏡のような傘松紋様c類の傘下の振り紋の乳化はみられないが、四神四獣鏡系の配置を持つ鏡の乳Ⅰ類（素乳）はやや大形化し、無紋で台座を備えた乳Ⅱ類に類似しており、乳Ⅲ類（捩紋座乳）が当初よりやや大形であるなどを勘案すると、表現④の鏡でも傘松紋様c類から乳Ⅲ類（捩紋座乳）への変化の過程が見いだせ、乳の大形化や装飾化という点でこの表現④

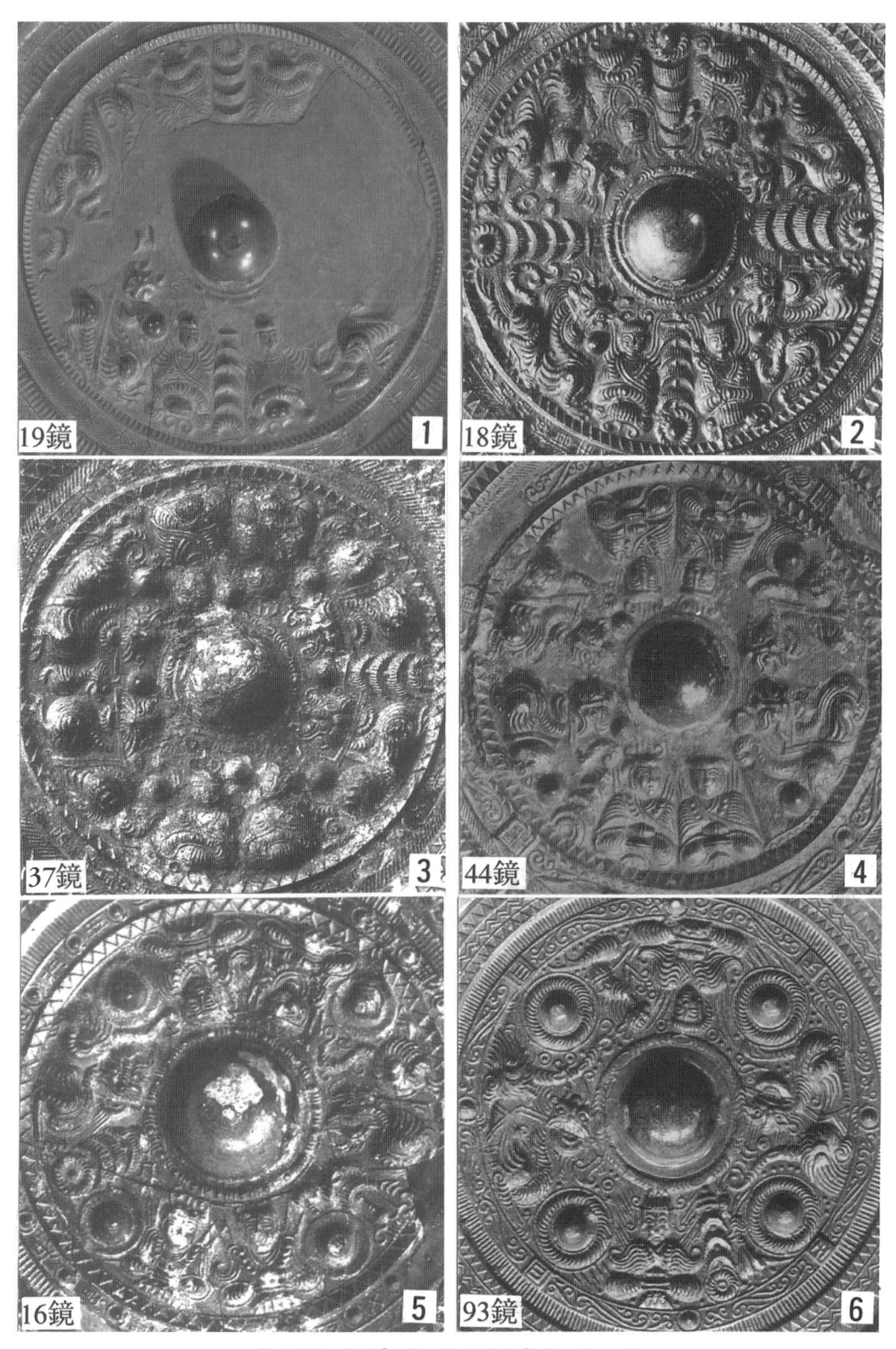

第20図　表現⑭（1～3）と表現④（4～6）の鏡

の鏡のなかで乳Ⅰ類からⅢ類への推移を読みとることが可能である。

　ところで、表現⑤に属す49鏡（配置A）には、内区の乳座と外区内側の斜面に違いがある同型（笵）鏡がみられる。熊本県城ノ越古墳出土鏡と鳥取県普段寺2号墳出土鏡がそれであるが、前者はやや大きめの乳Ⅰ類、後者は乳Ⅲ類（捩紋座乳）を配している。高木恭二は、捩紋座乳や鋸歯文の在り方から城ノ越鏡が先行して製作されたと理解している（富樫・高木 1982）が、これは乳Ⅰ類と乳Ⅲ類との先後関係を傍証するものといえよう。

　なお、このような乳の一連の変化の傾向は、後述のとおり、岸本が「四神四獣鏡群」とした表現①から表現③の鏡でも看取される。

　以上、岸本直文が設定した製作工人群三派の鏡群を越えて存在する傘松紋様や乳が変化していく過程を確認してきた。傘松紋様a〜c類、乳Ⅰ〜Ⅲ類は、a類→b類→c類、Ⅰ類→Ⅱ類→Ⅲ類と順次移り変わっていく。ただし、傘松紋様d類や乳Ⅳ類に関しては、その系統関係を追うことはできず単独で存在するようである。[41]次項では神獣像表現と傘松紋様、乳の各類型との共伴関係の検討から各鏡式間の併行関係を辿り、製作時の同時性を追究していきたい。

　c）組み合わせと製作段階の設定

　これまで単位紋様である傘松紋様、乳の型式分類をおこない、その変遷について検討を加えてきた。ここでは主紋様である神獣像の表現とこれら単位紋様との対応関係を追究し、三角縁神獣鏡製作の諸段階を抽出していく。

　まず表現①の鏡であるが、傘松紋様a類と乳Ⅰ類との組み合わせが28鏡、34鏡、35鏡、76鏡、79鏡でみられる。これらの鏡は、先に触れたとおり、対置式神獣鏡などの影響下に成立した配置U′や配置Aをとるが、この5つの鏡式は配置U′の28鏡（第21図1）や配置Aの35鏡（第21図2）によって代表される。また、28鏡との関連で捉えられる29鏡は環状乳神獣鏡の影響下に製作された鏡である。また、配置Bの21鏡（第21図3）では傘松紋様b類と乳Ⅱ類を持つほか、23鏡、31鏡では乳Ⅱ類が施されている。

　表現②の鏡では傘松紋様b類が多くみられるが、乳Ⅰ類の上に傘松紋様が施される例が7例（69・70・71・72・74・75・77鏡）みられる。このうち69鏡（第21図5）によって代表される5例（69・70・71・72・74鏡）では傘松紋様傘下の環状紋様が省略され、乳の上に直接傘松紋様が施されている。これらの鏡は、乳Ⅰ類のなかでもやや大振りなものを施している点が特徴である。また、同じ表現②の46鏡（第21図6）、64鏡、68鏡では、乳Ⅱ類の上に傘松紋様b類が施されている。

　また、表現③の鏡についてみてみると、80鏡が配置G′で乳Ⅱ類を施しており（第22図1）、同じ配置G′の81鏡、配置J₂の100鏡（第22図2）や三神三獣鏡系の配置K₁の104鏡、105鏡（第22図3）、107鏡などほかの鏡が乳Ⅲ類（捩紋座乳）を施している。

　これら岸本が神獣像の検討から「四神四獣鏡群」としてグルーピングし、系列的関係にあるとした表現①、②、③の鏡などから考えると、傘松紋様はa類からb類へ、乳がⅠ類（素乳）からⅡ類（台座付乳）を経過してⅢ類（捩紋座乳）へと移行していく過程が追認できるだろう。

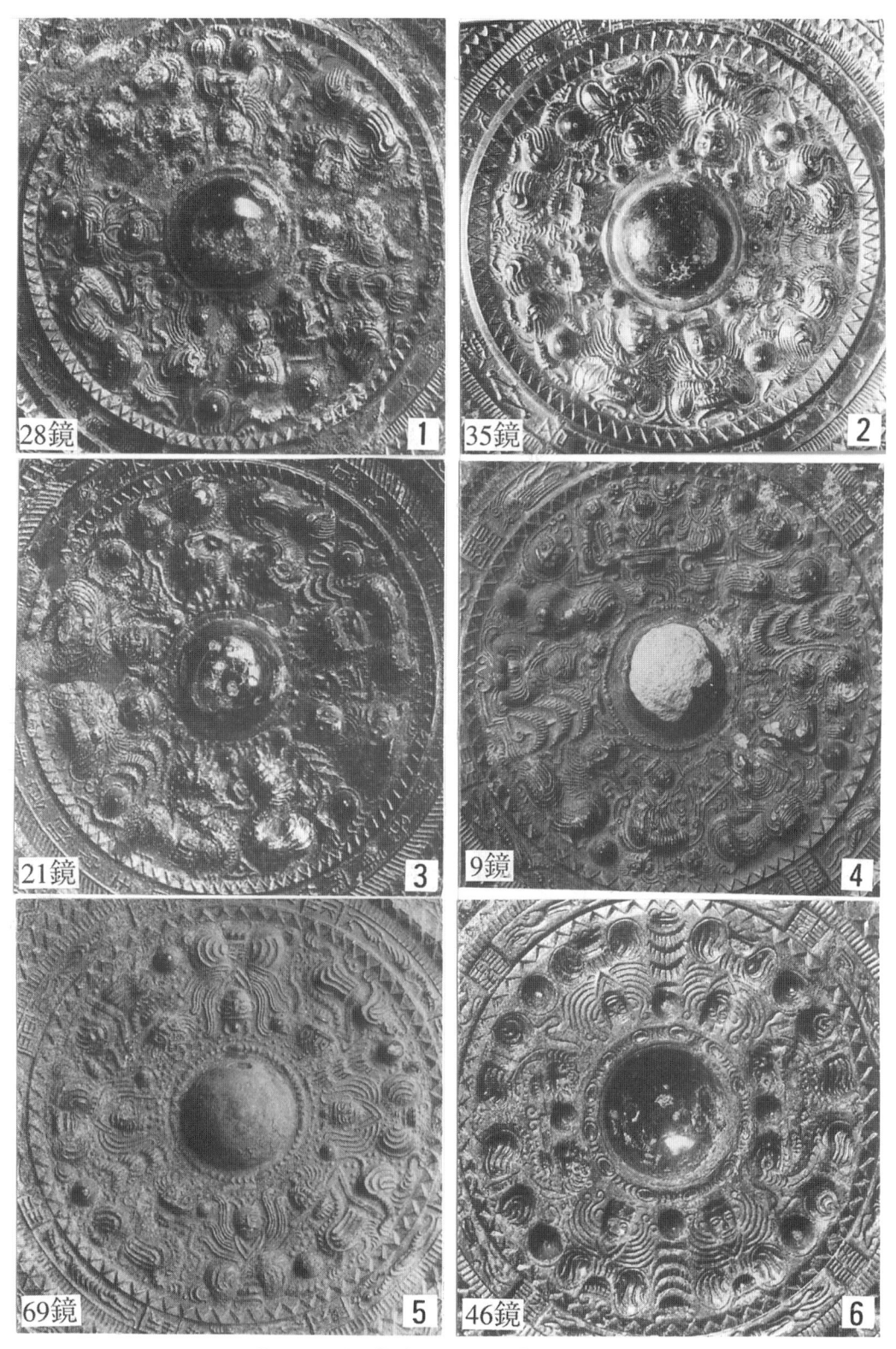

第21図　表現①（1〜3）と表現②（4〜6）の鏡

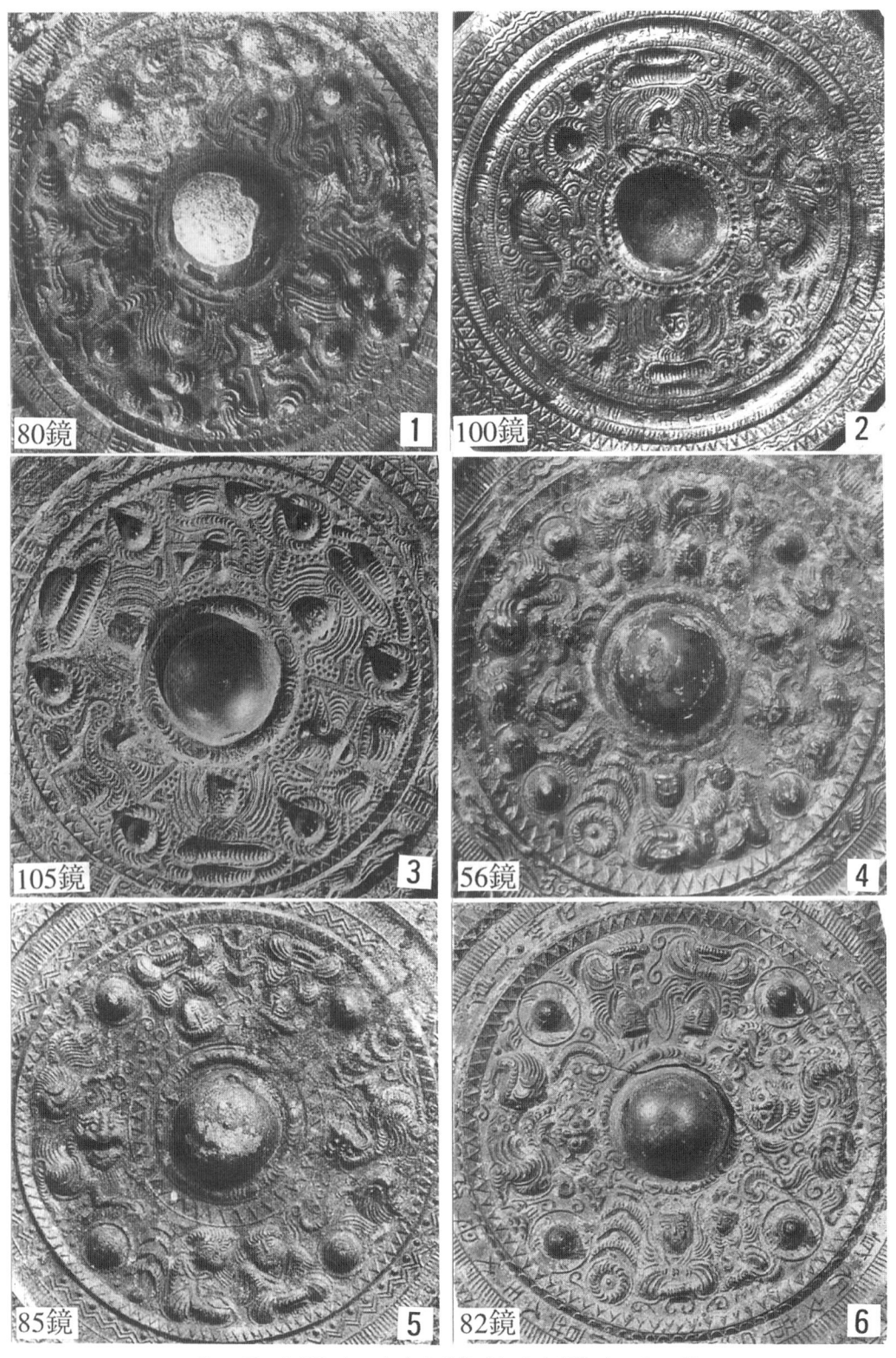

第22図　表現③（1〜3）と表現⑥（4）と表現⑧（5・6）の鏡

　一方、岸本が「陳氏作鏡群」とした表現⑥、⑦、⑧、⑨の鏡に目をむけると、表現⑥では傘松紋様ｃ類と乳Ⅱ類の組み合わせが56鏡（第22図4）によって代表される5例（56・57・58・59・60鏡）にみられる。これらの鏡はともに対置式神獣鏡の影響下に成立した配置A′の五神四獣鏡で、傘松紋様は本来六体であるはずの神像一体に代わり配されているのが特徴である。

　表現⑦の鏡では、基本的に傘松紋様が乳の上に乗り表現②の鏡と近い在り方を示している。33鏡（第19図3）では乳Ⅰ類の上に傘下に紋様のない傘松紋様が施されているほか、26鏡（第19図1）、33鏡（第19図3）では先に触れたとおり傘松紋様ｂ類とｃ類の中間的な乳Ⅱ類が、また25鏡、27鏡（第19図4）では傘松紋様ｃ類と乳Ⅱ類が組み合わさっている。また、表現⑨の鏡も表現⑦の鏡と同じように表現②の鏡に近い在り方を示し、乳Ⅰ類の上に傘松紋様が施されているのが特徴である。

　表現⑧の鏡は多様な在り方を示すが、85鏡（第22図5）で傘松紋様ｂ類と乳Ⅱ類が、82鏡（第22図6）、86鏡で傘松紋様ｃ類と乳Ⅱ類が共伴しているが、この3面はともに配置Hである。また、車馬鏡である13鏡（第23図1）では傘松紋様ｃ類と乳Ⅲ類（捩紋座乳）が共伴し、同様に車馬鏡の14鏡（第23図2）、15鏡、17鏡では傘松紋様がなく乳Ⅲ類（捩紋座乳）のみが施されている。

　次に岸本の「二神二獣鏡群」についてみていくと、表現④の鏡では傘松紋様ｃ類とやや大振りな乳Ⅰ類が40鏡、41鏡、44鏡（第20図4）でみられるほか、16鏡（第20図5）で傘松紋様ｂ・ｃ類と乳Ⅱ類が、90鏡では傘松紋様ｂ類と乳Ⅲ類（捩紋座乳）が、また89鏡、93鏡（第20図6）、97鏡では傘松紋様ｃ類と乳Ⅲ類が共伴している。

　表現⑤の鏡では、やや特殊な傘松紋様ｄ類を持つが、配置Aをとる43鏡（第23図3）、47鏡では乳Ⅰ類、45鏡（第23図4）、48鏡、権現山1号鏡では乳Ⅱ類と組み合う。このうち48鏡と権現山1号鏡では傘松紋様ｃ類が施されているが、これは表現⑥の56鏡や60鏡との関連で時間的な位置づけが可能な鏡で、両者は併行する鏡とみてよい。そのほか、配置J₁をとる91鏡（第23図5）、92鏡、95鏡、96鏡では傘松紋様ｄ類と乳③類が、配置L₁、L₂をとる110鏡、111鏡（第23図6）では乳Ⅲ類（捩紋座乳）のみが施されている。

　以上、傘松紋様と乳と神獣像表現や配置の対応関係から、その変遷を概観してきたが、これらの諸属性の関係をまとめたものが第6表である。大まかにみると傘松紋様ａ類と乳Ⅰ類、傘松紋様ｂ類とやや大振りの乳Ⅰ類・乳Ⅱ類、傘松紋様ｃ類と乳Ⅱ類、乳Ⅲ類（捩紋座乳）と4つの組み合わせにまとめることができる。これらの組み合わせは、共時的関係にある傘松紋様や乳の各類型の共伴であり型式学的段階として置き換えが可能である。ここでは、この型式学的段階を三角縁神獣鏡の製作過程で生じた段階差として捉え、傘松紋様ａ類と乳Ⅰ類を施す鏡が第Ⅰ段階[42]、傘松紋様ｂ類と乳Ⅰ類、乳Ⅱ類を施す鏡が第Ⅱ段階、傘松紋様ｃ類と乳Ⅱ類を施す鏡が第Ⅲ段階、乳Ⅲ類（捩紋座乳）を施す鏡が第Ⅳ段階、また、それに続く波紋帯鏡群などが第Ⅴ段階に製作されたと考えておきたい[43]。

44

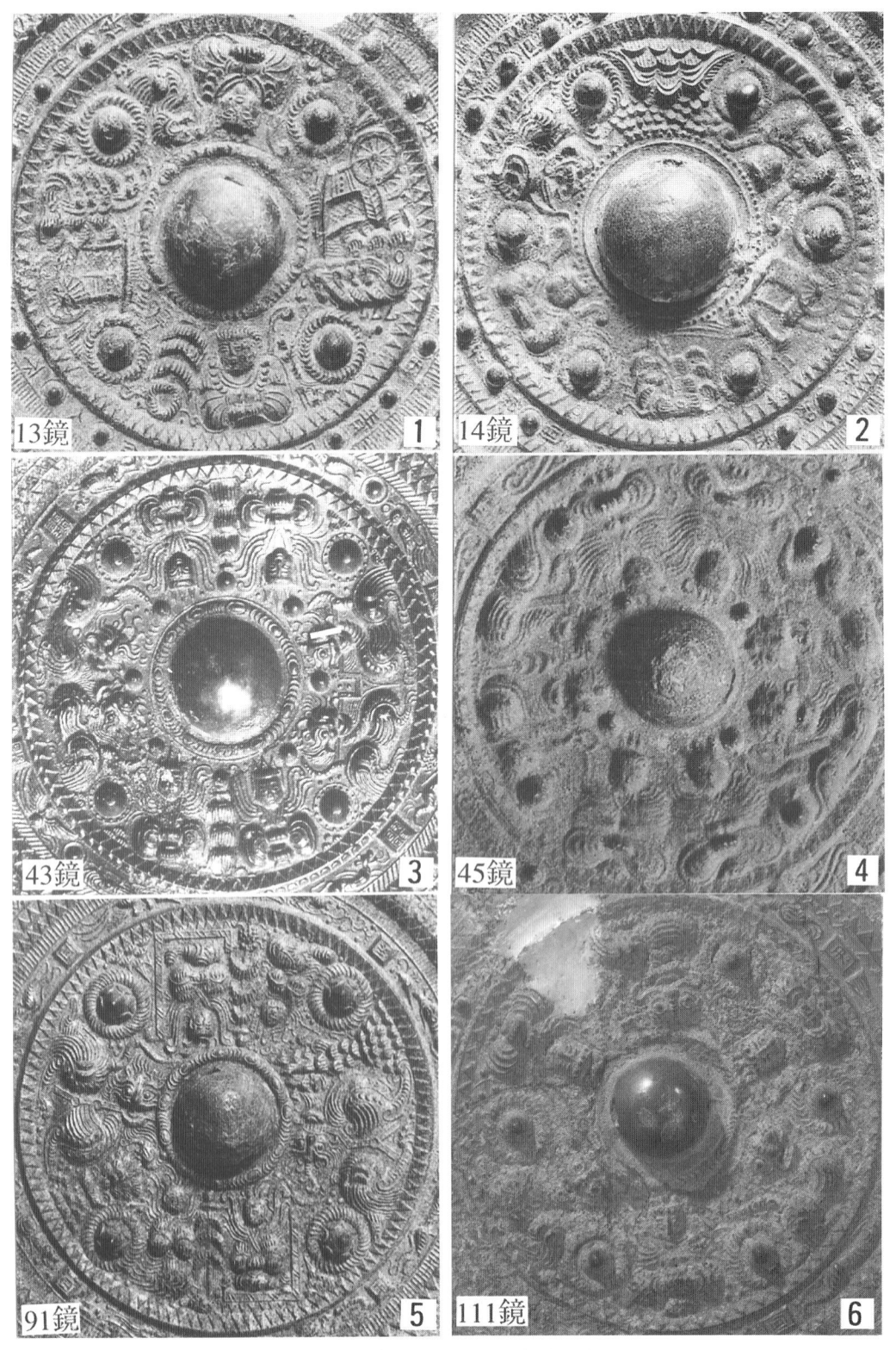

第23図 表現⑧ (1・2) と表現⑤ (3〜6) の鏡

第6表　三角縁神獣鏡の諸属性と製作段階

	鏡番	配置	傘松紋様	乳	段階		鏡番	配置	傘松紋様	乳	段階
表現①	28	U′	a類	I類	I	表現⑤	43	A	d類	II類	II
	29	U′	なし	I類	I		47	A	d類	II類	II
	34	A	a類	I類	I		49	A	d類	I類・III類	II・IV
	35	A	a類	I類	I		45	A	なし	II類	III
	36	A	?	I類	I		48	A	c類	II類	III
	42	A	a類	I類	I		権現山1号鏡	A	c類	II類	III
	76	F₂	a類	I類	I		91	J	d類	III類	IV
	79	G	a類	I類	I		92	J₁	d類	III類	IV
	21	B	b類	II類	II		95	J₁	d類	III類	IV
	23	B	なし	II類	II		96	J₁変	d類	III類	IV
	31	特	なし	II類	II		110	L₁	なし	II類	V
表現②	9	同向	a・b類	I類	I		111	L₂	なし	III類	V
	69	F₁	b類	I類	II	表現⑥	55	A′	?	I類	II
	75	F₂	b類	I類	II		54	A変	なし	I類	III
	77	F₂	b類	I類	II		56	A′	c類	II類	III
	70	F₁	b類?	I類	II		57	A′	c類	II類	III
	71	F₁	b類?	I類	II		58	A′	c類	II類	III
	72	F₁	b類?	I類	II		59	A′	c類	II類	III
	74	F₂	b類?	I類	II		60	A′	c類	II類	III
	46	A	b類?	II類	II	表現⑦	32	E	なし	I類	II
	64	D	b類?	II類	II		33	E	なし	I類	II
	68	F₁	b類?	II類	II		25	B	b類	II類	II
表現③	80	G′	なし	II類	III		26	B	b類変	II類	II
	81	G′	なし	III類	IV		27	B変	b類変	II類	II
	99	J₂	なし	III類	IV	表現⑧	61	A′	?	II類	II
	100	J₂	なし	III類	IV		82	H	c類	IV類	III
	104	K₁	なし	III類	V		85	H	b類	II類	III
	105	K₁	なし	III類	V		86	H′	c類	II類	III
	107	K₁	なし	III類	V		13	X	c類	III類	IV
表現④	40	A′	c類	III類	II		17	H(X)	c類?	III類	IV
	41	A	c類	III類	II		14	X	なし	III類	IV
	44	A	c類	III類	II		15	X	なし	III類	IV
	16	H	b・c類	II類	III	表現⑨	53	A	b類?	I類	II
	87	I	なし	III類	IV		62	A′	b類?	I類	II
	90	J₁	b類	III類	IV		63	A′	b類?	II類	III
	93	J₁	c類	III類	IV						
	97	J₁	c類	III類	IV						
	88	I′	なし	III類	V		表現⑩以下は省略した				
	89	I	c類	III類	V						

3. 製作工人群の再評価

　これまでの検討で傘松紋様a〜c類の変化をa類→b類→c類、また乳Ⅰ〜Ⅲ類の変化をⅠ類→Ⅱ類→Ⅲ類という方向で確認し、これらの差が製作時における時間差である可能性を示してきた。また、3種の傘松紋様および乳を媒介として、おもに岸本の設定した「四神四獣鏡群」、「陳氏作鏡群」と「二神二獣鏡群」などの各鏡群間の併行関係を捉えることが可能となり、第Ⅰ段階から第Ⅴ段階の設定をおこなった。けれども、この知見によって岸本が作成した系統樹（第24図）の理解（岸本 1989）を一部修正する必要がでてきた。

　すなわち、岸本は「二神二獣鏡群」のなかで配置J_1・Ⅰを持つ表現④・⑤の鏡を組列の先頭と考えているが、これまで検討してきたとおり捩紋座乳の出自を傘松紋様のなかに求めるのが妥当であるとするならば、これらJ_1、Ⅰなど二神二獣鏡系の配置を持つ鏡は四神四獣鏡系の配置を持つ一群よりやや後出のものとしなければならない。つまり、傘松紋様、捩紋座乳の併行関係を辿る限り、b・c類の傘松紋様を持つ配置Aや配置Hなど四神四獣鏡系の配置を持つ一群の鏡が一定の時間幅を持つ表現④・⑤の鏡の組列の先頭として理解できる[44]。また、表現④・⑤の鏡の神獣像内の微細な型式学的変遷をみる限り、配置Aから配置Hを経て配置Ⅰ・Jに移行した様子がうかがえることもこれを肯定するし、さらに配置A・Hを持つ表現⑤の鏡のなかに「陳氏作鏡群」の表現⑥の神像

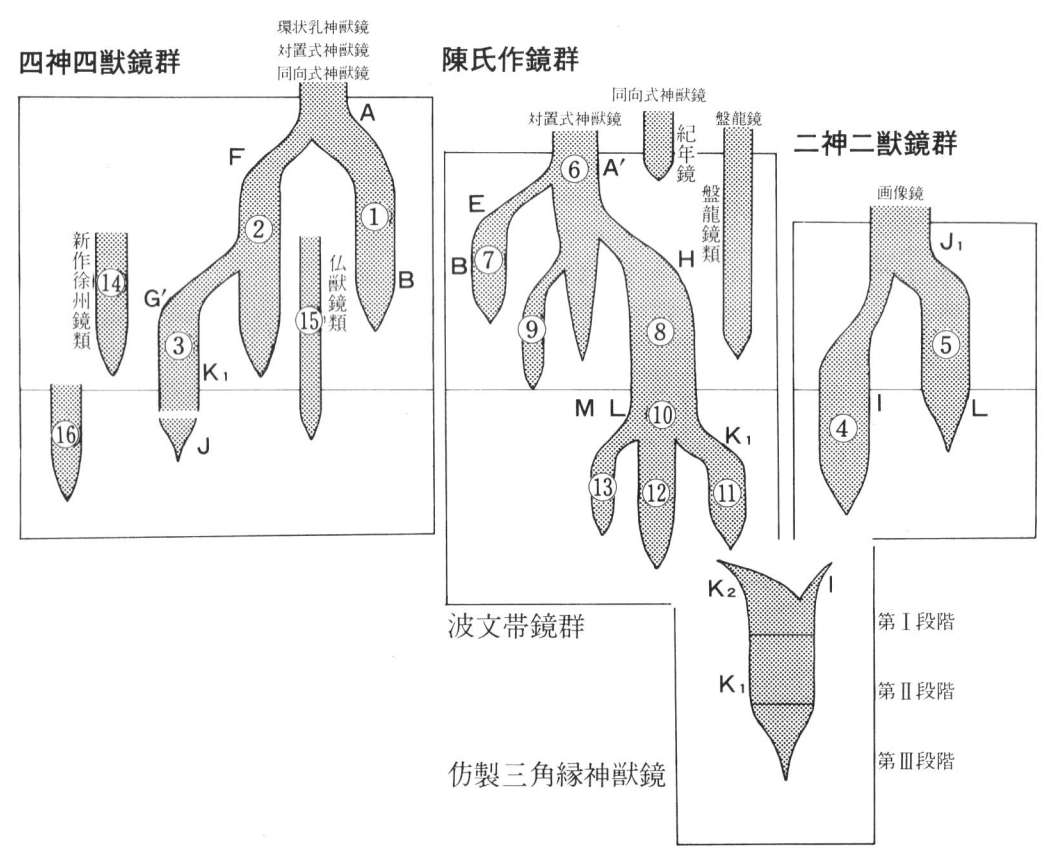

第24図　岸本直文による三角縁神獣鏡の系統

が施されていることや神獣像の表現に共通する要素の多さからも肯定されるであろう。また、表現⑥の56鏡、57鏡に表現⑤の鏡に特有の傘松紋様Ⅳ類が施されていることにも、両者の密接な関係が示されている。したがって、表現④・⑤の鏡は、岸本が考えるように画像鏡の影響下に「二神二獣鏡群」として製作が開始されたのではなく、当初、「陳氏作鏡群」の影響下に製作が開始され、捩紋座乳の採用と相前後する段階に画像鏡の要素を取り入れ、分岐したと考えるのが妥当である[45]。この画像鏡の影響は、「四神四獣鏡群」の表現③の100鏡、101鏡[46]や「陳氏作鏡群」の表現⑧の13鏡、14鏡、15鏡[47]にもみられ、単なる偶然ではなく、先にも触れたとおり複像配置をとる配置Aより生まれた神像が複像で獣像が単像の配置をとる配置Hを経て、単像配置の配置I・Jに移行する過程で各製作工人集団が画像鏡の要素を取り入れたのであろう。いずれにせよ三角縁神獣鏡の製作のなかで、この画像鏡の影響は第Ⅳ段階にみられる。

　これらの検討から、岸本が認識した「二神二獣鏡群」という独立した工人群を認めるのは困難である。岸本の表現④・⑤の鏡は先に触れた理由から「陳氏作鏡群」に含めて捉えるのが妥当であり、三角縁神獣鏡の製作は2派の工人群からなっていたものと考えておきたい。

　以上、岸本直文の見解を補足し、各工人群が製作した鏡式間の併行関係を確認してきた。このなかで画像鏡の影響や二神二獣鏡系の配置そのものが新しい要素であることを指摘し「二神二獣鏡群」の当初よりの存在を否定した。ここでは、四神四獣鏡系の配置Aなどから四神二獣鏡系の配置Hへの変化の過程で画像鏡の要素を取り入れ、その影響下に二神二獣鏡系の配置Jなどに変化

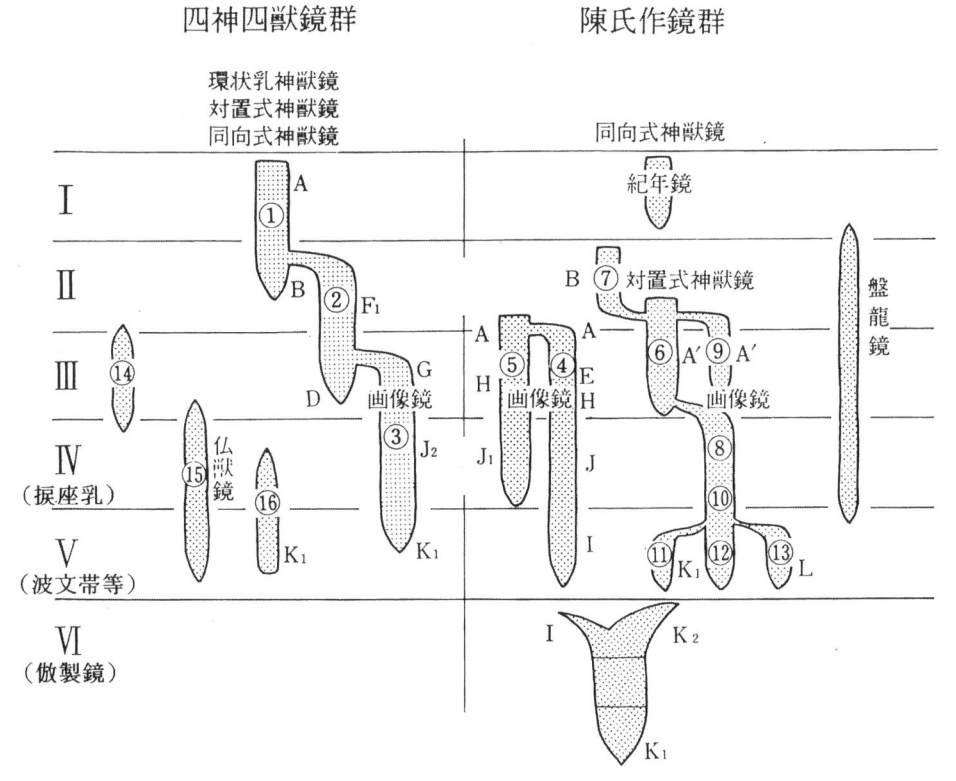

第25図　新たな理解に基づく三角縁神獣鏡の系統と変遷

していくものと理解したが、この変化に呼応した捩紋座乳の出現を示し得たかと思う。この点は、古墳出土の鏡群を把握するうえで1つのメルクマールとなる。なお、新たな理解は第25図に示したとおりである。

このように本節では、傘松紋様や乳の型式学的検討を試み130数種に及ぶ鏡式を持つ三角縁神獣鏡の製作動向の把握から、各鏡式の併行関係を検討し、岸本の示した三角縁神獣鏡の3つの工人群を再評価してきた。これらの検討から三角縁神獣鏡の製作は大きく2つの工人群によって5段階になされたものと捉えてきた。ここでは「二神二獣鏡群」は不在である。今後、副葬時の鏡群と製作時の鏡群との関係を追究し、三角縁神獣鏡の配布の実態把握が課題として残っている。詳細は次節に譲るが、墳丘の築造企画や竪穴式石槨の型式との関連からみて、一定の原則のもとでは三角縁神獣鏡の製作時の順序がそのまま副葬時に反映されていると考えている。

また、ここで抽出した製作段階は、製作依頼者と製作者の関係を反映していると見なし得るならば、第Ⅳ段階以降に画像鏡の影響を受け、紋様構成に変化が生じる点には注意する必要がある。日本列島で生産されていた場合、どのようにして画像鏡の影響を中途で受け得るのであろうか。技術的な生産体制を維持しつつ（岸本 1991b、福永 1992）紋様構成のみに変化が生じたこの現象をどのように捉えるかは、今後の課題としておきたい[48]。

第5節　三角縁神獣鏡鏡群と竪穴式石槨、築造企画

前節において三角縁神獣鏡の製作動向を確認してきた。ここではその成果に基づいて三角縁神獣鏡を出土した古墳を対象として分析を進め、三角縁神獣鏡（鏡群）、竪穴式石槨、築造企画との関係を明らかにしていく。分析の主眼を三角縁神獣鏡（鏡群）と竪穴式石槨、築造企画との相関性においているために資料に制約があり、ここでは3者がある程度把握できた21例を取りあげて検討を加えることにした。

神原神社　第Ⅰ段階に製作された景初三年銘の三角縁神獣鏡を出土した方墳で、ⅡA式の竪穴式石槨を内包していた（蓮岡ほか 2002）。

黒塚古墳　墳長約130 mの前方後円墳で、ⅢA式の竪穴式石槨から第Ⅰ～Ⅲ段階の鏡式で構成される33面の三角縁神獣鏡が出土している（奈良県立橿原考古学研究所編 1999）。箸墓古墳の1/2規模類型墳だと考えられ（岸本 2004a）、箸墓類型、ⅢA式石槨、第Ⅰ～Ⅲ段階の鏡群の共伴関係が看取される。

西求女塚古墳　第Ⅰ～Ⅲ段階の鏡式で構成される6面の三角縁神獣鏡が出土している（安田編 2004）。発掘調査によって墳長約98 mの前方後方墳であることが確認され、箸墓類型墳（1/3規模）だと考えられている（岸本 2004a）。三角縁神獣鏡が副葬されていた中心主体部は地震の影響で崩壊していたが、使用された石材からⅢA式竪穴式石槨が想定される。また竹管紋を施した壺形土器が出土しているが、丁瓢塚のそれより後出的な要素が認められる。

権現山51号墳　5面の三角縁神獣鏡が出土している（近藤編 1991）。権現山51号古墳の鏡群の特徴は捩紋座乳を持つ鏡が含まれない点であり、また、小林行雄が示した東方鏡群によって構成さ

れていることで、第Ⅱ～Ⅲ段階の鏡群と考えてよい。墳丘は前方後方墳ながら箸墓古墳の1/6規模類型墳で、ⅢA式ないしはⅣA式古相の竪穴式石槨を内包する。また、吉備型の特殊器台形埴輪を持つ最古式の一群に含まれる古墳である。この古墳は、特殊器台形埴輪と三角縁神獣鏡が同伴した初例である。三角縁神獣鏡鏡群は捩紋座乳を持たない一群で構成されており石槨、墳形、埴輪の型式と矛盾しない。けれども、後漢鏡や最古式の三角縁神獣鏡が含まれないなど若干ほかの古式古墳と様相を異にしている点は重要である。今後、権現山51号古墳に含まれない鏡群が揖保川流域に存在する諸古墳から出土する可能性を含めて考える必要があり、注意を要する。

　　吉島古墳　権現山51号墳と同じ揖保川水系に属しやや上流に位置している。少なくとも4面以上の三角縁神獣鏡を持ち、ほかに後漢鏡を持つ（梅原1925、近藤編1983）。三角縁神獣鏡鏡群は権現山51号墳の鏡群と同じ捩紋座乳を持たない一群である。墳丘形態は矩形を呈しており、あるいは権現山51号墳、50号墳のいずれかを基準に築造された非類型墳と考えられる（澤田1992）。竪穴式石槨は、権現山51号墳に酷似したⅢA式ないしⅣA式古相の石槨を内包している。

　　椿井大塚山古墳　32面以上の三角縁神獣鏡が出土し（梅原1965）、小林が分有関係の中心に据えて示している古墳である。この三角縁神獣鏡鏡群は、備前車塚古墳同様同向式の配置をとる9鏡から捩紋座乳を持つ92鏡、105鏡を含む一群で、第Ⅰ段階から第Ⅳ段階まで時間的にやや幅の広い鏡群で構成されている。石槨もⅣA式に属し備前車塚古墳と同型式である。墳丘形態に関しても箸墓古墳の2/3規模相似形を呈するものと考えられる（菱田1989）。また、本古墳は箸墓類型墳であるが特殊器台形埴輪を持たず、鏡、石槨、墳形、埴輪の型式の組み合わせが備前車塚古墳と同一である。

　　備前車塚古墳　吉備地方南部に所在する墳長約48mの前方後方墳である（鎌木・近藤1968）。三角縁神獣鏡鏡群は小林のいう東方型であるが、捩紋座乳を持つ18鏡を含み、権現山51号墳や吉島古墳より一段階新しい鏡を含む鏡群である。また、竪穴式石槨もこの両者より新しいⅣA式を内包しており、墳形は箸墓古墳1/6類型墳である（北篠1986）ものの特殊器台形埴輪は伴っていない。鏡群だけでなく石槨が権現山51号墳や吉島古墳よりも新出であることは、特殊器台形埴輪の有無を含め最古式古墳を解釈するうえで重要な問題であり、注意を要する。

　　加瀬白山古墳　南武蔵に所在する墳長87mの前方後円墳で、三角縁神獣鏡1面が出土している（柴田ほか1953）。墳丘形態は蚕食された後円部後端を復元して検討すると箸墓古墳の1/3規模相似形となり、箸墓類型に加えることができ（澤田1999）、三角縁神獣鏡は第Ⅱ段階の鏡式と思われる。中心主体部は石槨ではなく木炭槨であるが、東国における箸墓類型と第Ⅱ段階の三角縁神獣鏡の共伴例であり、東国の古墳の編年観や年代、また情報や文物の伝達速度を考えるうえで注意を要する。

　　元稲荷古墳　京都府向日市に所在する墳長約94mの前方後方墳である。数度の調査を経て、竪穴式石槨と墳丘形態が明らかになっている（西谷1965、京都大学考古学研究室・向日丘陵古墳群調査団1971、梅本編2014）。石槨は先述のとおりⅢA式石槨で、築造企画は近年の発掘調査成果の検討によって西殿塚古墳の4/9規模で共有すると考えられ、西殿塚類型と捉えられる。残念ながら三角縁神獣鏡の出土は確認されていないが、ⅢA式石槨と西殿塚類型の共伴例として挙げてお

きたい。

　前橋天神山古墳　上野地方に所在する墳長約 129 m の前方後円墳で、中心主体部である粘土槨から三角縁神獣鏡 2 面が出土している（尾崎 1970、松島 1981）。この古墳から出土した三角縁神獣鏡は第Ⅱ段階と第Ⅲ段階のものと思われる。また発掘調査成果から墳丘形態を検討すると西殿塚古墳と 3/5 規模で築造企画を共有すると考えられ、西殿塚類型と三角縁神獣鏡の数少ない共伴例となる。

　豊前赤塚古墳　豊前地方の墳長約 58 m の前方後円墳であり、箱式石棺から三角縁神獣鏡 5 面が出土している（梅原 1923、真野ほか 1981）。三角縁神獣鏡は第Ⅲ～Ⅴ段階の鏡式で構成される。また墳丘形態は発掘調査成果（真野ほか 1981）から 4 区型と捉えられる。前方部の形態など行燈山古墳に酷似するが、2/9 となる規模比を勘案すると、行燈山古墳の 4/9 規模類型墳である小熊山古墳（第 3 章第 4 節）の 1/2 規模で築造企画を共有すると考えられる。小熊山古墳を介するとはいえ行燈山類型と三角縁神獣鏡鏡群の数少ない共伴例であり、とりわけ第Ⅴ段階の三角縁神獣鏡が行燈山類型と接点を持つことには注意を要する。

　龍子三ッ塚 1 号墳　権現山 51 号墳より北北西約 5 km の龍子の南側の山麓山頂に位置する（梅原 1925）。墳長約 38 m と小規模な前方後円墳である（岩本ほか編 2010）。また、後円部竪穴式石槨はⅤA 式と判断できるが、この石槨からはやや新しい第Ⅴ段階に製作された三角縁波紋帯神獣鏡が 2 面出土している。

　紫金山古墳　この古墳は、大阪府茨木市に所在する墳長約 110 m の前方後円墳である（小林 1962、阪口編 2005）。三角縁神獣鏡は、捩紋座乳を施した第Ⅳ段階の 201 鏡、第Ⅴ段階の 102 鏡と倣製三角縁神獣鏡 9 面からなる鏡群がⅤA 式の竪穴式石槨に副葬されていた。墳丘形態は近年の発掘調査成果（阪口編 2005）から 4 区型に復元でき、前方部の形態や墳丘の規模から五社神古墳の 4/9 規模相似形と考えられ、五社神類型に属すと考えられる。五社神類型と倣製三角縁神獣鏡、ⅤA 式石槨の共伴例となるが、同時に筒形銅器や竪矧板革綴短甲など朝鮮半島に由来するやや新出の副葬品群が伴う点が特徴である。

　長光寺山古墳　長門地方に所在する墳長約 58 m の前方後円墳で東西 2 つの竪穴式石槨のうち中心主体部と思われる西石槨より倣製三角縁神獣鏡 3 面の出土が伝わっている（長光寺山古墳調査団編 1977、桑原 1984）。この西石槨はⅤA 式石槨とみられ、また墳丘形態も山陽町史に掲載された測量図（桑原 1984）による検討では五社神古墳の 1/5 規模相似形と考えられ、紫金山古墳と同様に五社神類型と倣製三角縁神獣鏡、ⅤA 式石槨の共伴例となる。

　会津大塚山古墳　会津地方に所在する前方後円墳で、割竹形木棺から倣製三角縁神獣鏡 1 面が出土している（伊東・伊藤編 1964）。発掘調査当時、墳長 90 m、後円部径 45 m の柄鏡形値の前方後円墳と考えられてきたが、その後の測量調査によって墳長 113 m で段築成を有することが明らかとなった（会津大塚山古墳測量調査団 1989）。第 3 章第 5 節で詳述するが、この測量調査成果の検討によって、会津大塚山古墳の墳丘形態は五社神古墳の築造企画を 4/9 規模で設定されたと考えられ、紫金山古墳や長光寺山古墳と同様に、五社神類型墳と倣製三角縁神獣鏡の共伴に加えることができる。

　花光寺山古墳　吉備地方南部の前方後円墳で長持形石棺から倣製三角縁神獣鏡1面の出土が伝わる（梅原 1937）。その後の測量調査成果（小郷ほか 1998）で築造企画を検討すると五社神古墳の2/5規模と考えられ、紫金山古墳と同様に五社神類型と倣製三角縁神獣鏡の共伴例となる。

　長法寺南原古墳　京都府長岡京市に所在する前方後方墳である。その三角縁神獣鏡鏡群は、四神四獣鏡系の配置をとる80鏡と二神二獣鏡、三神三獣鏡群系の配置で捩紋座乳を持つ93・103鏡で構成される（梅原 1937）。80鏡は表現③であり、やや時間的に狭い鏡群と評価できよう。また、石槨は、控え積みの在り方が下部まで十分に把握できないが、上半部の状況や壁体の構成からⅤA式と思われる。墳丘の形態は、現状でモデルとなる築造企画が見いだせないが、段築成の構成（福永 1992a）から広義の佐紀陵山類型墳あるいは佐紀陵山類型を祖形に持つ非類型墳である可能性も考えられる。いずれにせよ、箸墓類型から外れる例であり、石槨と同様やや新しい位置づけが許されるであろう。

　佐味田宝塚古墳　奈良県馬見丘陵に位置する前方後円墳である（梅原 1920）。この古墳の三角縁神獣鏡鏡群は、最古式に位置づけられる対置式の配置をとる29鏡から捩紋座乳を持つ鏡群、さらに数面の倣製鏡によって構成されている。このほかに後漢鏡が出土するなど、全体の鏡群としてもバラエティに富んでおり、かつ時間的に幅の広いものといえる。墳丘と石槨の形態は不明であるが、石槨に関しては壁体の構造からⅤA式が予想される。この古墳も、長法寺南原古墳と同様に構造的にやや新しい石槨に新出鏡を含む鏡群が同伴し、両者に相関性が認められる例である。

　桜井茶臼山古墳　奈良盆地東南部に所在する墳長約200mの前方後円墳である。数度にわたる発掘、測量調査で墳丘形態、埋葬施設、副葬品が明らかになりつつある（小島編 1961、豊岡編 2004、岸本編 2005、東影編 2011）。墳丘形態と規模は第2章で詳述するが、墳長197m、後円部径133mを計測する柄鏡形の前方後円墳に復元できる。中心主体部となる竪穴式石槨は近年の発掘調査で裏込め状態が明らかになり（東影編 2011）、ⅣA式と判断できるようになった。三角縁神獣鏡は新旧の発掘調査で30種以上の鏡式破片が出土し（小島編 1961、東影編 2011）、鏡式の特定が進んでいるが、これまでに明らかな7種（京都大学考古学研究室編 1989）は第Ⅱ〜Ⅴ段階の鏡式であった。ⅣA式石槨と第Ⅴ段階の三角縁神獣鏡が共伴するのが桜井茶臼山古墳の特徴であり、この辺にも箸墓古墳より新しく位置づける根拠が認められる。

　円満寺山古墳　美濃地方に所在する墳長約50mの前方後円墳で、かつての調査で竪穴式石槨から三角縁神獣鏡2面の出土が知られていた（関西大学考古学研究室編 1968）。三角縁神獣鏡鏡群は第Ⅳ、Ⅴ段階で構成され、近年の発掘調査で墳丘形態と竪穴式石槨の構築状況が明らかになり、桜井茶臼山類型墳でⅣA式石槨であることがわかりつつある[49]。いずれにせよ桜井茶臼山類型で第Ⅳ、Ⅴ段階の三角縁神獣鏡鏡群、ⅣA式石槨が共伴する数少ない類例である。

　寺戸大塚古墳　この古墳は京都府向日市に所在する前方後円墳である（近藤・都出 1971）。三角縁神獣鏡は後円部中心主体部より少なくとも2面が存在したと思われ、配置Aで表現⑤の第Ⅲ段階と仏獣鏡で配置K₁の第Ⅴ段階の鏡式で構成されており、鏡群としてはやや新出の傾向が認められる。竪穴式石槨は装飾性のあるⅥA式を内包しており、また最近の発掘調査によって明らかになった墳丘形態、規模（梅本編 2001）から築造企画を検討するとメスリ山古墳の4/9規模類型墳

だと考えられる。この寺戸大塚古墳ではメスリ山類型墳、第Ⅲ、Ⅴ段階の三角縁神獣鏡鏡群、ⅥA式石槨が共伴しており、メスリ山古墳の築造開始時期を考えるうえで示唆的な資料である。

　壺井御旅山古墳　南河内地方に所在する墳長45mの前方後円墳で、発掘調査によって墳丘形態、規模が明らかになっているほか、中心主体部である粘土槨から三角縁神獣鏡4面が出土している（田代 1968）。築造企画は墳丘の発掘調査成果から渋谷向山古墳のそれを1/6規模で共有する渋谷向山類型である。三角縁神獣鏡4面はすべて倣製三角縁神獣鏡で構成されており、渋谷向山類型と倣製三角縁神獣鏡鏡群の共伴例となる。

　以上、21基の古墳で、三角縁神獣鏡と竪穴式石槨と築造企画との共伴関係を概観してきた（第7表）が、このような対比によって導かれる各要素間の相関関係は、これまで検討してきた竪穴式石

第7表　墳丘、石槨と三角縁神獣鏡鏡群

	墳形	埋葬施設	I	II	III	IV	V	仿製
神原神社	方墳	ⅡA 石槨	7					
黒塚	箸墓類型	ⅢA 石槨	18、34、35、36-37、67、79	21、23、33、37、40、43、44、52-53、55、62、70、74	52、53、57、68			
西求女塚	箸墓類型	ⅢA 石槨？	35、67	40	25、37、59			
権現山51号	箸墓類型	ⅢA 石槨		21	16、26、48-49、86			
椿井大塚山	箸墓類型	ⅣA 石槨	9、10、28、34、35、42	21、32、43、46、53、69、75	16、25、26、37、44、56、68、82、92	80、81		
備前車塚	箸墓類型	ⅣA 石槨	9	31、63、74	16、18、56	13、14		
加瀬白山	箸墓類型	木炭槨		46				
元稲荷	西殿塚類型	ⅢA 石槨		？？	？？			
前橋天神山	西殿塚類型	粘土槨		64	57			
豊前赤塚	行燈山型非類型墳	箱形石棺			80	90	104、105	
龍子三ッ塚1号	讃岐形？	ⅤA 石槨					123、130	
紫金山	五社神類型	ⅤA 石槨				201	102	204、205、206、207、230、232
長光寺山	五社神類型	ⅤA 石槨						206、207
会津大塚山	五社神類型	粘土槨						203
花光寺山	五社神類型	長持形石棺						230
長法寺南原	？	ⅤA 石槨？			80	93	103	
佐味田宝塚	？	ⅤA 石槨？	29	44	19、37、60、61	93	111、125、134	229
桜井茶臼山	桜井茶臼山類型	ⅣA 石槨？		55、61	57、80、84?	81	109	
円満寺山	桜井茶臼山類型？	ⅣA 石槨？				93	134	
寺戸大塚	メスリ山類型	ⅥA 石槨？			45		122 ？	
壺井御旅山	渋谷向山類型	粘土槨						204、223、226、227

梛、築造企画、三角縁神獣鏡の変遷の妥当性を示すものであろう。特に複数面の三角縁神獣鏡が出土する古墳では、その鏡群の構成がおおむね隣り合う鏡式から成り立つことがわかり、第Ⅰ段階と第Ⅴ段階といったようなかけ離れた型式が共伴する例は認められない。このことは三角縁神獣鏡の製作から舶来、被葬者の入手、埋納までが順次なさていた様相を示しており、伝世など不規則な事態は原則的に排除して考えることができる[50]。これが三角縁神獣鏡保有の特性であるが、この特性から鏡群のうちもっとも新しい鏡の年代が最終的に入手した時期を示し、のちに製作された次型式の鏡を入手することなく古墳に葬られたとすれば、そのあいだでの古墳の築造完了が想定でき、ここに古墳の築造完成年代が求められる。

　さらに築造企画の型式、埋葬施設の型式など複数の要素を緻密に検討すれば、より明確にこの事象を抽出できる。というのは相関関係を抽出したのと同時に各要素間に若干のずれが認められるからである。このような墳形、鏡群、石梛の相対年代に認められるずれは、寿陵の概念が許されるならば[51]（茂木 1979、伊達 1981、吉留 1992）、墳丘形態が墳丘築成の開始時期をあらわし、竪穴式石梛の形態が被葬者の死亡時期をあらわし、また三角縁神獣鏡鏡群が被葬者の生前の活躍期間をあらわすもの（新納 1987）と考えられ、各要素の示す年代の微細な差によって生じたと理解できよう。

　具体例を挙げておくと、黒塚古墳と権現山 51 号墳は箸墓古墳と築造企画を共有し、初源的なⅢA 式の竪穴式石梛を内包するが、ここからは第Ⅰ段階から第Ⅲ段階の 3 つの鏡群が出土し、第Ⅳ、Ⅴ段階が欠落する。これは第Ⅳ段階の鏡が作られる前か、被葬者がそれを入手する前に、埋葬を含めた古墳の築造の完了を示している。これに対し椿井大塚山古墳と備前車塚古墳はやはり箸墓古墳と築造企画を共有するものの、鏡群は第Ⅰ段階から第Ⅳ段階で構成され、黒塚古墳や権現山 51 号墳より新しいⅣA 式の竪穴式石梛を内包している。つまり幅広い鏡群を持つかわりに新しい石梛を有している。

　このように、黒塚古墳、権現山 51 号墳、椿井大塚山古墳、備前車塚古墳の被葬者は生前にともに箸墓古墳の築造企画の配布を受け、築造を開始したが、鏡群、石梛にみられる差に被葬者の生存期間が反映し、椿井大塚山古墳、備前車塚古墳の被葬者にやや長い期間生存を想定し得る。黒塚古墳、権現山 51 号墳の場合、その築造は第Ⅳ段階の三角縁神獣鏡が登場する以前に被葬者が没し、埋葬が完了していたことになろうし、椿井大塚山古墳、備前車塚古墳は第Ⅳ段階の三角縁神獣鏡を入手した後に被葬者が没し、埋葬が完了していたことになる。

　また、第 7 表からは、西殿塚類型と行燈山類型に伴う三角縁神獣鏡が今一つ不明確であるが、五社神類型はおおむね倣製三角縁神獣鏡鏡群と関係性が認められる。西殿塚類型と行燈山類型に関連づけられる三角縁神獣鏡鏡群は類推の域をでないが、箸墓類型でもっとも鏡群が短い例と五社神類型が倣製三角縁神獣鏡鏡群と関係づけられる点から推察して、西殿塚類型が第Ⅳ段階、行燈山類型が波紋帯鏡群に代表される第Ⅴ段階の三角縁神獣鏡に関連づけられ、その配布主体であった可能性が考えられる。そして、のちに詳述するとおり、これらの相関関係のなかに古墳の暦年代を定める鍵があると考えている。

　以上、三角縁神獣鏡の製作時の併行関係をもとに、あわせて出土鏡群、竪穴式石梛、墳丘の築造企画についても注目し、共伴関係を追究した。そして、3 者の関係の検討から相関性を指摘し、そ

れぞれの示す時期について言及したが、築造企画に関しては地方においても順次採用され畿内大形前方後円墳と同様な変遷を辿る可能性を示してきた。また、その背景には築造企画の配布を基本原理とした政治的紐帯関係の締結が想定された。次節では、これまでに論じた竪穴式石槨、築造企画、三角縁神獣鏡の相関関係によって炙りだされた前方後円墳の成立過程が、どのような史的脈絡で捉えられるのか、確認していきたい。

第6節　前方後円墳の成立過程とその評価

　これまでに、竪穴式石槨、墳丘の築造企画、三角縁神獣鏡の製作動向について検討をおこない、前方後円墳の成立過程を追究してきた。その結果、竪穴式石槨と築造企画の変遷から前方後円墳が弥生墳丘墓より発展的かつ斬移的に継承され生まれ得たものと考えた。すなわち、前方後円墳は少なくとも形状や技術的側面に関しては海外からの影響下で生まれ得たのではなく、内的に、つまり日本列島内で創設され独自に生まれた墳墓形式と考えてきた。本節では、竪穴式石槨、築造企画、三角縁神獣鏡の3者について再度検討を加え、三角縁神獣鏡配布の実態を把握し、前方後円墳成立前後の政治体制を復元していく。

　まず、鏡群と石槨との関係は第7表でも明らかなとおり、鏡群の幅と石槨の新古関係に相関性が見いだせる。この両者に認められる相関性は、三角縁神獣鏡の製作と竪穴式石槨の製作順序が一致することを示しているものと理解できるであろう。

　また、鏡群に目をむけると、やはり各段階の鏡式は常に隣あわせで、組列を飛び越えて存在することはない。権現山51号墳は備前車塚古墳より前後とも鏡群の幅が短いが、同じ揖保川水系の首長墳として、その直前に位置づけられる丁瓢塚、また直後に位置づけられる権現山51号墳や三角縁波紋帯神獣鏡2面が出土した龍子三ッ塚1号墳が存在しており、変遷に相関関係が認められる竪穴式石槨や築造企画の型式から考えて、備前車塚古墳が有した鏡群幅に相当する前後の鏡式は、丁瓢塚、権現山50号墳から出土する可能性が高い。これは、揖保川水系の首長に対して、ある契機に際して継続的に配布されていた三角縁神獣鏡の一部を、各世代の首長が配布者と関わりがあったときに受け取っていた様子を示すものであろう。このような鏡群の保有の形態は、三角縁神獣鏡の製作から副葬までの状況を示すものと考えられるが、この間に不規則な時間的流れを想定するのは困難である。したがって、ここで検討した類型墳に副葬されている三角縁神獣鏡に関して、製作から配布、副葬とのあいだに世代を越えた伝世の原理は認められない。つまり、古墳によって鏡群の幅が異なるのは、個々の古墳に埋葬された被葬者の治世の時間に差があるために生じた現象と理解でき、鏡の分配にあたって配布者は鏡を製作者あるいは製作依頼者より製作順に受け取り、入手した順に配布し、受け取り手はこれを生前に受領し死亡直後に埋納したと考えられる[52]。一方、鏡の保有量に関しても、同じ鏡群の幅を持つ備前車塚古墳と椿井大塚山古墳とのあいだに4倍もの格差がみられることから、無秩序な配布の回数によって累計的に増畜したのではなく、配布者と受け取り手の関係の強弱によって一度に配布される量が規定されていた可能性が想定される。つまり、備前車塚古墳と椿井大塚山古墳にみられる格差は、同じ回数の配布を受けながら一度に受け取る鏡の量

に違いがあったために生じたものと思われる。また、これは備前車塚古墳と椿井大塚山古墳の墳丘規模に正比例するものである。これは階層差として読みとることが可能であり、身分秩序の表徴とみることも許されるであろう。

　このように三角縁神獣鏡配布の量や墳丘規模にみられるような階層差ともいうべき身分格差が確立していたとするならば、古墳時代前期における政治的システムは箸墓古墳の成立以前にすでに類型墳を持つ丁瓢塚の段階に確立していたものと見なし得るだろう。つまり、政治システムについても楯築弥生墳丘墓段階から箸墓古墳段階への「飛躍」は想定し難いのであり、その間に過渡的段階とも呼ぶべき丁瓢塚段階の存在が認められる。したがって、近藤義郎が「前方後円墳の時代」と呼ぶ政治的時代秩序（近藤 1983b）や都出比呂志が「前方後円墳体制」と呼ぶ政治体制（都出 1990）の基本的なシステムはすでに地方的にではあるが箸墓古墳成立以前の丁瓢塚段階に確立していたのであり、纒向石塚に代表される畿内の政治的集団が前方後円墳の築造技術とともに政治システムをも踏襲し、列島全体をこの政治システムによって包み込み、その具体相として箸墓古墳を造営したといえるであろう。[53] しかし、100 m 余りの丁瓢塚から 276 m の箸墓古墳のあいだには、規模において、なお３倍近い飛躍を認めなければならない。この飛躍は単なる技術的発展によって起こったのではなく、丁瓢塚の首長がすでに鏡や築造企画の配布、また鏡の配布の量や墳丘規模による身分秩序を保持した集権的な政治システムを保有していたからこそ起こり得たのであろう。この時期に画紋帯神獣鏡や三角縁神獣鏡などが列島に舶来したのであろうが、[54] それは、このような政治体制が地方においてながら成立していたためになし得たのである。その意味で、飛躍の要因を海外に求めるとするならば、中国王朝の権威を象徴する「節」をあらわした傘松紋様（新納 1989）を配する三角縁神獣鏡を得て、その権威を後ろ盾にすることができた首長や政治システムの登場であったと考えておきたい。[55] ただし、なお前方後円墳体制は、播磨、讃岐、出雲といった地方集団が存在した丁瓢塚段階に開始されたのではなく、あくまで畿内の政治的集団によって列島規模に中央集権的な政治システムが具備された箸墓古墳段階にはじまったものと考えている。

　本章では、竪穴式石槨、墳丘の築造企画から前方後円墳の成立過程を明らかにし、あわせて三角縁神獣鏡の製作動向と出土鏡群にも目をむけ、竪穴式石槨、築造企画との共伴関係の検討をとおして、３者間に認められる相関関係を抽出してきた。その結果、前方後円墳は、弥生墳丘墓から「飛躍的継承」をもって成立したのではなく、列島内での技術的発展に伴って自立的、発展的かつ漸移的に成立したものと考え、さらに丁瓢塚に具体化された墳丘築造企画の配布を原則とする政治システムをすでに具備していた西播磨の集団は、箸墓古墳造営以前に成立し、西播磨を中心に讃岐、出雲をも取り込んだ地方的な政治的集団として認めることができ、身分秩序、支配秩序を備えた政治体制の確立を示すものと理解してきた。

　また、箸墓古墳は、畿内の政治勢力が前方後円形を呈する墳墓形式や竪穴式石槨を西播磨の政治的集団より系列的に継承し、成立したものと考え、さらにその際に西播磨の政治集団が保持していた鏡や墳丘築造企画の配布を媒体とした政治的体制をもシステムとして受け継いだものと考えた。したがって、箸墓古墳の成立によって具体化された前方後円墳体制の基本的な政治的統治システム

はその前段階の丁瓢塚段階にある程度確立していたのであり、その政治的統治システムは墳墓の築造技術の発展に伴って生まれ、列島内社会での動態のなかで確立したものと考えられる。また、この箸墓古墳に具体化された政治システムには、初期の段階より明確な身分秩序や支配秩序を備えていたものと理解でき、集権的な政治体制を保持している点に、国家段階としての特徴が認められる。

　以上、前方後円墳（箸墓古墳）成立前後の墳墓に注目し、当該期の政治的動機について考察を加え、前方後円墳の成立過程を考察してきた。本章で検討を加えた資料はおもに首長墳であったために、社会構成員の大多数である民衆の側からの検討は加えるに至らなかった。このような政治的動態は、当然、社会構成史にも反映されている。本書では取りあげないが、今後、本章で検討した政治的動態を集落研究など社会構成史の立場で検証していく必要を感じている。

註

（1）　近藤義郎は都月坂2号弥生墳丘墓を1965〜66年（近藤・春成1967）に、伊与部山墳墓群を1966年に、養久山5号弥生墳丘墓を1967年（近藤1985）に、立坂弥生墳丘墓を1971〜72年に、楯築弥生墳丘墓を1972〜86年（近藤1977a・1980・1987、近藤編1992b）にわたって発掘調査している。

（2）　「墳丘からみた出現期古墳の諸問題—兵庫県丁瓢塚古墳の検討から—」と題して1988年9月24日の法政大学大学院日本史学会第277回月例研究会において発表した。この時点で丁瓢塚の測量図は未報告であった。未報告資料の検討を許された岸本直文氏には厚く御礼を申し上げたい。

（3）　「竪穴式石室」は1990年前後から「竪穴式石槨」と呼ばれるようになってきた。これは棺を保護する施設を「石槨」とする和田晴吾の主張（和田1989）に代表される。「槨」とは本来「棺を納める外ばこ」（諸橋1957：p.411）であり、据えつけた棺を石で覆うものは「石槨」と呼ぶ方が本来の意味を正確に捉えている。一方、「室」は「へや」「奥のま」（諸橋1956：p.1002）であり、「槨」とは空間そのものの在り方や性質が異なる。つまり、墓坑内に棺を安置し、その棺を石で覆い保護するのが「石槨」であり、追葬可能な出入り口を持つ石で囲った大空間たる部屋を作り、そこに棺を納めるのが「石室」となる。

　　このように「石槨」と「石室」とを厳密に区別すると、「竪穴式石室」といわれてきたものの多くは「竪穴式石槨」と呼ぶべきものとなる。これまで用いられてきた「竪穴式石室」は大正期の「棺・槨論争」を経て定着した用語と思われるが、小林行雄（小林1941）や白石太一郎（白石1985b）がそうであるように学史を尊重し、槨と認識しながら「石室」と呼称する研究者も少なくない。しかしながら、筆者は棺を保護する目的で棺が入る程度の石囲いの小空間を作り、そこに棺を埋納する場合も「石槨」と考えており、棺を据えたうえで、それを保護する施設を作るのは列島独自な在り方で、朝鮮半島、中国大陸での槨構造とは異なっているけれども、本書では先の点に留意しつつ「竪穴式石槨」と表記することにした。

（4）　都出比呂志は、A群を短小型、B群を長大型、C群を幅広型と言い換えている（都出1986）。

（5）　揖保川流域の権現山51号墳、吉島古墳、丁瓢塚の石槨石材を採集し、肉眼による観察をおこなった結果、すべて同質の岩石であった。けれども、権現山51号墳と丁瓢塚の石槨には構造差が認められる。一方、海を隔てた讃岐地方の鶴尾神社4号墳の石槨は揖保川流域の諸古墳と石材を異にするものの、丁瓢塚や養久山1号墓の石槨と同一の構造が認められ、石材を越えて構築技術の共通性が看取される。揖保川流域諸古墳の石槨石材は権現山山塊露頭面より採取した岩石とも同質であり、揖保川流域周辺から入手が想定され、石材を共通にしながら異なった構造の石槨が作られており、竪穴式石槨の構造差は石材による技術の差異とは見なし難い。

（6）　椿井大塚山古墳の竪穴式石槨の裏込めの状況を示す実測図はないが、「板状の割石を持ち送って面を揃え

た壁の外側の約 50 糎のあいだは栗石を詰めて、壁の外固めとしているのが注意されたと言う」との報告（梅原 1965：p.5）があり、伝聞ではあるがこの報文を重視し、本類に加えている。

（7）　紫金山古墳の竪穴式石槨に関しては、京都大学高橋克壽氏の配慮で京都大学文学部所蔵の陳顕明氏作成の模型をみる機会を得たが、その際にこの模型が精巧に作られているとの話を伺った。記して謝意を表したい。紫金山古墳の竪穴式石槨の図面（小林・近藤 1959）では控え積みの状況までは把握できないが、模型による観察から本類に含めている。

（8）　龍子三ッ塚 1 号墳の竪穴式石槨も実測図がないが、「偏平な割石を用ひ、小口を揃へて煉瓦状に積んで壁を作成、さらに周囲に同じ材を詰め重ねて堅牢を期し、上記の室を中央にした石積みの範囲は南北訳約 4.7 米突、幅約 1.7 米突に及んでいた」という梅原の報告（梅原 1932：p.85）を重視し、本類に含めている。

（9）　ただし、e 類の石槨を持つ吉島古墳は墳丘構築以前に墓坑の掘削がなされ、石槨が完成し、その後に墳丘が完成する（近藤 1983a）。吉島古墳の墳丘は権現山 50 号墳の築造企画をもとにして造られていると思われ、新しい石槨構造を持ちながら古い祭祀様式を踏襲していると考えておきたい。

（10）　b 類（ⅠB 式）と同様な構造を持つ石槨は、静岡県新豊院山 2 号墳、長野県弘法山古墳、福岡県一貫山銚子塚古墳にみられる。埋葬頭位方向に同一指向性も認められるので、あるいは同一系列上に位置づけられる可能性がある。ここでは、A 系列とは別に B 系列の石槨群が存在し、展開している可能性を指摘しておきたい。

（11）　ⅠA 式の段階では 2 m から 3 m のものが多く、ⅡA 式の段階では 5 m 前後のものが主体的である。ⅢA 式の段階では類例が少なく十分ではないが、浦間茶臼山古墳の石槨が 7 m 余り、また箸墓古墳の石槨がこれと同規模かさらに大規模なものを持つと思われる。また、ⅣA 式の段階では椿井大塚山古墳が 7 m 弱の石槨を持つ。以上のことからみて、ⅠA 式からⅢA 式、ⅣA 式への変遷のなかに、3 m 以下→5 m 前後→7 m 前後という段階的な長大化の傾向を認めることは可能であろう。

（12）　丁瓢塚は、揖保川平野にある 104 m の前方後円墳であるが、この古墳の平面および断面の企画を 1/2、1/3 規模で踏襲するものがみられる。香川県爺ヶ松古墳、野田院古墳、兵庫県養久山 1 号墳がこれにあたる可能性があることから、箸墓類型と同様に丁瓢塚類型を設定した。

（13）　A 系列の竪穴式石槨は、その後の調査成果を含め高松雅文が編年的研究をおこなっている（高松 2005）。高松は壁面構築技術に注目し、持ち送り系と垂直系に大別し、それぞれ型式変化を求めたうえで副葬品、埴輪によるクロスチェックによって変化の方向性を検証するものであるが、大方の変遷観は本節と大差がないように思われる。また山田暁は弥生時代末から古墳時代にかけての竪穴式石槨について、堅牢な壁体を作りあげるための技術的推移を壁体部基底下部の構造変化に求め、古墳時代の石槨では 5 つの要素で構築原理が変化したことを認め、これを埋葬観念の変化——古墳時代の墓制への変革——と評している（山田 2013）が、個別石槨の編年的位置づけに若干の異動があるものの、変化の方向性については本節と大きな齟齬がないように思われる。

　なお、本節を最初に執筆した 1993 年の段階で分析に取りあげることのできなかった中山大塚（奈良県立橿原考古学研究所編 1996）の石槨は本節の分析によるⅡA 式に、雪野山古墳（雪野山古墳発掘調査団編 1996）、黒塚古墳（奈良県立橿原考古学研究所編 1999）の石槨はⅢA 式、桜井茶臼山古墳の石槨（東影編 2011）はⅣA 式に位置づけられ、また、紫金山古墳に関しては、控え積み全体に板石を用いるⅤA 式石槨と考えたが、（小野山・森下 1993）によると、控え積みは下方に礫を充塡し、その上方に板石を用いているようでⅣA 式石槨とⅤA 式石槨との中間的な在り方を示している。ここでは一定量の板石の使用を重視しⅤA 式石槨の古相と捉えておきたい。これらは後述の墳丘形態、三角縁神獣鏡鏡群との関係も矛盾なく説明できる。

　また、本節で示した B 系列の竪穴式石槨は、その後、ホケノ山墳丘墓の発掘調査によってその実態が明らかになりつつある（奈良県立橿原考古学研究所編 2001）。ホケノ山では丹念かつ精緻な調査がなされ、

石槨構造の細部が明らかとなり、それまでに知られていた B 系列石槨の再考を促した（岡林 2002・2008）。

　　ホケノ山の石槨は調査者によって「石囲い木槨」（奈良県立橿原考古学研究所編 2001：p.37）と呼ばれ、木槨部分とその周囲に設けられた石槨との二重構造を持っている。ホケノ山では構築過程が明らかになっており、墓坑の掘削→木槨側板の設置→石槨の構築→木棺の安置→木槨、石槨に蓋→上部に大量の石材を積むといった順序が復元されている。木槨と石槨は併行して構築されているようであるが、木棺の安置は槨の完成後となる。同様な例は黒田墳丘墓や萩原 1 号墓にもみられ、さらに西条 52 号墓や綾部山 39 号墓、奥 10 号墳、奥 11 号墳、弘法山古墳など、壁体が外傾し木蓋を施すものもこの一群に加えて差し支えないと考えている。また、これらすべてに木槨が施されたかは判然せず、石囲いのみが石槨として機能した可能性も考えている。

(14)　箸墓類型については、（北條 1987）を参考にしている。ただし、北條が指摘したもののなかで、丁瓢塚古墳、爺ヶ松古墳、元稲荷古墳や寺戸大塚古墳などは前方部の形態からみて箸墓古墳の築造企画を踏襲したと考えるにはやや難があり、ここでは除外している。また、椿井大塚山古墳が 2/3 規模であることは菱田哲郎が指摘している（菱田 1989）が、後円部段築成や北側面が一致することから、この考えを尊重し表に掲げた。

(15)　行燈山古墳、五社神古墳に関しては、墳丘復元が違うために宮川の分類（宮川 1984）とは異なっている。なお、渋谷向山古墳は異なった復元をしているものの、分類は一致した。

(16)　都出比呂志は、後円部、前方部とも 3 段築成としている（都出 1985）。けれども、最下段に関しては、測量図を重ね合わせた場合、標高 74 m 付近に認められる箸墓古墳の基底部が各古墳の墳丘基底部に合致しており、当初の企画より盛り込まれていた想定され、特殊性を考えるにはやや難がある。ただし、最上段は箸墓類型の諸古墳には認められない施設であり、白石太一郎ら（白石ほか 1984）や都出が指摘するとおり、箸墓古墳固有の特殊施設と考え、ここでは後円部、前方部とも 4 段築成と考えた。

(17)　行燈山古墳の段築成については、同一の築造企画を持つと思われる小熊山古墳、玉手山 7 号墳（第 3 章第 4 節）の段築成にしたがえば、後円部の 2 つのテラス面は前方部に認められる 2 つのテラス面に連接することになる。この連接は測量図上ではなかなか決し難いが、2017 年 2 月 24 日の「2016 年度陵墓立ち入り観察」に参加し観察したところ、テラス面が途切れる前方部北斜面東側ではその上部の頂部平坦面側縁部に土堤状の造作が観察され、その改変に伴ってこの部分の墳丘斜面自体にも改変が加えられ、上下 2 段のテラス面が埋没している可能性が看取された。また、このことは測量図上でも、土堤状の造作とその改変による頂部平坦面の拡張、斜面部の等高線の乱れとして認識し得た。したがって、行燈山古墳の後円部テラス面は C 字状に収束するのではなく、上下とも前方後円形に全周する可能性が高くなった（澤田 2017）。また、同様な状況は西殿塚古墳でも認められるようである（岸本 2013）。このような観点から五社神古墳の築造企画を捉え直すと、四区型という墳丘全体の枠組みを行燈山古墳から引き継ぎつつ、桜井茶臼山系列の段築成構成を採用していることになる。

　　このような新たな見解は、本節で示した畿内大形前方後円墳の編年的位置づけにただちに影響するものではないが、前期末葉の指標とした「完全 3 段化」をすでに西殿塚古墳で成し遂げていたこと、箸墓系列、桜井茶臼山系列で異なる墳丘の枠組み、段築成の構成が存在し、それが渋谷向山古墳、五社神古墳で統合されること、さらにこれ以後、墳丘の枠組みが異なるものの、完全 3 段築成が両系列で採用されることを最近の所見として補記しておきたい。

(18)　箸墓古墳の後円部は、都出が計測した付近（都出 1985）がもっとも遺存状態がよく、この付近での計測値を用いて比較している。

(19)　宮川徙は、地割り実験の結果、築造企画を地面に割り付ける際の誤差率が 1% 未満であったことを報告している（宮川 1988）。

(20)　後円部の中心と前方部付近の墳頂平坦面の中心と結んだ線を主軸線として、石部が用いている後円部を8等分する方形区画（石部ほか 1978）を適用すると、前方部前面の主軸線よりどちらか一方が1/4区画あるいは1/2区画ほど長い。この現象はここで取りあげた5基の前方後円墳に共通にみられることから、一定の原則と考えている。

(21)　これは、岸本直文も取り組んだ課題でもある（岸本 1995a）。

(22)　この両者は段築成の構成に違いがあるものの、前方部の形態や2/3に設定された規模などに関係が見いだせる。また、渋谷向山古墳の前方部最下段に「コ」の字状にめぐる施設も佐紀陵山古墳にみられる。

(23)　渋谷向山古墳と箸墓古墳の測量図を1：1で重ね合わせると、後円部径、くびれ部の位置、左右非対称である前方部隅角の位置関係などがよく合致する。異なるのは、くびれ部から前端にかけて渋谷向山古墳が直線的に開いていくのに対し、箸墓古墳は曲線的に外反していることで、前方部側縁の形状と段築成の構成以外、基本的な枠組みを共有していたとみてよい。

(24)　前方部をより高くする場合、崩壊を防ぎつつ斜面の安定した勾配を保つことを考慮すれば、前方部前端幅の拡大によってなされるとみてよい。それゆえ、版築などの盛土技術とともに斜面比の増大や段築成の整備などにも築造に関わる技術的な推移を考慮する必要があるだろう。

(25)　註（17）に示したとおり、行燈山古墳は後円部、前方部とも3段築成であり、その上下2つの平坦面は連接し、ともに前方後円形に全周する可能性が高い。これに対して五社神古墳では後円部3段、前方部2段築成で下段テラスのみが後円部から前方部にかけて全周する。このような段築成の構成の変化は、当初より下段テラスが全周する桜井茶臼山古墳系列、つまり上段斜面の比率からみて、行燈山古墳に後出すると思われる渋谷向山古墳の影響下に、箸墓古墳系列に属す五社神古墳の段築成の構成が成立するとみるのが妥当である。そして、このような変化は、大局的には技術的な推移によるものと考えられる。

(26)　報文によると、神社の建て替えによって旧状の復元は困難なようである（蓮岡 1972）。

(27)　鶴尾神社4号墳の後円部は4重の石列を持つが、下から3段目の石列がくびれ部より連接しほぼ1周すると考えられることから、この石列が築造企画を反映した墳端と理解し、ここを基準として検討を加えている。最下段と2段目の石列は、立地条件から考えて墳丘を大きくみせるための壇状の施設と考えている。なお、北條も円丘部の下から3段目の列石が突出部と連接することを重視し、墳裾と見なしている（北條 1992）。

(28)　岸本直文が指摘するとおり、丁瓢塚の後円部直径（55 m）が箸墓古墳の後円部直径（165 m）の1/3であること（岸本 1988）も、丁瓢塚と箸墓古墳の密接な関係を示す根拠であると考えている。

(29)　猫塚は出土遺物とされる倣製三角縁神獣鏡や筒形銅器、また壺形土器の編年観から古墳時代前期後半代の築造が考えられるようになっている（松本 2015、栗林 2016）が、これらの遺物は最初の非学術的発掘より20年余り経ったのちの聴き取りによって、複数ある埋葬施設から出土位置が推定されており（梅原 1933）、墳墓の当初の築造時期を示す中心埋葬施設での一括性に根拠を欠いている。このこともあり、筆者が1993年当初に原著論文を執筆した当時、猫塚の築送時期を墳丘形態や竪穴式石槨の構造に求め、鶴尾神社4号墓に相前後する時期と考えた。なお、石清尾山山塊では、近年、新たに70 m規模の双方中円形積石塚である稲荷山北端1号墳の発掘調査がなされ、その墳丘構造が鶴尾神社4号墓に近く、やはり鶴尾神社4号墓に相前後する時期の築造が想定されており（高上 2016）、双方中円形積石塚の一部が古墳時代に築造されるとしても、その築造開始時期が弥生時代に遡り、系列的に変遷している可能性は否定し得ないように思われる。

(30)　第Ⅴ次および第Ⅵ次調査での各トレンチの成果により左右対称に復元すると、南西突出部は撥形を呈する（近藤 1987）。

(31)　この剝片や石核は、風化の度合いからみて旧石器時代に加工が施されたもので、楯築弥生墳丘墓の周辺には旧石器時代や縄紋時代の遺跡が知られていないとのことを絹川一徳氏より教示いただいた。記して謝

意を表したい。したがって、第2主体部内や弥生時代遺物を含む流土中の出土から考えて本墳丘墓の造営に近い時期に何らかの意味で搬入されたものと理解している。

(32) 中部瀬戸内における弥生時代中期から後期の土器の様相について、安川満氏より教示いただいた。記して謝意を表したい。

(33) 寺沢薫が指摘するとおり、纒向形前方後円墳はいくつかの類型を有しており（寺沢 1988）、それらの類型は系列的関係にあることが理解される。ただし、そのなかには、副葬品や土器の型式からみて宿東山 1 号墳（北野 1987）など、明らかに箸墓古墳築造以後に出現したものが存在しており、弥生時代から古墳時代にかけて纒向形前方後円墳は独立した系列を有するものと思われる。したがって、この墳墓は箸墓系列とは一線を画す別の系列を保持するものと考えている。筆者は、後述するとおり箸墓古墳築造以前を弥生時代とする立場をとっており、「纒向型前方後円墳」をここでは「纒向形弥生墳丘墓」と呼ぶことにしたい。

(34) 楯築弥生墳丘墓の南西突出部と纒向形弥生墳丘墓の突出部は、ともに撥形を呈し、円丘部（後円部）直径の1/2に設定されており、両者には墳丘形式の理念を越えて設計原理や企画性に共通性が認められる。このことから纒向形弥生墳丘墓は、楯築弥生墳丘墓の影響下に生まれ得たと考えている。

(35) 岸本は、この小林の神獣鏡の配置法に基づく分類が神獣鏡の表現や紋様帯との多様な関係性にあることから、「型式」と認めず「形式」に近いものとして捉え「配置 A」「配置 B」などと呼称している（岸本 1989）。ここではこの考えを踏まえ、岸本の呼称にならうこととした。

(36) 三角縁神獣鏡のなかで、主要な紋様としての位置を占めている神獣鏡に注目し、その系、系列関係の整理は、三角縁神獣鏡の型式変化を論じ製作動向を辿るうえで有効な手段である。また、実際の作業として岸本が展開した類型化に関しては、「陳氏作鏡群」とする表現⑥〜⑩に関して図像に若干の偏差がみられるものの、表現①〜⑤については、各表現内での図像のバリエーションの偏差が少なく類型的によくまとまっている。系統系列関係の追及に関しても、各表現の細部での特徴をよく捉えて組列を検討しており、後述する「陳氏作鏡群」の一部や「二神二獣鏡群」の設定など細部を除いて大枠で支持し得る。

(37) 傘松紋様や乳などの単位紋様は、内区の紋様構成上副次的に配される要素で、特に乳などは施紋にあたり紋様の割り付け区画を表示するものである。これら単位紋様は主紋様とは異なり、岡村秀典の漢式鏡の研究成果（岡村 1984）からみて、共通に工人が用いる規格的な紋様要素である可能性が想定され、共時的関係にある鏡式間の併行関係を辿るにあたり有効な視点であると考えられる。

(38) 新たな発見によって現在では若干鏡式数が増え、観察したものの数も増えているが、分析に差し支えないので 1993 年当初のままの数値にした。

(39) 表現⑦は配置 B や配置 E をとる鏡式からなり、配置 B をとるものに関しては傘松紋様の配し方など表現①の 21・23・31 鏡と共通している。両者には、主紋様たる神獣鏡の表現の系列を越えて共通性がみられるが、あるいは表現⑦は傘松紋様の配し方など表現②との類似性もあり、表現①の影響下に生まれた鏡なのかも知れない。

(40) 岩本は表現⑭の変化の過程を 18・19 鏡（第 1 段階）→ 37・38・39 鏡（第 2 段階）とし、筆者とは逆の理解を示し、また段階比定も異なっている（岩本 2008）。おもに外区の形態を根拠としたもののようであるが、岩本も表現③は後出の要素（第 3 段階）と考えており、神像の変化を勘案すると大きな矛盾がある。

(41) 傘松紋様 d 類は、すでに述べたとおり表現⑤の鏡に主体的にみられ客体的に表現⑥の鏡に施される傘松紋様であり、紋様そのものの出自は明確ではないが時間的には傘松紋様 c 類に併行するものである。また、乳Ⅳ類（車輪圏座乳）は表現⑧にも一部みられるが、表現⑩・⑪・⑫・⑬の鏡など三角縁波紋帯神獣鏡に多く見いだされる。これも紋様そのものの出自は明確ではないが、表現⑧・⑩に含まれる鏡など乳 c 類（捩紋座乳）に一部併行するほかは、神獣鏡の表現からみてそれに後出する表現⑪・⑫・⑬に含まれる鏡に多く施されており、その多くは乳 c 類（捩紋座乳）の消滅後に施されるものと思われる。

(42)　これらの段階は、三角縁神獣鏡が継続的に常時生産されていたのではなく、断続的な生産がおこなわれた結果生じたものと思われる。これらの段階はその生産体制を示唆しているのかも知れない。

(43)　新納泉は捩紋座乳を持つ一群の鏡群と波紋帯鏡群が同一段階に製作されたものと理解している（新納1991）が、波紋帯鏡に傘松紋様や捩紋座乳がみられないことや三神三獣鏡系の配置を主体とすることから、一部に傘松紋様が配され二神二獣鏡系の配置を主体とする捩紋座乳を持つ一群の鏡群と区別し、特に系統関係にある表現⑧と表現⑩の時間的先後関係を重視して両者に時間差を認め、分離して、波紋帯鏡群を第Ⅴ段階とした。先に触れた乳Ⅲ類（捩紋座乳）の消滅ののちに主体的になる乳Ⅳ類（車輪圏座乳）などは、この段階のものである。その意味で乳Ⅰから Ⅳ類は乳Ⅰ類→Ⅱ類→Ⅲ類→Ⅳ類と変遷する。なお、これに続く倣製鏡は第Ⅵ段階としておきたい。

(44)　岸本は権現山1号鏡の検討のなかで、表現⑤で配置 A をとる鏡について表現⑥の鏡との類似性を指摘しており、表現⑤のなかでも配置 A をとるものが配置 I、J に先行して製作された可能性を示唆している（岸本 1991a）。

(45)　「陳氏作鏡群」にみられる画像鏡の諸要素は、表現⑧に属する13鏡、14鏡、15鏡などの神獣車馬鏡を挙げることができるが、これらは「陳氏作鏡群」で唯一捩紋座乳が配されている鏡である。また、表現⑥・⑦・⑨の鏡が四神四獣鏡系の配置のみで構成されているのに対し、前記の表現⑧とそれに続く表現⑩以降の鏡に四神四獣鏡系、二神二獣鏡系、三神三獣鏡系の配置が大いに見いだされる点は、表現④・⑤の鏡での配置の変化と軌を一にしており、表現④・⑤の鏡を「陳氏作鏡群」のなかに位置づける根拠となり得る。

(46)　西田守夫は、銘帯の断面が「蒲鉾形」を呈し、「尚方作」ではじまる銘文が施されている鏡を画像鏡の影響と捉えているが（西田 1970）、この鏡は岸本の表現③に位置づけられる100鏡、101鏡である。これらの鏡の獣像は表現③のほかの獣像とは異なっているが、これも表現②の獣像からの系列的な変化ではなく、他鏡からの影響のひとつといえよう。

(47)　西田は、車馬鏡を画像鏡の影響下に生まれたものと理解するが、これは岸本の表現⑧の鏡のなかに位置づけることができる。また、西田はこれら車馬鏡に平らな図像表現を認め、これも画像鏡の影響として捉えている（西田 1970）。

(48)　三角縁神獣鏡の研究は、本章を発表した1993年以降、編年研究はもとより関連鏡群との比較検討から製作暦年代、製作地の特定へと深化している（岡村 1999、福永ほか 2003、福永 2005、森下 2007、上野2009など）。編年研究では岸本直文による5段階区分（岸本 1996）、福永伸哉、岩本崇による4段階区分（福永 1996、岩本 2008）、さらには倣製三角縁神獣鏡との関わりも論じられ（福永 1994、車崎 1999b、岩本 2003）、舶載鏡、倣製鏡を一体化して捉える方向に進んでいる。また製作暦年代との関わりでいえば、舶載三角縁神獣鏡生産の時間幅を50年とみる長期編年（福永 1996、森下 1998、辻田 2007）か、30年とみる短期編年（岡村 1999、車崎 1999a）かで見解が分かれている。筆者も三角縁神獣鏡編年案の再考から短期編年の可能性を示唆したことがある（澤田 2007）が、その後、成案を得ていないので、現状では1993年当時の編年案を踏襲し長期編年の立場に立っている。

(49)　近年の発掘調査中、円満寺山古墳の現地踏査にて教示を得た。細部について教示下さった海津市教育委員会日置智氏に厚く御礼申し上げたい。

(50)　森下章司、岩本崇もほかの副葬品を含めて同様な整理をおこない、隣り合う型式群によって三分法的に漸次変化する様子を示し、同様な見解を得ている（森下 2007、岩本 2014）。

(51)　また、寿陵の概念が許されない場合でも、各要素の示す時期は変わるものではない。つまり「構築墓坑」であった場合、竪穴式石槨、墳丘は同時に造られるが、この場合でも両者の型式の同時性を示すだけであり、各要素を示す時期は変わらないであろう。

(52)　ただし、これは再配分（田中 1991、澤田 1992）がないという条件のもとに成り立つ。再配分であるか否かは、製作地が別の地にある遺物では読みとりにくいが、不動産である墳丘の築造企画などその地にお

いて製作可能なものを中心に考えるならば識別はある程度可能となろう。ここでは、畿内大形前方後円墳の築造企画を直接的に受容する「類型墳」と類型墳より二次的に企画が生じた「非類型墳」と呼ぶもの（澤田 1992）が一次的配分、再配分を識別する条件とみておきたい。

(53)　なお、本章第5節までの検討により、箸墓古墳の成立当初よりかなり完成された身分秩序や統治システムが認められることから、都出と同様に前方後円墳の成立に具体化された政治体制を列島規模の領域で展開した国家的政治秩序と考えている。

(54)　三角縁神獣鏡のなかで舶載鏡と考えられているものと倣製とされるものの製作技法や生産体制には、明確に一線を画することができる（岸本 1989・1991、福永 1992b）。また、第4節で検討したとおり、画像鏡の影響をⅣ段階の時期に受けると考えられ、また主紋様の変遷にいくつかの「段階」が認められる。仮にすべてが列島内で製作されたとするならば、舶載鏡と呼ばれる鏡と倣製鏡と呼ばれる鏡の生産体制に違いは認められないであろうし、列島内で常時製作されていたならば紋様の段階差は解消しもっと漸移的な文様変化を示すであろう。したがって、三角縁神獣鏡は中国において製作されたものと考えている。また、「節」を模した傘松文様の存在も中国製と考える理由のひとつである。

(55)　ここでも触れたとおり、三角縁神獣鏡には政治的な権力の象徴である「節」をあらわした傘松紋様が表現されていることから、中国王朝の支配原理が反映された特殊な鏡と考えられる（新納 1989）。このような観点で三角縁神獣鏡を捉えることが可能であるならば、三角縁神獣鏡は中国で製作された鏡とも考えられ、中国王朝との交渉を示すものとして挙げられる。三角縁神獣鏡を賜与された日本列島内の首長が中国王朝と交渉を持ったものと考えられるが、それは地方的な集団とはいえ丁瓢塚段階に政治秩序や身分秩序など集権的な政治体制をある程度確立していたために交渉を持ち得たのであろう。また、丁瓢塚段階での地方的政治体制から箸墓古墳段階の列島的な政治体制への移行は、この中国王朝の権威を後ろ盾としたものであったと考えておきたい。

第2章　桜井茶臼山古墳の築造企画
——その成立をめぐって——

　桜井茶臼山古墳は、2001年の測量調査によって精緻な墳丘形態、段築成の構成などが明らかになり、また正確な規模が把握された（岸本 2005）。もちろん、これらは過去の調査や現地踏査によってある程度知られてきたが、今日的な議論に耐えられる資料精度によって改めて図化した意義は大きい。この成果をもとに墳丘形態を復元したものが第26図である。この墳丘形態の背後に潜む築造企画の存在は容易に推察できるので、本章ではその築造企画の由来について追究し、桜井茶臼山古墳の築造企画がいかに成立したのかを考察していく。これは後述のとおり、前方後円墳の成立過程にも抵触する問題であり、前方後円墳秩序の成立を追究するにあたって一定の意味を持つからである。

　以下、前方後円墳の成立過程に関する問題点から整理し、桜井茶臼山古墳の築造企画が成立していく過程について考察を加えていく。

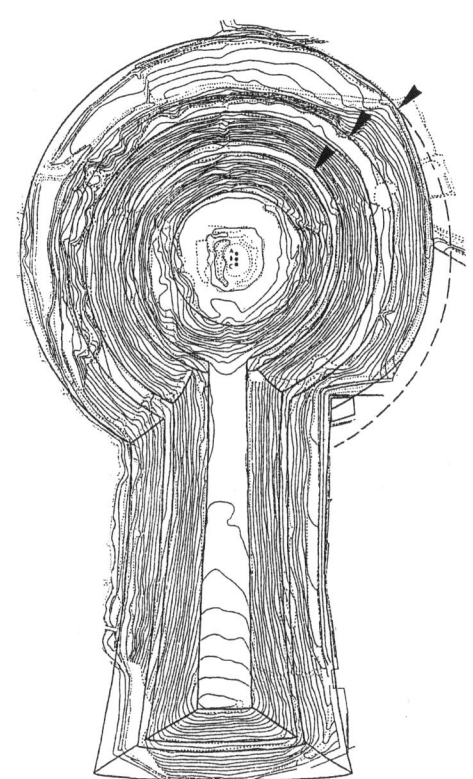

第26図　桜井茶臼山古墳墳丘復元図　（1/2,000）

第1節　桜井茶臼山古墳の検討にあたって

1. 前方後円形墳墓をめぐる議論

　前方後円墳の成立をめぐる議論は古墳の定義とほぼ同義に進められ、展開してきた。その研究動向については、日高慎や土生田純之がまとめている（日高 2003、土生田 2003a・2003b）。このうち土生田の整理（土生田 2003b）は的を射ており、詳細はそれを参照願いたい。ここでは前方後円墳（箸墓古墳）の成立をめぐる議論について問題点を整理し、特に寺沢薫の研究（寺沢 1988）を起点として展開した箸墓古墳に先立つ前方後円形墳墓の存在と、箸墓古墳とそれらの系列理解や関係について触れておきたい。

　まず寺沢の主張であるが、寺沢は纏向石塚など円丘部と突出部が2：1の比率を持つ前方後円形墳墓に対して「纏向型前方後円墳」と名づけ、箸墓古墳

や桜井茶臼山古墳など大形前方後円墳に系列的に連なること、またそれが列島各地に波及し、墳丘形態を媒介とした纏向古墳群を頂点とした政治的関係が存在することを指摘した（寺沢 1988）。寺沢は「纏向型前方後円墳」を突出部の形態や円丘部と突出部の連結形態に留意して細分し、そのなかでの系統、系列的関係についても言及し、その系列的関係から箸墓古墳など大形前方後円墳への連なりを示した。さらに、これらの築造企画の原形が中、東部瀬戸内にあることを示唆するなど、前方後円墳の成立を内在する弥生墳丘墓との系列的かつ漸移的な変遷のなかに求めた。また定型化した前方後円墳の持つ全土的な企画性と普遍性についても「纏向型前方後円墳」がすでに備える要素と説き、それを生みだす時代や社会の成立をもって古墳時代の開始であると主張した。そして、その直接的原型と考えられる楯築弥生墳丘墓、西条 52 号墓、萩原 1 号墓などを最古の古墳と位置づけた。

　これに対し筆者は箸墓古墳以前の前方後円墳形墳墓の存在を認めつつ、「纏向型前方後円墳」とは別に円丘部に比して突出部が長く、側縁形態が曲線的に外反する一群を讃岐、西播磨地方に見いだし、それが築造企画として箸墓古墳に系列的に連なることを示し、箸墓古墳の築造企画の成立には両地域が強く関与した可能性を説いた。また寺沢と同様に、これらの前方後円形墳丘墓には限られた地域内ではあるが同一企画で築造された相似墳が存在したことも示し、築造企画のみならず墳墓企画を共有するような統治システムも含めて箸墓古墳が採用し、列島規模の政治的統治システムへと転化し、確立したと理解した（澤田 1993a）。

　近藤義郎は 1986 年の論考（近藤 1986a）以降、その後の成果を踏まえて新たな見解を矢継ぎ早に示した（近藤 1991・1995a・1995b など）が、その主張はのちの 2 つの著書（近藤 1998b・2001）に収斂している。近藤は前方後円形墳墓について供伴する土器の型式によって箸墓古墳とほぼ同時に築造されたことは認めつつも、先行して造られたものについては否定的な見解を示している。また特殊器台による墳丘祭祀など、吉備地方の要素が大形前方後円墳の墳墓祭式に採用されたことを重視し、墳墓形式についても、なお楯築弥生墳丘墓に代表される通路としての機能を持つ突出部が形骸化、巨大化して前方後円墳に収斂されたという、以前に示した「飛躍的継承」（近藤 1986a）の具体的な内容を含めて主張した。近藤にとって築造企画の継承は不要であり、むしろ弥生墳丘墓と前方後円墳のあいだに墳墓祭式における突出部の機能や意味の継承が重要であるとの見解を示している。ハードウェアよりソフトウェアの重視と換言できるであろう。いずれにせよ、前方後円形墳墓は箸墓古墳の影響下に生まれたものとし、その微細な形態差はバリエーションとみているようであり、築造企画やその背後に潜む政治的統治システムの継承という視座を軽視している。

　一方、北條芳隆は墳丘形態に限らず、大形前方後円墳には各地の墳墓祭式要素が集約されているとの見解を示し、大形前方後円墳が築造される奈良盆地のみが、その成立に関与したわけではないと主張した（北條 2000・2002）。そのなかで墳丘形態に関しては、箸墓古墳以前の前方後円形墳墓についても認める立場をとっているようにうかがえる（北條 2000・2003）。特に前方後円墳の誕生にあたって重要な役割を果たした地として、西播磨地方や東四国地方を注視する点は筆者とも見解を一にする。ただし個々の形態差や時間差が大きいにもかかわらず、それらを「讃岐型」というひ

とつの枠組みで議論した（北條 1999a）ことで、微細な変化を見落とした感があり、また地域的な枠組みを重視するあまり「弥生時代の前方後円墳」を容認する（北條 1999a）など、議論をわかりにくくしている。もっとも、これはその後の論考で「第 1 群前方後円墳」とまとめなおした（北條 2000）うえで、さらに細分化していく（北條 2003）など、解消にむかっている。とはいえ細分化された各類型間の有機的関係については触れておらず、箸墓古墳の誕生に至る具体的な経過については、なお十分に示されていない。

　このようにソフトウェアの継承を重視する近藤を除けば、箸墓古墳の成立をその前段階の前方後円形墳墓に求める方向に研究が進んでいるとみてよい。また近藤自身も考古学的な時間幅のなかでの同時性を主張しており、設計段階や埋葬の完了といった先後関係よりも、築造そのもの同時進行を重視しており、設計の完成や埋葬の完了時点という意味では、箸墓古墳に先行するものがあってよいことになる。また近藤を除く 3 者においては、それらの呼称について異なるのも事実である。3 者の見解の相違から、箸墓古墳以前の前方後円形墳墓が今日的な資料性をもとに、突出部の長い一群と短い一群が個々にどのような系列関係を持つのか、またその過程で相互に干渉しあうものがあるのか、さらに両者の到達点としてどの大形前方後円墳に連なるのか、連ならないのか、墳丘形態という資料的性格に等質性を持たせて議論していく姿勢と必要性が導けるのではないだろうか。また近藤にあっても突出部の機能の転化を認めるとして、楯築弥生墳丘墓から箸墓古墳への機能転化の過程を墳丘の巨大化のみで説明するのは、設計、築造技術という実務的観点において満たされないのではないか。機能転化の過程が追えるのであれば、やはり墳丘形態という直接資料に即して追究すべきではないだろうか。ともすれば副次的な土器型式によって墳墓の併行関係を頼る近藤の見解（近藤 1998）に疑義を呈しておきたい。

　以上、やや冗長となったが、大形前方後円墳の成立過程という枠組みにおいて、直接資料である墳丘形態の型式学的変遷をもって追究しようとする研究視点が欠如してきたことと、今日の資料の蓄積はその研究をある程度可能にしていることを示し得たかと思う。以下、このような視座で桜井茶臼山古墳に連なる前方後円形墳丘墓の存在を見いだし、その築造企画の成立過程について論じていきたい。

2.　桜井茶臼山古墳の築造企画の成立に関する議論

　桜井茶臼山古墳は立地や低平かつ細長い前方部を有することから、古くから古式前方後円墳の代表として挙げられてきた（濱田 1936）。また、これはのちに二重口縁壺形土器や副葬品が明確になるなかで追認され、桜井茶臼山古墳の編年的位置づけがなされた（末永 1950・1954、小島編 1961）。それはすなわち最古式前方後円墳のひとつという認識であり、そのために墳丘形態、内部主体、副葬品によって裏打ちされた標識遺跡として扱われてきた。しかし、これも近藤義郎による撥形前方部の研究（近藤 1968）や、その代表である箸墓古墳での特殊器台形埴輪、特殊壺形土器の存在（中村・笠野 1976、白石ほか 1984）によって、箸墓古墳こそが最古式前方後円墳であり、桜井茶臼山古墳はそれにやや後出して築造されたものと考えられるに至った。これは三角縁神獣鏡の鏡群の分析からも妥当であり（岸本 2004a）、編年的位置づけとして多くの研究者の今日の評価

となっている。

　一方、墳丘形態に目を移すと、箸墓古墳と桜井茶臼山古墳のそれとでは、前方部の形態、段築成の構成、さらに規模や立地と大きな相違点があり、両者をただちに系列的理解によって結びつけ、桜井茶臼山古墳の由来を先行する箸墓古墳に求めるのは困難である[2]（岸本 1997、澤田 2000）。したがって、必然的にそれ以外の墳墓に先行形態を求めなければならない。けれども、これまで桜井茶臼山古墳の築造企画の成立について論じたものは少なく、僅かに寺沢薫が勝山との系列的関係を示した（寺沢 1988）に過ぎず、それ以後も必ずしも活発に論じられているわけではない。とはいえ、幸いにも、先にも触れた寺沢が示した「纒向型前方後円墳」（寺沢 1988）の研究以後、箸墓古墳に相前後する前方後円形墳丘墓の調査研究が進展し、そのなかの突出部のやや長い一群から桜井茶臼山古墳の祖形を求めることが可能になっている。讃岐地方の鶴尾神社4号墓や西播磨地方の丁瓢塚、丹波地方の黒田墳丘墓[3]などである。あるいは中山大塚なども加えられるかも知れない。いずれにせよ箸墓古墳に関してはすでに前章で私案を示したところであり、桜井茶臼山古墳についても前方後円形墳丘墓との系統系列関係を検討する余地を残しているように思われる。

　このように最古式前方後円墳の築造企画の由来を、その前段階に築造された前方後円形墳丘墓に求める研究の方向性は整いつつあり、検討そのものを否定する必然性はないように思える。本章では桜井茶臼山古墳築造企画の由来をひとまず前方後円形墳丘墓に求め、墳丘形態の系統系列関係の整理から、その成立過程について言及していく。さらに、そのうえで埋葬頭位や内部主体、供献された土器についても相関性がないか検討を加え、その妥当性を確認していく。これは埋葬に関わる儀礼行為にも共通性が認められれば、葬送儀礼が総体として引き継がれたことになり、墳丘形態も一定の脈絡のなかで選択された蓋然性が高まると考えるからである。

　以下、まず墳丘形態の系列的関係から追究していく。

第2節　墳丘形態の系列的理解

1. 桜井茶臼山古墳の墳丘形態

　桜井茶臼山古墳の墳丘形態の復元図は第26図に掲げたとおりである。今一度、整理しておくと、同古墳の墳丘は後円部3段、前方部2段の段築成を持っている。後円部下段テラスと前方部テラスは連接し、墳丘全体をめぐるのに対し、後円部上段テラスは前方部斜面にぶつかりC字状に収束する。後円部、前方部とも斜面長は、おおむね同じ比率である。また後円部の形態は北東（▼印）から東くびれ部にかけてが、西くびれ部を起点とした復元円弧とは異なり内側に入り込んでおり、くびれ部の位置を含めて東西で非対称となっている。つまり桜井茶臼山古墳の後円部は正円形をなしていない。また各段の中心点は異なっている（A：下段、B：上段、C：中段）。このように歪みが認められるが、後円部の築造企画は一定の円弧を描くことのできる西半に反映しているとみてよいだろう。後述の復元規模も西側斜面での計測によっている。一方、前方部は側面がくびれ部付近では直線的にのび前端近くで開き、緩く外反する。また前面も緩い弧状を呈する可能性がある。この復元による墳丘の規模は墳長197m、後円部径113m、後円部高19.6m、くびれ部幅52m、前

方部長 87 m、前方部前端幅 68 m、前方部高 10.1 m である。

　なお石部分類（石部ほか 1978）による後円部径を 8 とした前方部長の比率は 6 となる。後円部後端側の掘削によってやや小さい直径に復元されていたことや、東側くびれ部が掘削され細く、長い印象を与えていたこともあり、従来、柄鏡形という後円部径に比して長い前方部の存在が指摘されてきた。けれども 8：6 という比率は、実は箸墓古墳と同じ比率である。

　以下、関連墳墓との比較検討から桜井茶臼山古墳の築造企画の由来を探っていく。なお、比較にあたっては築造企画が反映していると思われる西半を基準にした。

2. 関連墳墓との比較検討

　まず箸墓古墳と比較しておきたい。前方部形態は後円部直径を同一にした場合（規模比 10：7）、桜井茶臼山古墳の前方部が長くなり、また開き具合など側縁形態が異なる（第 27 図 1）。箸墓古墳と西殿塚古墳が前方部側縁形態において同様な開き具合を保ったうえで直線化傾向が、また長さで短小化の傾向がみられ、連続的かつ系列的変化が追えるのに対し、桜井茶臼山古墳と箸墓古墳は前方部の長さ、開き具合、側縁形態において大きな違いがあり、これと同等に捉えるのは困難である。また後円部を含む段築成の位置関係や構成にも差異が認められ、同一系列上に位置づけるための説明づけが稀薄である。これらのことから箸墓古墳→桜井茶臼山古墳という系列的な変化には躊

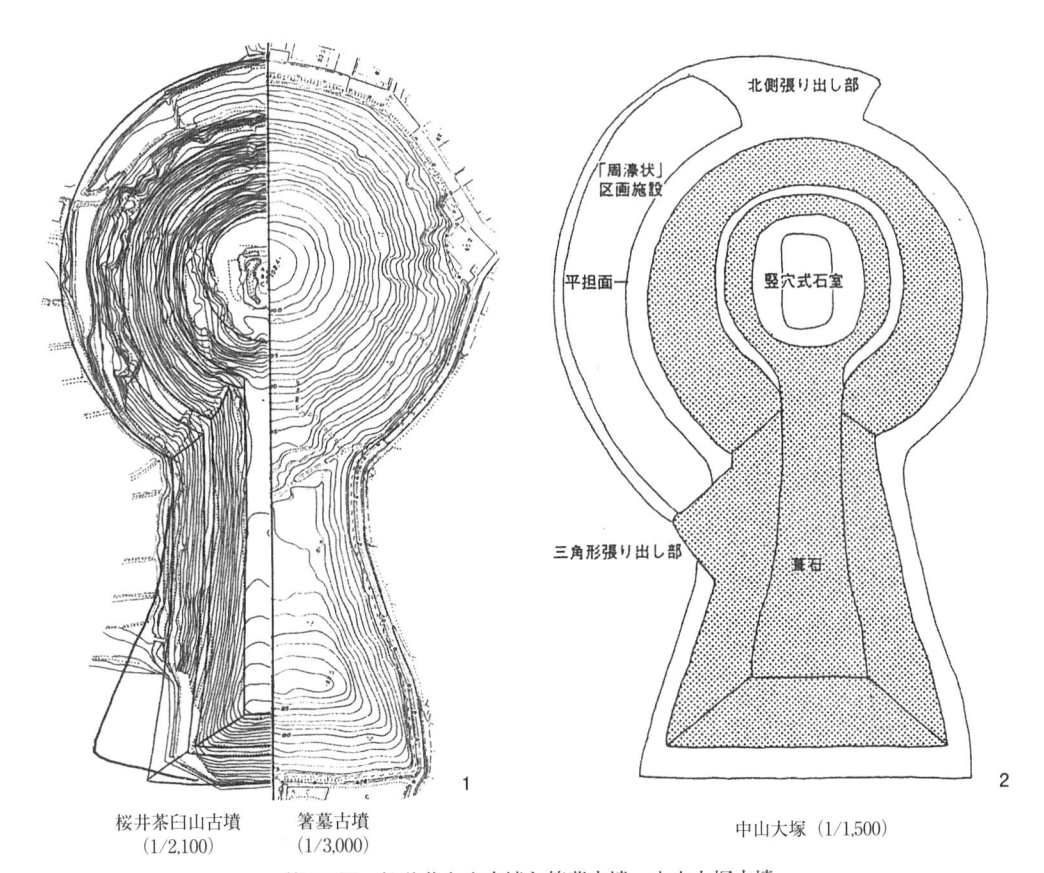

桜井茶臼山古墳　　　箸墓古墳
（1/2,100）　　　（1/3,000）

中山大塚（1/1,500）

第 27 図　桜井茶臼山古墳と箸墓古墳・中山大塚古墳

踏せざるを得ない。

　一方、桜井茶臼山古墳と対比し得る突出部の長い前方後円形墳丘墓として、鶴尾神社4号墓、丁瓢塚、黒田墳丘墓、中山大塚などが挙げられる。このうち中山大塚は基本的な枠組みでもある後円部径と前方部長の比率で近いものがあるが、突出部の開き具合と側面形態に差異がある（第27図2）。中山大塚のそれは、むしろ箸墓古墳に近い突出部形態を有しており、箸墓古墳と同様にただちに桜井茶臼山古墳との親縁性を認めることはできない。丁瓢塚は前方部が細く長い点で類似する。ただし、くびれ部から一旦内側に入った後に曲線的に外反する側縁形態において大きな違いが認められ、ただちにその前段階へ位置づけることには躊躇がある。すなわち、側縁の曲線度に両者には大きな違いが認められ、それが一型式の変化の速度とは考え難いのである。

　残された鶴尾神社4号墓と黒田墳丘墓については突出部の開き具合が狭く、また円丘部に比してやや長いことから、その候補と考えられそうである。そこで両者と桜井茶臼山古墳とを少し詳しく比較したものが第28図1～3となる。それによると鶴尾神社4号墓の突出部側縁は開き具合が小さく、緩く外反するものの柄鏡状にのびており、桜井茶臼山古墳のそれに近い。全体に幅が狭く、低い点で違いがあるが、これは突出部幅の拡大と高さの増大という連動した変化の方向として捉えられる。もちろん、これは突出部の機能（近藤 2001）の喪失とは無関係ではなく、鶴尾神社4号墓から丁瓢塚、丁瓢塚から箸墓古墳への変化の過程でも読みとれる現象である。また、桜井茶臼山古墳と鶴尾神社4号墓ではくびれ部の非対称の在り方がよく似ている。異なる点は幅の拡大の仕方にあり、一方はくびれ部の位置を固定したうえで側縁の曲線形態を保ちつつ前端の幅を拡大して「ハ」の字状に開く前方部に、もう一方はくびれ部、前端幅とも拡大し、柄鏡形の形態が損なわないように変化させている。

　このなかにあって黒田墳丘墓はどのように位置づけられるのであろうか。結論をいえば、黒田墳

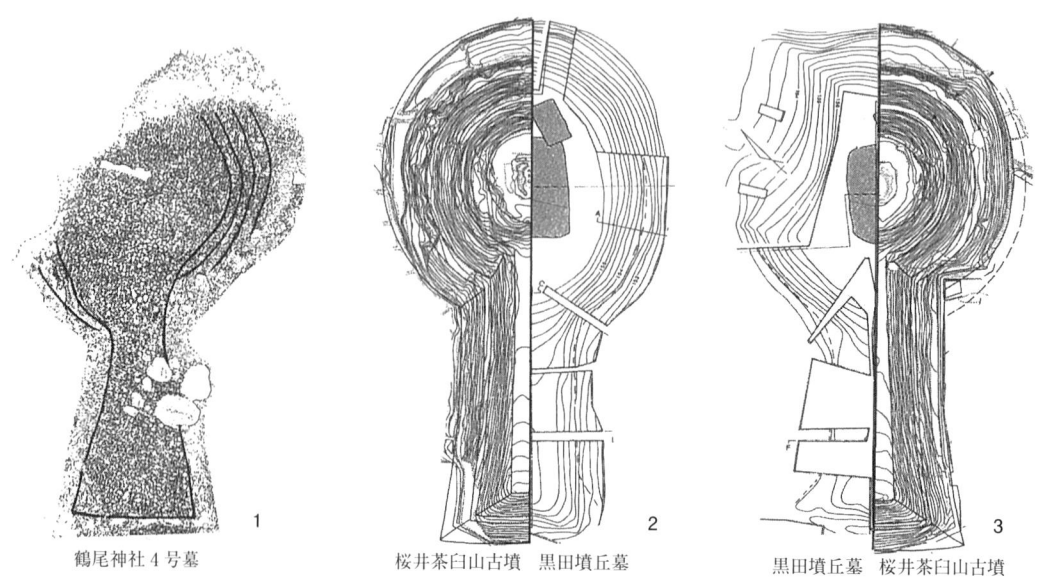

1　鶴尾神社4号墓　　　2　桜井茶臼山古墳　黒田墳丘墓　　　3　黒田墳丘墓　桜井茶臼山古墳

第28図　桜井茶臼山古墳と鶴尾神社4号墓・黒田墳丘墓

丘墓の突出部幅は中間的な在り方をし、鶴尾神社 4 号墓と桜井茶臼山古墳のあいだに位置づけられるものといえる。つまり側縁形態も先端部のみを外反させるのが黒田墳丘墓で、全体的に細長い鶴尾神社 4 号墓の突出部と、中程から外反していく桜井茶臼山古墳の前方部と比較すれば、外反していく位置関係において、中間的存在と理解し得る。なお第 28 図 2・3 は 7：3 の規模比で比較したものである。

3. 墳丘形態からみた系列的関係

　以上の事柄を整理すると、鶴尾神社 4 号墓を分岐点に鶴尾神社 4 号墓→丁瓢塚→箸墓古墳→西殿塚古墳→行燈山古墳という変化の方向性と、鶴尾神社 4 号墓→黒田墳丘墓→桜井茶臼山古墳→メスリ山古墳→渋谷向山古墳という、2 つの流れとなる。ここでは前者を箸墓系列、後者を桜井茶臼山系列と呼んでおきたい。

　桜井茶臼山系列については後円部 3 段、前方部 2 段の段築成を基調として、後円部最上段の高さ増が桜井茶臼山古墳から渋谷向山古墳へ変遷過程で認められる（澤田 2000）。また桜井茶臼山古墳からメスリ山古墳へは前方部幅の拡大がみられるほか、メスリ山古墳から渋谷向山古墳へ変化する過程で箸墓古墳の枠組みを取り入れ、規模を拡大するところに特徴が見いだせる。

　また、これとは別に讃岐地方では鶴尾神社 4 号墓から高松茶臼山古墳へ至る変化の過程が読みとれる。西播磨地方では丁瓢塚のあと権現山 51 号墳など畿内的色彩の濃い前方後方墳が築かれるが、讃岐地方では鶴尾神社 4 号墓以来の地域独自の築造企画を少なくとも前期中葉までは保っており、他地域と異なる一面を持っている。[4]

　なお鶴尾神社 4 号墓の成立については吉備地方の楯築弥生墳丘墓から、石清尾山山塊の双方中円形の積み石塚を経てなされるものとみている（澤田 1993a）。楯築弥生墳丘墓の中心埋葬の埋葬頭位やそれが墳丘主軸に斜行すること、さらに第 2 主体部からサヌカイトの剝片が出土したことなどに両者の関係が認められるが、このような関係のなかに双方中円の一方の突出部が消失して鶴尾神社 4 号墓の如く前方後円形に転化した可能性を考える糸口がある。

　また楯築弥生墳丘墓の突出部は円丘部との比率において纒向形墳丘墓の突出部のあり方に共通性が認められ、寺沢薫が主張するように纒向形墳丘墓も楯築弥生墳丘墓から派生して生まれた（寺沢 1988）とみることができる。ここに双方中円の一方の突出部を取り去り前方後円形に転化していった可能性が考えられる。また阿波地方の萩原 1 号墓などの成立についても、同様な経緯があったと考えている。

　最後に纒向形墳丘墓とした突出部の短い一群について触れておきたい。系列的理解について結論のみを示せば、楯築弥生墳丘墓→纒向石塚→ホケノ山と続き、その後何基かが後続したのち最終的には行燈山古墳に収斂していったと考えている。あるいは楯築弥生墳丘墓から纒向石塚に至る過程には、阿波地方の前方後円形墳丘墓が介在する可能性もあるが、その当否については今後の検討課題としておきたい。いずれにせよ、これらを纒向系列と呼んでおきたい。[5]

　なお、これらをまとめたものが第 29 図である。前方後円形墳丘墓から前方後円墳への移行は決して単純なものではなく、複数の系列が関与した可能性を考えておきたい。

70

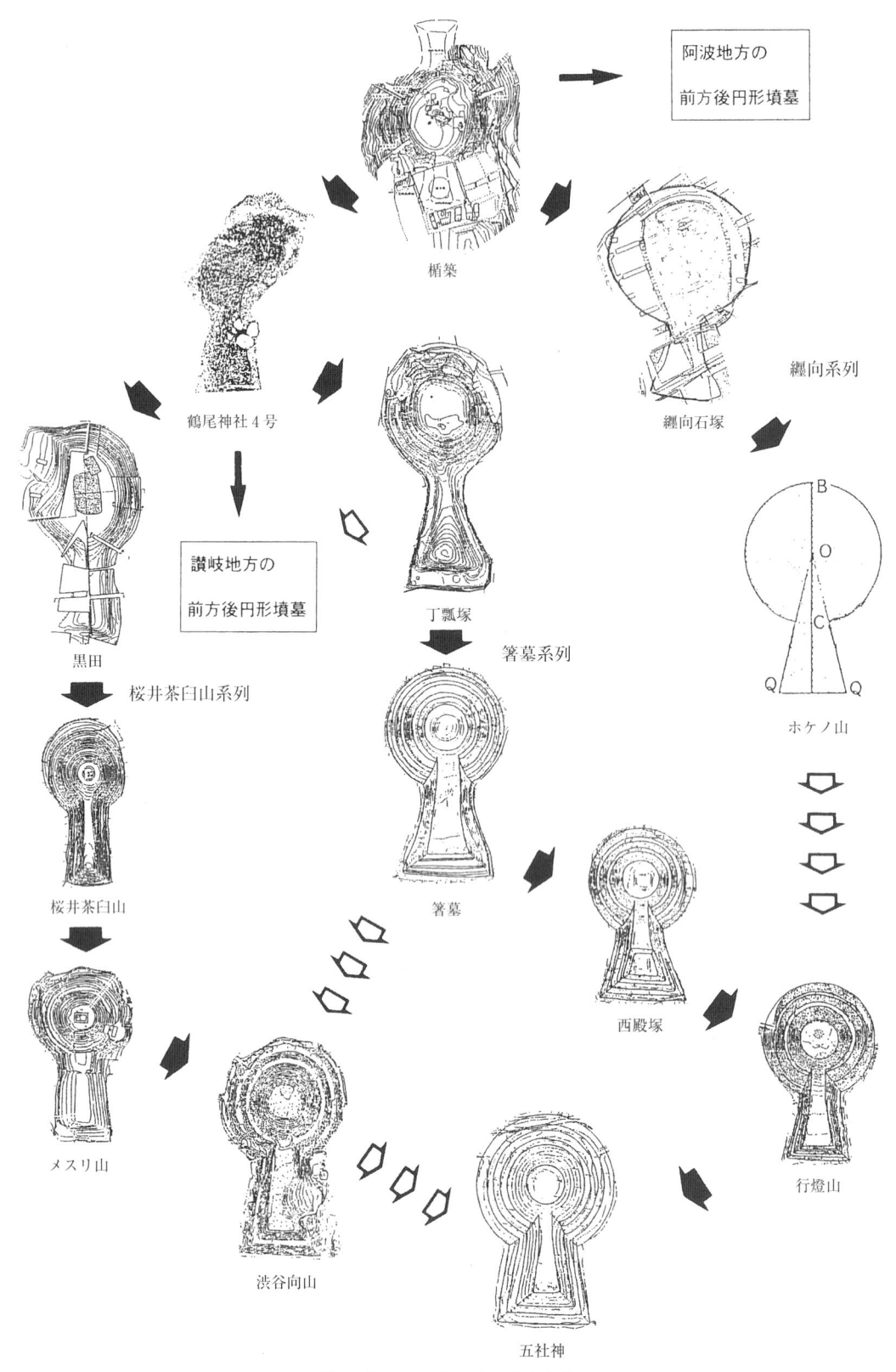

阿波地方の
前方後円形墳墓

楯築

纒向系列

纒向石塚

鶴尾神社4号

讃岐地方の
前方後円形墳墓

丁瓢塚

箸墓系列

黒田

桜井茶臼山系列

桜井茶臼山

箸墓

西殿塚

ホケノ山

行燈山

メスリ山

渋谷向山

五社神

第29図　前方後円墳の成立過程

第 3 節 墳丘形態以外の要素による有機的関係

先に示した鶴尾神社 4 号墓→黒田墳丘墓→桜井茶臼山古墳という系列的関係が墳丘形態以外の要素でどのように関係づけられるのか、ここでは選地、埋葬施設、埋葬頭位、土器祭祀から検討していく。

1. 選地

まず選地についてみておくと、3 者とも尾根を用いて造られている点で共通する（第 30 図）。特

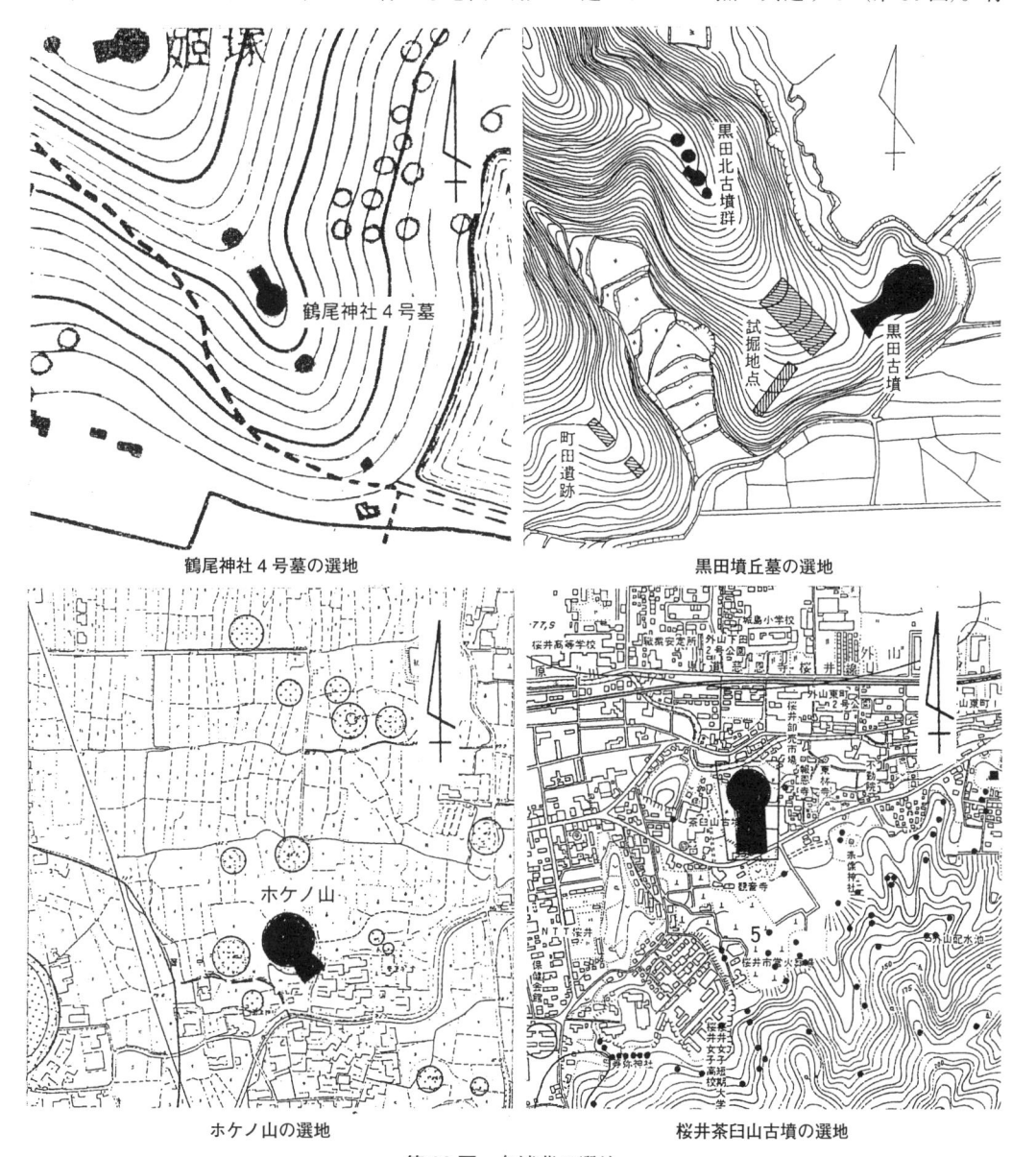

鶴尾神社 4 号墓の選地　　　　　黒田墳丘墓の選地

ホケノ山の選地　　　　　桜井茶臼山古墳の選地

第 30 図　各墳墓の選地

に鶴尾神社4号墓、黒田墳丘墓はともに円丘部を尾根の先端に設置しているが、この手法は桜井茶臼山古墳に引き継がれており、桜井茶臼山古墳も後円部を尾根の先端にむけ、尾根の付け根に前方部を設置している。またホケノ山もこのような選地をしている。

このような尾根の先端に円丘部、後円部を設け、付け根に突出部、前方部を設置する手法は、讃岐地方や西播磨地方に多くみられる。例を挙げれば、讃岐地方では摺鉢谷9号墳、北大塚古墳、石船塚古墳、姫塚古墳、爺ヶ松古墳、野田院古墳、丸井古墳、高松茶臼山古墳、今岡古墳、快天山古墳など、また西播磨地方では金剛山16号墳、養久山1号墓、景雲寺山古墳や吉島古墳などである。そして、これらの墳墓が箸墓類型とは異なる点で注意を要する。つまり箸墓古墳に先行するか、後続してもその影響下にない在地的な非類型墳にみられる。

箸墓系列の諸古墳ならびにその類型墳の多くが前方部を尾根の先端にむけて築造していることを勘案すれば、桜井茶臼山古墳の後円部の設置の仕方は特異といわざるを得ない。まずは、ここに桜井茶臼山古墳と鶴尾神社4号墓、黒田墳丘墓との共通性を見いだしておきたい。

2. 埋葬施設と埋葬頭位

埋葬施設は鶴尾神社4号墓と桜井茶臼山古墳が竪穴式石槨で、前者は平底の木棺を、後者は割竹形木棺を用いている。一方、黒田墳丘墓は底面に礫を用いた木槨墓で、ホケノ山の中心埋葬に近い在り方をしている。また両者は底面が緩やかなU字形を呈したコウヤマキ製の木棺を用いる点でも共通しており、埋葬施設の基本的な構造とともに棺形態の類似性は注意を要する。すなわち後述する土器祭祀の在り方とあわせて、葬送行為に用いられた道具立てに共通性を見いだせ、両者に儀礼行為を共有した可能性を考慮する必要がある。そして、この共通性に丹波地方と畿内地方を結びつける有機的な根拠が生じてくる。なお黒田墳丘墓やホケノ山と同様の埋葬施設を持つ墳墓として、阿波地方の萩原1号墓、西播磨の綾部山39号墓（揖保郡御津町教育委員会編 2005）などが挙げられるが、東部瀬戸内地域での類似した埋葬施設の存在は、後述の埋葬頭位との関係を考えるうえで示唆的である。

埋葬頭位については第31図に方位と墳丘主軸との関係を示した。鶴尾神社4号墓が墳丘主軸に

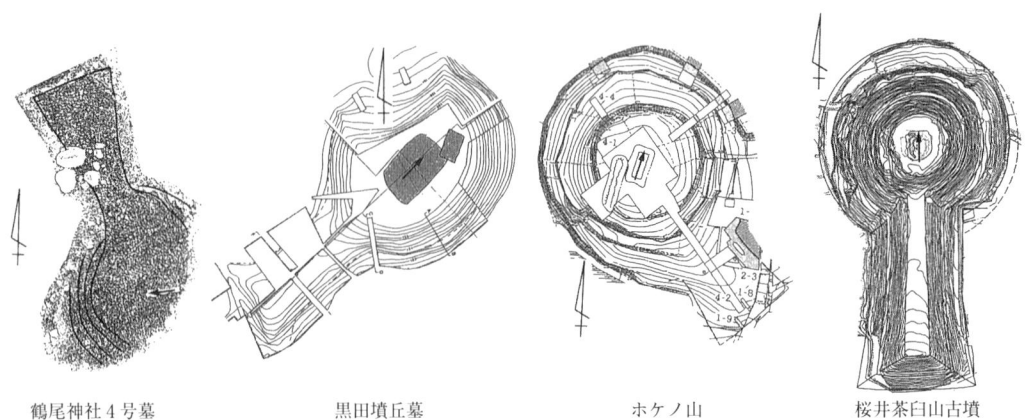

鶴尾神社4号墓　　　　　黒田墳丘墓　　　　　　ホケノ山　　　　　桜井茶臼山古墳

第31図　方位・墳丘主軸と埋葬頭位（矢印は頭位方向）

斜行して西頭位、黒田が墳丘主軸に平行して北東頭位、桜井茶臼山古墳が墳丘主軸に平行して北頭位をとっている。なお、ホケノ山は墳丘主軸に斜行して北頭位をとる点で鶴尾神社4号墓と桜井茶臼山古墳との折衷的な在り方をしている。讃岐地方や西播磨地方では墳丘主軸に斜行して西頭位をとる例が多く認められ（北條 1987）、葬送にあたっての地域的な規範として捉えられる。また畿内では都出が指摘するとおり、北頭位が優勢でしかも墳丘主軸に平行ないし直行することが多い（都出 1979、北條 1987）。これを畿内の規範とするならば、黒田墳丘墓は墳丘主軸に平行させる点で畿内的である。とはいえ黒田墳丘墓の墳丘主軸は北東方向をとっており、埋葬施設が主軸に斜行していたならば西頭位がとれる位置に選地されている。つまり黒田墳丘墓では選地と埋葬頭位の関係に不徹底があり、実はその不徹底に折衷的な在り方が読みとれるのである。そして、ここに移行的な在り方が看取され、黒田墳丘墓の鶴尾神社4号墓と桜井茶臼山古墳との中間的な位置づけが可能になる。

3. 土器祭祀

　三者とも壺形土器を用いた祭祀をおこなっている。特に黒田墳丘墓と桜井茶臼山古墳は壺形土器のみを用い、特殊器台や特殊器台形埴輪、円筒埴輪を伴わない点で共通する。また黒田墳丘墓は数個体を埋葬施設上で用い、桜井茶臼山古墳は埋葬施設上に方形壇を設け、その壇状施設の下端に方形囲繞しているが、両者とも壺形土器を用いた祭祀をおこなう点で共通し、それが徐々に整備、形骸化していく様子がみられる。特に埋葬施設に共通点の多い黒田墳丘墓とホケノ山で加飾壺が用いられている点に注意しておきたい。ホケノ山で加飾壺の方形囲繞の可能性が指摘されている（奈良県立考古学研究所編 2001）ことは、祭式の整備という意味で黒田墳丘墓からホケノ山へ、さらに桜井茶臼山古墳への推移を想定させる。これは黒田墳丘墓から桜井茶臼山古墳への影響を示すものであり、祭式の導入と定式化を想起させるものになっている。また土器の編年的関係としても、黒田墳丘墓の加飾壺から桜井茶臼山古墳の二重口縁壺へ推移する過程に仮器化を認めてよいだろう。墳頂部での土器祭祀において、壺形土器の使用は吉備地方や出雲地方あるいは丹後地方にその起源が求められよう（塩谷 1990、古屋 2002、土生田 2002）が、そこでの土器祭祀は器台形土器を含めた飲食器のセットが通有である。壺形土器のみ、あるいは壺形土器を主体とした土器祭祀はそこから派生するとして、黒田墳丘墓ではその壺形土器のみの土器祭祀を採用したと考えざるを得ない。そして、この相違は「共飲共食儀礼」（近藤 1998b）として異質な儀礼行為の開始であり、中山大塚や箸墓古墳など吉備的な器台形土器を有する墳墓とは墳頂部の土器祭祀においても異なる関係を示している。

　ここでは器台形土器を欠き、壺形土器を主体とした儀礼行為の継承を重視し、土器祭祀に関しても黒田墳丘墓から桜井茶臼山古墳へ推移する変遷過程を読みとっておきたい。

4. 有機的関係の抽出

　これらの状況をまとめたものが第8表となる。これらから端的に読みとれるのは、先にみた要素のすべてにおいて黒田墳丘墓が鶴尾神社4号墓と桜井茶臼山古墳の中間的な在り方を示すことであ

第8表　鶴尾神社4号墓・丁瓢塚・黒田墳丘墓・ホケノ山と桜井茶臼山古墳の相同相違点

	鶴尾神社4号墓	丁瓢塚	黒田墳丘墓	ホケノ山	桜井茶臼山古墳
形　態	くびれ部から一端すぼまって開く	くびれ部から一端すぼまって開く	先端のみ開く撥形	くびれ部から直線的に開く	先端が僅かに開くがほぼ平行直線
区　型	8区型 or 6区型	7区型	6区型	4区型	6区型
規　模	41.5 or 46.6m	107m	52m	80m	197m
立　地	尾根の付け根に前方部	平地	尾根の付け根に前方部	尾根の付け根に前方部	尾根の付け根に前方部
主体部	竪穴式石槨（粘土床）	竪穴式石槨？	石積木槨？（石床状施設？）	石積木槨？（石床状施設？）	竪穴式石槨（粘土床）
木棺形式	平底木棺	？	緩U字木棺（コウヤマキ）	緩U字木棺（コウヤマキ）	U字木棺（トガ？）
埋葬頭位	墳丘主軸に斜行して西	墳丘主軸に直交して東西	墳丘主軸に平行して北東	墳丘主軸に斜行して北	墳丘主軸に平行して北
土器祭祀	墓壙上（壺、器台）	墓壙上？（竹管紋壺）	墓壙上？（加飾壺）	墓壙上　方形囲繞（加飾壺）	墓壙上　方形囲繞（二重口縁壺）

り、このことは鶴尾神社4号墓から黒田墳丘墓を経て、桜井茶臼山古墳へ至る変遷の過程を明確にあらわしている。つまり、墳形だけでなく墓制全体に有機的関係が認められるのである。墓制における諸要素の有機的関係は墳丘形態にみられる相同が単なる偶然ではなく、血縁を含めた同族関係に起因することを示している。この観点からすると黒田墳丘墓とホケノ山のあいだにみられる埋葬施設の在り方や木棺形態、埋葬頭位、さらに加飾壺を用いた葬送儀礼の共通点にも注意を要する。そして、この両者の共通する要素のなかに、黒田墳丘墓とホケノ山との関係が色濃く示されている。その意味で、黒田墳丘墓から桜井茶臼山古墳への推移のなかで、築造企画の違いこそあれホケノ山の果たした役割は重要である。とりわけ壺形土器を用いた儀礼祭式を引き継ぎ、定式化へとむかわせた様相には注意を要するだろう。また、このなかに桜井茶臼山古墳の被葬者像が暗示されているように思われる。

　このように本章では、畿内大形前方後円墳の型式学的研究の補遺を意図して桜井茶臼山古墳の祖形が前方後円形墳丘墓のなかに求められないかを追究してきた。その結果、鶴尾神社4号墓から黒田墳丘墓を経て、桜井茶臼山古墳に至る変遷過程が見いだせた。鶴尾神社4号墓からは丁瓢塚にも派生し、それが箸墓古墳に至る過程として辿れるが、桜井茶臼山古墳の築造企画は箸墓古墳から直接的に派生して生まれたのではなく、鶴尾神社4号墓を岐点に分岐した一方から成立する可能性が考えられた。また、このような2つの系統分岐のほかにも、鶴尾神社4号墓の築造企画を創出した讃岐地方のなかでも展開し、少なくとも前期中頃まで存続している。讃岐地方を脱した2つの系列は、受け入れた地域による新たな墓制要素や技術が加味され、それが畿内中枢の政治勢力に再度集約されていくことになる。

　また墳丘の平面形態のほか、築造にあたっての選地、埋葬施設の在り方、土器祭祀からも桜井茶臼山古墳築造企画の成立過程について言及してきた。そこでは鶴尾神社4号墓→黒田墳丘墓→桜井茶臼山古墳という墳丘形態から求めた系列的関係がほかの要素においても整合し、墓制全体が有機的関係のもとで推移していると考えた。このことは桜井茶臼山古墳が箸墓古墳とは異なる系統、系列関係のもとでの築造を示している。

　このように跡づけられるならば、桜井茶臼山古墳は丹波地方の黒田墳丘墓をもとに成立したこと

になる。畿内地方にあって特異な選地や壺型土器のみを用いた墳墓祭祀などは、あるいは黒田墳丘墓に由来するのかも知れない。少なくとも特殊器台形埴輪など吉備地方の要素を含む箸墓古墳とは対照的な在り方をしている。そして、これらが大王墓に準ずる大形前方後円墳の被葬者像に繋がるとみてよいのだろう。政権構造のなかで丹波地方がいかに関与していたのか、今一つ説明しきれず、また今後、畿内において直接的な祖形となるものが見つかるかも知れないが、現時点の成果として、ここでは桜井茶臼山古墳の成立にあたって丹波地方の黒田墳丘墓が深く関わった可能性を示しておきたい。

註

（1）　なお、寺沢はこれらの前方後円形墳墓を「古墳」として捉え、「纒向型前方後円墳」とする（寺沢1988・2000）。筆者は箸墓古墳の成立をもって前方後円墳の成立とする立場をとっており、箸墓古墳に先行する前方後円形墳に関しては、弥生墳丘墓の範疇として捉え、狭義には「纒向形弥生墳丘墓」と、あるいは広義には「前方後円形墳丘墓」と呼称すべきだと考えている。個々の墳墓に定見を得ていない段階でこのような呼称を用いることに気後れしているが、ここでは筆者の持つ現段階での箸墓古墳以前、以後の認識を「前方後円形墳丘墓」あるいは「墳丘墓」との呼称によって意志表示することにした。また、ときに「前方後円形墳墓」という用語も用いているが、これは一般名詞として「前方後円形をした墳墓」を意味した用語であり、そのなかに弥生墳丘墓、前方後円墳の双方を含意しており、「前方後円形墳丘墓」とは使い分けていることを付記しておきたい。

（2）　岸本も筆者も箸墓古墳と桜井茶臼山古墳は別な大王墓系列と捉えている。ただし、岸本は桜井茶臼山古墳の由来を弥生墳丘墓のなかに求めているわけではない。

（3）　報告書では「黒田古墳」と称している（森下ほか編 1991）が、ここでは黒田墳丘墓とした。

（4）　これが「讃岐型前方後円墳」（北條 1999a）ないし「高松平野型前方後円墳、石清尾山型前方後円墳」（北條 2003）と呼ばれる所以であり、弥生時代終末から前方後円形墳墓を築いている点で纒向地域と同様な在り方を示す。ただ、異なる点は讃岐地方が前方後円墳秩序のなかでその政治的中枢として機能しなかったことで、むしろ前方後円形墳墓による祭式、築造企画の共有による統治システムといった、政治秩序を維持するための装置を提供する側にまわったことである。けれども、そのほかの地方が伝統的墓制を断ち切るかたちで前方後円墳秩序に編入していくことからすれば、讃岐地方は伝統を維持したわけであり、それを史的脈絡のなかで評価する必要がある。

（5）　なお付言しておけば箸墓系列での箸墓古墳→西殿塚古墳→行燈山古墳と続く前方部の短小化には、実はこの纒向形墳丘墓の影響を考慮する必要があるのかも知れない。つまり箸墓系列にみる主要な大王墓系列が、纒向に分布の中心を持つ「纒向形墳丘墓」の形態に収斂していく姿をここにみておきたい。詳細は別稿に譲るが、魏志による二代続く女王の共立と男王との出自関係がここに表現され、男王の出身が纒向の地に由来している可能性も考慮しておきたいのである。

第3章　前方後円墳築造企画の配布とその実相

第1節　墳丘形態からみた権現山51号墳、50号墳——箸墓類型、西殿塚類型の抽出——

　兵庫県たつの市に所在する権現山51号墳は発掘調査によって墳長42.7mの前方後方墳と判明し、最古型式古墳の一群に属す可能性が高くなった。これは中心主体部からの三角縁神獣鏡の出土や、墳頂部での特殊器台形埴輪の出土による。一方、権現山50号墳は墳長55mの前方後方墳で、測量調査によって段築成や石列の状況が明確となり、測量調査のみではあるが墳丘形態の復元が可能となり、畿内大形前方後円墳との比較に耐えられる資料が得られた。

　ところで、前方後円墳平面形態の研究は、畿内大形前方後円墳の個々の平面形を類型化する方向に進み、箸墓古墳の築造企画を中心に類型の抽出作業がおこなわれている（和田 1981、北條 1986）。この作業を通じて、成立当初より前方後円墳の墳丘形態が定式化し、さらに畿内優勢のもとでの築造企画の配布が指摘された。

　また、墳長約48mと考えられ、特殊器台形埴輪が採集された権現山51号墳も、奈良県箸墓古墳の1/6規模の古墳と指摘された（北條 1986）。しかし、墳丘の規模に関しては発掘調査によって墳長42.7mと確認されるなど、権現山51号墳をただちに箸墓古墳の1/6規模類型墳とするのは困難である。

　とはいえ、現状で認識している権現山51号墳の後方部後端の位置は、立地条件からみて地形的制約によって当初の築造企画を施工時に変更せざるを得なかったために生じた処置とも理解でき、このような痩せた山頂地形に立地する古墳について考えてみれば、築造企画が十分に具現化されていない可能性も考慮する必要がある。先に述べた類型化の作業をとおし、現存する墳丘からモデルとなった築造企画を復元するのは可能であり、権現山51号墳、50号墳の双方が畿内大形前方後円墳と築造企画を共有するのであれば、その新古関係は畿内大形前方後円墳の築造企画との対比によって導かれる。発掘調査によって特殊器台形埴輪の出土が明らかになっており、墳丘形態を復元し、畿内大形前方後円墳と比較検討することは、両者を編年的に位置づけるうえで重要な作業となる。

　したがって本節では、まず権現山51号墳、50号墳の墳丘形態の復元から、その背後に認められる築造企画の復元を試み、その成果を畿内の大形前方後円墳の築造企画と比較検討し、権現山51号墳、50号墳の先後関係を明らかにしていく。

1. 権現山 51 号墳墳丘平面形態の復元

権現山 51 号墳では墳丘各所にトレンチを設定し、発掘調査において墳端を確認した。発掘調査では前方部前面のトレンチで石列を確認したが、ほかのトレンチでは基本的に地山削り出しによって墳丘を整形する構築法が観察されている。したがって、権現山 51 号墳の墳端は各トレンチで認識される傾斜変換線に求めるのが妥当であろう。その詳細な位置や計測値は報告書（近藤編 1991）に記されているとおりで、復元もこの成果に基づいておこなっている。ただし、報告書でも触れられているとおり、くびれ部東西、南北両トレンチでの墳端の理解は、レベル的にほかのトレンチでの成果と整合しない点があり、若干問題を残している。この 2 つのトレンチではいくつかの傾斜変換線が認められ、報告書で示された墳端とは別の墳端候補を挙げることも可能なので、全体像を復元する前に、まずこのトレンチでの新たな墳端候補を検討しておきたい。

まずくびれ部南北トレンチであるが、第 32 図に示した A、B の上下 2 箇所の傾斜変換点が認められ、一方、東西トレンチにおいても、A、B 上下 2 箇所の傾斜変換点が認められる。両トレンチとも B は報告において墳端と考えた傾斜変換線で、折れ線状の明確な傾斜変換線である。また、A は両トレンチとも B より上方の 134.75 m 付近に認められる稜線状の傾斜変換線である。上下 2 箇所の傾斜変換線を墳端の候補として挙げられるが、B を墳端として考えた場合、南北トレンチでは 133.70 m、東西トレンチでは 134.00 m であり、134.75 m 付近に設定されている前方部前端の墳端レベルより 1 m 近く下方に設定されていたことになり、著しい高低差が生じる。ところで、東西トレンチでは A、B 以外に 133.10 m 付近で折れ線状の傾斜変換線が認められるが、この傾斜変換線は自然に形成された谷底の平坦面との接点で見いだせる傾斜変換線である。これは谷地形を利用した北側くびれ部の設定に起因するが、南北トレンチ B も同様に自然に形成された谷底の平坦面との傾斜変換線であると考えられる。この傾斜変換線は多少の整形が施されていたとしても、自然

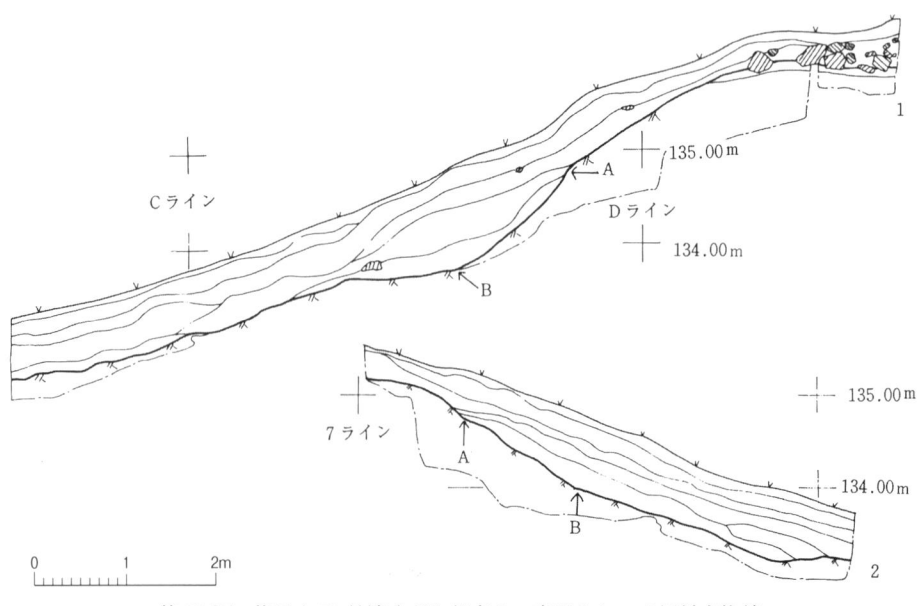

第 32 図　権現山 51 号墳くびれ部南北、東西トレンチ傾斜変換線

地形に沿って北にむかって傾斜を持っており、墳端と理解するより谷地形斜面とその底部平坦面との傾斜変換線と考えるのが妥当であろう。一方、傾斜変換線Aは、前方部前端での墳端レベルとも対応しており、稜線状ではあるが人為的に施された可能性が考えられる。

　ところで、前方部南側の自然地形は、下方の等高線からみて旧来は多少内湾するものの北側のような極端な谷地形などないほぼ一定の斜面であったと思われる。これに対し、134.25 m より上方の等高線は、墳丘くびれ部に沿って極端に内湾しており、このレベルにより上方に何らかの加工が加えられ、斜面が変形したものと考えられる。つまり、墳丘流失土の滞留を考慮しても、この 134.25 m 付近より上方での整形が想定される。先に発掘の成果より北側および前方部前面の墳端を 134.75 m 付近としたが、これに対応して南側でもこのレベルに墳端を設定していた可能性が十分に考えられる。また、このレベ

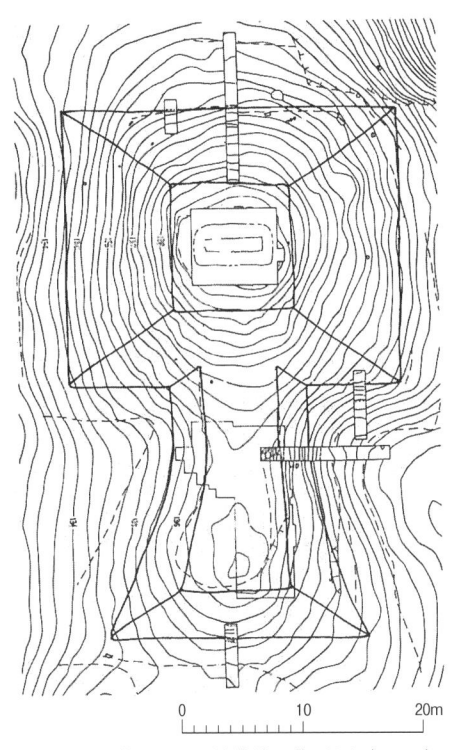

第 33 図　権現山 51 号墳墳丘復元図 （1/600）

ルの一致は、北側くびれ部の傾斜変換線Aを墳端とする妥当性を示すものと考えている。

　以上、くびれ部東西、南北両トレンチにおいて、傾斜変換線Aが墳端である可能性を示した。これによって、北側くびれ部の形状は復元が可能となった。けれども、前方部前端トレンチや後方部後端トレンチの成果によって前端、後端の位置が把握されたとしても、前方部、後方部とも側面は発掘成果から復元できない。これらの地点では予備的にボーリング調査も実施したが、前方部前端以外では石列などの痕跡を確認しておらず、側面については等高線に沿って復元した。ただし、後方部側面は先の南側くびれ部での検討結果を重視し、急斜面で流失土の堆積が少ないと思われる南側面では 134.25〜134.50 m 付近の等高線を墳端として復元している。一方、北側縁は南側斜面に比べ緩斜面であり、流失土の堆積が南側斜面より多く予想されるので、現表土レベルを墳端とするのを避け、南側面での成果を、主軸線を中心として折り返した位置に北側面の墳端を求めた。なお、前方部の側面は等高線に沿って外反する曲線状の復元を試みているが、その開き具合は前方部前端におけるボーリング調査の成果を踏まえての復元である。

　これらの検討結果から復元したものが第 33 図である。石列が露出する権現山 50 号墳に比べ墳端決定の根拠に乏しいが、後方部後端を除いてほぼ一定のレベルに墳端を設定している前方後方墳といえるであろう。この復元に基づく各部の規模は墳長 42.7 m、後方部長 22.7 m、同幅 28 m、前方部長 20 m、同幅 22.8 m、くびれ部幅 6.3 m となる。

2. 権現山 50 号墳墳丘平面形態の復元

　権現山 50 号墳（第 34 図）は、測量調査によって墳丘各所で葺石、石列、傾斜変換線を確認している。この調査成果に基づいて墳端と認識した部分は測量報告（澤田 1991b）のとおりである。その際に指摘した墳端は、石列および傾斜変換線であり、両者をただちに同質の基準で墳端と断定するのはやや抵抗があり、くびれ部など十分に認識できない部分があるのも事実である。けれども、後方部北側では斜面の葺石直下で傾斜変換線が認められ、また、前方部北側では傾斜変換線に面を外側にむけた根石がみられるなど、石列同様に旧来の姿を留めていると判断できる部分も認められる。したがって、いくつかの傾斜変換線では石列と同等の基準で扱った復元が許されるだろう。また、それ以外では等高線の流れやボーリング調査成果などの援用によって確実に墳端と認識したものを補足し、全体像を把握するのは可能である。

　後方部では、南西コーナーの石列と北側斜面に露出した葺石直下の傾斜変換線が墳端だと思われ、これに基づいて南、西、北の各側面の復元をおこなった。現状において南斜面に 1 段、北斜面に 2 段の平坦面を確認しているが、それぞれ葺石が認められる斜面直下より平坦面をなしており、復元図においても段築成平坦面としている。

　また前方部は、断面的ではあるが石列を確認しており、これをもとに復元した。北側面は、

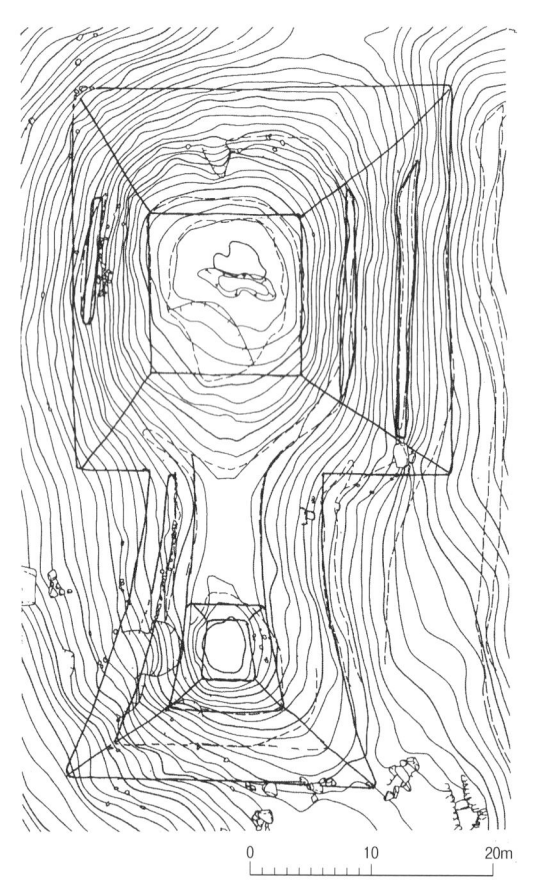

第 34 図　権現山 50 号墳墳丘復元図（1/600）

136.5 m の等高線に沿う傾斜変換線上に数個ではあるが面を外側にむけた石塊を根拠に、この傾斜変換線を墳端とした。一方南側面は、137.5 m 付近の石列下方に、面を外側にむける石塊が断片的に認められる。これも上方の石列に平行しており、本来は下段にも石列が配されていたものと思われ、この下段の石列を墳端として復元した。前方部前面は、権現山 53 号墳、54 号墳による改変もありコーナーが十分に把握できない。けれども、北東方向にのびる尾根の付け根の 135 m 付近には南北方向に列をなす石塊が認められ、さらにこの石塊の南側斜面は、132〜134 m の等高線が下方で一定である等高線の流れに対し、極端に外反し斜面に突き出しており、何らかの加工痕跡と考えられる。この加工は、石塊の延長線上に施されており、位置的には前方部南東コーナーの築造を意識したものと考えられるので、この石塊と加工痕跡を結んだラインが前方部前面の墳端だと判断している。

　くびれ部の復元は、外表観察において後方

部東端を十分に把握できなかったために、補足的に実施したボーリング調査の成果に頼っている。ボーリング調査は、おもに北側くびれ部でおこない、南北に列状に並ぶ石塊を確認した。崩落石かも知れないが、列をなすことを重視し、この石塊群を墳端として認め後方部東端を決定し、先に示した前方部墳端の延長線との接点をくびれ部として捉えた。南側くびれ部は北側での成果をもとに後方部東端を決定し、同様に前方部墳端との接点をくびれ部墳端として考えた。

　以上、断片的に認識した墳端より、全体像の復元をおこなった。資料上の制約もあり、前方部前面やくびれ部の復元など不十分な部分もないわけではない。今後、発掘調査によって微細な変更が生じるであろうが、現状においては撥形前方部を有する後方部3段、前方部2段築成の左右非対象の前方後方墳となる。なお、復元案に基づく各部の規模は、墳長55m、後方部長30m、同幅31.5m、前方部長25m、同幅25m、くびれ部幅15mである。

3.　畿内大形前方後円墳との対比

　ここでは先の復元を踏まえ、権現山51号墳、50号墳と畿内大形前方後円墳との対比をおこなう。

　ところで、前述のとおり北條芳隆は、規模や前方部の形状から権現山51号墳を箸墓古墳の1/6規模の古墳である可能性を指摘している（北條 1986）。調査の結果、権現山51号墳の墳長は42.7mとなり、規模からはただちに箸墓古墳の1/6とは認められない。けれども前方部の形状は撥形を呈する可能性を残しており、また箸墓類型の諸古墳では特殊器台形埴輪の出土、採集が認められるので、箸墓古墳と対比する余地は残されている。まず、この北條の見解を検討していきたい。[1]

　権現山51号墳と箸墓古墳を6対1で重ね合わせたのが、第35図1・2である。1は後方部墳長平坦面と後円部墳長平坦面を合わせて重ねたものであるが、これによると後円部の位置関係はおろか前方部の基底ラインも合致しない。そこで前方部前端同士を合わせたのが2であるが、これによるとくびれ部の位置を含め、前方部の墳端ラインが合致するばかりでなく墳頂平坦面の形状も一致し、さらに墳長部の最高所の位置が合致してくる。一方、後方部は、後円部巾が後方部直径に合致するものの、後方部後端は箸墓古墳後円部段築成3段目の基底部付近に位置し、墳頂平坦面も合致しない。つまり、2案によると前方部の規模、形態や立面構成に両者の一致がみられるものの、後方部の形状に差異が見いだせる。これは、権現山51号墳の後方部後端の墳端を短くせざるを得なかった自然地形の制約によるものと考えている。

　先に権現山51号墳の後方部後端ラインが平面的に箸墓古墳の後円部段築成3段目の基底部への合致を指摘したが、この位置は立面的にみた場合、前方部墳端との比高差と一致する（第9表）。つまり、権現山51号墳の後方部後端は、自然地形の制約によって本来の企画をそのまま具現化できなかったにせよ、それにかえて箸墓古墳の後円部段築成の3段目斜面下端を基準に墳端を設定しているのであって、箸墓古墳の築造企画に則って設定されたとみて差し支えない。また、墳頂平坦面の不一致は、設定された墳端に対し安定した墳丘斜面を構築すれば、本来の企画によって築造された箸墓古墳の墳頂平坦面とはややずれるであろう。したがって、条件つきではあるが権現山51号墳後方部の各部が箸墓古墳後円部に合致しており、前方部での一致を含めて考えた場合、前方後円墳、前方後方墳という墳形の差を越えて、その築造企画を共有していたと理解するのが妥当であ

第9表　箸墓古墳・権現山51号墳比高差対照表

	前方部比高差	後円部比高差
箸 墓 古 墳	14.4 m	28.4 m
箸墓古墳1／6	2.4 m	4.7 m
権現山51号墳	2.06 m	4.72 m

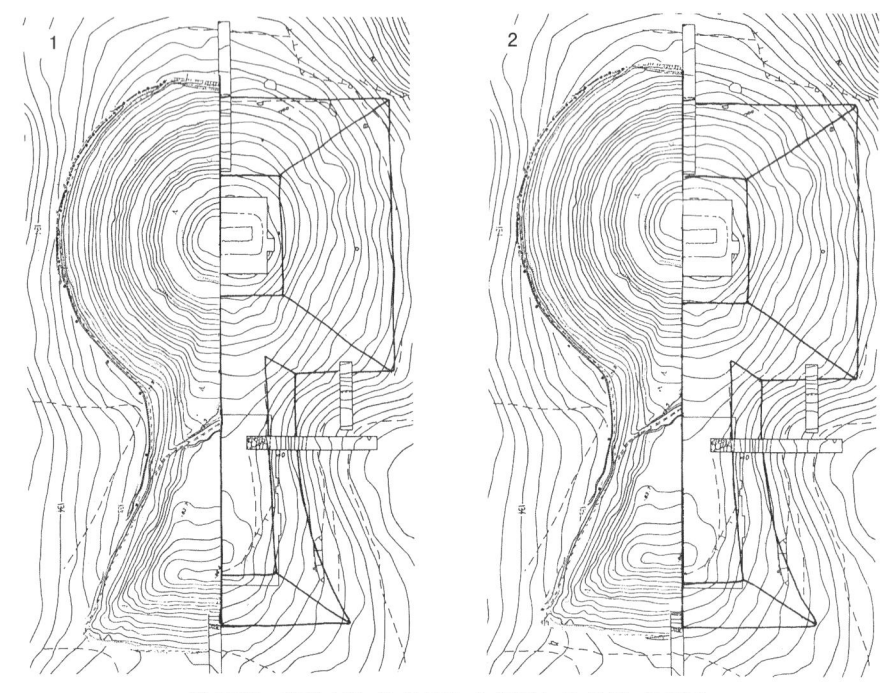

第35図　箸墓古墳（1/3,600）と権現山51号墳（1/600）

り、権現山51号墳を箸墓古墳の1/6規模墳とした北條の見解は支持し得るものとなる。

　一方、権現山50号墳は、緩いカーブを持って外反する前方部の形状や前方部墳頂平坦面にみられる台状の高まりなど、西殿塚古墳に類似した要素を多く持っており、また、規模的にも墳長55mで西殿塚古墳の1/4に近い。そこで両者を4対1で重ねたのが第36図1である。これによると、後方部両側面や前方部側面の墳端ラインに不一致が認められるものの、墳頂平坦面などの合致が了解される。また、権現山50号墳は全体的に対称性を失っており、これを反転して重ね合わせたのが第36図2であるが、第36図1において不一致であった後方部および前方部の墳長ラインがほとんど合致し、さらに権現山50号墳の後方部に認められる段築成も北側上段を除いて、西殿塚古墳のそれによく一致する。

　ところで、西殿塚古墳の前方部は東側のみに段築成平坦面が認められるが、権現山50号墳の前方部にも南側のみに1段の平坦面と2重の石列を認めており、測量図が重なり合うだけでなく先に述べた墳頂部の台状の高まりなど、前方部の特徴も類似する。また、立面構成を検討した第10表では、近似した数値が認められる。したがって、権現山50号墳と西殿塚古墳の両者は、墳形の差を越えて築造企画を共有していたと考えてよいだろう。

第10表　西殿塚古墳・権現山50号墳比高差対照表

	前方部比高差	後円部比高差
西 殿 塚 古 墳	16.0m	24.4m
西殿塚古墳1/4	4.0m	6.0m
権 現 山 50 号 墳	3.25m	6.50m

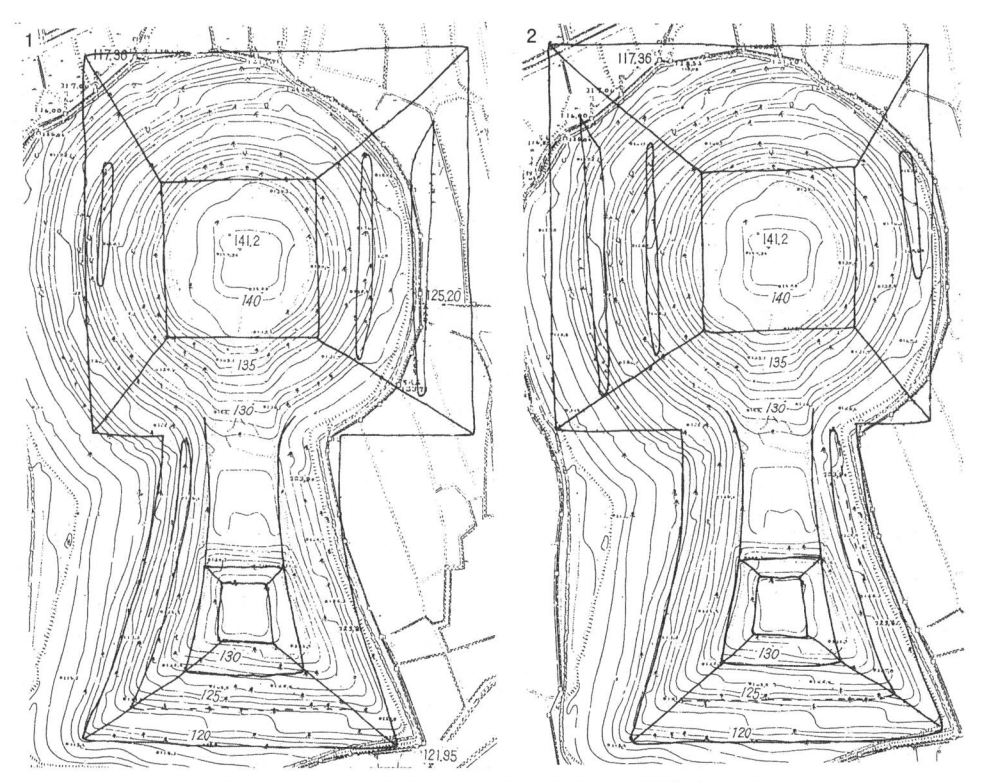

第36図　西殿塚古墳（1/2,400）と権現山50号墳（1/600）

　以上、復元図を多用したが、これらの検討から、条件つきながら権現山51号墳は箸墓古墳と6対1で、また権現山50号墳は西殿塚古墳と4対1の比率で測量図が重なり合うことから、ともに築造企画の共有が認められる。

4.　編年的位置づけ

　これまでに墳丘測量図および復元図の比較検討から権現山51号墳が箸墓古墳と、また権現山50号墳が西殿塚古墳との築造企画の共有を示した。また第1章第3節では箸墓、西殿塚両古墳を含む畿内大形前方後円墳の変遷を築造企画の型式学的検討から、箸墓古墳→西殿塚古墳→行燈山古墳→五社神古墳と考えた。

　したがって、箸墓系列の変遷が妥当であるならば、箸墓類型に属す権現山51号墳が50号墳に先行して築造されたと考えるのが自然である。また、この先後関係は、権現山50号墳の測量報告で触れたとおり（澤田1991b）、権現山51号墳、50号墳の立地条件によっても追認できる。しかし、

地方における前方後円墳の変遷を考えた場合、畿内において順次更新を重ねた築造企画を畿内首長が地方首長に順次配布したか、あるいは地方首長がその順にしたがって採用するかの場合であって、配布側、採用側のいずれかに順序を無視した選択があったならば、ただちにこの先後関係は認め難いものとなる。そこで、権現山51号墳、50号墳に続く首長墳と思われる龍子三ッ塚1号墳の検討から、この問題について考えていく。

　龍子三ッ塚1号墳は、権現山より北北西約5kmの龍子の南側山塊山頂に位置する。墳長約38mと小規模な前方後円墳である。この龍子三ッ塚1号墳の後円部竪穴式石槨からは、本書第1章第4節で第V段階の製作と考えた三角縁波紋帯神獣鏡が2面出土している。一方、権現山51号墳より出土した三角縁神獣鏡は第II段階、第III段階の鏡群からなり、第I段階の鏡は含まないが、三角縁波紋帯神獣鏡が考案される以前に製作された鏡群とみて差し支えない。したがって、龍子三ッ塚1号墳には、権現山51号墳に埋葬された三角縁神獣鏡より新しい時期に製作された鏡が副葬されていた。さらに竪穴式石槨に注目すると権現山51号墳はIIIA式ないしはIVA式古相、龍子三ッ塚1号墳はVA式と判断でき、龍子三ッ塚1号墳の方が新式の石槨を採用している。これは石槨型式の新古が、死亡年代を示すならば、明らかに権現山51号墳の被葬者の死亡が龍子三ッ塚1号墳に先立っていたことになる。

　このような三角縁神獣鏡鏡群と竪穴式石槨との相関は、三角縁神獣鏡の製作から配布、埋納が順次なされていたために起こり得たのであろう。そして、この相関関係に、製作、配布、埋納が順次なされた一定の原則が想定できる。したがって、この原則が認められるならば、箸墓類型墳でIIIA式石槨を持つ権現山51号墳が、墳形は在地型だがVA式石槨を持つ龍子三ッ塚1号墳は先行して築造されたとする考えはある程度許されるだろう。また、この原則に則れば、箸墓類型墳に後続する西殿塚類型墳である権現山50号墳には、IVA式石槨と第IV段階の三角縁神獣鏡が伴う可能性すら類推させる。とすれば、権現山51号墳の築造に関しても、箸墓古墳の築造を上限とし西殿塚古墳の築造を下限とする時期に限定が可能となる。

　以上、畿内大形前方後円墳の築造企画の変遷を提示し、その対応関係から権現山51号墳、権現山50号墳の編年的位置づけを考察した。その結果、箸墓古墳の1/6規模墳である権現山51号墳が、西殿塚古墳の1/4規模墳である権現山50号墳に先行して築造されたものと想定し、あわせて三角縁神獣鏡鏡群との相関性から築造時期についても限定できる可能性を考えてきた。権現山51号墳、50号墳に続く首長墳を明らかにする必要もあるが、西播磨地方と讃岐地方との関係が指摘されつつあるなか（都出 1986、岸本 1988）、権現山古墳群において同一古墳群内で最古式古墳を含む2基が相次いで築造された史的背景として、前方後円墳成立期における西播磨と畿内の関係も追究する必要がある。この点については、今後の課題としておきたい。

第2節　墳丘形態からみた杵ガ森古墳——東北日本における箸墓類型の抽出——

福島県会津坂下町に所在する杵ガ森古墳は、十数メートルの円墳状の塚と認識されていた。けれ

ども、発掘調査によって墳長45.6mの周溝を有する前方後円墳と判明した。発掘調査では、墳丘の一部とその周辺の全面的な調査によって、埋葬施設や段築成など墳丘構造に関しては不十分であるものの、墳丘の平面形態に関してはほぼ全容が把握されている。また、本古墳の周溝から出土した土器の型式のほか、墳丘下の住居跡や隣接して造営された周溝墓などから類推して本古墳が古墳時代前期に位置づけられるなど、会津盆地における古墳時代前期の様相に新たな知見を加えるものとなっている。その成果は逸早く一部が明らかにされ（吉田編 1991）、その評価も提出されている（甘粕 1993a・1994、石野 1994）が、これらは杵ガ森古墳が、近年調査がなされた会津大塚山古墳（会津大塚山古墳測量調査団 1989）や堂ケ作山古墳（堂ケ作山古墳調査団編 1991・1992）に先行するというものであり、本古墳の発掘調査は東北日本における古墳の出現や該期の政治的動向を理解するうえで重要な新見地であった。

　ところで筆者は、これまでに東北日本における前方後円墳の出現について、おもに墳丘形態とそれに基づく築造企画の検討から言及してきた（澤田 1990・1992）。これは会津盆地南東部に位置する会津大塚山古墳の築造企画が4/9規模で五社神古墳のそれと共有する可能性があり、会津大塚山古墳と五社神古墳の築造時期の接近や両者の密接な政治的関係を指摘するものであり、さらに行燈山古墳に類似する稲荷森古墳の墳丘形態から、東北日本における前方後円墳の出現時期を行燈山古墳の築造時期まで遡る可能性を予察するものであった（澤田 1990）。また、その後、堂ケ作山古墳の発掘成果を受け、これも堂ケ作山古墳と会津大塚山古墳との築造企画の検討から両者の時間的関係および政治的関係について、会津大塚山古墳をもとに堂ケ作山古墳が成立している可能性を考え、堂ケ作山古墳の編年的位置や該期の政治的動向などについて言及した（澤田 1992）が、杵ガ森古墳の発掘調査成果によって東北日本における前方後円墳の出現時期など一部見解を改める必要が生じてきた。

　そこで、杵ガ森古墳の墳丘形態と築造企画を復元的に検討し、畿内大形前方後円墳などとの比較検討から本古墳の編年的位置づけを追究していく。なお杵ガ森古墳は報告書で示されたとおり、墳長45.6m、後円部径21m、同高さ3.9m（周溝底面から頂部まで）、前方部長21.2m、同前面幅18.5m、くびれ部幅10m、周溝を含んだ総長54mの規模を有している（吉田編 1995）。この成果を踏まえ、まずは墳丘形態の特徴を再度確認していく。

1.　墳丘形態の特徴

　周溝はくびれ部東側、前方部前端東隅付近が未調査であるが、ほぼ全周する。外縁の平面形態は後円部では円丘に沿って約3.3～5.5mの幅でめぐり後円部後端方向の約半分は半円形を呈し、調査した西側くびれ部では作業通路とも考えられるスロープ状の施設が付随し不整形になっている。同様の施設が反対側に付設されていたか否かは不明であるが、確認したプランからみてやや幅が広がり西側と同様に若干不整形な可能性があり、基本的にはくびれ部まで円丘に沿っていたと思われる。前方部側縁では、東西で幅が異なるが、ほぼ前端にむかってやや狭くなりつつも前方部の形状に沿っており、前端のコーナー付近でやや浅くなる点で共通する[3]。前端部では幅約3mで主軸線上を中心に弧状の僅かに膨らみがあり、またコーナー付近は側縁と同様に浅くなっている。した

がって、周溝の平面形態の特徴は、いわゆる「盾形」ではなく、くびれ部で若干不整形になりながらも基本的には墳丘に沿っており、また前方部では側縁、前面にめぐる周溝とも後円部のそれに比べ幅が狭くかつ若干浅く掘削されている。一方、周溝の断面形態は、前方部のコーナー付近を除きほぼ全体で逆台形状を呈しており、傾斜変換線は周溝の内外とも底面に折れ線状に認められる。周溝内側、墳丘側の傾斜変換線は急傾斜を持って立ちあがり、墳端と見なし得るが、ここを墳端とした場合後円部後端（標高175.30 m）と前方部前端（標高176.30 m）とでは約1 mの比高がある。前方部中程までは約0.5 mの比高であり、後円部より前方部にかけて徐々に高くなっていく様子がうかがえる。

このような周溝の在り方、特に前方部を作出するための周溝は、後述する宮東遺跡での前方後円形周溝墓や男檀遺跡、稲荷塚遺跡で検出調査した前方後方形周溝墓での在り方に類似している。また、前方部がやや浅い溝で作出されている点や逆台形という断面形状の類似にも注意する必要があろう。これは掘削方法やその手法の共有を示しており、杵ガ森古墳とそのほかの墳墓との技術的な有機関係を示すものである。

一方、後円部は、一部で地震の影響によって変形しているところがあるものの、ほぼ正円形を呈しており径21.2 mを測る。事実記載で示された段築成に関しては、墳頂部からの削平が著しく、ここでは意見を保留せざるを得ないが、むしろ標高176.60 m付近では、後円部の一部を除き周溝底部から急激に立ちあがる斜面から比較的フラットな平坦面を形成していることや、この平坦面が後円部全体をめぐることから墳裾部に低い段があった可能性を考える必要がある。[4] 前方部に関しては、一見してくびれ部の形態が左右で異なっており、側縁部の開き具合も左右で異なっている。西側は、前端のコーナーが未調査であるが確認された部分では、くびれ部から一旦内側に抉り込んでから前端にむかってやや開き気味に外反していく。一方、東側は、くびれ部からやはり開くものの、ほぼ直線的に前端のコーナーに至っている。両者は、ともに緩く外反しているものの、曲線的に開く極端な「撥形」とみるのはやや困難な状態にある。けれども、左右非対称である点や、前端の形態が緩い弧を描きつつ膨らみを持っている点は特徴的である。

このように杵ガ森古墳は左右非対称の前方部を有しており、また、前方部前端線が緩い弧を描いて膨らむのは、京都府元稲荷古墳（京都大学考古学研究室ほか 1971）など前期のなかでも古相の一群にみられる特徴であり、注意を要する。

次に、これらの杵ガ森古墳の特徴を踏まえ、畿内大形前方後円墳との比較検討から、その編年的位置を確認し、あわせて政治的動向について追究していく。

2．平面形態の比較検討

杵ガ森古墳は、甘粕健が指摘するとおり、一見して箸墓古墳に類似している。また、規模のうえからも1/6相似形と論じられており（甘粕 1993a）、まず測量図同士の比較検討によって、この見解について検証していきたい。第37図1は箸墓古墳と杵ガ森古墳を6：1で重ね合わせたものである。箸墓古墳の標高75 m付近の等高線が杵ガ森古墳の墳端線によく合致することや、前方部前面幅がやや狭いものの後円部直径、前方部長の3者の比率がほぼ等しいことが読みとれる。ただし、

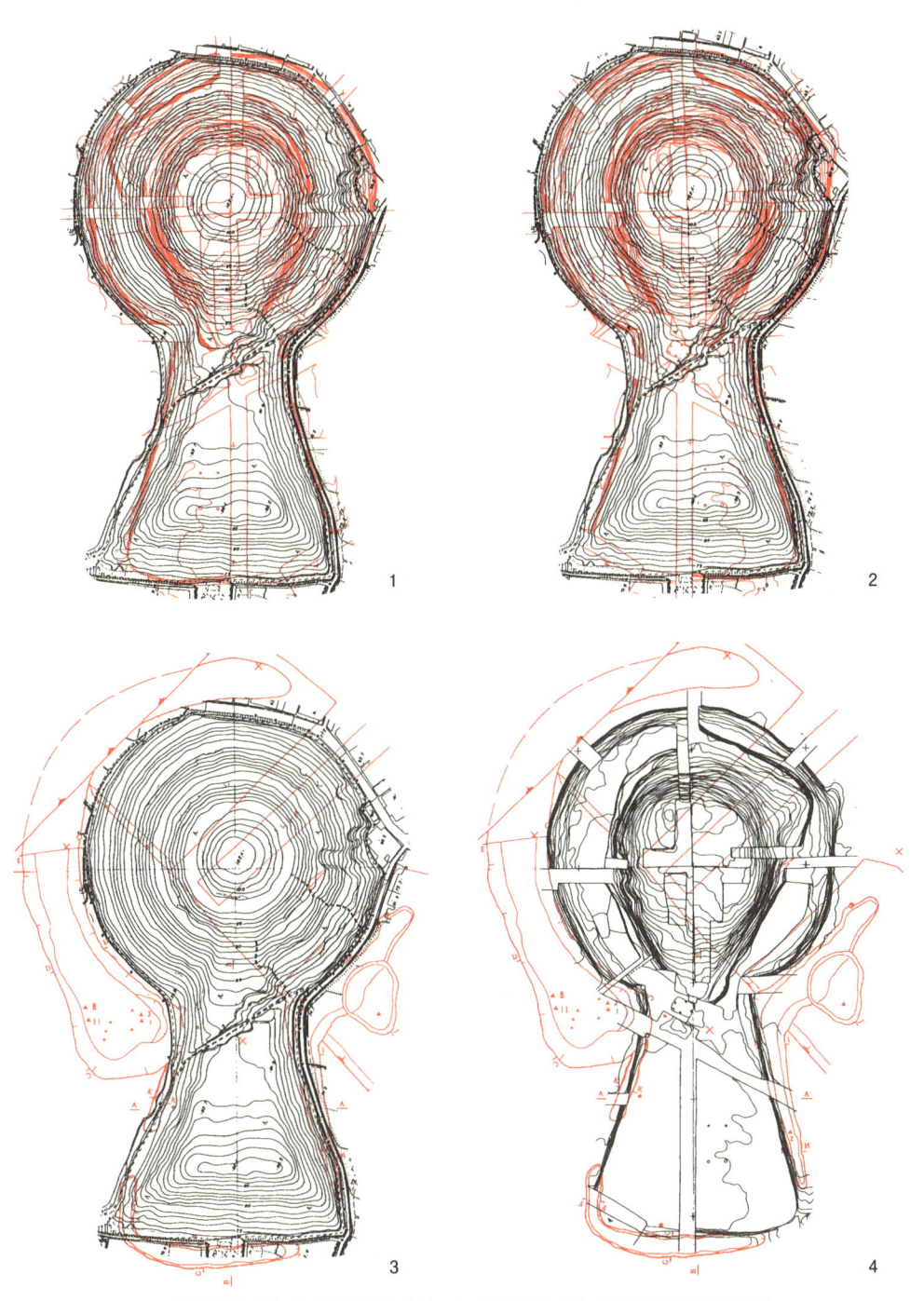

1. 箸墓古墳（黒）と杵ガ森古墳（赤）　2. 箸墓古墳（黒）と杵ガ森古墳反転（赤）
3. 箸墓古墳（黒）と宮東1号墓（赤）　4. 杵ガ森古墳反転（黒）と宮東1号墓（赤）
スケール（箸墓古墳：1/3,600、杵ガ森古墳：1/600、宮東1号墓：1/400）

第37図　前方後円墳比較図

くびれ部や前方部側縁など細部で異なるところもないわけではない。そこで杵ガ森古墳の測量図を反転して箸墓古墳のそれに重ね合わせたのが第37図2である。ここでは先に合致していなかったくびれ部や前方部の側縁の開き具合などがよく一致してくる。これは両者が持つ左右非対称の前方部に起因するのであろうが、このような現象は備前車塚古墳と箸墓古墳との関係にも認められる（北條 1987）。また、特にくびれ部から一旦内湾し外反していく形態などの類似する点は反転ながら同一企画を査証するものであろう。したがって、段築成や前方部前面幅、前方部側縁の曲線の度合いに問題がなお残されるが、この杵ガ森古墳は箸墓類型の一墳として挙げられよう[5]。また、その構築時期に関しては、近年、抽出しつつある関東地方での箸墓類型墳の諸例が出土遺物から類推して古墳時代前期でも前半代に遡る可能性がある（澤田 1994）が、ここではこれらの例と同様にこの杵ガ森古墳の築造開始期も古墳時代前期でも前半代に位置づけられる可能性を考えておきたい。これは杵ガ森古墳から出土した土器からもある程度肯定されるものである。また、会津盆地内の動態でみた場合、少なくとも五社神類型墳である会津大塚山古墳に先行して築造されたものと考えている。

　最後に波及する問題として杵ガ森古墳と宮東遺跡の前方後円形墳との関係について触れ、あわせて政治的関係について論じておきたい。

3. 派生する問題

　宮東遺跡第1号周溝墓（以下、宮東1号墓）は墳長31.1 mの前方後円形を呈する墳墓で、その墳丘の平面形態は箸墓古墳や杵ガ森古墳に類似する。規模も箸墓古墳のおよそ1/9であり、第37図3は箸墓古墳と宮東1号墓を1：9で重ね合わせたものであるが、後円部をはじめくびれ部、前方部などよく合致しており、両者の類似は築造企画においてその同一性を示すものといえそうである。また、第37図4は杵ガ森古墳（反転）と宮東1号墓を2：3で重ね合わせたものであるが、箸墓1/6類型墳である杵ガ森古墳と宮東1号墓とは当然のことながらよく一致する。両者とも前方部は非対称であり、特に宮東1号墓の前方部前面幅や南側くびれ部付近での一旦内湾気味に狭くなる前方部側縁の在り方は、杵ガ森古墳の前方部前面幅や東側くびれ部付近の状況に酷似している。

　この両者は反転での相似形であるものの、先にも触れたとおり前方部を作出する溝の在り方が共通するなど平面形態だけではなく、技術的側面においても類似点が認められる。現状で1/9規模の箸墓類型墳は管見に触れないが、この周溝の掘削技術の共通性を重視するならば、この宮東1号墓は箸墓古墳より直接的な影響下に成立したのではなく、杵ガ森古墳を媒介として築造された可能性が考えられる。また、宮東1号墓の周溝が数カ所で途切れるなど、築造の不完全さもその理由として挙げられる。本章第5節において会津大塚山古墳と堂ケ作山古墳、本屋敷1号墳などとの関係について「類型墳」、「非類型墳」という概念を用いて説明したが、杵ガ森古墳と宮東1号墓とのあいだにも同様の在り方を想定し、宮東1号墓の築造は杵ガ森古墳の影響下になされたと理解しておきたい[6]。また、これは前方後円墳の墳丘築造企画の一次的配布、二次的配布を基本原則とした畿内と地方での重層的な政治システムが、その成立当初から東北日本に波及し、展開していた可能性を示している。

　以上、杵ガ森古墳と箸墓古墳との築造企画の共有を確認してきたが、ここでは特に東北日本における箸墓類型の存在を強調しておきたい。

第3節　墳丘形態からみた日上天王山古墳——美作地方における箸墓類型の抽出——

　日上天王山古墳は岡山県津山市に所在する墳長56.9mの前方後円墳であり、くびれ部から出土した二重口縁壺形土器などから前期でも前半代に位置づけられるようになった。また、発掘調査によって断片的ではあるが正確な墳端の位置や段築成の状況が把握でき、これらの成果に基づいて墳丘形態を復元し、その背後に潜む築造企画から編年的位置づけを検討する根拠が得られている。

　ところで、これまで日上天王山古墳の編年的位置づけは、逸早く今井堯によってなされ、墳長約50mに達し低く細長い前方部から4世紀代の築造が示された（今井 1972）。また、その後の測量調査によって約55mの墳長が明らかとなり、あわせて「途中から外に向かって開き、岡山市湯迫車塚古墳の前方部と似通った形態」から古墳時代前期でも「発生期に属する」可能性が指摘された（湊・安川 1978：p.9）。その後も撥形前方部が注目され、美作地方における最古式古墳のひとつとして位置づけられるようになった（河本 1986、安川 1991）が、いずれの見解も墳丘の平面形態、特に前方部の在り方から導かれたものであった。また筆者もかつて墳丘形態の分析から西殿塚古墳の1/4規模類型墳である可能性を考えた（澤田 1991a）が、この見解は墳丘西側面から後円部後端に及ぶ根切り溝とその廃土によって変形した形状、規模をもとに与えた評価であり、発掘調査によって正確な墳丘形態が明らかになった今日、再考の余地がある。また、この墳丘形態による分析方法は、中心主体が盗掘の難に遭い副葬品によってその営造年代が十分に検討できない状況において、なお有効な手段と思われる。

　そこで本節では発掘調査によって明らかになった成果をもとに墳丘形態の復元を試み、畿内の大形前方後円墳や他地域の前方後円墳との比較から、これまで提示されてきた編年的位置づけを見直していく。

1. 墳丘の復元

　日上天王山古墳では発掘調査で墳端、段築成平坦面を区画する石列ないし葺石を検出しているほか、石列、葺石が原位置を留めていない場合でも明確な傾斜変換線を各所で認めており（近藤ほか編 1997）、比較的旧来の墳丘形態を捉えやすい状況にある。ここでは、まずその成果の検討によって墳丘形態の復元し、本墳の規模や形態的特徴を確認していく（第38図）。

　まず後円部であるが、墳端に関しては南北トレンチ南端裾部でメインラインの交点（以下、交点）から18m、標高118.15m、東西トレンチでは交点から15.8m、標高118.70mの位置に、またくびれ部では交点より14.6m、標高119.4mの位置で確認しており、これらの墳端をもとに後円部径を復元すると中心点が交点よりも西に0.4m、南に1.8m程に移動するものの、ほぼ正円形に復元可能であり、直径32.4mを計測する。中心点が交点より西に0.4mずれるのは東西方向の中心を決定する際の誤差であるが、南方向へのずれは各トレンチでの墳端の標高にみられるように、く

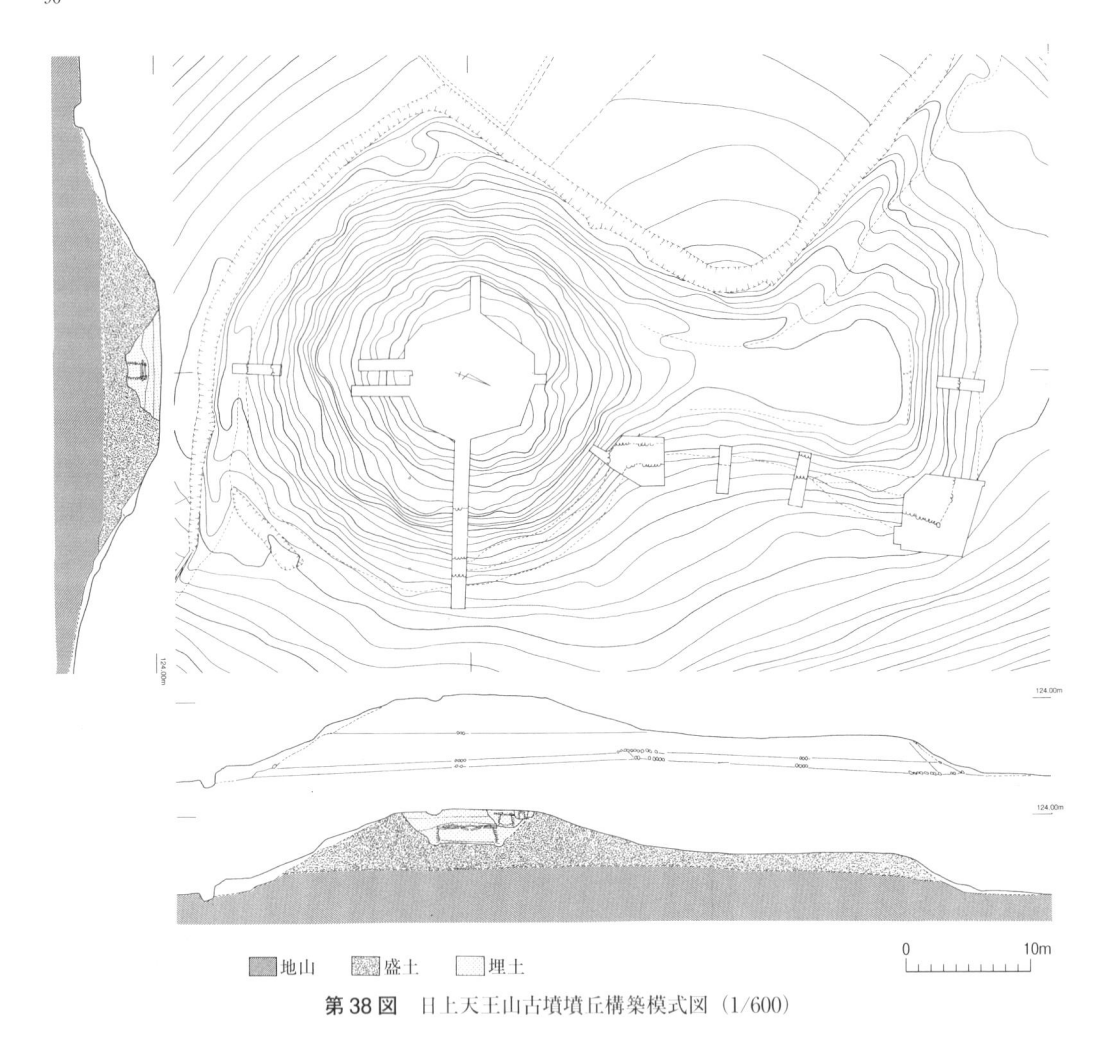

第38図　日上天王山古墳墳丘構築模式図（1/600）

凡例：■地山　▨盛土　□埋土

0　　　　　10m

びれ部より後円部後端にむかって低くなる傾斜に起因すると考えられ、この円弧にしたがって中心点を求めると、先に触れたとおり交点とは後端側に 1.8 m ほどずれる。このような現象は日上天王山古墳の立地とも関係するが、甘粕健や北條芳隆が指摘する西殿塚古墳、桜井茶臼山古墳や浦間茶臼山古墳などでみられる工法上の「中心点の移動」（甘粕 1985、北條 1986）と同様な現象と考えてよいだろう。[8]

　また、段築成に関しては、測量図作成の段階で標高 122.00〜123.00 m 付近に幅約 1.5〜2.5 m の平坦面が後円部をほぼ全周するかたちで観察され、少なくとも 2 段以上の段築成が発掘調査開始以前に想定された。発掘調査の結果、やはり各トレンチで平坦面を確認しているが、事前に想定された平坦面に関しては、東西トレンチの発掘成果から後世の客土によるものと判断するに至った。けれども、南北トレンチ南端裾部で 1 つ、東西トレンチで上下 2 つの平坦面を検出しており、3 段築成の後円部が確認された。その位置は、東西トレンチで下段テラスが墳端より僅かに 0.5 m ほど高い標高 119.20 m にあり幅 1.3 m、上段テラスが墳端との比高が 2.4 m の標高 121.60 m に認められ、幅 0.6 m を有していた。くびれ部の第 1 トレンチ、南北トレンチ南端裾部では同様に幅 1.5 m ほどの

下段テラスのみの検出であるが、前者も墳端との比高は 0.4 m、後者でも比高が 0.2 m と東西トレンチと同様に低い位置に存在している。僅かに後円部後端側で下段テラスの位置が高くなっているが、これは徐々に後円部後端へむかう傾斜を墳丘上方にいくにしたがって緩くし、頂部平坦面において解消させるためにとられた処置と考えられよう。このような観点でみた場合、上段テラスは水平であったと考えるよりも、僅かに後端側に低くなる傾斜を持っていたとみる方がよいのかも知れない。⁽⁹⁾

　墳頂平坦面に関しては、ほぼ平坦で現状では標高約 124.25 m 付近に広がり、最高所は中心近くにあり 124.50 m を僅かに越える。現状ではほぼ水平で、北側に多少乱れがあるもののほぼ円形を呈し、南北約 12 m、東西約 13.6 m の規模を有している。先述のとおり、その中心点は調査時に設定した交点より西に 0.4 m ほど隔たった位置になる。後円部高は後円部南北トレンチ南端裾部の成果から計測すると約 6.35 m、くびれ部から計測すると 5.1 m となる。ただし、標高 122.00 m から 123.00 m 付近後円部のほぼ全体に客土があり、墳頂部よりこれらがもたらされたとするならば、現状よりやや高くかつやや狭い墳頂平坦面を想定する必要がある。

　一方、前方部においても各トレンチで石列、葺石を伴った墳端や下段テラスを検出しており、こちらからもいくつか制約があるものの墳丘形態の復元が可能である。まず墳端の平面的位置をみていくと、第 1 トレンチのくびれ部折れ線では墳丘主軸より東に 7.8 m、また同じ第 1 トレンチ内で北壁面でも墳丘主軸より東に 7.8 m に位置しており、折れ線から僅か 2.8 m 前端に寄ったところではあるが前端部にむけていきなり開いていない。また第 2 トレンチでは墳丘主軸より東に 7.4〜7.6 m、第 3 トレンチでは墳丘主軸より東に 8.7 m の位置にあり、第 2 トレンチから第 3 トレンチにかけて徐々に開いている様子がうかがえる。前端コーナーに設置した第 4 トレンチでは南壁で墳丘主軸より 11.2 m、コーナーで 12.3 m であり第 3 トレンチより急激に開いている。このように東側面に設置した各トレンチの成果を直線で結ぶことは困難であり、また第 4 トレンチの側面部の墳端は僅かな距離ではあるが直線的でなく若干前端にむかって湾曲しており、前方部東側面は曲線的に外反するとみるのが穏当であろう。なお西側面に関しては、今回の調査で特に調査区を設定しているわけではなく、現状で正確な形態が捉えられない。ただし、深く掘削されている墳丘西側をめぐる用水溝を観察したところ、少なくとも南北メインラインを基準に東側面と線対称の位置には石列、葺石などを検出することはできなかった。⁽¹⁰⁾

　また前端部に関しても第 5 トレンチはもとより第 4 トレンチにおいてすでにコーナーより前面部が 1 m ほど迫りだしており、外湾している様子がうかがえる。これは箸墓古墳をはじめ西殿塚古墳、元稲荷古墳や杵ガ森古墳など古式前方後円墳にみられる特徴でもあり、注意しておきたい。

　なお墳端の標高に関しては、くびれ部から前端にいくにしたがって低くなる緩い傾斜を持っており、その比高は 1.2 m で傾斜率は 4.7% であった。くびれ部から後円部後端にむかうほどではないものの傾斜を有しており、本墳の墳端はくびれ部を最高所として設定し築造されている。このような現象は墳端の水平設置が本来の姿で、一義的目標とするならば、造営立地に地形的制約があった可能性を想起させるものである。⁽¹¹⁾

　段築成に関しては、第 1、第 3、第 5 トレンチで下段テラスを検出している。コーナー部分の第

4トレンチ付近では後世の改変などでテラスが検出できなかったが、3者の標高や位置関係からみて連接すると考えてよい。また、各トレンチとも頂部平坦面に達しておらず、下段テラスと頂部平坦面のあいだの構造は現状では把握していない。後円部東西トレンチでの上段テラスの位置や第1トレンチの後円部方向に拡張したサブトレンチの様子からすると、この間に少なくとも後円部から続く段築成の平坦面を予測することは困難である。現状で前方部は2段築成であったと考えておきたい。[12]

　最後に頂部平坦面に関しては、西側は用水溝を掘削した際の排土が盛られ、くびれ部から中程までの変形が著しい。ただし、前端部付近は両隅を除いて比較的遺存状況がよい。また、後円部よりスロープ状に連接しているのが特徴的であり、もっとも低いところは第2トレンチ付近の南北メインライン上で121.02mを測る。もっとも高いところが前端に近いところで121.20mを計測しており、僅かながら前端にむかって高くなっている。したがって前方部の高さは、最高所と第5トレンチの墳端から計測して3.0mを測る。

　これらの検討に基づく日上天王山古墳の各部の規模と特徴は以下のとおりである。

　各部の規模は、墳長56.9m、後円部直径32.4m、後円部高6.35m、くびれ部幅約15.6m、前方部長25.4m、前方部前面幅約24.6m、前方部高3.0mとなる。[13]墳丘の形態は、前方部の側面が緩く曲線的に外反しており、撥形前方部を有している。また段築成は後円部で3段、前方部で2段を有し、いずれも下段斜面は比高0.3〜0.6mと低く設置されている。墳丘は旧地形に合わせ、くびれ部付近の墳端がもっとも高く、後円部後端、前方部前端にむかって徐々に低くなるように設置されている。後円部では、この傾斜を墳頂平坦面で解消するよう処置しており、中心点にずれが生じてい

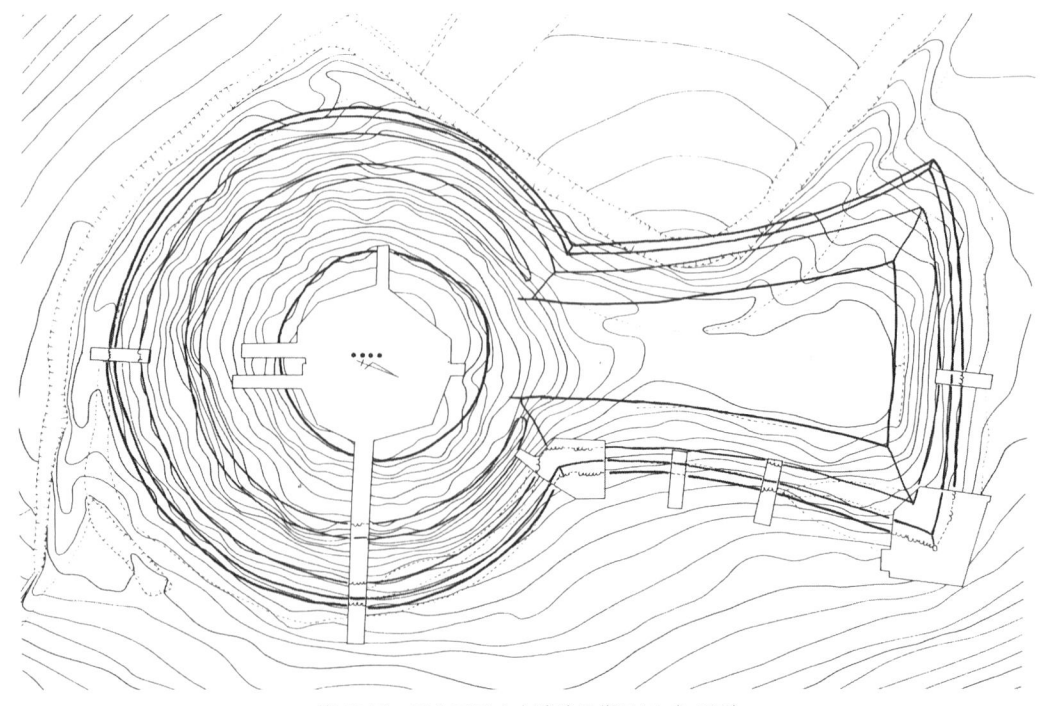

第39図　日上天王山古墳墳丘復元図（1/500）

る。なお、この中心点の「ずれ」は、調査区の設定の都合上、上段テラスでは確認できなかった。また、上段テラスがくびれ部でどのように解消していくか十分に把握していないが、前方部頂部平坦面よりは高い位置にあることは確実で、後円部から前方部の頂部平坦面に至るスロープによって途切れＣの字状に収束する可能性が考えられた。

　このような検討成果から求めた復元案を図化したものが第39図である。未発掘である前方部西側の復元は、この墳丘主軸を中心線とした対称形を前提にしている[14]。そして、この復元案をもとに、次項では畿内大形前方後円墳などとの比較検討をおこない、編年的位置づけを確認していく。

2.　畿内大形前方後円墳との対比

　これまでに示してきた復元案に基づくと、日上天王山古墳の墳丘は石部正志ほかの分類（石部ほか 1978）による6区型となる。古墳時代前期に位置づけられる畿内大形前方後円墳のなかで6区型と認められるものは箸墓古墳、渋谷向山古墳などいくつか挙げられるが、前方部の側面が曲線的に外反する撥形前方部に限定すると箸墓古墳に絞られる。箸墓古墳は墳長約280ｍとされるが、墳長56.9ｍの規模を持つ日上天王山古墳はその約1/5規模となる。そこで日上天王山古墳と箸墓古墳とを1：5（1/600：1/3000）で重ね合わせたものが第40図1である。後円部径がおおよそ合致するもののくびれ部や段築成の在り方、前方部の頂部平坦面や前方部前端線の位置などが異なっている。このような齟齬を解消し墳長が合うように日上天王山古墳の測量図の縮尺を変えてみると

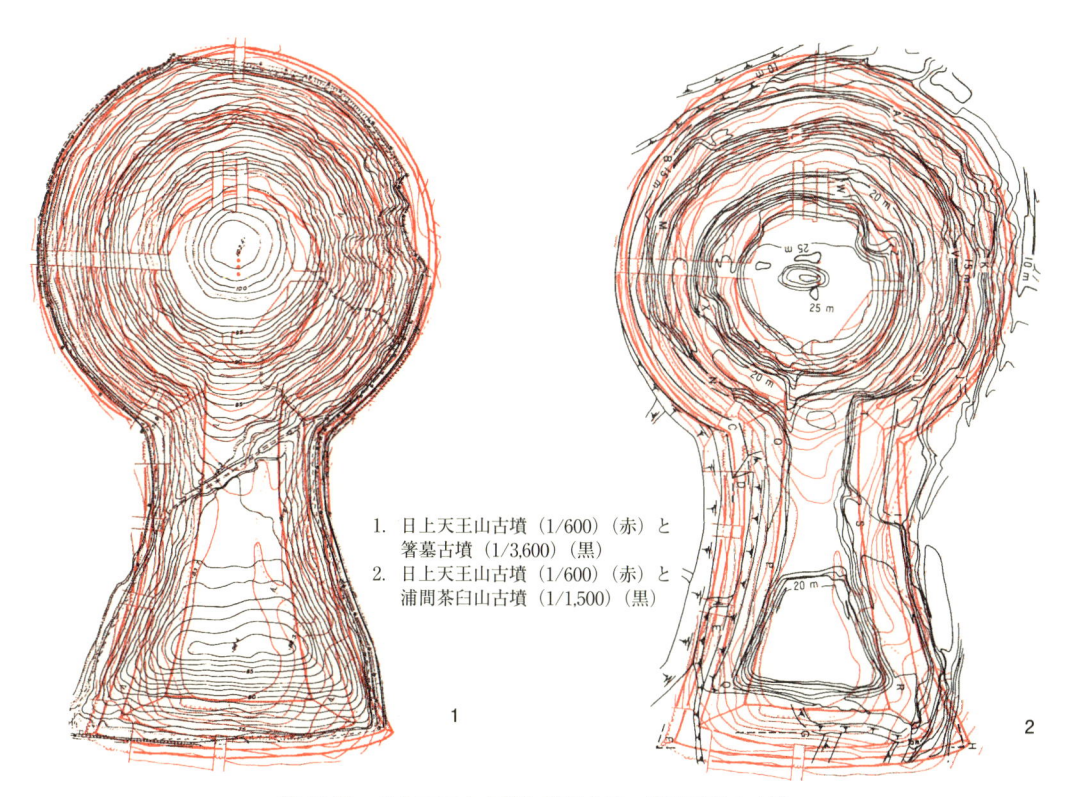

1. 日上天王山古墳（1/600）（赤）と
　箸墓古墳（1/3,600）（黒）
2. 日上天王山古墳（1/600）（赤）と
　浦間茶臼山古墳（1/1,500）（黒）

1

2

第40図　日上天王山古墳と箸墓古墳・浦間茶臼山古墳

約1/619となり、その偏差として約3%の誤差が生じた。[15]これは宮川徏がおこなった地割り実験の成果（宮川 1988）を参考にすると、築造企画を地面に割り付ける際の誤差率は1%未満であり、ただちに日上天王山古墳が箸墓古墳の1/5類型墳だとするには躊躇せざるを得ない状況にある。

　そこで同じ吉井川の下流域に所在し、北條芳隆や宇垣匡雅によって箸墓古墳の1/2相似形とされる浦間茶臼山古墳[16]（北條 1986、宇垣 1987）と日上天王山古墳の測量図を2：5（1/600：1/1500）で重ね合わせたものが第40図2である。それをみると箸墓古墳とのあいだでは十分に一致していなかったくびれ部や前方部前端コーナーのほか前方部の墳頂平坦面の前端ラインの位置関係もよく合致し、後円部径、前方部長、前方部前端幅などの比率がほぼ等しいと理解される。また、後円部の段築成構成や斜面比などもよく一致している。つまり、ここでの比較検討より日上天王山古墳の築造企画は先にみた箸墓古墳との直接的な関係を重視するよりも、浦間茶臼山古墳との関係が看取される。これは前方部を尾根の付け根に設定する選地方法や、墳端をくびれ部から後円部後端にむけて傾斜をつけながら墳頂平坦面で水平に解消していく工法上の共通性からも肯定できる。

　また畿内大形前方後円墳から直接的に築造企画を受容する類型墳は、管見の限り1/2、1/3など二分、三分原理によってその規模が設定されている場合が多く、五分原理によって規模が設定されている本墳は特異なものである。[17]つまり規模の設定基準においても畿内での原理原則から外れている。そのほか、埋葬頭位に関して箸墓類型墳の多くが北頭位を指向しているにもかかわらず、南頭位をとる日上天王山古墳には畿内での原則が十分に貫徹されておらず、箸墓古墳と直接的な関係を想定するにはやや難がある。さらに中心石槨の棺床構造も特異であり、その理由に加えられる。一方、浦間茶臼山古墳の被葬者との関係は吉井川を介した交通路によって想定が可能であり、情報の伝達ルートからみても浦間茶臼山古墳と日上天王山古墳の関係がより密接であったと考えられる。

　以上のことから、この日上天王山古墳の築造企画は段築成の存在や構成などから大和盆地に所在する箸墓古墳などの畿内中枢から直接的にもたらされた可能性もなお考慮する必要もあるが、ここではその可能性よりも吉井川下流域に展開する備前地域の浦間茶臼山古墳との共通点を積極的に評価し、畿内大形前方後円墳（箸墓古墳）から浦間茶臼山古墳を通じ間接的にもたらされた非類型墳[18]である可能性を考えておきたい。

3. 墳丘からみた日上天王山古墳の編年的位置づけ

　最後にその築造開始時期について言及しておきたい。

　まず築造開始時期の上限であるが、本墳の築造企画が浦間茶臼山古墳から波及しもたらされたとする以上、当然ながら浦間茶臼山古墳の築造時期を上限にできる。また、仮に箸墓類型墳であった場合では、箸墓古墳の築造時期が上限となり、僅かに日上天王山古墳の築造時期の上限が遡ることになろう。一方、下限に関しては本墳の築造の契機となった中心石槨の被葬者の埋葬の完了年代（被葬者の死亡時期）があてられるので、中心石槨の編年的位置づけが問題となる。日上天王山古墳の中心石槨はⅢA式ないしⅣA式の範疇で捉えられるが、[19]それは浦間茶臼山古墳の竪穴式石槨とほぼ同型式であり（澤田 1993b）、両者の時間的関係を近接させられる。また、美作盆地中央部での首長墳の動態でみた場合、吉井川を日上天王山古墳から6kmほど上流に遡った美和山1号墳

との関係が問題となる。

　この美和山 1 号墳は曲線的に緩く外反しやや短く狭い前方部を有しているが、この特徴は行燈山古墳に類似している。規模的にも約 1/3 であり、行燈山類型に属する可能性がある[20]。この美和山 1 号墳からは線刻を施した埴輪片が出土しているが、これは紋様が若干異なるものの中山茶臼山古墳でも線刻を有する埴輪片が採集されており（近藤 1987、葛原 1987）、両者の関係について留意する必要がある。また中山茶臼山古墳は石部らの分類基準（石部ほか 1978）による 4 区型に属す可能性があり、美和山 1 号墳が中山茶臼山古墳から派生的に生まれた可能性も否定できず、その範囲で美和山 1 号墳を中山茶臼山古墳より派生した非類型墳と考える必要がある。この中山茶臼山古墳も行燈山古墳の 4/9 相似形を呈し、行燈山類型に属する可能性があるが[21]、いずれの場合にせよ両墳とも行燈山古墳との関係が考えられ、その築造に関しては近接した時期が求められる。したがって箸墓類型墳である浦間茶臼山古墳ないし箸墓古墳より派生的に築造された日上天王山古墳は、箸墓古墳→西殿塚古墳→行燈山古墳→五社神古墳と続く畿内大形前方後円墳の築造企画の型式学的な変遷に照らしてみても、行燈山類型ないし行燈山類型墳から派生しての造営が予測される美和山 1 号墳に先行して築造が完了した可能性があり、美和山 1 号墳の築造開始時期が日上天王山古墳の営造の下限時期だと考えてよい。そして、築造開始期と埋葬完了期とのあいだにやや時間幅があるものの、ここでは日上天王山古墳の営造時期を古墳時代前期でも前半代に位置づけておきたい。なお、これはくびれ部から出土した二重口縁壺形土器の編年観からも大きな矛盾はない[22]。

　以上、日上天王山古墳が箸墓古墳のおよそ 1/5 規模であることを確認し、さらにその築造にあたっては浦間茶臼山古墳の築造企画を基準にその 2/5 規模に設定された「非類型墳」である可能性を指摘した。また、あわせて築造開始時期についても言及したが、そこでは浦間茶臼山古墳の築造時期をその上限とし、行燈山類型ないし行燈山類型墳より派生した非類型墳と思われる美和山 1 号墳の築造開始時期を下限とするものの、おおよその営造時期を示した。本墳は盗掘の難に遭い、このような時間幅を副葬品の型式群による検討ができず、副葬品による検証に問題を残しているが、墳丘や石槨の検討結果を根拠にここでは古墳時代前期でも前半代のなかで日上天王山古墳の墳丘築造が開始され中心石槨の被葬者の埋葬が完了したものと考えておきたい。ただし、本墳は箸墓類型墳である可能性もなお否定し得ないが、この場合でも築造時期に関しては大きく変更する必要ない。むしろ、畿内政権との政治的関係がどのようなものであったかが問題となろう。また、美作地方のなかでこの時期に築造が遡る前方後円（方）墳として勝田郡勝央町所在の美野中塚古墳にその可能性を見いだせるが[23]、今のところ確実な例はなく、本墳はその限りで美作地方最古の前方後円墳のひとつとして位置づけられる。なお、これは冒頭で示した従来の見解を大きく逸脱するものではなく、むしろ追認する結果となった。

　今後、美作地方にみられる首長墳系列やその背景にある集団関係、さらに畿内との政治的関係などについて議論が波及していくが、ここではひとまず本墳の編年的位置づけに議論を留め、波及する問題については別に論じることにしたい。

第4節　小熊山古墳の被葬者像—九州島における行燈山類型の抽出—

　本節では、大分県杵築市に所在する小熊山古墳の墳丘形態に反映された築造企画を復元的に読み
とり、その編年的位置づけとともに被葬者像について言及し、九州島における前方後円墳築造の実
態を確認していく。

1. 小熊山古墳の築造企画

a）発掘調査の成果

　まず小熊山古墳の築造企画を復元していきたい。小熊山古墳では、これまでに 14 箇所の調査区
が発掘され、その成果が公表されている（吉田ほか 2006）。ここでは、その成果をもとに各調査区
の状況を把握し、小熊山古墳の墳丘形態の復元を試みた（第 41 図）。

　報告書では、後円墳に設けられた 7・8・9 トレンチ、6・15 トレンチ、10 トレンチの 3 つの調査
区があり、それらの調査区で斜面と平坦面とを区切る石列が検出されている。これは斜面を覆う葺
石の根石にあたり、これらが上段斜面、中段斜面の下端、墳端の 3 箇所にみられる。このことか
ら、小熊山古墳の後円部には、上段、中段、下段の 3 つの斜面と 2 つの平坦面から成り立っている

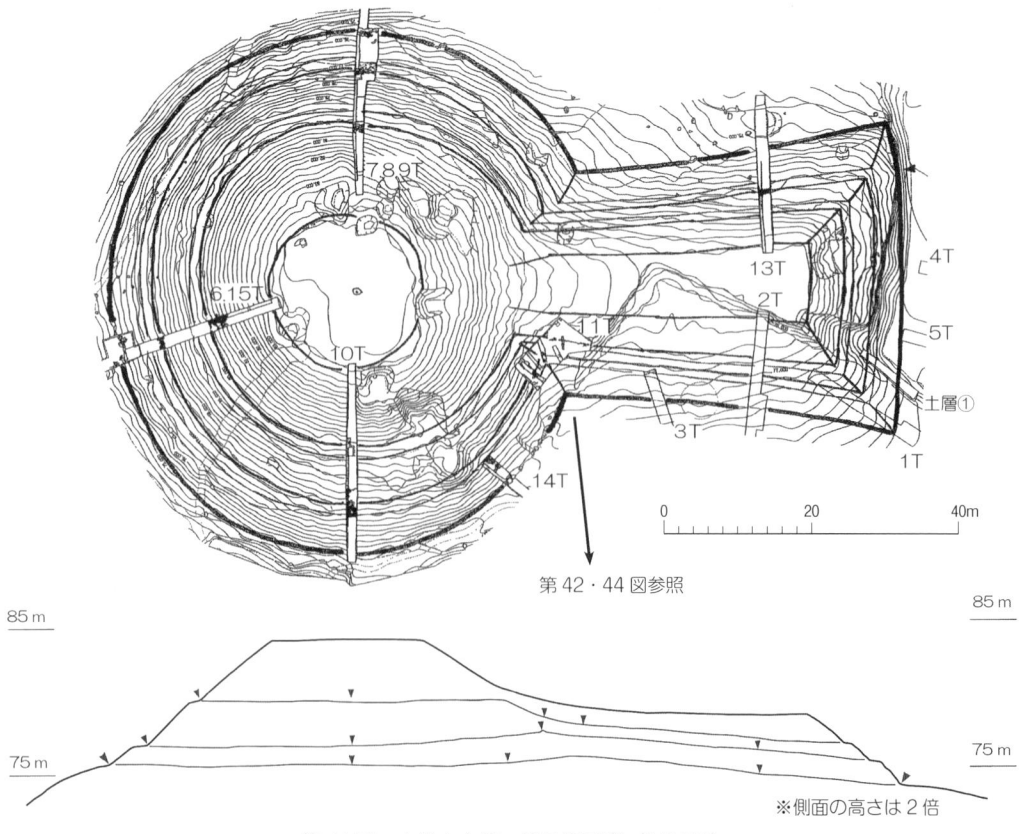

第 42・44 図参照

※側面の高さは 2 倍

第 41 図　小熊山古墳の墳丘復元案（1/1,000）

のが了解される。そして第41図では、各斜面の裾の部分と平坦面の輪郭を細線で示した。

　一方、前方部では、僅かに13トレンチで斜面中に1列の葺石を確認するに留まっている。けれども、くびれ部の11トレンチでは前方部側面に上下2列の石列があり、下段の石列にくびれの折れ線があり後円部へ連なっている（第42図）。また、上段の石列は後円部にむけてさらに高い位置にのびる様子が読みとれる。14トレンチからの連なりを考えると、墳裾にあたる石列は下の段の石列よりさらに下方をめぐるようで、前方部も後円部と同様に3つの斜面で構成された3段築成であった可能性がある。13トレンチでは現状で1つの段しか認められないが、調査者によると墳丘盛土部分は非常に柔らかな土質だったという（吉田ほか 2006）ので、場合によっては上段斜面に施された葺石が流失した可能性がある。

　このことから小熊山古墳は、元来、後円部、前方部とも3段築成であった可能性があり、第41図のような復元案となった。あわせて、その下に側面からみた復元案を作成し、それぞれの段がどのように連なっていくのかを示した。ここでの問題点は、後円部の上段裾部の標高がおおむね79.5〜80mなのに対し、くびれ部付近での上段裾部の標高は78mと1m以上低くなることで、この上段平坦面は水平にめぐらず前方部前端にむかって低くなっている。このような状況は中段も同じで、僅かにくびれ部から前方部前端にむかって低くなっている。

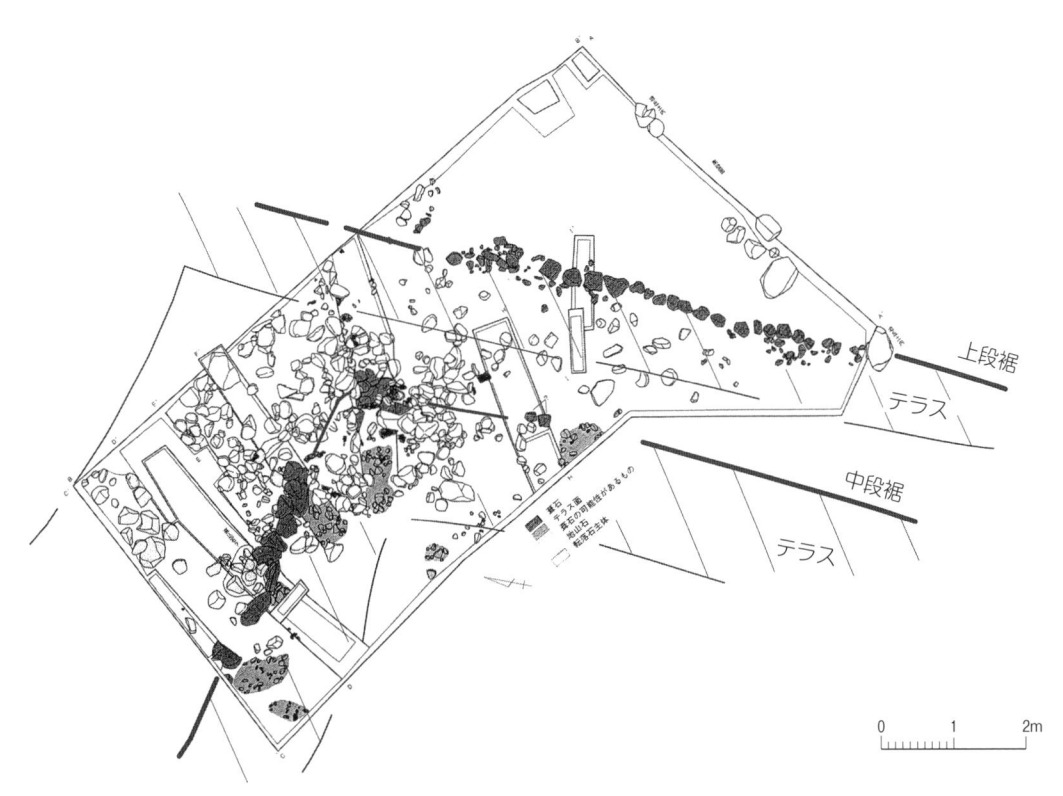

第42図　小熊山古墳のくびれ部の復元案（1/100）

 b）玉手山7号墳との比較検討による小熊山古墳墳丘形態の復元

　次に、このような小熊山古墳の墳丘形態に類似するものがないかを確認していく。

　第43図は小熊山古墳後円部東側に設置された7・8・9トレンチで、手前が墳端部分の葺石、その上方で横に並んでいる石列が中段の葺石、それからさらに上方にあるのが上段の葺石で後円部が3段築成だと了解される。また第44図はくびれ部の11トレンチで、下方にくびれ部折れ線となる石列が認められ、上方に後円部から前方部にかけて一直線にのびる小ぶりの石で構成された石列がみられる。

　一方、第45図は玉手山7号墳の北側くびれ部トレンチで、ここではくびれ部折れ線が未検出ながら、墳端、中段、上段の斜面がよく検出されていて、小熊山古墳のくびれ部でみられた葺石と同じ在り方がこのなかに認められる。また、この写真では各段が急激に上昇していく様子がみられるが、このような状況は反対側の南側くびれ部でも検出、確認されている。

　第46図に玉手山7号墳の南側くびれ部の10トレンチ、11トレンチを示したが、この写真の右が後円部、左が前方部で、フェンス奥の10トレンチで検出された上段の葺石の根石が写っている。また、その連接する根石が左側の前方部から後円部にむけて上昇する様子が見てとれるほか、中段の石列も前方部から後円部にむかって上昇し、くびれ部折れ線となる様子が検出されている。第47図はこの部分を上方から見おろしたもので、10トレンチでの前方部から後円部に石列があがっていく様子や埴輪が原位置を保ったまま出土している状況がよく捉えられている。特にくびれ部折れ線がうまく捉えられており、葺石の墳端の根石が確認されている。

　ここで確認した状況を図面で検討したのが第48図で、発掘調査がなされている玉手山7号墳のくびれ部第3トレンチの成果を小熊山古墳のそれと同じ縮尺で重ねてみると、葺石の根石が各所でよく合致しており、小熊山古墳と玉手山7号墳は、同じ大きさで同じ形のくびれ部を造営している様子が読みとれる。また、玉手山7号墳ではくびれ部の墳裾がわかっているので、これを根拠に小熊山古墳で未検出のくびれ部墳端の位置が推定できる。

　このように玉手山7号墳のくびれ部は小熊山古墳のそれに非常によく合致しているので、その例にならって前方部の復元も可能となる。両者の側面図を並べてみる（第49図）と、玉手山7号墳の側面が、後円部の方が高く、くびれ部付近で急激に低くなっている。小熊山古墳も同様に上段が前方部にむけて急激に低くなっていくので、玉手山7号墳と同様な在り方であったと考えられる。また、このような玉手山7号墳の例から、小熊山古墳が後円部3段であると同時に前方部も3段築成であった可能性が想起される[24]。

　このように玉手山7号墳での調査成果を類推根拠として小熊山古墳の墳丘形態を復元したのが第41図である。そして、この復元案に基づく小熊山古墳の規模は墳長約113ｍ、後円部直径約71ｍ、前方部前端幅約41ｍとなる[25]。また高さについては後円部高約8.5ｍで[26]、前方部高約5ｍとなる[27]。なお、玉手山7号墳は墳長約110ｍ、後円部径70ｍの規模であり、両者は同形同大に築造された可能性が考えられる。

　このように玉手山7号墳と小熊山古墳の墳丘は同一の築造企画のもとで同じ墳丘構造、規模を持っている様子がうかがえた。とはいえ相違点もあり、小熊山古墳の墳丘形態の独自の特徴として

第 43 図　小熊山古墳の 7、8、9 トレンチ（東から）

第 44 図　小熊山古墳の 11 トレンチ（北西から）

第 45 図　玉手山 7 号墳の北くびれ部
（第 3 トレンチ）

第 46 図　玉手山 7 号墳の南くびれ部
（第 10・11 トレンチ）

第 47 図　玉手山 7 号墳の南くびれ部上半（第 10 トレンチ）

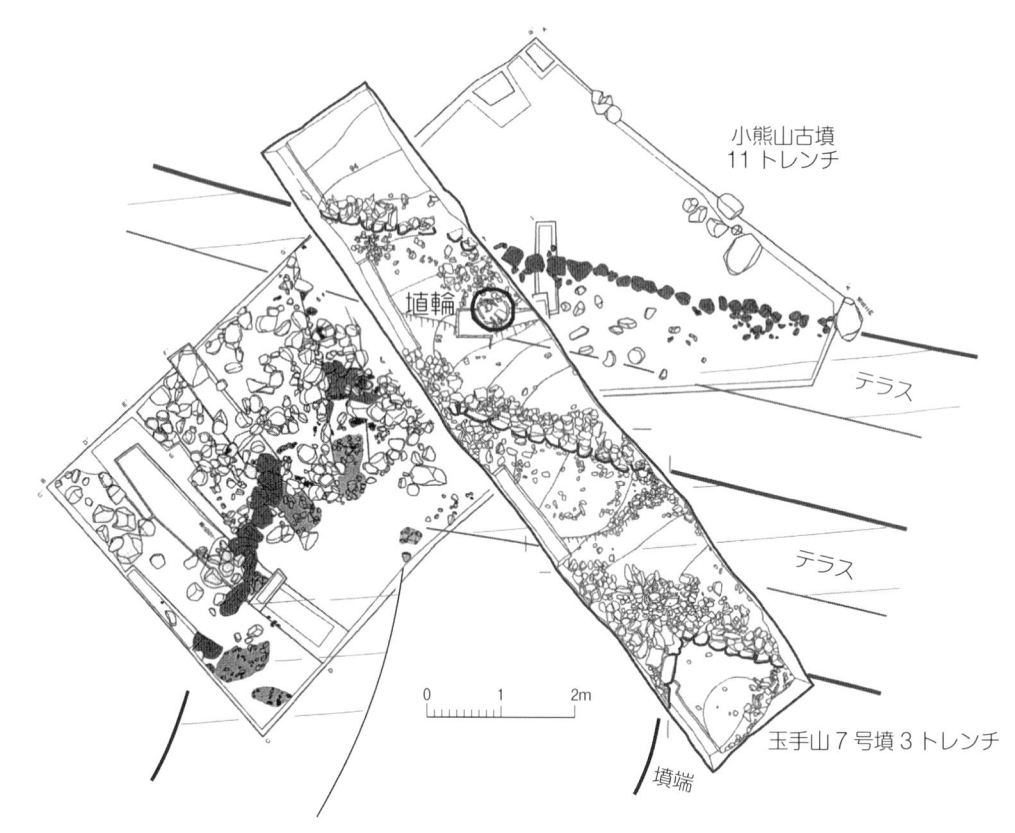

小熊山古墳
11 トレンチ

埴輪

テラス

テラス

玉手山 7 号墳 3 トレンチ

墳端

0　　　1　　　2m

第 48 図　小熊山古墳と玉手山 7 号墳のくびれ部の比較（1/100）

中段斜面と下段斜面の斜面比が異なる点が挙げられる（第 49 図下段側面図）。これは玉手山 7 号墳では、中段斜面を 1 として下段斜面比を求めると 1 となる（第 49 図上段側面図）のに対し、小熊山古墳ではそれが 0.5 となり下段斜面が短く設定されているところである。[28] なお、後述するが、玉手山 7 号墳の後円部高は 11 m を測るが、小熊山古墳は 8.5 m しかなく 2.5 m の差が認められる。これは下段斜面の斜面比に反映されたように、下段斜面を低平に設定したためであろう。いずれにせよ最下段斜面が低いのが小熊山古墳の特徴といえる。

　c）築造企画を共有する畿内大形前方後円墳の検討

　次に同一の築造企画に基づいて築造された玉手山 7 号墳と小熊山古墳のモデルが何であったか検討していく。

　これに関して岸本直文は、玉手山 7 号墳が行燈山古墳の 45％の規模で築造された可能性を指摘している（岸本 2004b）。岸本が玉手山 7 号墳と行燈山古墳とを比較したものを第 50 図に掲げた（岸本 2004b）が、段築成や墳裾の位置関係あるいは前方部前端の位置に微妙な違いがあるものの、おおむね同じ枠組みでの造営が了解し得る。岸本はこのような平面形態だけではなく、立面形態も詳細に検討し、玉手山 7 号墳が行燈山古墳の築造企画をほぼ完全に再現された可能性を示した（岸本 2004b）。ただし規模は 45％と整数分比では表現しにくい比率を示している（岸本 2004b）。こ

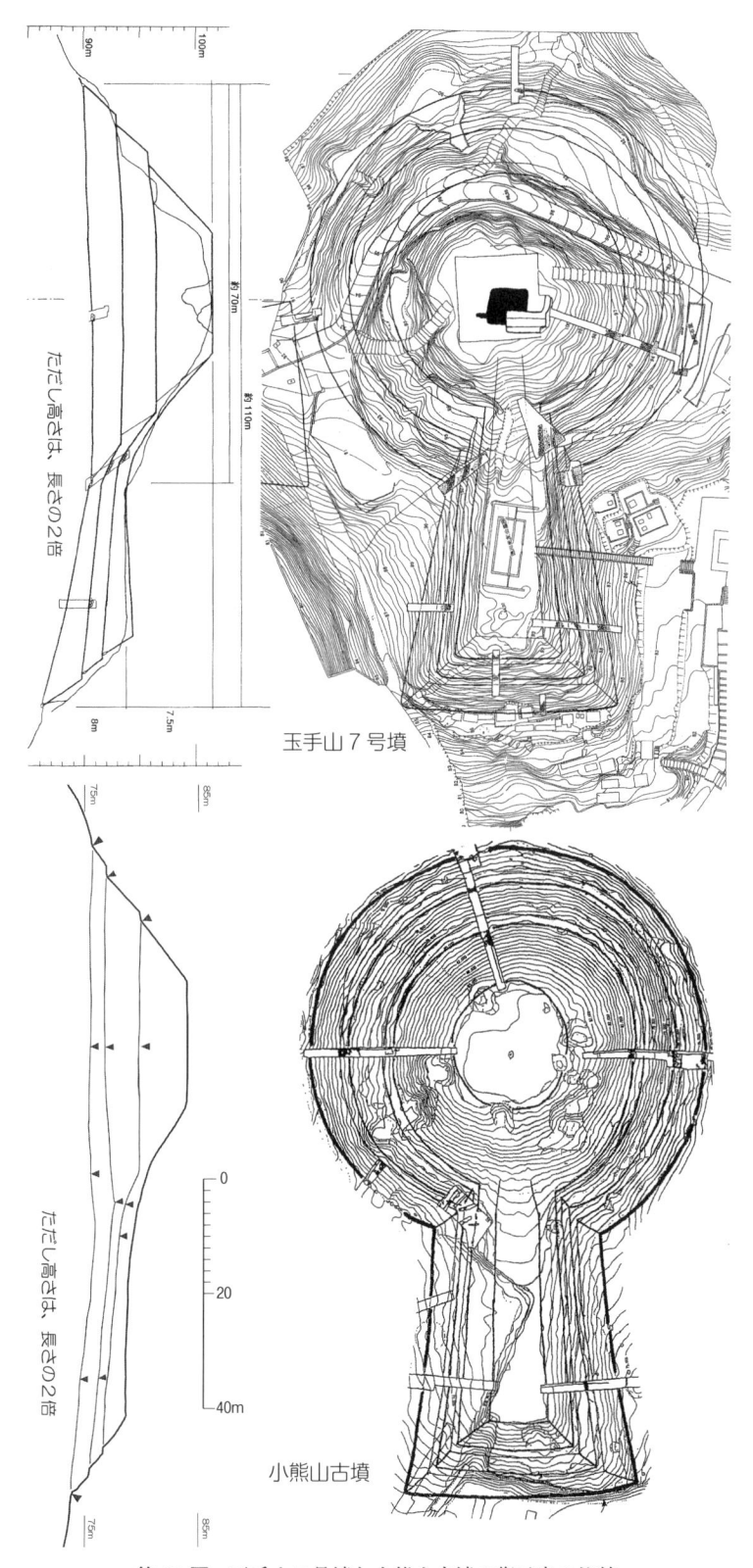

第 49 図　玉手山 7 号墳と小熊山古墳の復元案の比較

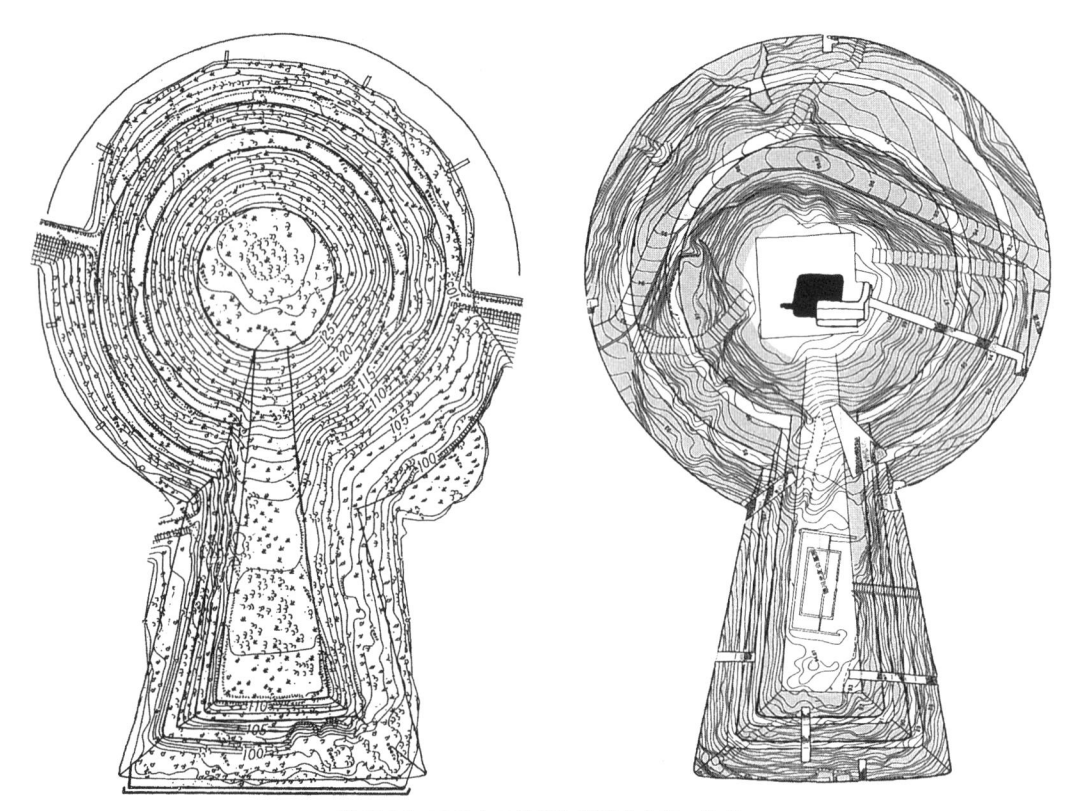

第50図　玉手山7号墳と行燈山古墳の比較

れに近似する分数比として4/9（44.4444…%）が挙げられるが、ほかにも2/3、1/3、1/6など百分比では整数にならない規模比の類型墳が認められるので、4/9規模で造られた可能性がある。ただし、小熊山古墳の場合は、先述のとおり墳丘の最下段の斜面が低く、その点に大きな違いがある。これは古墳を造営する際の施工変更とみられ、机上の設計が実際の古墳造営地での地形や地山の土質などの制約によって具現化できないために、実地で設計を一部変更した処置と考えられる。行燈山古墳と小熊山古墳には、立面構成においてこのような違いがあるが、平面形態はかなり忠実に再現されており、玉手山7号墳と同形同大に造られた小熊山古墳も行燈山古墳の4/9規模類型墳と考えるのが穏当である（第51図1）。なお玉手山7号墳、小熊山古墳と同様に行燈山古墳の4/9の規模で築造されたのが中山茶臼山古墳（宮内庁書陵部陵墓調査室編 2010）である（第51図2）。さらに稲荷森古墳は2/5規模類型墳と考えられる（第51図3）。これら以外に行燈山古墳と同じ築造企画を持つ古墳を第11表に示したが、畿内はもとより東北日本、西日本、九州島と列島各地で築造されている。

　d）墳丘形態からみた小熊山古墳の築造時期

　これまでの検討で小熊山古墳と行燈山古墳あるいは玉手山7号墳との築造企画の共有を示してきた。次に小熊山古墳の築造時期を考えていきたい。

　結論からいえば同一築造企画を持つので、行燈山古墳あるいは玉手山7号墳の造営に近い時期に

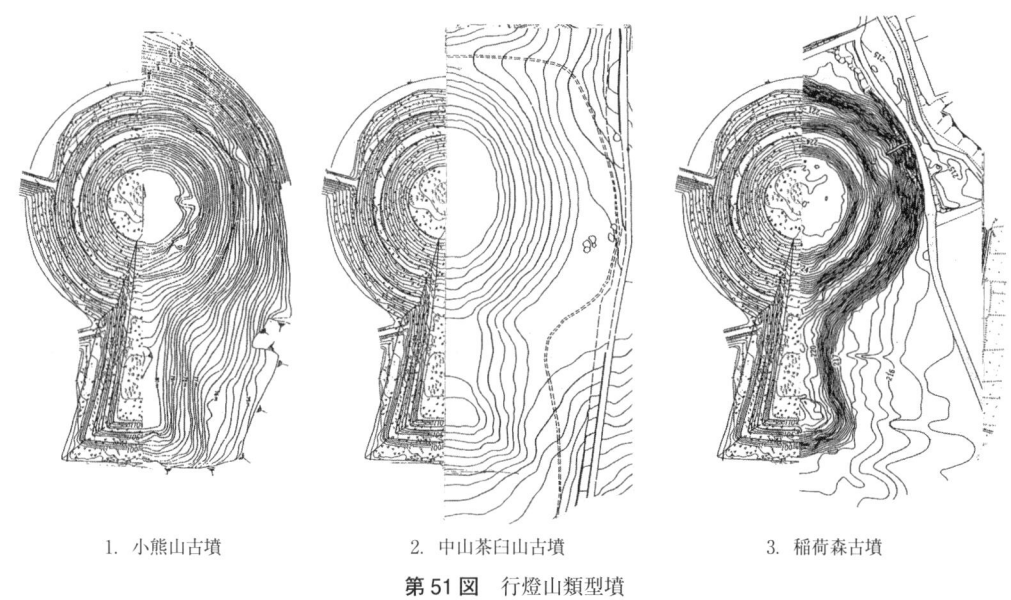

1. 小熊山古墳　　　　　2. 中山茶臼山古墳　　　　　3. 稲荷森古墳

第51図　行燈山類型墳

第11表　箸墓系列の類型墳一覧

■前方後方墳　（ ）非類型墳　□長門・豊国の類型墳

	箸墓類型	西殿塚類型	行燈山類型	五社神類型	宝来山類型
1／1	箸墓古墳	西殿塚古墳	行燈山古墳	五社神古墳	宝来山古墳
3／4					宮城雷神山古墳
3／5	梵天山古墳	前橋天神山古墳		金蔵山古墳	
1／2	浦間茶臼山古墳 前橋八幡山古墳■ 豊前石塚山古墳	玉手山3号墳	八幡西車塚古墳		北山古墳 粉糠山古墳■
4／9	弁天山A1号墳 森1号墳 朝子塚古墳 姫埼天神山古墳 禁野車塚古墳	元稲荷古墳■ 白山神社古墳 綱浜茶臼山古墳	玉手山7号墳 今富塚山古墳 芝丸山古墳 小熊山古墳 中山茶臼山古墳	会津大塚山古墳 紫金山古墳	
2／5	柳田布尾山古墳■ 新山古墳■		稲荷森古墳 馬の山4号墳	平尾城山古墳 花光寺山古墳 宝塚1号墳	
1／3	五塚原古墳 加瀬白山古墳 植月寺山古墳■ 元島名将軍塚■ 西求女塚古墳■		美和山1号墳 千塚山古墳 仁馬山古墳 西都原72号墳 南大塚古墳 黒崎山古墳	矢道長塚古墳 太田八幡山古墳 飯岡車塚古墳 梅ノ子塚古墳 浅間古墳 下侍塚古墳■	美野高塚古墳■ 相の谷古墳
1／4	宍甘山王山古墳	権現山50号墳 琴平山古墳	堂の森古墳 井辺前山24号墳	手古塚古墳 摺鉢山古墳 駒ヶ谷宮山古墳 東之宮古墳	
1／5	（美野中塚古墳■）		福島雷神山古墳	五所皇神社裏古墳 長光寺山古墳 秋葉山2号墳 （楢原寺山■）	
1／6	権現山51号墳■ 杵ガ森古墳 （備前車塚古墳■） （七つ塚1号墳■） （矢部大塚古墳） （片山古墳）		臼ガ森古墳 龍子三ツ塚古墳 豊前赤塚古墳 （西宮神社裏） （殿塚古墳）	大蟠山5号墳 赤崎古墳 （田井高塚） （本屋敷1号■） （壮崎山2号■）	

	渋谷向山類型	佐紀陵山類型
1／1	渋谷向山古墳	佐紀陵山古墳 西山古墳■ 御陵山古墳 網野銚子塚古墳 薬勝寺古墳 五色塚古墳
3／4	浅間山古墳	神宮山古墳 蛭子山1号墳 安土瓢箪山古墳 石山古墳
2／3		石山古墳 大鶴巻古墳 尾上車山古墳 貝吹山古墳
3／5	牧野車塚古墳	亀塚古墳 スリバチ山古墳 荒木車塚古墳
1／2		富田茶臼山古墳 佐賀銚子塚古墳 久里双水古墳 向野田古墳 牛窓天神山古墳 大元一号墳 白米山1号墳
4／9	膳所茶臼山古墳 亀ガ森古墳	天皇ノ杜古墳 西都原46号墳 群家車塚古墳 和泉黄金塚古墳 能褒野王塚古墳
1／3	大分亀山古墳	今岡古墳 （川野車塚古墳■）
3／10		（岡稲荷古墳■）
1／4	奥の前1号墳 高稲荷古墳	若宮山古墳
2／9	秋葉山1号墳	
1／6	御陵山古墳	

小熊山古墳が築造されたと考えてよい。行燈山古墳の築造時期は第1章第3節で検討した畿内大形前方後円墳の型式学的変遷に求められ（第29図）、西殿塚古墳と五社神古墳のあいだの前期前半代に位置づけられる。そして、このような行燈山古墳の編年観にしたがうと小熊山古墳も前期前半代の築造になるが、出土した埴輪や土器の編年的位置づけ（吉田ほか 2006）からも穏当なものと考えている。

2. 豊国の政権構造と小熊山古墳の被葬者の性格

　a）古墳の編年観について

　このように畿内大形前方後円墳と築造企画を共有する古墳の築造時期を近接させて考える理由は、各地の古墳の築造契機にある。第5章で詳述するが、被葬者が前代の首長を引き継いで新首長に就任し、畿内大形前方後円墳の被葬者たる大王に謁見し、承認を得たときに造墓が許され、時の大王と同じ築造企画と被葬者の身分に応じた規模で下賜品が配布され、築造が開始される。古墳の完成までの期間は被葬者の生存期間によるので、築造開始から完了までは長短様々なケースがあったと思われる。在任中にも大王に朝貢、謁見し、三角神獣鏡などの下賜品として配布されたものが地方の首長のもとで蓄積されることになるが、古墳の副葬品に新旧雑多なものがあるのはそのためである。もちろん下賜品以外のものも含まれるが、そのような収集品の集合体が最終的に埋葬施設に納められた副葬品群を構成している。そういう意味で副葬品群は首長の活動期、つまり首長としての在任期間を示している。付言すれば、死亡時に埋葬施設を構築するので、埋葬施設の編年的位置が、被葬者の死亡時点を示す。つまり、古墳の構成要素である墳丘形態、埋葬施設、副葬品の編年的位置づけは必ずしも一致しなくてもよく、逆にこれらの要素が一定の範囲でずれているのが一般的と考えて差し支えない。

　b）豊国の首長墳系列

　こうした古墳造営の論理を念頭において抽出した豊国の前方後円墳系列を第52図に示した。また第53図に地図を示したが、これには豊国の古墳の分布、おもに首長墳と考えられるものを掲げた。第52図では石塚山古墳と小熊山古墳を斜線で示したが、これは畿内大形前方後円墳と築造企画を共有している古墳であり、これらの古墳は先述の朝貢関係によって築葬企画が大王から直接分与された首長墳で、これらをここでは類型墳と呼んでいる。

　豊国の前方後円墳系列をみていくと、石塚山古墳がもっとも古く、箸墓古墳と築造企画を1/2規模で共有している可能性がある[31]（第54図1）。また石塚山古墳からは第Ⅰ段階から第Ⅴ段階までの三角神獣鏡が出土している。石塚山古墳は完成時の暦年代はともかく前期前半代でも古く1期に位置づけられる古墳で、少なくとも築造開始は箸墓古墳被葬者の在位中であった。そうすると西殿塚古墳と企画を共有する古墳が後続するのが自然であるが、豊国でそれは見つかっていない。このことは第Ⅳ、第Ⅴ段階の三角縁神獣鏡の保有と無縁ではないが、それゆえ行燈山古墳と築造企画を共有する小熊山古墳が石塚山古墳に後続すると考えられる。

　ところで小熊山古墳の次世代の首長墳として築造された類型墳は、海部の地域にある築山古墳

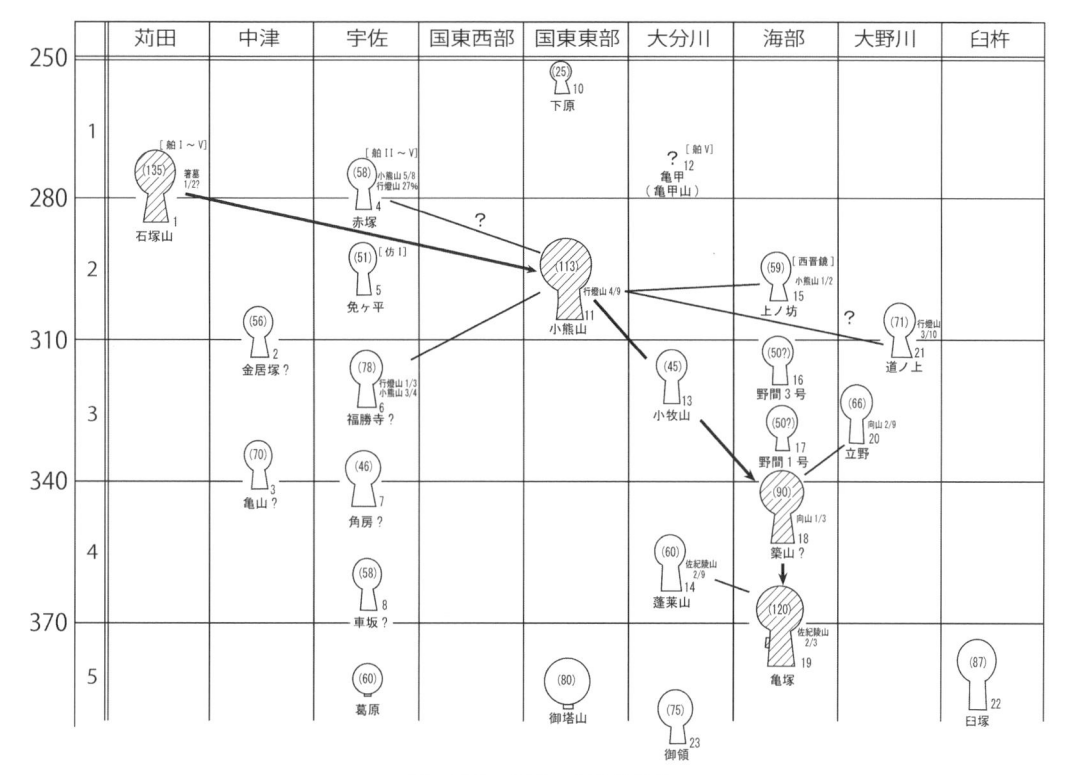

第52図　豊国の首長墓系列

（墳長90m）で、渋谷向山古墳と1/3規模で築造企画を共有する可能性があり、3期と4期のあいだに位置づけられる。また、これに後続する類型墳が亀塚古墳で、3/5で佐紀陵山古墳と築造企画を共有しているため、佐紀陵山古墳の築造時期から4〜5期の所産と考えた。なお、第54図にこれらの測量図同士を重ね合わせた図面を掲げた[32]。

　100m前後の墳丘規模で畿内大形前方後円墳と築造企画を共有するのがこの4つの古墳であるが、これより小規模の前方後円墳でも、道ノ上古墳と行燈山古墳が10：3でよく合致し（第54図2）、また立野古墳と渋谷向山古墳が9：2で合致する（第54図5）など、50m級、60m級あるいは70m級の古墳のなかにも築造企画を共有するものが認められる。また、これらとは別に上ノ坊古墳などのように畿内大形前方後円墳と比べると後円部の枠組みが大きく異なっているものの、小熊山古墳と2：1の比率で重ね合わせる（第54図3）と、前方部の幅や前端の位置を揃える古墳が存在している。つまり上ノ坊古墳には小熊山古墳の築造企画をもとにした築造が考えられる。

c）豊国の政権構造

　このように豊国では小熊山古墳を基準に上ノ坊古墳が造営されている。これは小熊山古墳に畿内大形前方後円墳の築造企画がもたらされたのちに、その企画や設計が上ノ坊古墳で変形して用いられた可能性を示している。また、このような観点で豊国の前方後円墳を見直すと、実は豊国の前方後円墳がすべて石塚山古墳や小熊山古墳のように畿内地方の大形前方後円墳と築造企画を共有して

第53図 豊国の首長墓分布図（番号は第52図に対応）

いるわけではなく、むしろ上ノ坊古墳のように、一旦、豊国にもたらされた類型墳を経由して、それをもとに築造された古墳の方が多いことが了解される。第52図に小熊山古墳から派生線を引いたが、上ノ坊古墳のほかに道ノ上古墳も行燈山古墳から直接築造企画がもたらされたのではなく、小熊山古墳から派生的に築造された可能性が考えられるし、赤塚古墳も小熊山古墳を基準にして築造された可能性が考えられる。そして、このような派生的に造られる古墳をこれまでの呼称にならい非類型墳と呼んでおきたい。

　ところで赤塚古墳からは第Ⅲ〜Ⅴ段階の三角縁神獣鏡鏡群が出土している。ただし、先述のように赤塚古墳の墳丘平面形態は小熊山古墳に類似し、後円部を8とした場合、前方部が4の規模で設定されている。また埋葬施設が箱式石棺で畿内的な竪穴式石槨ではなく、その築造企画は小熊山古墳から再分配されている可能性がある。そうすると赤塚古墳の被葬者は、銅鏡を石塚山古墳の首長から再分配され、なおかつ古墳の形を小熊山古墳から再分配されており、歴代の豊国の首長と関係を持っていた様子がうかがえる。両古墳の中間に位置する地理的な条件も勘案すると、赤塚古墳の被葬者像がこのようなところから理解可能となる。つまり、石塚山古墳や小熊山古墳など類型墳と

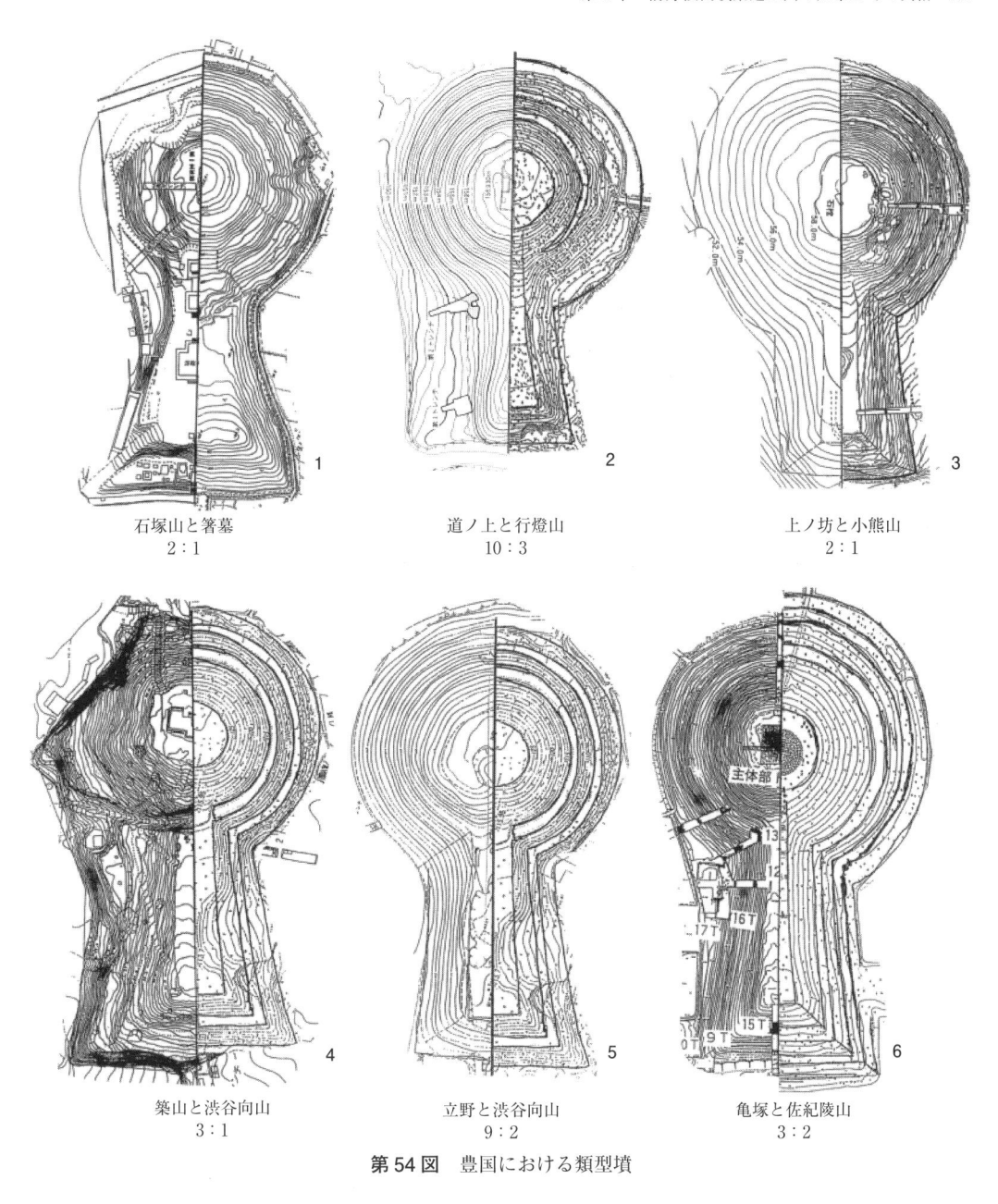

1　石塚山と箸墓　2:1

2　道ノ上と行燈山　10:3

3　上ノ坊と小熊山　2:1

4　築山と渋谷向山　3:1

5　立野と渋谷向山　9:2

6　亀塚と佐紀陵山　3:2

第54図　豊国における類型墳

呼んでいる畿内中央政権と直接関係があった古墳の被葬者たる首長たちが、畿内と自分たちとの関係——朝貢関係——を、今度は地域のなかで再現していると考えれば、派生的に生じる非類型墳の築造論理が説明可能となる。

　具体的には豊国で抽出できる小地域として苅田地域、中津地域、宇佐地域、それから大分川流域、海部地域、大野川流域、臼杵地域を示した（第52図）が、そうした小地域の首長と豊国の首長である小熊山古墳が朝貢関係を持ち、派生的な前方後円墳を築造した。そして、このような入れ子状になった分節的な朝貢関係が、当時の大和政権の政権構造ではないかとみている。ここで論じ

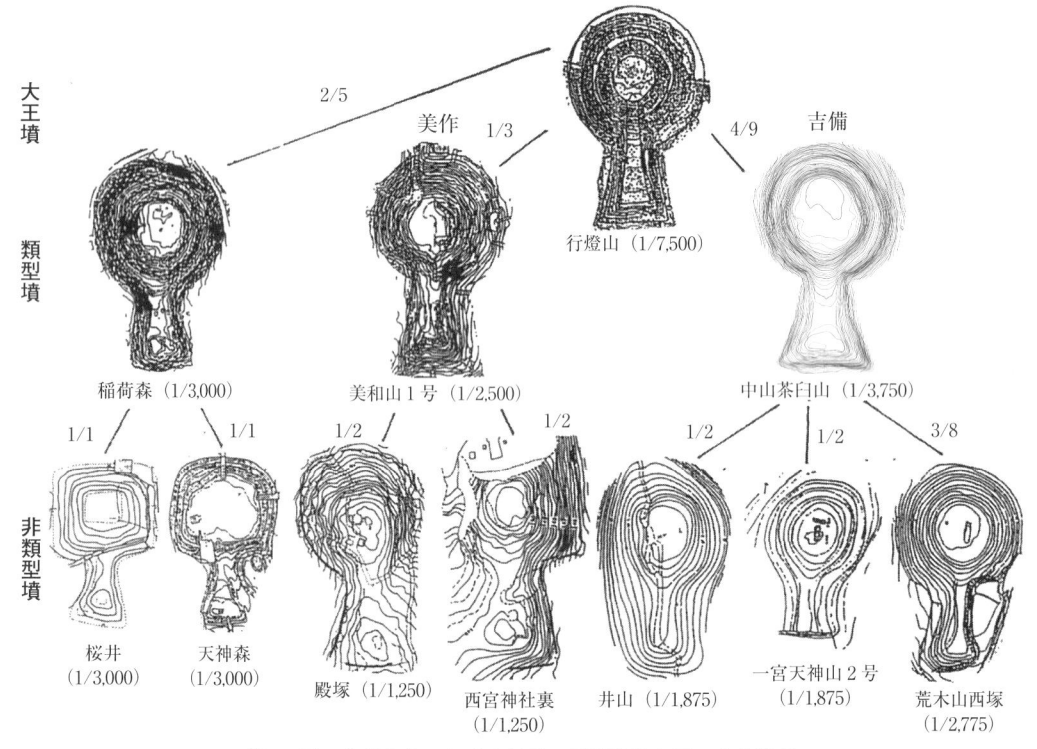

大王墳

類型墳

2/5　　美作　1/3　　　　　　　4/9　吉備

行燈山（1/7,500）

稲荷森（1/3,000）　　美和山1号（1/2,500）　　中山茶臼山（1/3,750）

1/1　　1/1　　1/2　　　　　　1/2　　1/2　　1/2　　3/8

非類型墳

桜井　　　天神森　　　殿塚（1/1,250）　西宮神社裏　　井山（1/1,875）　一宮天神山2号　荒木山西塚
（1/3,000）　（1/3,000）　　　　　　　　（1/1,250）　　　　　　　　（1/1,875）　　（1/2,775）

第55図　吉備地方における行燈山類型築造企画の分有関係

た築造企画の分有関係を基調にした政権構造の在り方は第55図に掲げたとおりで、こうした政権
構造は本章各節で示しているように豊国でのみで認められるのではなく、列島各地で古墳時代前期
を通じて認められる。一例を挙げれば、行燈山古墳の築造企画は、吉備地方では中山茶臼山古墳、
美作地方では美和山1号墳、また置賜盆地では稲荷森古墳で共有されており、直接的な関係のもと
で築造されと考えられる。そして、中山茶臼山古墳から派生して築造されたのが荒木山西塚古墳、
一宮天神山2号墳、井山古墳で、第55図に示したとおり1/2あるいは3/8といった規模で造営され
ている。また美和山1号墳からは殿塚古墳が1/2規模で、前方後方墳ながら西宮神社裏古墳が
1/2規模で造営されている（澤田 2000）。築造企画だけでなく造墓技術そのものが派生して変わっ
ていくので、様々な変形が加わり、西宮神社裏古墳では平野部に面した片側しか墳丘を作出してい
ない（澤田 2000）。もちろん、墳丘形態以外にも、先述の赤塚古墳のように埋葬施設に地域色がで
てくることもある。

　このように、当時の政権構造というのは畿内中央政権の担い手である畿内大形前方後円墳の被葬
者（大王）がすべての地域の前方後円墳、前方後方墳の被葬者に対して直接的な関係を持っていた
わけではなく、直接関係を結ぶ類型墳の被葬者を通じて、間接的に末端地域を治めていたのであ
り、その様子が豊国でも読みとれるのである。

　d）小熊山古墳の被葬者像
　最後に小熊山古墳の被葬者像について触れておきたい。

　これまでの検討によって小熊山古墳が直接畿内政権と関係を持ち、さらに下位にいる小地域の首長を支配下に豊国を治めた様子を明らかにし得たかと思う（第 52 図）。南北に長い地勢の豊国は、先に示した小地域ごとにまとまりがあり、それを単位とした政治的領域に首長が存在し、それら小地域の首長を統括するような首長が石塚山古墳、小熊山古墳、築山古墳、亀塚古墳などの類型墳の被葬者であったと考えられる。したがって、小熊山古墳の被葬者は小地域にいる首長を束ねていた豊国の首長で、のちの豊前、豊後両国の領域を統括する首長であったと考えられる。

　ところで石塚山古墳がある苅田地域は、畿内地方から瀬戸内海をとおって玄界灘に抜ける海上交通の要衝にあたる（第 53 図矢印）。また小熊山古墳のある国東東部地域は、豊国から肥国、肥後国あるいは筑紫国、筑後国に至る陸上ルート、また日向国に至る海上交通の要衝にあたる。このようなことから、畿内政権はまず石塚山古墳と関係締結によって苅田地域をその配下に治めた。そして、玄界灘を抜け、さらに朝鮮半島に至る海上交通ルートを確保したうえで、肥国あるいは日向国に抜ける交通ルートを確保するために、この小熊山古墳のある地域を直接配下に治めていった構図が浮かびあがってくる。このように交通ルートの確保という観点で捉えれば、国東東部地域には交通の要衝としての意味があり、畿内政権はその地域の首長と関係を結び、そこを傘下に取り込んだ様子がうかがえる。そして、そこには戦略的でより強固な列島規模での政治体制を作ろうとする意図が読みとれる。

　その意味で小熊山古墳の首長は交通の要衝を支配し、瀬戸内海と九州島諸国との陸上、海上双方の往来を司った首長であったと考えられる。

　以上、本節では豊国に所在する小熊山古墳の墳丘形態の検討から行燈山古墳や玉手山 7 号墳との築造企画共有を確認し、九州島での類型墳の波及を確認した。これによってその編年的位置づけを豊前石塚山古墳に後続するものの前期前半代の範疇と考えた。また小熊山古墳が行燈山類型墳であることから、畿内中央政権を治めた大王との直接的な関係締結を想定し、小熊山古墳の被葬者像として畿内政権の承認を得て豊国全体を治める首長であった可能性を考えた。さらに豊国内に小熊山古墳など類型墳から派生して築造された非類型墳の存在を抽出し、政権構造についても言及した。そして最後に小熊山古墳所在する国東東部地域の交通ルートについて触れ、小熊山古墳の首長が陸上、海上双方の交通の要衝を支配し、瀬戸内海と九州島諸国との往来を差配した首長であった可能性を示した。

第 5 節　会津大塚山古墳と堂ケ作山古墳の築造企画——五社神類型の抽出——

1.　会津大塚山古墳の築造企画

　1980 年代、東北日本では古式土師器を出土する遺跡の発掘調査が多く実施された。調査の多くは集落遺跡であったが、方形周溝墓や本屋敷古墳群、稲荷森古墳など墳墓遺跡からの出土も散見され、その実態が明らかになりつつあった。また、これらの成果に伴って、集落と墓域の関係（石川 1986）や古式土師器の様相から東北日本における古墳文化伝播の在り方が論じられ（伊藤 1986）、

さらに新潟県北部での調査成果からのそのルートについても考察が加えられるに至っている（阿部 1989a・1989b）。

　これらの論考が、集落遺跡を中心に出土する「土器」を分析の対象とし、「土器」の移動が示す人間や情報の移動からその背後に存在する政治的要素を想定している点は重要である。けれども、編年などで土器研究がもたらす集落構成の復元や、土器の機能が示す生活形態によって導かれる社会構成や経済的側面からの分析のみでは、東北日本において前方後円墳が出現する背景に想定される畿内勢力の支配構造が十分に捉えられないところに問題が残されている。

　これに対し、畿内において成立した前方後円墳は、西日本各地の墳墓祭祀を統合し、新たな斉一的祭式を創設したとの考えから、大和連合を中枢とした政治的結合体の象徴と理解されている（近藤 1983）。このように畿内において斉一化した墳丘、埋葬施設、副葬品などに象徴される墳墓祭式を地方の首長がどの程度受容しているかは、単に前方後円墳に埋葬された被葬者の性格を質的に示すだけでなく、畿内と地方の政治的結合の強弱を示すものであろう。したがって、前方後円墳の持つ諸要素の比較検討は、当時の政治構造を知る有力な手掛かりを与えてくれるものと思われる。

　ところで、1975年以降、遠見塚古墳（仙台市教育委員会 1983）、本屋敷古墳群（法政大学考古学研究室編 1985）など、東北地方における古式前方後円（方）墳の主体部、墳丘の発掘調査が実施され、古墳時代前期の首長墳の副葬品やその埋葬状態のほか詳細な墳丘形態が明らかになってきた。また、1988年には会津大塚古墳の再測量調査もなされ、前方部に関して規模や段築成の存在など新たな知見が確認された（会津大塚山古墳測量調査団 1989）。この成果は、畿内色豊かな副葬品を出土した1964年の発掘調査の成果に矛盾するものではなく、むしろ、畿内の200mを越える大形前方後円墳との関連性を想起させるものであった。また、墳丘形態に至っては、畿内大形前方後円墳との対比が可能であり、東北日本における首長墳の実態が明らかになりつつある。

　このように資料が増加しつつある今日、前方後円（方）墳の持つ諸要素の類似性を体系化し、個々の墳墓の理解による被葬者の性格や出自を追究することは、東北日本の古墳文化の様相を考えるうえで有効な視点となる。そこで本節では、前方後円墳の持つ諸要素のうち墳丘形態と副葬品の出土状況の検討から、東北日本における畿内勢力の政治的構造を跡づけていく。

　分析は資料が先の2つの条件を満たすものに限られるために、ここではおもに会津大塚山古墳と本屋敷1号墳を取りあげ、墳丘形態の分析に関しては、和田晴吾や北條芳隆が箸墓古墳と向日丘陵および吉備地方の諸古墳とを比較する際に用いた方法（和田 1981、北條 1986）で検討を加えていく。なお、北條は検討の際、基本的に復元図を用いず測量図そのものを重ね合わせているが、会津大塚山古墳については、後円部段築成の状況など旧状を復元しなければ理解が困難な部分もあり、墳丘形態の復元をおこない旧来の姿をある程度把握したうえで対比を試みることにした。

　a）墳丘形態の復元

　会津大塚山古墳は、1988年5月に再測量調査が実施された。その結果、後円部2段あるいは3段築成、前方部を2段築成とし、さらに前方部全面を前回の測量の−12m付近として墳長を114mと考えるなど、従来の認識を大きく修正する必要性を提起した（会津大塚山古墳測量調査団

1989)。けれども、この見解は発掘調査によって導きだされたものではなく、特に立面構成の問題など細かい点については十分に把握された訳ではなく、くびれ部や後円部西側など墳丘が崩壊しているところは復元的に考える必要がある。ただし、前方部前面および西側、後円部東側の段築成の平坦面や前方部に良好に観察される墳端など各所に旧来の姿を留めている箇所も見受けられ、これをもとに崩壊部分の復元も可能である。そこで、まず1988年の調査結果をもとに一部旧測量図を参考にしながら復元作業をおこなっておきたい。

会津大塚山古墳墳丘の検討　まず前方部の復元であるが（第56図）、ここでもっとも問題となるのは、墳長とプロポーションを決定する墳端の状況である。

　側面に関しては、東側が造成工事によって破壊されており、前面と西側のデータから復元しなければならないが、まず上段の斜面に注目すると、等高線は標高263.00〜260.75 m付近まで西コーナーを除いてほぼ均一な間隔でめぐり、また、その端部の傾斜変換線が標高260.75 m付近の等高線に観察されることから、この斜面は水平距離でおおよそ4.2 mから4.5 mの幅でめぐっていたと思われる。

　次に段築成の平坦面の幅であるが、厳密には平坦面にめぐる等高線に乱れが観察され後世の改変がみられる。しかし、そのなかで前面でもっともよく残っている主軸線上の段築成上段端部傾斜変換線から下段上部の傾斜変換線までは約5 mである。また、側面は、東コーナー付近で計測する限り約4 mであり、第56図から読みとれる範囲では前面と側面では長さに違いがある。この差は、西コーナーの斜面を前述の幅で復元したのちに、その端部と下段上部の傾斜変換線とのあいだを計測すると若干広狭の差があるものの4.2 mから5.5 mの範囲であり、復元した後でも平坦面の幅に違いが認められる。

　下段の斜面については、前面、側面ともに等高線に乱れが認められ十分に把握できない。けれども前面に関しては、残りのよい主軸線上Aの部分でみる限り標高257.50 m付近に傾斜変換線がめぐっており、現状ではこの付近を墳端と捉えるのが妥当であろう。墳端をこのように考えると、下段の前面の斜面は水平距離で約6.5 mを測る。側面は、小歩道があり撹乱が激しいものの、くびれに近いBで等高線の整っているところが観察され、さらにその部分の下端傾斜変換線が前面同様に標高257.50 m付近にみられることから、この付近が旧状を保つと判断される。また、これより北側は小歩道の影響で等高線が挟まっており、旧来の姿を留めているとは考え難い。したがって、前方部の前面と同様にB周辺の標高257.50 m付近の傾斜変換線が現状では墳端だと考えられる。

　次に後円部であるが、復元あたっては段築成の在り方と前方部との接合部の状況が問題となる。

　まず最上段の状況であるが、東側の上段斜面は標高267.00 m付近に小歩道があり等高線の間隔に乱れがみられ、若干の改変がうかがえるものの標高264.25 mの等高線は平坦面との傾斜変換線とほぼ一致し、きれいな円弧を描いている。また、第56図のCにおいて、墳頂平坦面の傾斜変換線から標高263.50 mまでの等高線はほぼ一定の間隔でめぐっており、この部分では標高263.25 mと263.50 m等高線のあいだに傾斜変換点が認められる。このC地点を含めた西側斜面においては標高263.25 m以下の等高線の間隔が広がり段築成の倒壊が予想されるが、斜面下端の傾斜変換線が東側同様に標高263.25 m付近をめぐっており、この標高263.25 m付近に後円部最上段の基底部

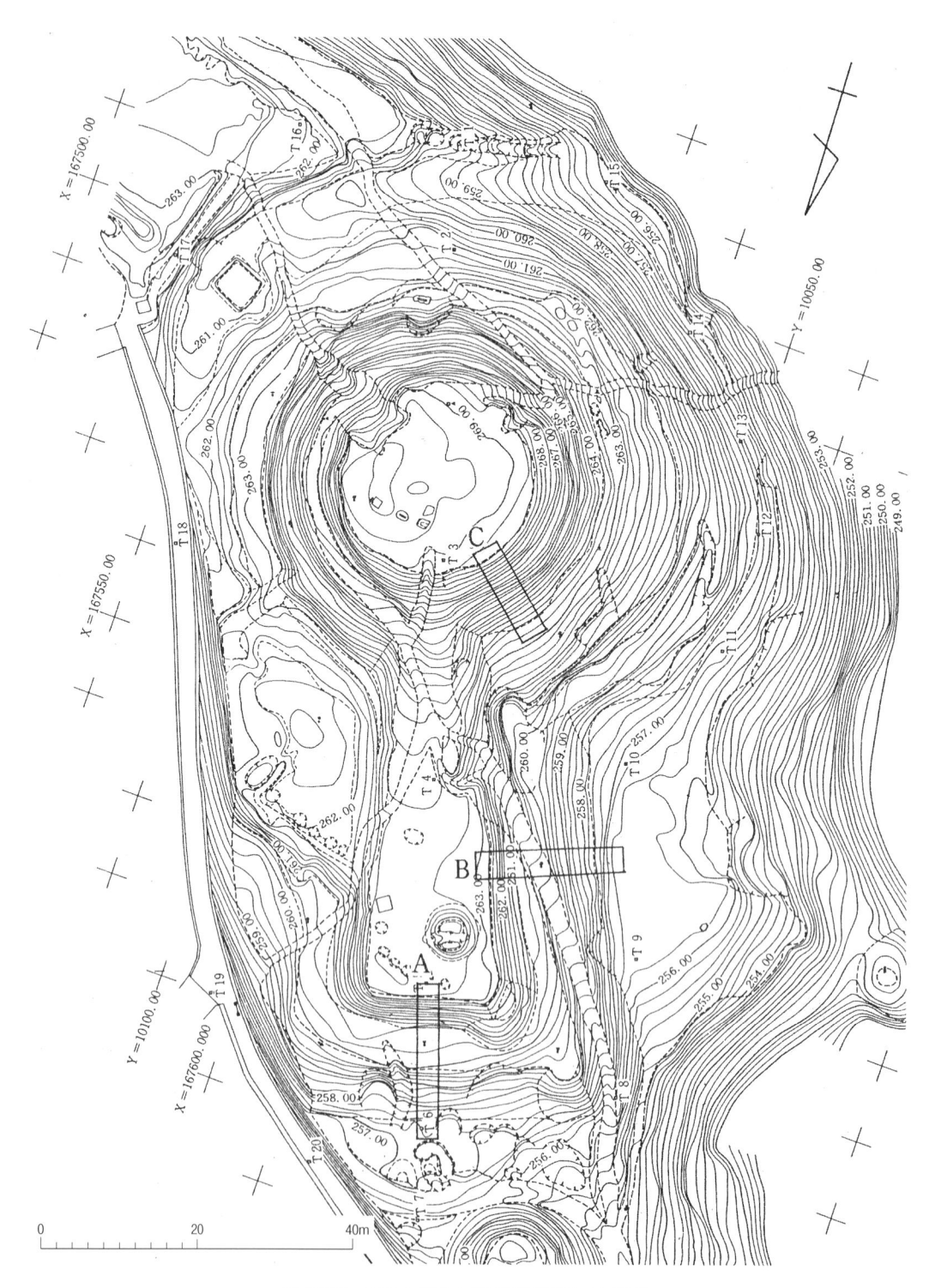

第 56 図　会津大塚山古墳墳丘測量図（1/800）

を求めるのが妥当である。[35]

　平坦面に関しては、東側に若干等高線に乱れがあるものの最上段基底部に沿って3.5 mから3.9 m
とほぼ一定の幅で5分の1周ほどめぐっており、旧状に近い姿を留めている。前述のように最上段
の基底部は、西側においてもほぼ同一のレベルを保っており、この平坦面は、本来、約3.5 mの幅
で西側にもめぐっていたと考えるのが自然であろう。ただし、この場合、後円部平坦面は前方部の
それよりも約2 m高いところに位置しており、両者をただちに結びつけるのは報告者の藤沢敦が
指摘するとおり困難である（藤沢 1989）。また、前方部の平坦面は後円部で標高 266.00 mの等高
線付近によりスロープ状にのびており、後円部の段築成平坦面は前方部の斜面に到達することが想
定され、一周していたとは考え難い。したがって、現状でこの平坦面は、前方部段築成平坦面との
接合の可能性を含めて、くびれ部で解消するものと思われる。

　次に標高 263.00 m以下に注目するが、まず墳端に関しては、等高線が一定にのびる自然地形と
の対比から、墳丘築成時に整形した痕跡が後円部後端南西部斜面の標高 256.00 mの等高線付近で
観察される。また、前方部の西側の墳丘外の平坦面に関しても標高 257.00 mから256.00 mに認め
られ、墳丘築成当初の整地レベルがそのあいだに求められる。しかし、この所見から墳端が求めら
れたとして、標高 262.75 mから墳端までのあいだには平坦面が観察されず、後円部のほかの箇所
を参考にした復元は困難である。けれども、前方部の検討で得た斜面および平坦面の水平距離を根
拠にこのあいだを復元すると、段築成中段の基底部が標高 261.00 mに求められ、また、最下段基
底部すなわち墳端が標高 257.00 m付近に求められる。この復元は、前方部での成果に矛盾するも

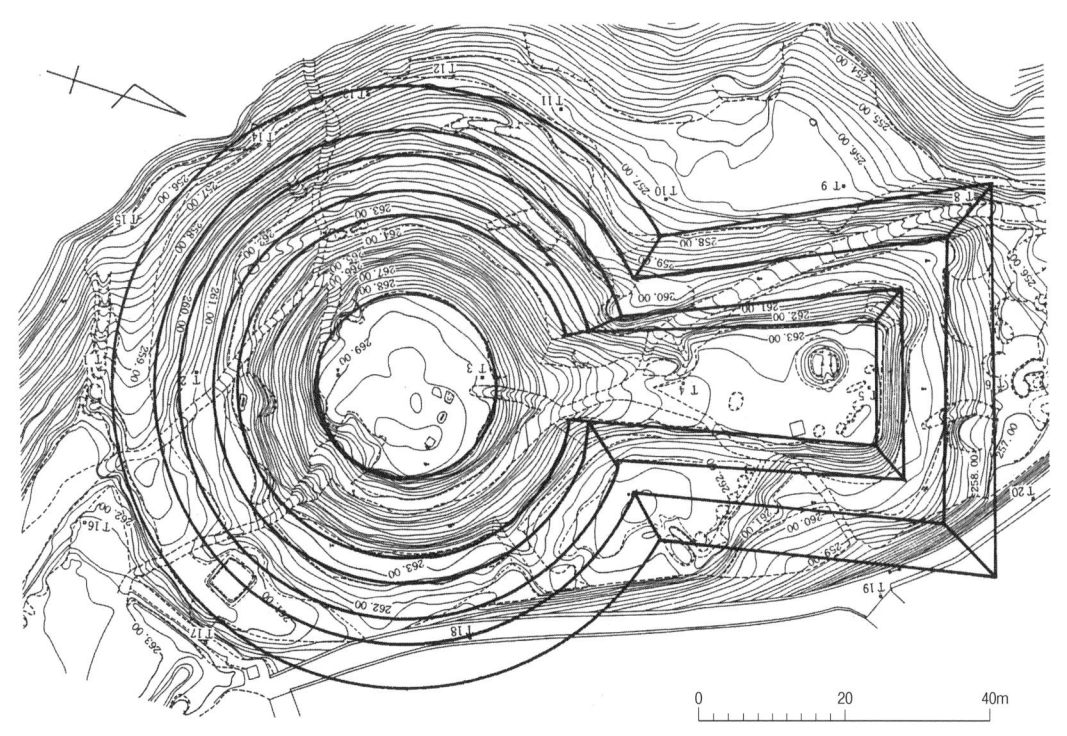

第57図　会津大塚山古墳墳丘築造企画復元図（1/1,000）

のではない。そして、この復元が妥当であるならば、後円部は3段築成であり、その2段目基底部は前方部の段築成平坦面と同一レベルで、前方部の段築成平坦面と後円部下段の段築成平坦面は連接している[36]。

　以上、前方部と後円部に分けて検討を試みたが、この成果に基づいて復元したものが第57図である。この成果によると、復元墳長約120m、後円径約80mとなる。この場合、石部正志らの分類方法（石部ほか 1978）による4区型にあてはまる。ただし、後円部後端の現状の墳端は掘り割り内の傾斜変換線すなわち段築成中段基底部に求めることができ、現状で把握される墳長はおよそ108mとなる。

　前方部2段、後円部3段の段築成を持ち、それぞれの基底部や墳端がほぼ同一レベルに設定されていることは高度な整地技術と設計技術を想定させる。また、左右非対称な前方部や[37]、後円部後端外側の掘り割りの後円部基底ラインとの合致は、畿内の大形前方後円墳にもみられる特徴であり注意する必要があろう[38]。

　本屋敷1号墳墳丘の検討　本屋敷1号墳は、阿武隈山塊に源流がある請戸川下流域北岸、いわゆる浜通り地域に位置する。1981年より3ケ年の発掘調査を経て、その全貌が知られる数少ない前方後方墳のひとつである（第58図1）（法政大学考古学研究室 1985）。

　本古墳の墳丘規模は、報告書において墳長36.5mと発表されているが、図上での復元によると最大でも36.0mを計測するに留まっている。墳長を決定した根拠については報告書でも必ずしも明確に記載されているわけではない（石川 1985）ので、まず墳丘規模について検討を加えていきたい。

　本古墳は、会津大塚山古墳とは周堀を有する点で違いがある。すなわち、会津大塚山古墳が丘陵の自然地形の削出によって整形されているのに対し、本屋敷1号墳は河岸段丘の平地面の掘り込みによって墳形を整えている。したがって、本屋敷1号墳の場合は、周堀との境に墳端を求める必要があり、その境界線は周堀と墳丘の境目となる傾斜の変わり目に求められる。そして、その傾斜の変換点は第58図2〜6のA・Bに示した2箇所に認めることができる。

　Aは、前方部前端、後方部後端の双方において標高20.0m付近に認められる。しかし、これは周堀底面との変換線であり、後方部北東コーナーの陸橋部やくびれ部など北側面周堀内全体に認めるのは困難である。仮にこの地点を墳端として墳長を復元すると36.0mとなり、Aが外側に位置する傾斜変換であるためにもっとも長い復元値となる。

　一方、Bのレベルは前方部前端では標高20.8m付近にまた前方部後端では標高20.6m付近に観察される。第58図2〜6の断面図に矢印で示したBの傾斜変換線が、前端、後端だけでなく前方部、後方部とも北側面において標高20.8m〜21.0m付近にも観察される。南側面では崖に面し等高線の広がりがみられ盛土の流出が予想されるので、現状ではこの標高20.8m〜21.0m付近に傾斜変換線を認めることはできない。とはいえ、B付近が墳端であったと考えるのが自然であろう。この結果をもとに復元すると、墳長34.8m、後方部長約21.6m、同幅16.8mとなる。現状では、A・Bのいずれが墳端であるかはにわかには判断し難いが、墳長は最短で34.8m、最長でも36.0mであり、従来の認識よりも若干短く考えるのが穏当である。

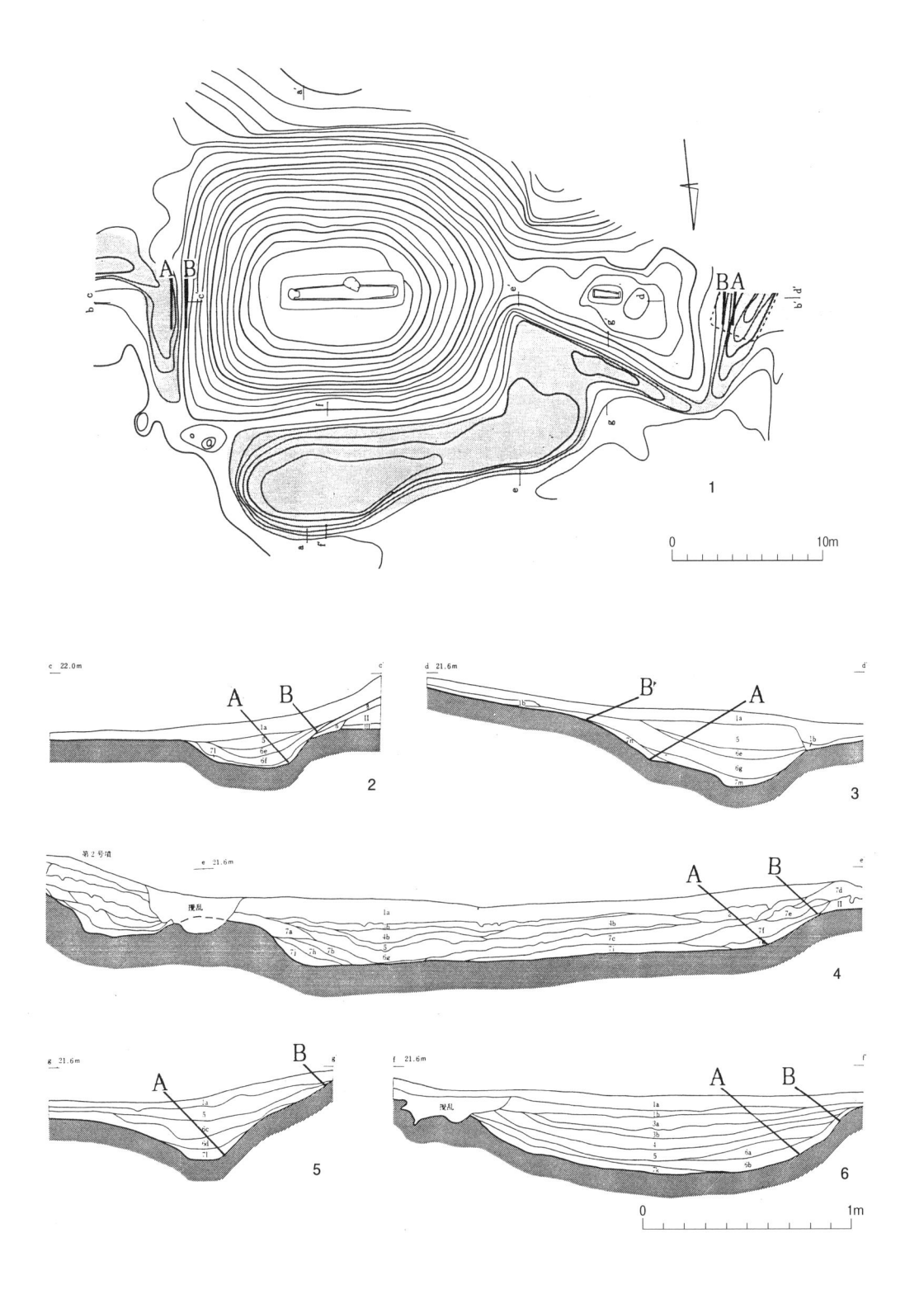

第 58 図　本屋敷 1 号墳墳丘測量図および周堀断面図

　以上の復元を踏まえ、会津大塚山古墳、本屋敷1号墳の両者が、何をモデルに築造されているかを畿内大形前方後円墳との対比によって明らかにしていく。

　b）墳丘形態の比較

　ここでは、これまでの検討による両古墳の特徴を再確認し、比較検討していく。

　会津大塚山古墳は、復元墳長120m、後円部径80mの前方後円墳で、前述のとおり石部らの分類方法の4区型に属する。墳丘の構築、整形は基本的に自然地形の削出によってなされ、墳丘基底部がほぼ同一のレベルを保つように整地されている。ただし、丘陵との切断部である後円部後端の基底部は従来のレベルを踏襲せず見せかけの墳端を形成し、この墳端で墳長を求めると108mとなる。段築成は、前方部2段、後円部3段築成であるが、上段の平坦面は前方部との接合部で解消し「C」形を呈する。一方、下段の平坦面は現状では後円部南西斜面付近で解消するが、前方部を含め本来の設計は一周していたものと復元できる。また、前方部墳頂平坦面は、後円部最上段斜面より緩やかな傾斜を保ちながら続きスロープ状に連接している。

　これらの特徴を持つ前方後円墳として、奈良盆地南東部に所在する柳本古墳群中の行燈山古墳、奈良盆地北端に位置する佐紀古墳群中の五社神古墳が挙げられる。この両者と会津大塚山古墳の後円部径をほぼ同一にして測量図を重ねたものが第59図1～3である。縮尺比は、行燈山古墳と会津大塚山古墳が1対2、五社神古墳と会津大塚山古墳は4対9である。以下、細部を検討していく。

　まず、行燈山古墳と会津大塚山古墳であるが（第59図1）、墳長および後円部径に関しては1/2で合致し、しかも後円部はともに3段築成で斜面比がほぼ一致している点には注意を要する。[39]しかし、行燈山古墳の前方部は平坦面が会津大塚山古墳より長く、また、前面、側縁ともに3段築成を施しているなど段築成に違いがみられる。したがって、この両者は、異なる築造企画で造営されていると思われる。

　次に五社神古墳との対比をおこなう。第59図2をみると、墳長や後円部径、前方部幅などが会津大塚山古墳と合致しているものの、この古墳の測量図が2m間隔の等高線で描かれているために、段築成など細部について十分に読みとれない。そのために、この五社神古墳を周庭帯の外から観察したところ、後円部3段築成、前方部2段築成であり、また、段築下段の平坦面が前方部より後円部に連接する可能性のあることが認められた。[40]この観察成果から今一度測量図を検討すると、後円部東側や前方部前面では標高98～100mの等高線に若干間隔の広がる平坦面を示す部分がみられ、外表観察が裏づけられた。第59図3は五社神古墳の測量図と会津大塚山古墳の復元図とを重ねたものであるが、会津大塚山古墳の斜面のほか段築成平坦部分では等高線の間隔が広がるなど、段築成の各部が合致するのがわかる。また立面においても、五社神古墳で求めた後円部、前方部の比高差の4/9の値が、会津大塚山古墳での比高差にほぼ合致している（第12表）。

　これらの検討から、五社神古墳と会津大塚山古墳は同一設計（築造企画）に基づいて築造されたと考えられる。また、五社神古墳の状況が十分に知られ

第12表　比高差対照表

	後円部比高差	前方部比高差
五社神	約26.3m	約14m
五社神　4/9	約11.7m	約6.2m
会津大塚山	12.50m	6.25m

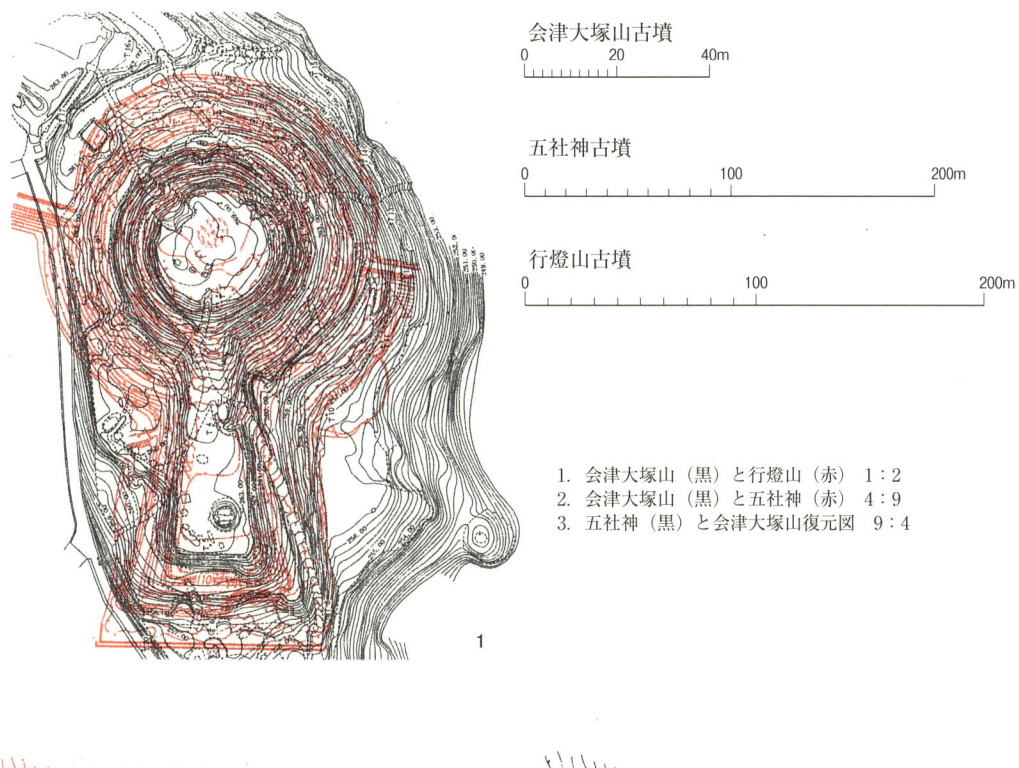

会津大塚山古墳

0　　　20　　　40m

五社神古墳

0　　　　　　　100　　　　　　　200m

行燈山古墳

0　　　　　　　100　　　　　　　200m

1. 会津大塚山（黒）と行燈山（赤）　1：2
2. 会津大塚山（黒）と五社神（赤）　4：9
3. 五社神（黒）と会津大塚山復元図　9：4

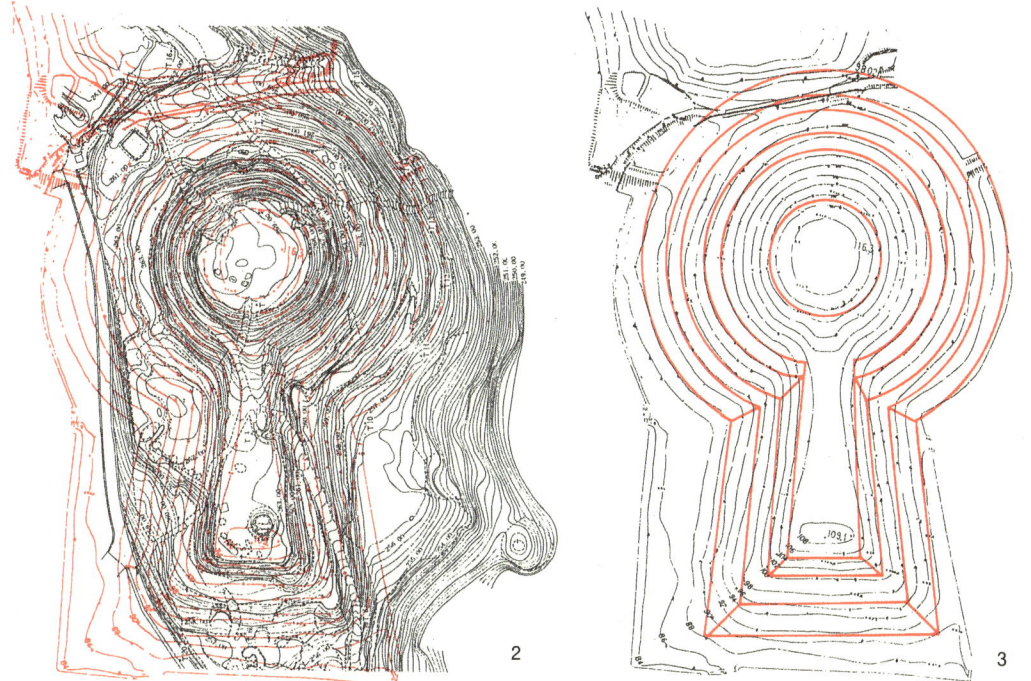

第59図　会津大塚山古墳と行燈山古墳および五社神古墳

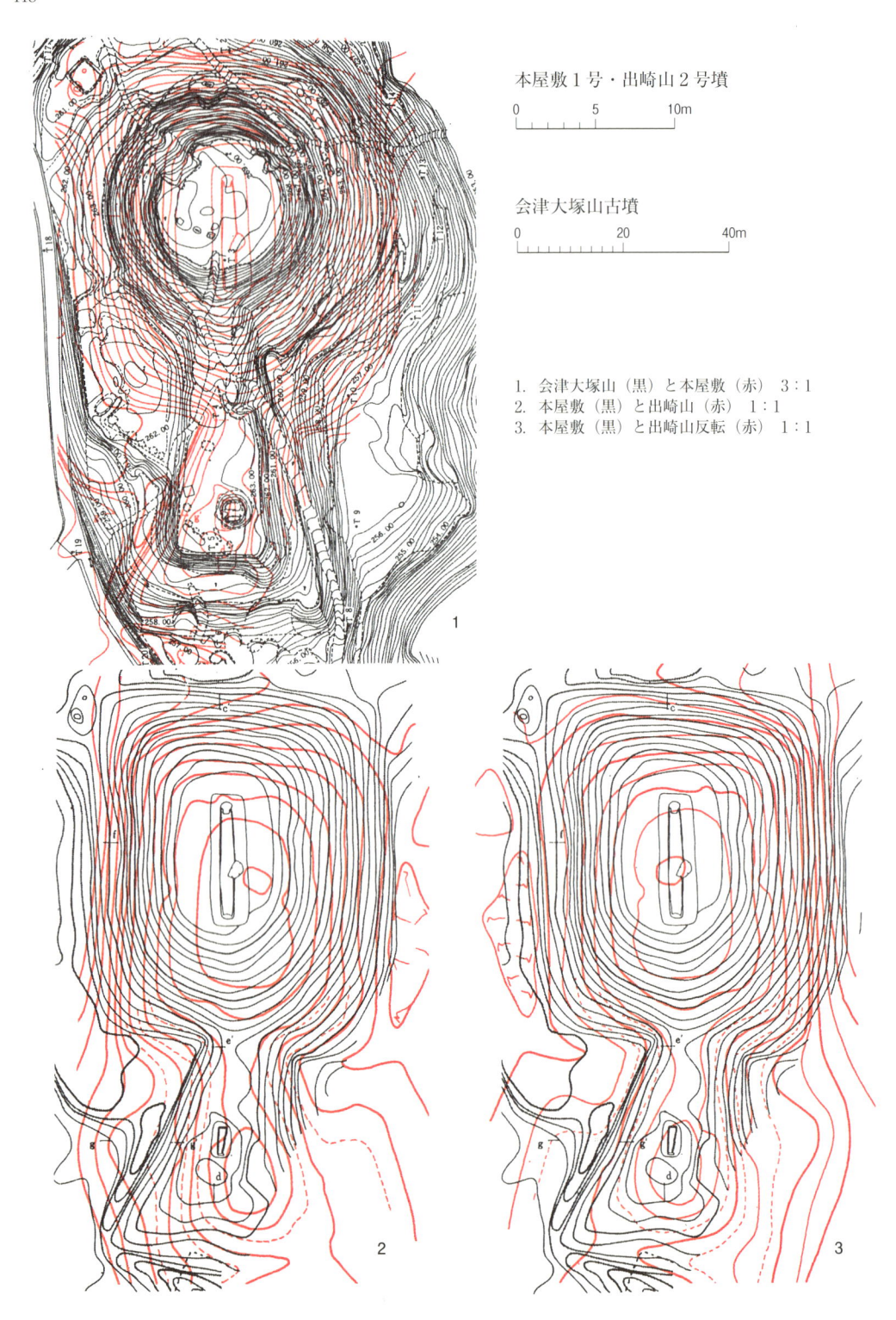

本屋敷1号・出崎山2号墳

0　　　5　　　10m

会津大塚山古墳

0　　　　20　　　　40m

1. 会津大塚山（黒）と本屋敷（赤）　3：1
2. 本屋敷（黒）と出崎山（赤）　1：1
3. 本屋敷（黒）と出崎山反転（赤）　1：1

第60図　本屋敷1号墳と会津大塚山古墳および出崎山2号墳

ないために基底部の水平度がどの程度貫徹されていたかはわからないが、丘陵の先端部を掘り割って後円部を構築するなど、構築技術や選地などにも共通性がみられる点には注意する必要があろう。

　一方、本屋敷1号墳はどうであろうか。

　この古墳は三十数メートルの小規模な前方後方墳であり、段築成がなく、前方部形態など畿内の大形前方後円墳はおろか会津大塚山古墳とも大きな違いがある。しかし、一方で自然地形を整形して墳丘の側面を作出する手法や墳端をほぼ水平に設定する手法など、構築技術上の原則に共通性がみられ、また、本古墳の規模が、会津大塚山古墳の見せかけ状の墳長のおよそ1/3である点には注意を要する(41)（第60図1）。

　以上の検討によって導いた共通点は、墳丘を構築する技術、設計の伝播や導入を考えるうえで有意で、墳丘形態の類似性や規模は、中央と地方との結びついた時期や度合いの強弱を示すものといえよう。これらの検討結果を踏まえ、以下では埋葬頭位や副葬品の配置にも目をむけ、会津大塚山古墳、本屋敷1号墳の被葬者の性格を明らかにしていく。

c）会津大塚山古墳、本屋敷1号墳の築造時期と被葬者の性格

　会津大塚山古墳の被葬者　これまでの行燈山古墳、五社神古墳と会津大塚山古墳の墳丘の対比によって、行燈山古墳では規模や構築技術上の原理に共通性がみられたものの段築成など設計上の違いがみられ、一方、五社神古墳ではその両者に共通性が認められた。行燈山古墳との対比において前方部と後円部の基底部を水平に保とうとする施工上の原則に共通性が見いだせることは重要であるが、このような施工上の原則は、最古式前方後円墳のひとつである箸墓古墳以来認められる技術であり、この場合、設計原理を共有する五社神古墳と会津大塚山古墳の関係性の方が強調されるべきであろう。

　つまり、会津大塚山古墳は、畿内大形前方後円墳の設計、施工双方の原則を踏まえて築造された古墳といえ、会津大塚山古墳の被葬者は畿内政権、特に五社神古墳の被葬者と直接的な関係や交渉を持っていた可能性が考えられ、また、この考えが妥当であるならば会津大塚山古墳の築造は、五社神古墳の築造を上限とした相前後する時期に開始されたことになる。

　また、墳丘から求めたこの見解は、会津大塚山古墳の南棺の副葬品のセット関係や配置からも傍証されるものである。靫の配置を例にみると、会津大塚山古墳の場合、頭位の上方に銅鏃を頭にむけて副葬している。五社神古墳での中心埋葬施設の状況は明らかではないが、この配置方法は滋賀県雪野山古墳（雪野山古墳発掘調査団編 1996）や石川県国分尼塚1号墳（和田 1984）など畿内周辺部や北陸地方の古墳にも認められ、畿内政権との直接的な関連性を勘案し得る状況にある。

　したがって、会津大塚山古墳の被葬者は、畿内の墳墓祭式を踏まえていた人物と思われ、畿内あるいは北陸出身者であった可能性も考えなければならないであろう。

　本屋敷1号墳の被葬者　本屋敷1号墳墳丘の平面形態は、そのモデルを畿内大形前方後円墳に求められなかった。また、会津大塚山古墳との対比においても、築造における構築技術の原則に共通性が見いだされるのみであり、墳丘からは会津大塚山古墳との関連性が考えられるものの畿内との直

接的な関係は見いだせない。

　ところで、本屋敷1号墳は中心主体部調査がなされ、棺構造のほか副葬品やその配置が明らかにされている。一般に主体部での類似性は、墳丘の平面形態で求めた共通性よりも葬送儀礼や祭祀を母体にした関連性を強く示すものであり、被葬者の性格や出自を直接的に知る手掛かりとなる。

　本屋敷1号墳の中心主体部（第61図1）は、全長7mほどの割竹型木棺を直葬したもので、その両小口を粘土で固定するものであった。埋葬頭位は東西優位であり、堅櫛2枚のほか菅玉など副葬品および着装品が束に偏った位置から出土している。[42]

　これと対比できる内部主体は、会津大塚山古墳や遠見塚古墳などいくつかあるが、もっとも類似しているのは会津大塚山古墳の南棺である（第61図2）。三角縁神獣鏡を含む多彩な副葬品を持ち、割竹型木棺（全長約9m）で小口を粘土で固定する埋納方法が共通し、さらに埋葬頭位も大きくは違わない。また、着装品と思われる玉類を除いて、唯一共通する副葬品である堅櫛も棺内中央より東に隔たった位置より2枚出土しており、本屋敷1号墳での出土位置や量と同じにする。[43]

　このような主体部の棺構造、埋葬頭位、副葬配置に認められる共通性は、両者が埋葬様式を共有する証左であり、会津大塚山古墳と本屋敷1号墳との被葬者の密接な関係を示すものである。また、副葬品の量や質で会津大塚山古墳の方が優位なのは、墳丘の規模や平面形態の指し示す差にも認められるところであり、この両者間の階層差ともいうべき格差に置き換えられる。すなわち、本屋敷1号墳の被葬者は、会津大塚山古墳の被葬者とより密接な関係にあったと考えるのが自然であり、畿内中枢と直接的関係にあったとするよりも、むしろ、会津大塚山古墳の被葬者を介在して間接的に畿内勢力と結びついていたと理解できる。

　また、これと同様な例は、福島県出崎山2号墳にも見いだせる（第60図2・3）。出崎山2号墳は墳長約33mの前方後円墳である（生江 1977）が、立地、規模、平面形態のほか墳丘の主軸方向も前方部を西にむけているなど本屋敷1号墳に共通する要素が多くあり、[44]本屋敷1号墳と同様に会津大塚山古墳を基準に設定された可能性が想定される。そうすると会津大塚山古墳の被葬者は、少なくとも2つの集団と密接な関係にあったことになる。

1. 本屋敷1号墳

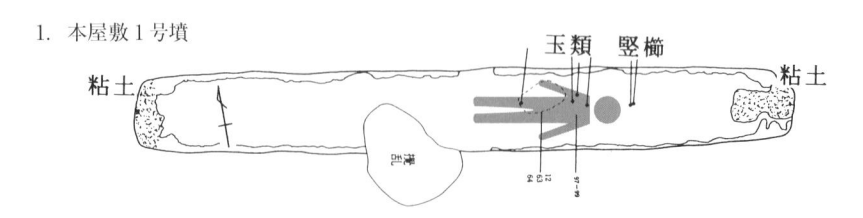

2. 会津大塚山古墳南棺

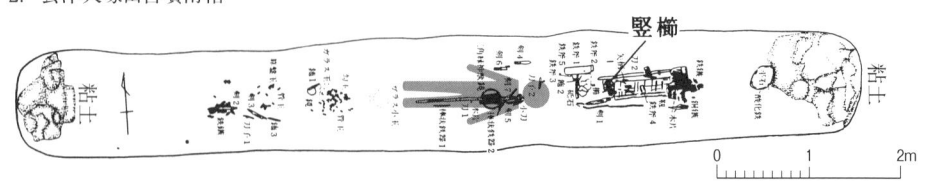

第61図　本屋敷1号墳後方部主体部および会津大塚山古墳南棺（1/80）

　これらから本屋敷 1 号墳の被葬者は、会津大塚山古墳の南棺の被葬者との墳墓祭祀の共有が想定され、また副葬品に認められる格差から、会津大塚山古墳南棺被葬者より地位的には下位に位置したと思われる。また、本屋敷 1 号墳の築造の開始は、会津大塚山古墳を基準に墳丘形態、墳墓祭祀が設定されており、会津大塚山古墳に相前後する時期と考えられる。

ｄ）東北日本における畿内政権の支配構造

　これまで、会津大塚山古墳が奈良県五社神古墳の 4/9 規模類型墳であること、また本屋敷 1 号墳の墳丘構築技術に畿内大形前方後円墳と直接的な関係が見いだせないことから、両古墳の被葬者像を考察してきた。

　現在のところ、汎列島的にみた場合でも資料的制約があり、墳丘築造企画を共有する古墳は、箸墓古墳を中心とするグループのほかいくつかの確認に留まる。[45] そのなかにあって、五社神古墳と会津大塚山古墳の比較検討によって、墳丘形態のみならず施工技術の踏襲が明らかとなったが、これは、とりわけ東北日本といった遠隔地での畿内大形前方後円墳の設計、施工技術を踏まえた古墳の存在を明確にした。ここでは畿内大形前方後円墳の築造企画の変遷に地方のそれが連動することを示し、あわせて五社神古墳の築造企画を基準とする一群の古墳を総称する、「五社神類型」の設定を提唱しておきたい。

　また、この五社神類型墳が東北地方の一墳である会津大塚山古墳で確認されたことは、畿内の造墓集団が介在するとしても、畿内での原理原則に基づいて築造された証左であり、五社神古墳との直接的な関係を想定させる重要な指標となる。東北日本において、墳長 100 ｍを超え、畿内との直接的関係が想定される古墳は希少であり、むしろ本屋敷 1 号墳のように畿内との直接的関連性を持たない小形前方後方（円）墳である場合が多い。このように五社神類型墳が地方に少数派として存在し、本屋敷 1 号墳や出崎山 2 号墳などがそれらの地方類型墳と密接な関係を持つ様子は、畿内勢力の支配構造の断片を示すといえよう。

　さらに、これらの古墳と古式土師器の分布状況と対比（第 62 図）させて考えてみると、埋葬頭位が東西優位である会津大塚山古墳、本屋敷 1 号墳が所在する会津盆地や請戸川下流域の集落遺跡からは北陸系の土器が出土し、[46]南北優位である遠見塚古墳や常陸鏡塚が所在する仙台平野、久慈川下流域の集落遺跡からは畿内系および東海系の土器が比較的多く出土するなど、埋葬頭位と外来系土器の系譜とのあいだに相関性が見いだせる点は重要である。

　東北日本の弥生時代墓制は、再葬墓、土壙墓が中心に営まれているが、少なくとも埋葬頭位に方位規定があったとは判断されず、[47]古墳に反映された埋葬頭位は東北日本各地の弥生時代以来の伝統に基づくものとは考え難い。外来系土器がいかにして各地域に伝播したかは個々の土器の分析をとおして明らかになるが、これらの土器が古墳の築造以前にもたらされたものであるならば、古墳の[48]被葬者と集落の構成員とのあいだには何らかの関係があったと考えなければならない。ここでは、この関係性を、外来系土器の移入と埋葬頭位の方位規定概念の移植に見いだしておきたい。ただし、これらの移入は急激な土器や墓制の変化からみて、単なる物や概念の交易的移動とは考え難い。すなわち、東北日本の古墳被葬者たる首長は、弥生時代以来居住していた在地の人物とは見な

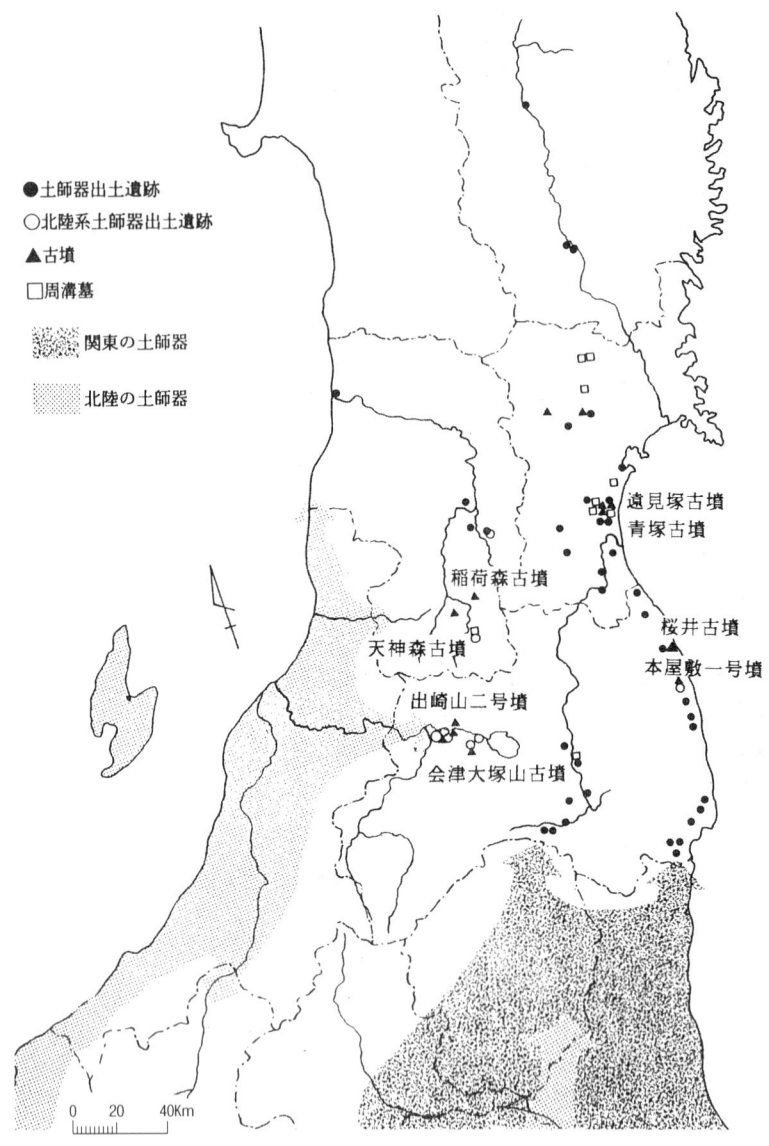

凡例
● 土師器出土遺跡
○ 北陸系土師器出土遺跡
▲ 古墳
□ 周溝墓
関東の土師器
北陸の土師器

遠見塚古墳
青塚古墳
稲荷森古墳
桜井古墳
天神森古墳
本屋敷一号墳
出崎山二号墳
会津大塚山古墳

0 20 40Km

第62図　東北日本　古墳時代前期主要遺跡・土師器流入経路

し難く、外来系土器を持つ集落の構成員とともに移住してきた人物と理解できよう。

　以上、東北日本では、当該期の畿内勢力を受容する段階に土器の移動が認められ、この土器の移動が示す「人」の移動を背景として古墳の築造が開始された可能性が考えられた。また、そのなかで、「類型墳」には畿内との直接的な関係が、さらに本屋敷1号墳などの小形前方後方（円）墳に類型墳を介在とした畿内との関係が見いだせ、当該期の畿内勢力が、東北地方において会津大塚山古墳など類型墳の被葬者を仲立ちとした伸張を想定させ、ここに畿内勢力による地方支配構造の一端が示されている。また、このような畿内勢力による分節的な重層支配の開始は、遅くとも会津大塚山古墳の築造時であったと考えられ、稲荷森古墳と行燈山古墳の関係が認められるならば行燈山古墳の築造を上限とする時期まで遡る可能性がある。

　これまでの検討で、東北日本における畿内勢力は、五社神類型墳に象徴される会津大塚山古墳を畿内勢力が直接的に掌握し、それに漏れる小形前方後方（円）墳を地方類型墳が掌握するという、分節的な重層支配構造が理解された。また、伊藤玄三や阿部朝衛が指摘するように外来系土師器を持つ集団が「移住者」として認められるならば（伊藤 1986、阿部 1989a・1989b）、墳墓と土器との相関性は、土器の移動を背景とした政治的勢力の存在を想定させる。

　古墳時代前期は、汎列島的にみて本屋敷1号墳のような小形前方後方（円）墳が多く築造される時期であり、それに比べると会津大塚山古墳のような類型墳は少数であり、東北日本で求めた畿内勢力の支配体系は列島規模でも認められる。また、このような現象は畿内政権の伸張を示し、東北日本の場合、勢力拡大にあたって政治的移住の想定も可能であり、その政治的移住集団の末端首長が本屋敷1号墳の被葬者であるとも理解し得る。

　以上、問題を多く残したが、ここでは畿内勢力の拡大にあたって政治的移動がなされたこと（これを植民政策といえるかは別にして）、伸張した勢力の掌握は地方首長を媒体とする分節的な重層支配であったこと、また、これらの支配構造が遅くとも行燈山古墳併行期には東北日本に及んでいた可能性を示しておきたい。

2. 墳丘形態からみた堂ケ作山古墳

　堂ケ作山古墳は、萩生田和郎が指摘するとおり（萩生田 1991）、1976 年の発見以来詳細な調査がなされず、その存在すら疑問視されてきた。しかし、1991 年の測量、発掘調査と 1992 年の発掘調査では前方後円墳と確認するなど、新たに多くの資料と知見が得られている。特に発掘調査で出土した土器の型式から4世紀代に遡る築造時期や、墳丘段築成、葺石の存在が明らかになった。これは、隣接する会津大塚山古墳との系列的関係を示唆するものであり、東北日本における古墳時代前期の政治的様相を考えるうえでも新たな知見であった。

　ところで、隣接する会津大塚山古墳は 1988 年に測量調査がなされ（会津大塚山古墳測量調査団 1989）、制約がありながらも墳丘形態の復元が可能になっている。筆者もその復元を試み、五社神古墳の 4/9 規模類型墳である可能性を指摘し、畿内大形前方後円墳との関連で会津大塚山古墳の築造企画を捉え、該期の政治的動態を考えた（澤田 1990）。また、堂ケ作山古墳でも、発掘調査において墳丘斜面に設定した 10 箇所のトレンチでの成果より、段築成平坦面のほか墳端と思われる傾斜変換線が検出され、測量成果とあわせ墳丘形態の復元が可能となっている。このようななかで会津大塚山古墳と堂ケ作山古墳の対比による時間的、系列的関係の追究は、堂ケ作山古墳に一定の評価を与え、会津盆地の様相を知るだけでなく、畿内との政治的関係を明らかにするうえで重要な役割を果たすものと思われる。会津大塚山古墳では土器の採集、出土がないので、墳丘形態を取りあげ会津大塚山古墳と堂ケ作山古墳の関係を論じるのが、唯一直接対比する手段であり、有効な分析方法と考えられる。すでに墳丘形態に関しては甘粕健によって復元的考察がなされ、多くの成果とともに問題点が指摘されているが（甘粕 1991）、ここでは新たな成果を加え墳丘形態の復元を試み、そこから看取される築造企画[51]の検討から堂ケ作山古墳の編年的位置づけを考えていきたい。

　a）墳丘形態の復元

　はじめに各トレンチでの成果をもとに墳端候補位置の再度確認し、墳丘形態の復元をおこないたい。

　まず前方部形態の復元であるが、側面に関しては、2トレンチでは標高372.70ｍのレベルで葺石最下段の根石を伴った傾斜変換線がみられ、7トレンチでは標高373.00ｍで幅1ｍほどのテラス状の平坦面と標高370.90ｍで傾斜変換線を検出している。前面は、3・9・10トレンチにおいて平坦面と傾斜変換線が認められるが、3トレンチでの平坦面は標高372.70ｍ、傾斜変換線は標高371.40ｍで、9トレンチでは平坦面が標高372.20ｍ、傾斜変換線が標高370.80ｍに位置している。また、西側コーナーに設定した10トレンチでは、標高369.30ｍと標高368.50ｍで平坦面を検出している。

　このようにいくつかの墳端の候補となる平坦面、傾斜変換線があるが、その対応関係は、7トレンチでの平坦面が2トレンチの傾斜変換線のレベルに合致し、また、位置的にも墳丘主軸線を挟んで等距離にあること、また3・9トレンチの平坦面も372.70ｍ、372.20ｍとほぼ同一レベルにあることから、これらの東側側面を除き平坦面はめぐっていた可能性がある。また、その下方に位置する傾斜変換線は、レベル的には1ｍ近く上下するものの平面的には上方での平坦面によく沿っている。この傾斜変換線を墳端とした場合、372.70ｍ付近にみられる平坦面は段築成の平坦面と捉えるのが妥当である。

　一方、後円部は、1トレンチ、11トレンチで3つの斜面と2つの平坦面を確認している。これらは、測量時の成果を追認したものであるが、上段の平坦面はともに幅2ｍほどで、1トレンチで標高376.70ｍ、11トレンチでは標高377.00ｍの位置で認められている。両者は形状や位置関係からみても対応する。また、後円部後端においても測量時に2つの平坦面を確認しているが、上段の平坦面は標高377.50ｍ付近であり、流土の堆積を勘案するとほぼ同一レベルを保っており、くびれ部付近の状況はなお明確でないが、この平坦面は後円部をめぐっていたものと考えられる。この平坦面は、上下の斜面に葺石が施されており、段築成平坦面と捉えるのが妥当であろう。一方、下段の平坦面は、1トレンチで標高374.70ｍ、11トレンチで標高374.00ｍで認められており、後端でも8トレンチで標高374.80ｍ付近で平坦面を確認しており、3者は連接し、上段平坦面と同様に少なくとも後円部東南側半分をめぐっていたものと考えられる。最後に最下段斜面立ちあがりの傾斜変換線であるが、1トレンチでは標高370.20ｍ付近、11トレンチでは371.25ｍ付近で観察され、前方部墳端のレベルに近い。けれども、両トレンチでの斜面は傾斜角をはじめ水平距離、斜距離とも異なり、また比高差も認められる。

　以上、前方部、後円部双方の現状で把握される墳丘形態をみてきた。くびれ部付近での両者の連接がやや不明確であるが、これらの成果を中心に墳丘の復元を試みたものが第63図である。トレンチ以外の部分は等高線の走行方向を考慮して復元していることを付け加えておく必要があろう。ここでの復元でも、やはりA・B2つの案が考えられるが、これは辻秀人、甘粕健の復元案（辻1991、甘粕 1991）と大きく異なるものではない。

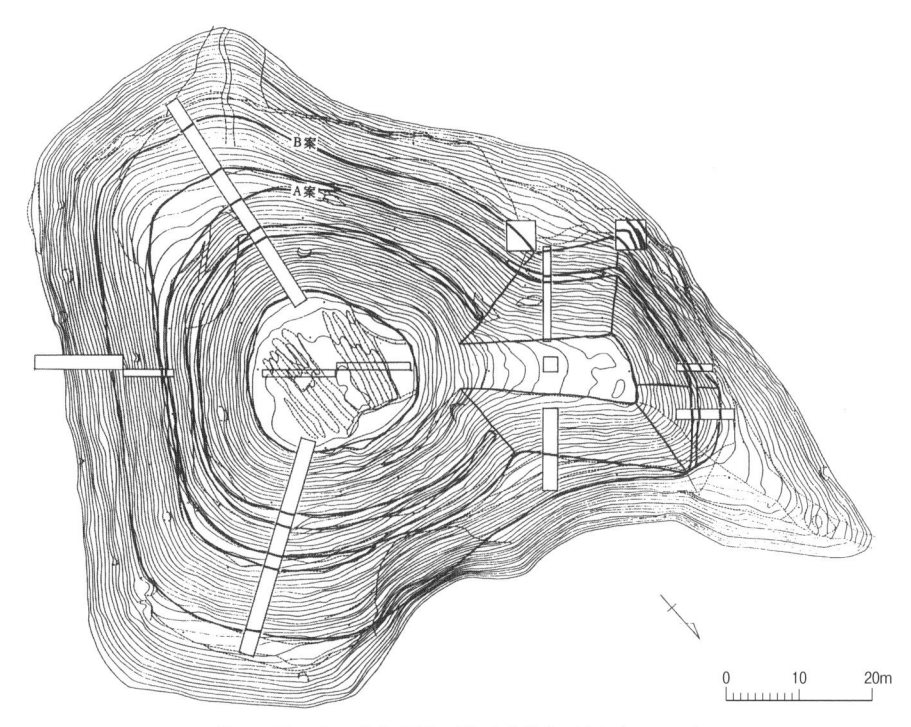

第 63 図　堂ケ作山古墳の墳丘形態復元図（1/1,000）

ｂ）築造企画の復元

前項での墳丘形態の復元をもとに築造企画の復元を試みる。

まず前方部の墳端は、南西側側縁は 7 トレンチ、10 トレンチでの成果から復元が可能であり、両者で認めた墳端線の延長から開き具合を決定した。一方、北東側縁は南西側縁で求めた成果を、主軸線を挟んで線対称の位置に求めている。また、段築成平坦面も同様の方法で復元した。前面は 3 トレンチでの成果をもとに主軸線に直交する方向で求めた。[53]

次に後円部であるが、1 トレンチ、11 トレンチでの下段の平坦面が後円部中心点より等距離にあり、ここでの成果をもとに後円部半径を設定した復元が可能である。この場合、後端の平坦面が合致しないが、この部分も前方部前端と同様に 367.00 ｍより低いところから等高線の走行方向が一定しており、自然地形の制約によって当初の企画を変更したものと見なし得る。また、4・7 トレンチで検出したくびれ部をもとに後円部半径を設定した復元も可能であるが、この場合、前方部との連接や北側くびれ部の復元位置が整合するものの、4・7 トレンチ以外に合致する平坦面、傾斜変換線は認められず、また、1 トレンチ・11 トレンチでのレベルも一定ではなく、やや問題が残されている。また、1・11 トレンチの最下段の傾斜変換線を基準に後円部半径を設定した復元も可能である。しかし、この場合、前方部中程にくびれ部を求めなければならず、また後円部中心点をずらして考えなければならないなど、この復元には問題が残されている。なお、上段の平坦面に関しては、先に触れたとおり、くびれ部付近の状況が不明確で復元に難があるが、レベルからみて前方部墳頂平坦面への連接や前方部の段築成平坦面への連接が想定し難い。むしろ前方部側面の斜面で

途切れ、C字形を呈すると思われる。

　以上、築造企画の復元に関しては、1・11トレンチにおける上方から2段目の平坦面内側の傾斜変換線を墳端とし後円部径を復元する第1案、4トレンチにおける傾斜変換線を墳端として後円部径を復元する第2案、1・11トレンチにおける最下段の傾斜変換線を墳端とし後円部径を復元する第3案を示すことができる。これらの成果を踏まえ築造企画の復元をおこなったのが第64図である。このように、現状では3つの復元案が提示できるが、この堂ケ作山古墳の場合、地形の制約によって前方部前面、同東側面、後円部後端、同東西側面など多くの箇所で築造企画を変更している様子がうかがえる。

　第1案の場合、復元墳長は78ｍ、後円部径52ｍを計測し、後円部、前方部とも2段築成を施すものであり、第2案では復元墳長84ｍ、後円部径62ｍを計測し、後円部3段築成、前方部2段築成を施す。また、第3案は、復元墳長91ｍを計測するが、1トレンチと11トレンチとで中心点からの距離が異なること、1トレンチの最下段斜面には葺石が施されていないこと、また中心点をずらし円弧を描いた場合でも現状で認識できるくびれ部を大きく逸脱することから、当初の築造企画を反映した部分とは見なし難い。(54)　むしろ、墳丘を大きくみせるために作り出した基壇的な付帯施設と考えるのが妥当であろう。(55)　ここでは第3案は検討の対象から除外しておきたい。第1案、第2案においても前方部と後円部の連接具合や墳端の比高差など、それぞれに問題を有するが、ほかの前方後円墳との対比から検討を加えていきたい。

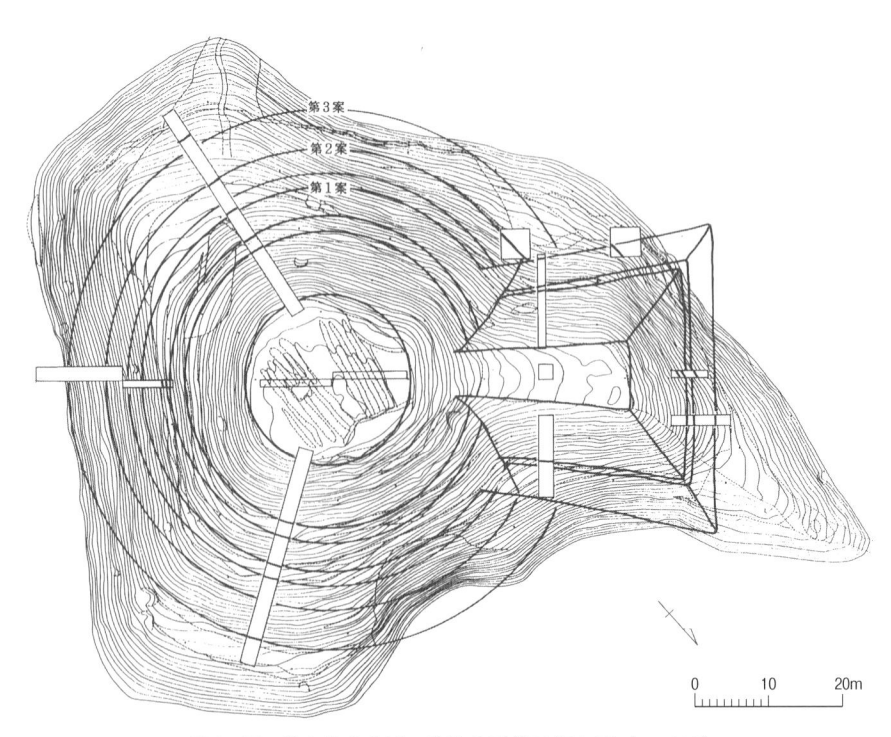

第64図　堂ケ作山古墳の築造企画復元想定図　(1/1,000)

　ｃ）築造企画の対比

　これまでの復元作業によって、堂ケ作山古墳は、復元墳長 78 m ないし 84 m の前方後円墳である可能性を示した。これらは石部正志らの分類（石部ほか 1978）によると、第１案で４区型、第２案で３区型に属し、いずれも、やや短い前方部を有するものであった。また、後円部上段の段築成平坦面はＣ字形を呈し、前期の前方後円墳の特徴を有している。[56]

　ところで、前期で４区型に属す前方後円墳の築造企画として行燈山類型墳と五社神類型墳を挙げることができるが、３区型に関しては今のところ類例をみない。[57]４区型では、堂ケ作山古墳に近在する会津大塚山古墳が 4/9 五社神類型墳であり、まず会津大塚山古墳との対比を試みたい。

　会津大塚山古墳は、復元墳長 120 m 後円部径 80 m を計測（澤田 1990）し、堂ケ作山古墳の第１案の約 1.5 倍の規模を有する。そこで堂ケ作山古墳と会津大塚山古墳をと３対２の比率で重ね合わせたものが第 65 図１である。これによると、墳端線や前方部墳頂平坦面、後円部中心点が合致するものの、後円部墳頂平坦面、段築成、くびれ部折れ線の在り方など異なる部分も多く見いだせる。会津大塚山古墳も後円部後端や東側側面は地形の制約からか十分に築造企画を踏まえているとはいえないが、段築成や墳頂平坦面など五社神古墳と合致するところは多い。そこで五社神古墳と対比したものが第 65 図２である。やはり、前方部墳頂平坦面、後円部中心点などが合致するものの、後円部墳頂平坦面のほか段築成の位置に差異がみられる。したがって、堂ケ作山古墳は、広義の五社神類型墳と考えられよう。ただし、規模に関しては 8/27 であり、この堂ケ作山古墳が五社[58]

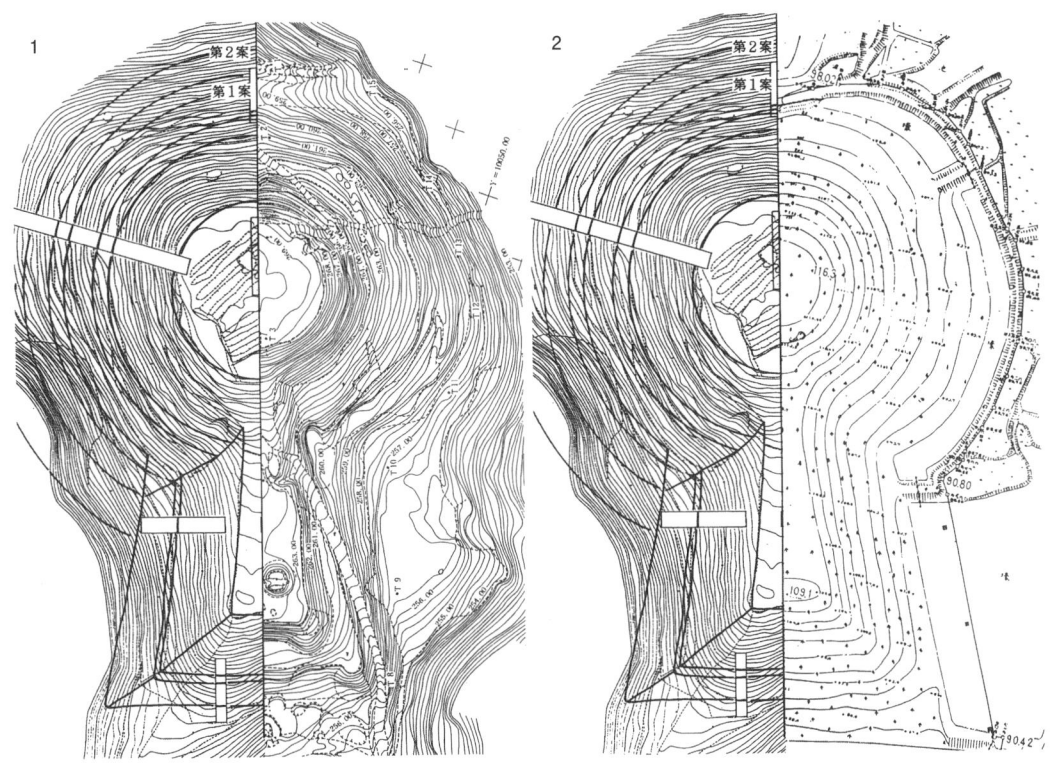

第 65 図　堂ケ作山古墳（1/960）と会津大塚山古墳（1/1,440）・五社神古墳（1/3,240）
1. 堂ケ作山古墳と会津大塚山古墳（2：3）　2. 堂ケ作山古墳と五社神古墳（8：27）

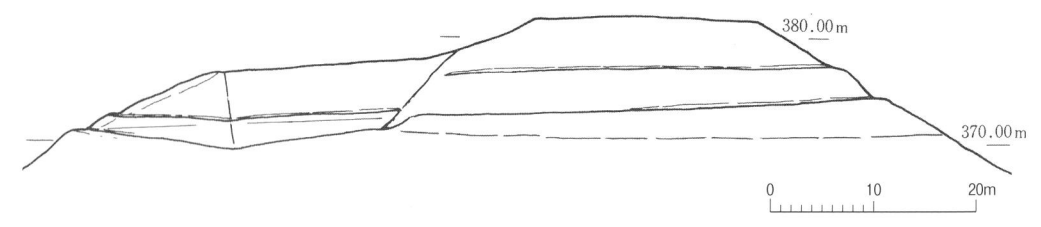

第66図　堂ケ作山古墳墳丘側面の復元想定図

神古墳の築造企画をそのまま受容したものとは見なし難い。むしろ先にみた会津大塚山古墳の2/3規模と考え、会津大塚山古墳を基準に築造企画が設定され、施工されたとみるのが穏当である。また、堂ケ作山古墳は、前方部と後円部に段差が生じるが、その比高差は約2.7 mあり前方部平坦面の傾斜に平行する（第66図）。会津大塚山古墳の墳端、墳頂平坦面とほぼ水平を保っており、このような堂ケ作山古墳の現象は、墳端に平行させて墳頂平坦面を設定する設計、施工理念に由来するのかも知れない。さらに前方部、後円部の段築成に関しては、オリジナルの企画を踏襲していないが、このことはすでに正確な築造企画が失われ、後円部3段、前方部2段築成に築こうとした理念のみが堂ケ作山古墳に反映しているのかも知れない。だからこそ後円部の最下段の斜面などは、企画から外れる部分を削り出して表現しているのであろう。また、堂ケ作山古墳の後円部墳頂平坦面は径約23 mに復元できるが、これは会津大塚山古墳のそれとほぼ同規模であり、段築成とあわせて堂ケ作山古墳が会津大塚山古墳を意識して築造されている様子がうかがえる。

　以上のことから、この堂ケ作山古墳は広義には五社神類型墳に属すものといえようが、築造に際して用いられた企画は畿内から直接もたらされたのではなく、会津大塚山古墳など地方の類型墳を通じてもたらされたものと考えておきたい。

　d）堂ケ作山古墳の編年的位置づけと政権構造

　これまでの検討によって、堂ケ作山古墳は、会津大塚山古墳の2/3規模に築造されたものと考えた。ここでは、編年的位置づけをおこなうとともに、築造企画の伝播にあらわれた当該期の政治構造を考えていく。

　まず築造時期であるが、会津大塚山古墳を基準に企画され築造されており、その上限は会津大塚山古墳の築造を遡らない。また、下限に関しては、会津坂下町に所在する雷神山古墳が五社神類型に後出する渋谷向山類型に属すと考えられ、会津地方に渋谷向山類型墳の波及が認められる。そして、築造企画の配布が順次なされる原則を前提にするならば（澤田 1991a）、この雷神山古墳の築造がなされる前に埋葬が完了していたと思われる。したがって、堂ケ作山古墳は、古墳時代前期中頃よりやや下った時期に築造されたものと考えている。これは出土土器の編年観からも大きな矛盾がない。

　最後に当時の政治構造に触れておきたい。繰り返し述べたとおり、堂ケ作山古墳は会津大塚山古墳の築造企画をもとに築造がなされたと考えてきたが、これは堂ケ作山古墳の場合、畿内との直接的な関係締結によって築造がなされたのではなく、会津大塚山古墳の被葬者との関係を介して築造

されたことを示している。また、このような関係は会津大塚山古墳をもとに 1/3 規模に設定された本屋敷 1 号墳、出崎山 2 号墳にも認められる。また、このほかにも七つ坑 1 号墳と同 5 号墳、稲荷森古墳と荒神森古墳、桜井古墳[60]にも認められる現象である。そして、この関係のなかに畿内大形前方後円墳の築造企画が直接的に伝わった地方類型墳と、間接的に伝わった非類型墳の存在が想定される。類例は今後も増えるであろうが、これらは古墳時代前期の前方後円墳、前方後方墳に葬られた地方の首長すべてを畿内政権が直接的に掌握していたのではなく、非類型墳の被葬者たる小地域首長に関しては地方類型墳の被葬者を介在して掌握していたのである。そして、このような在り方のなかに前方後円墳の築造企画の配布を基調とした畿内の政治構造が示されている。田中琢は、西播磨地方の権現山 51 号墳と吉島古墳とのあいだに三角縁神獣鏡の再配布を想定する（田中 1991）が、ここでは墳丘築造企画にも三角縁神獣鏡と同様な再配布の原則を想定し、第 67 図のような関係を考えておきたい[61]。また、都出比呂志は、前方後円墳、前方後方墳、円墳、方墳などの墳形に象徴された身分表示システムとして二重原理による構造を想定するが（都出 1991）、先に示した関係が成り立てば前方後円墳の築造企画の配布の原則のなかにも、このような政治構造や階層秩序が反映されていることになる。

　以上、堂ケ作山古墳の墳丘の検討から築造企画復元し考察を加えてきた。その結果、堂ケ作山古墳の墳丘は複雑な様相を示すものの、それは地形の制約によって当初の築造企画を随所で変更したために生じたのであり、無秩序な前方後円形のみの模倣ではないと結論づけた。そして、そのモデルとなる築造企画は畿内の大形前方後円墳のそれを直接的に受容し踏まえているのではなく、4/9 規模五社神類型墳に属する会津大塚山古墳の築造企画を踏襲しているものと考えた。その築造時期は会津大塚山古墳を上限とした時期と捉え、さらに政治的様相についても触れ、前方後円墳築造企画の配布自体に二重原理の構造がある政治体制の存在を想定した。

　多くの課題を残したが、ここでは堂ケ作山古墳が会津大塚山古墳より派生的に築造されたことを結論としておきたい。

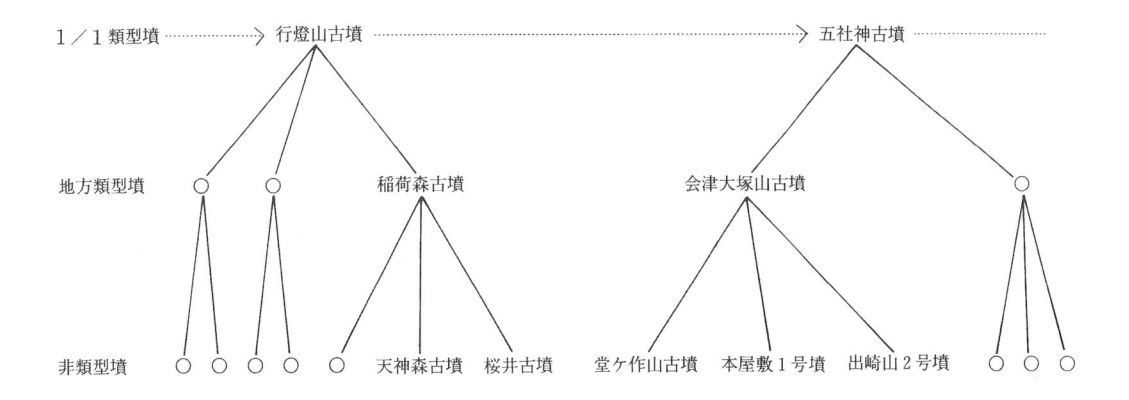

第 67 図　前方後円墳築造企画の配布状況想定図

第6節　墳丘形態からみた川東車塚古墳の編年的位置づけ—佐紀陵山類型の抽出—

　筆者らは川東車塚古墳において4次にわたる発掘調査を実施し、墳丘の形態と構造を追究してきた。そこでは墳端だけではなく、段築成構成の把握も目的として、大小26箇所に及ぶトレンチを設定した。そして、その成果より導かれる墳丘形態の復元案として、墳端線とあわせて後円部、前方部とも3段築成に復元した（倉林ほか編 2004）。ここではその復元案をもとに、本墳の平面形態の由来を追求し、編年的位置づけをおこない、あわせて墳丘形態によって示される政治秩序についても派生する問題として論じておきたい。

　なお、本墳の編年的位置づけは畿内大形前方後円墳との比較検討によって導くが、その際に用いる畿内大形前方後円墳の変遷観については平面形態の型式学的研究によって第1章第3節ですでに言及しているので、ここでは省き、その成果を前提として考察を進めていく。

1.　墳丘の復元

　川東車塚古墳の墳丘形態を発掘調査成果（倉林ほか編 2004）に基づいて復元すると、規模は墳長59.1 m、後円部径33 m、同墳頂平坦面径14.5 m、同高さ4.5 m、くびれ部幅14.4 m、同高さ2.7 m、前方部長26.1 m、同前端幅21.7 m、同高さ3.5 mとなる。また、各部の特徴を挙げておくと、墳端の標高はくびれ部付近がもっとも高く、後円部後端、前方部前端へむかって低くなっている。後円部、前方部とも墳丘斜面中に上下2段、幅約0.7 mの平坦面が復元でき、前方部、後円部とも3段築成であった可能性が考えられる。また、これらの平坦面は上下段とも連接し、前方後円

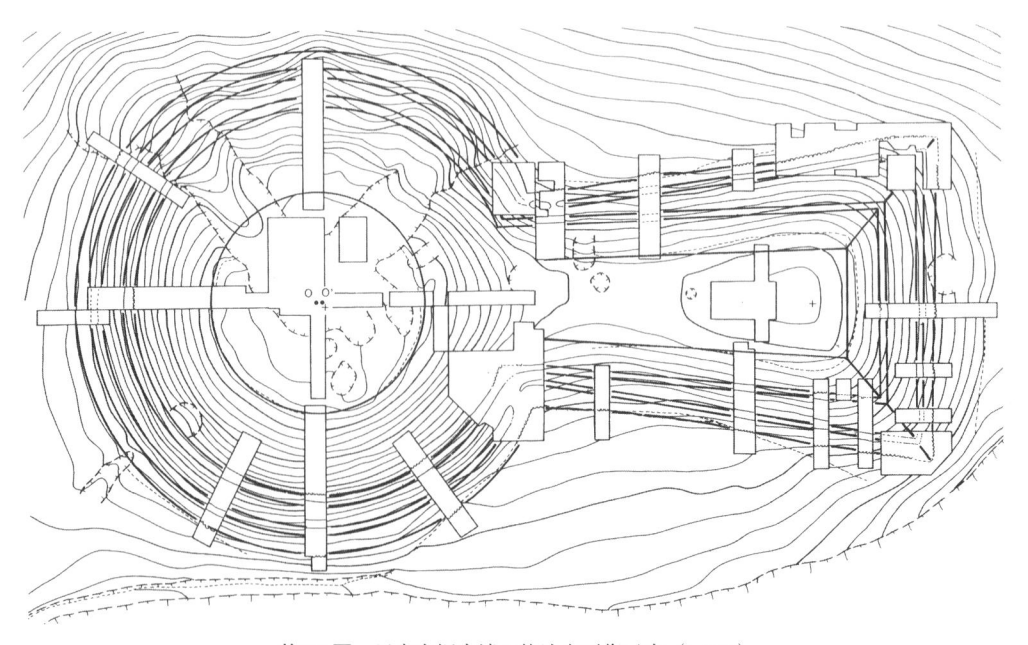

第68図　川東車塚古墳の築造企画復元案（1/500）

形に墳丘を全周する。なお、後円部の中心点は墳端と各段で異なる可能性があり、墳端の中心点と墳頂平坦面のそれとで約0.5mのずれが認められた。また、前方部側面の形態は、測量調査段階で等高線が曲線的に外反する撥形前方部の可能性が考えられたが、くびれ部付近で僅かに開き具合が小さいものの、各トレンチで確認した墳端葺石の連続を追う限り、直線的に開くことが確認された。また、南西隅角付近では特殊な処置が施され、先端の約4.5mが内傾している点に特徴がみられた。前方部は主軸線を挟んで非対称形であるが、この非対称形はくびれ部から前端に開く角度に南北側面で違いがあり、南西隅角の特殊な処置によってのみ起因するものではない。

　なお、これらの復元案を図化したものが第68図である。前方部が直線化したうえで、あまり開かず、前方部、後円部とも3段築成であるのは佐紀陵山古墳にみられる特徴である。この佐紀陵山古墳を石部正志らの分類手法（石部ほか1978）によって分析すれば5区型で、6.3区となる川東車塚古墳[62]は、段築成の構成が異なるもののむしろ渋谷向山古墳に近い比率で前方部を有している。

　ともあれ、このような復元案をもとに畿内大形前方後円墳などとの比較検討をおこない、以下、その由来の究明に努めていく。

2. 畿内大形前方後円墳との対比

　先に記したとおり、川東車塚古墳は石部らの分類方法によると6.3区となり、やや特異な形態を有している。しかし、その一方で前方部、後円部とも3段築成をなすなど、59.1mという規模に比して畿内大形前方後円墳の築造企画を忠実に踏襲している。畿内大形前方後円墳でうえの2つの条件を満たすものはないが、近似した6区型で完全3段化したものに仲津山古墳が挙げられる。ただし、仲津山古墳は前方部の前端幅が広く、また高さも後円部とあまり変わらないなど、川東車塚古墳の幅が狭く、低い前方部とは異なっている。むしろ幅が狭く、低い前方部を重視して比較検討をおこなっていくと、6区型の墳丘形態を持つものとして渋谷向山古墳が、またやや前方部の短い5区型の墳丘形態をとるものとして佐紀陵山古墳が挙げられる。両者と川東車塚古墳の後円部径を同一にし、比較したものが第69図1・2である。3者を比較した場合、川東車塚古墳と渋谷向山古墳の規模比は2：9であり、川東車塚古墳と佐紀陵山古墳は3：10となる。一方、前者は規模比と前端の開き具合を気にしなければ、くびれ部の位置関係などよく合致している[63]。ただし、段築成の構成に決定的な違いがあり、渋谷向山古墳と川東車塚古墳をただちに結びつけることは躊躇せざるを得ない。後者は、前方部の頂部平坦面のほか、段築成平坦面の位置関係も大きく異なっており、墳端同士の位置関係の合致を主張したとしても、同一企画と認めるのは困難な状況にある。

　ところで、渋谷向山古墳と佐紀陵山古墳は、渋谷向山古墳の2/3規模が佐紀陵山古墳の中段より上部に合致するとされ、佐紀陵山古墳の築造企画が渋谷向山古墳の前方部前端付近に敷設されているコの字形の台状施設を取り込んで3段化し成立した可能性が論じられている（岸本1992）[64]。

　とすれば、渋谷向山古墳によく似ている川東車塚古墳についても、佐紀陵山古墳の中段より上部に合致する可能性が考えられる。そこで、佐紀陵山古墳の中段に川東車塚古墳の墳長をわせて比較したものが第69図3である。それによれば、輪郭線はもとより墳頂平坦面、上段平坦面の位置関係の一致から理解される。この比較による両者の規模比は1：3となり、正数比を保っている。こ

132

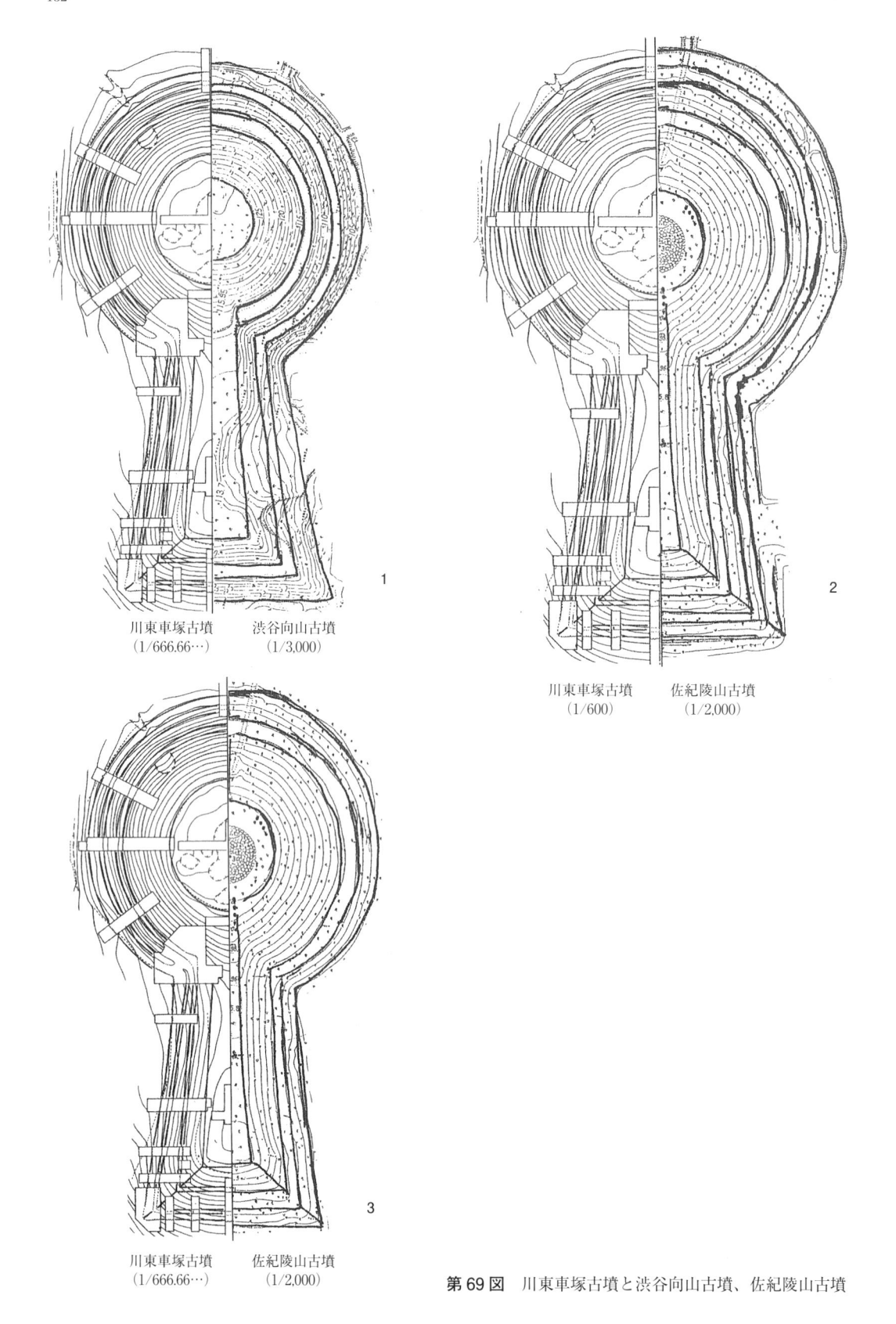

1　川東車塚古墳　　　渋谷向山古墳
　　（1/666.66…）　　（1/3,000）

2　川東車塚古墳　　　佐紀陵山古墳
　　（1/600）　　　　（1/2,000）

3　川東車塚古墳　　　佐紀陵山古墳
　　（1/666.66…）　　（1/2,000）

第69図　川東車塚古墳と渋谷向山古墳、佐紀陵山古墳

のことは、この川東車塚古墳が佐紀陵山古墳の中段より上部を1/3規模にして築造された可能性を示唆している。ただし、川東車塚古墳の下段平坦面の由来に問題を残す。両者の上段同士の合致については、本来ならば2段築成として造らなければならない下段斜面を分割し、3段にして築造した可能性も考慮する必要がある。もっとも、川東車塚古墳の中段斜面には葺石は確認されておらず、従来なかった可能性もある。これは本来の築造企画にないところを分割し、平坦面の設置を講じたために起こった特殊な現象なのかも知れない。あるいは墳丘斜面が崩壊していく過程で生じた窪みを段築成と誤認しているのであろうか。この場合は2段築成となり、佐紀陵山古墳の中段より上方の企画の忠実な再現となる。いずれにせよ、ここでは本墳が佐紀陵山古墳の中段より上部の企画に基づいて築造された可能性を指摘しておきたい。けれども、佐紀陵山古墳の築造企画をモデルに築造された類型墳から、二次的に築造企画がもたらされた非類型墳（澤田 1997）である可能性を検討しておきたい。

　管見の限り、吉備地方南部と美作地方の前方後円墳で佐紀陵山古墳と築造企画を共有する可能性があるものとして、神宮寺山古墳（3/4 規模）、牛窓天神山古墳（1/2 規模）、三笠山古墳（2/5 規模）、秦大坑古墳（1/3 規模）、狐塚古墳（3/10 規模）、真加部観音堂1号墳（1/4 規模）などが挙げられる。このうち神宮寺山古墳は、損壊が著しく佐紀陵山古墳の類型墳と判断するのに躊躇したが、復元される後円部径や北側に遺存するくびれ部の位置関係、また墳頂平坦面の位置関係の合致からその可能性を考えた[65]（第70図1）。また牛窓天神山古墳や三笠山古墳、狐塚古墳、真加部観音堂1号墳は、川東車塚古墳と同様に佐紀陵山古墳の中段で墳裾ラインが合致する。このような例は天神山古墳（3/4 規模）や白米山古墳（1/2 規模）などでも指摘でき、ただちに吉備地方でおいてのみおこなわれた独自の変容とみるわけにはいかない。けれども、川東車塚古墳の下段斜面の分割に象徴される新たな要素の付加などは、神宮寺山古墳の築造経験を経て生まれた可能性を考慮する必要があろう（第70図2）。この場合、両者と川東車塚古墳の規模比は9：4となるが、上段テラスの位置関係を保ちつつ、下段斜面を分割することや中段斜面に葺石を施さない手法は、築造企画の二次的な波及に起因すると考えられる。先の白米山古墳は2段築成であることが発掘調査によって明らかで（加藤 1998）、その意味では佐紀陵山古墳の中段より上方を忠実に築造しており、川東車塚古墳との相違点を見いだせる。資料上の限界もあり、詳細は類例の蓄積を待って検討せざるを得ないが、ここでは川東車塚古墳の築造が神宮寺山古墳などの類型墳の築造を経過したうえでなされたと考えておきたい。

　このように川東車塚古墳は、佐紀陵山古墳の築造企画をもとにした吉備地方の類型墳から二次的に派生し築造された非類形墳である可能性を示し得たかと思う。それでは川東車塚古墳のモデルとなった古墳は何であろうか。

　川東車塚古墳より大規模である前方後円墳を吉備地方全域に求めると、その候補として備前地方の神宮寺山古墳（約150 m）、牛窓天神山古墳（約90 m）の2基が挙げられる。いずれも、佐紀陵山古墳の類型墳とみられるのは、先に述べたとおりである。これらのうち牛窓天神山古墳は、旭川水系に属する川東車塚古墳とは地理的関係において隔たりが大きく、現状で両者を強く結びつけるそのほかの要素を見いだすのは困難であり、除外して考えられそうである。残された神宮寺山古墳

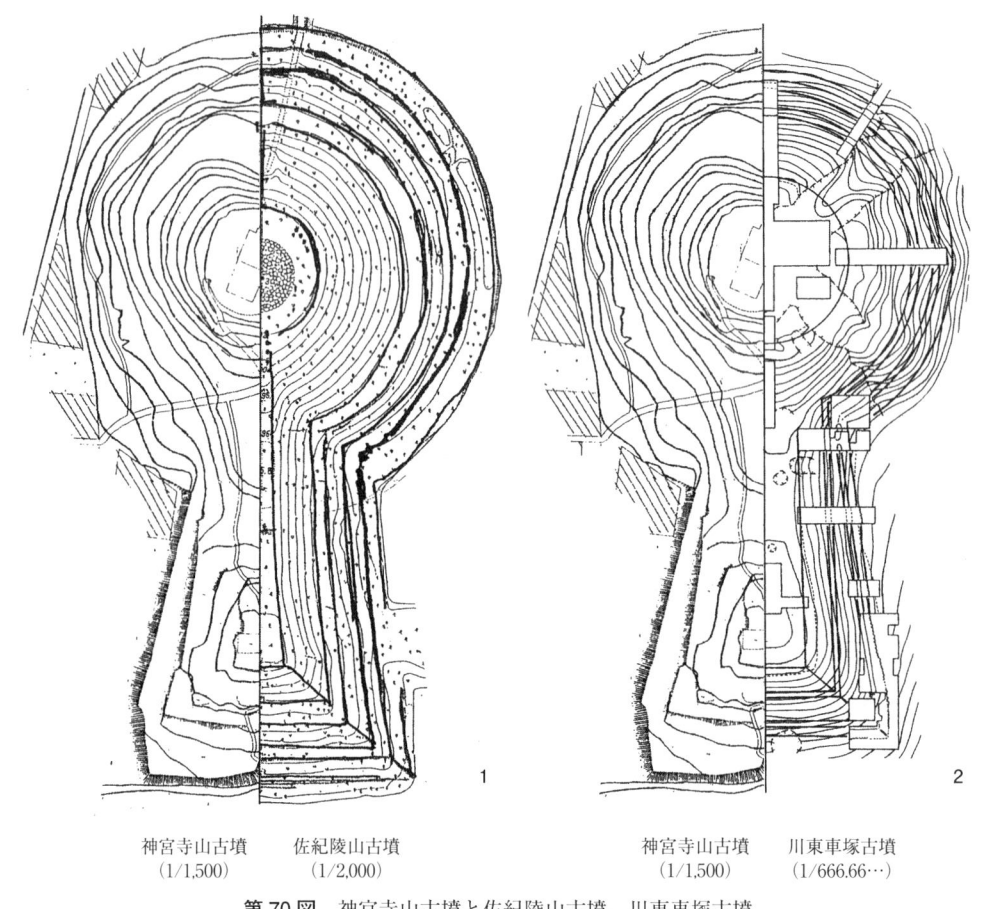

神宮寺山古墳 　佐紀陵山古墳　　　　　神宮寺山古墳 　川東車塚古墳
（1/1,500） 　（1/2,000）　　　　　（1/1,500） 　（1/666.66…）

第 70 図　神宮寺山古墳と佐紀陵山古墳、川東車塚古墳

は旭川河口付近に位置しており、川東車塚古墳とは河川交通を通じた関係が考えられる。直接的な根拠とはなり得ないが、ひとまず神宮寺山古墳をモデルに築造されたものと考えておきたい。

3. 川東車塚古墳の編年的位置づけ

　川東車塚古墳は佐紀陵山古墳の築造企画をもとに造られた神宮寺山古墳を介して築造された可能性が推察された。それでは、川東車塚古墳にどのような編年的な位置づけができるのであろうか。ここでは、築造企画のもととなった佐紀陵山古墳と神宮寺山古墳の編年的位置づけを今一度確認し、そのうえで川東車塚古墳の位置づけを考えていきたい。

　a）佐紀陵山古墳の編年的位置づけ

　まず佐紀陵山古墳であるが、筆者は佐紀陵山古墳の築造企画が桜井茶臼山系列と箸墓系列の双方の影響下に生まれた渋谷向山古墳から生じたものと理解し、渋谷向山古墳→佐紀陵山古墳という変遷を示した（澤田 2000）。一方、岸本直文は箸墓系列の五社神古墳に出自を求め、五社神古墳→佐紀陵山古墳という変遷観を示した（岸本 2000）。したがって、佐紀陵山古墳の編年的位置づけで

は、渋谷向山古墳と五社神古墳との関係が当座の課題となる。

　渋谷向山古墳と五社神古墳の先後関係に関して、岸本は行燈山古墳の枠組みを引き継ぎながら、前方部の発達度合いが渋谷向山古墳と同程度にあることから五社神古墳を渋谷向山古墳に後出すると理解しており（岸本 2000）、筆者も行燈山古墳から五社神古墳への段築成の構成の変更過程や渋谷向山古墳と五社神古墳の前方部高さの違いから、五社神古墳に後出的要素を見いだしており（澤田 2000）、岸本の考えに同調している。したがって、渋谷向山古墳→五社神古墳とするのが妥当と考えている。しかし、このように考えると系列的関係にない五社神古墳と佐紀陵山古墳の先後関係が問題となる。

　五社神古墳と佐紀陵山古墳の先後関係については、岸本の意見にしたがえば、五社神古墳が先行して築造されたことになる。その場合、渋谷向山古墳→五社神古墳→佐紀陵山古墳という築造順序が与えられる。けれども、第 1 章第 3 節で渋谷向山古墳と佐紀陵山古墳を同系列で理解しているとおり、直接的な築造順序を示し得るものの、五社神古墳を別系列に位置づけており、ただちにこの見解は受け入れられない。むしろ、中期前方後円墳での一貫した完全 3 段築成の採用を勘案すれば、その先直前段階に佐紀陵山古墳が位置づけられ、行燈山古墳の枠組みと渋谷向山古墳の段築成構成を採用した五社神古墳に佐紀陵山古墳より古い要素が見いだせる。箸墓系列でも五社神古墳に続く宝来山古墳で完全 3 段築成が採用されており、ここに渋谷向山古墳→佐紀陵山古墳と軌を一にする変化の様相がみられる。したがって、佐紀陵山古墳の出自については五社神古墳に求める岸本の主張に異論があるものの、結論としては岸本と同様に渋谷向山古墳→五社神古墳→佐紀陵山古墳という築造順序を考えている。[66]

　最後に、佐紀陵山古墳を時期区分上に位置づけておくと、築造開始という意味でその上限は五社神古墳被葬者の没後となるが、五社神古墳は、その類型墳のいくつかで倣製三角縁神獣鏡の出土が知られており、[67]倣製三角縁神獣鏡の配布の担い手であった可能性があり、おおむね前期中葉の所産とみることができる。したがって佐紀陵山古墳の築造の開始はそれを遡り得ない。下限については、佐紀陵山古墳の次に築造される大王墳として、現状では津堂城山古墳を考えており、河内に大形前方後円墳の築造が移動する直前を佐紀陵山古墳の下限として捉えている。筆者は、中期の開始を河内における大形前方後円墳の築造の開始時期と同義に捉えており、時期区分の問題として異論もあろうが、その範囲において佐紀陵山古墳を前期後葉から末葉にかけての所産とみている。

　b）川東車塚古墳の位置づけ

　以上の見解にしたがって、ここでは川東車塚古墳を編年的に位置づけていく。

　まず、築造企画のもととなった神宮寺山古墳であるが、先に佐紀陵山古墳の築造開始期を上限として、その被葬者の埋葬が完了する前に下限があるとした。とすれば、神宮寺山古墳の築造は前期後葉のなかに求められる。

　一方、川東車塚古墳の築造時期は、神宮寺山古墳から築造企画がもたらされたと考える以上、その上限、つまり築造着手の時期は、神宮寺山古墳の築造時期を遡らない。また、下限に関しては埋葬の完了時期と重なり、埋葬施設が被葬者の死亡時期をあらわすとみてよい。けれども、粘土床あ

るいは粘土槨の微細な変遷観が十分に確立しておらず、ただちにそこから築造の完了時期が求められない。また、被葬者の生存期間を類推可能とする副葬品群も必ずしも明確ではなく、現状で埋葬の完了時期を特定するのも困難な状況にある。とはいえ、川東車塚古墳には中期的な様相が看取できないので、やや消極的ではあるが、本墳もまた神宮寺山古墳と同様に、前期後葉のなかで築造の開始から埋葬の完了がなされたと考えておきたい。

　なお、前期古墳の葺石の構築状況を整理した山田俊輔によると、川東車塚古墳の葺石の構築手法も前期後半のなかに求められ（山田 2004）、墳丘形態による検討と矛盾しない。また二重口縁壺形土器を検討した君嶋は、川東車塚古墳からの出土品を布留 2 式の範疇に位置づけ、壺形土器自体の編年観として前期中葉との見解を示しており（君嶋 2004）、墳丘形態と出土土器とのあいだには若干の齟齬が生じている。けれども、元島名将軍塚古墳（飯塚ほか編 1981）や三国の鼻 1 号墳（片岡編 1985）などのように、古相の特徴を持つ壺形土器が埋葬施設や副葬品、また墳丘形態において前期後半の様相を持つ古墳から出土する例があり、これらの例にならえば墳丘形態から前期後葉とした本墳の築造時期も大きな矛盾はない。むしろ、壺形土器を用いた葬送儀礼には伝統性を残した古相のものが用いられたと理解する方がよいのかも知れない。前期末葉から中期初頭に位置づけられる金蔵山古墳で出土した壺形土器（西谷ほか 1959）に関しても同様である。このような状況は、先にみた墳丘築造時における円筒埴輪の製作から樹立に至る過程と壺形土器を用いた祭祀のそれとでは、背景に異なる論理が働いているとみるのがよいのだろう。

　このように川東車塚古墳の編年的位置づけを墳丘形態からおこない、神宮寺山古墳に相前後する時期としてきたが、それは葺石の構築状況や壺形土器との関係においても、大きな矛盾をきたすものではなかった。ここでは、川東車塚古墳の築造が前期後葉のなかでなされたと考えておきたい。また同時に、佐紀陵山古墳—神宮寺山古墳—川東車塚古墳という関係のなかに分節的で重層的な政治秩序が読みとれる。なお、このような政治秩序の在り方については、派生する問題として次項で若干論じておきたい。

4. 派生する問題

　最後に派生する問題として、美作地方において佐紀陵山古墳にその築造企画の由来が求められるほかの古墳について触れ、この時期の政治秩序を概観しておきたい。

　川東車塚古墳と同様に、美作地方のなかでの佐紀陵山古墳、あるいはその類型墳から築造企画がもたらされているものとして、真加部観音堂 1 号墳、狐塚古墳が挙げられる。前者は梶並川流域に属し、墳長 44 m の規模を有している（倉林ほか編 2000）。また、後者は吉井川と久米川の合流点を見おろす位置にあり、規模は 52 m で美和山古墳群などと同一の首長墳系列のなかに位置づけられそうである（倉林ほか編 2000）。該期の政治秩序を論じる場合、これらの古墳の築造企画がどこからもたらされたのかが問題となる。

　先に記したとおり、両古墳は佐紀陵山古墳の中段より上部の築造企画に則って造られている。このことを踏まえて規模比を求めると、佐紀陵山類型の神宮寺山古墳を基準とした場合、狐塚古墳が2/5 規模、真加部観音堂 1 号墳が 1/3 規模であり、牛窓天神山古墳を基準とした場合では狐塚古墳

が 3/5 規模、真加部観音堂 1 号墳が 1/2 規模となる。ちなみに川東車塚古墳を基準とした場合を示しておくと、狐塚古墳で 9/10 規模、真加部観音堂 1 号墳で 3/4 規模となり、規模比からみて少なくとも狐塚古墳は川東車塚古墳からさらに派生して築造企画がもたらされたとは考え難い。現状で吉井川河口付近には佐紀陵山古墳からの類型墳は確認されておらず、やはり神宮寺山古墳か牛窓天神山古墳のいずれからもたらされたとみるのが自然である。ただし、規模比からみた場合、いずれであるかはにわかに決し難い。

　そこで、河川交通による関係性に目をむけて検討してみると、吉井川河口地域の首長墳系列のなかに牛窓天神山古墳を加えられるが、この牛窓地域には牛窓天神山古墳に先行する首長墳の築造が確認されていないこと、また吉備地方では珍しく断続的にではあるが前期末から後期後葉までの首長墳系列が辿れることから、独立性が高く、備前地方のなかでもやや特殊な存在となっているといえる。これは生産基盤に乏しい牛窓地域が瀬戸内海に直接アクセスできる港湾を有すること（近藤 1956、間壁 1970）にも起因しているだろう。詳細は別に論じるが、牛窓地域で展開する前方後円墳はおおむね類型墳で構成されており、海上交通を掌握した畿内政権が牛窓湾の港湾施設を重用し、直接的に統治していた可能性も考えられる。備前、備中地方の中期以降の主要古墳が山陽道沿いに築造されるのは、その意味で示唆的である。やや論点から外れたが、このように牛窓地域を備前地方の首長墳系列と切り離して考えられるならば、前期後葉から末葉に吉備の穴海をめぐって築造された大形前方後円墳の被葬者は、吉備の穴海を統轄した首長と考えられ、それに注ぐ大河川を利用する河川交通もまたその首長に管轄されていたと理解できる。この考えが許されれば旭川水系にある神宮寺山古墳の被葬者を通じて、吉井川水系の首長もまたその傘下にあったとの理解も可能となる。なお、このような吉備地方の佐紀陵山類型墳の様相をまとめると第 71 図のようになる。

　いずれにせよ、現状で美作地方のなかに佐紀陵山古墳からの類型墳は認められず、備前地方の政治勢力との結びつきによって川東車塚古墳、狐塚古墳、真加部観音堂 1 号墳の築造がなされた点に注意しておきたい。これらの古墳の直後に美野高塚古墳が築造され、その後、美作地方では一時的に前方後円（方）墳の築造が停止する。また、月の輪古墳の以降、大形首長墳の築造もなされなくなる。月の輪古墳は、埋葬頭位や副葬品、埴輪など多くの点で金蔵山古墳に共通しており、円墳ではあるが金蔵山古墳の被葬者との関係のなかでその築造を理解し得る可能性がある（近藤 1998）。美作地方では、前期前葉から中葉にかけて、畿内大形前方後円墳との直接的な関係によって築造された前方後円（方）墳がないわけではなく（澤田 2000）、むしろ川東車塚古墳が築造された前期後葉より、備前地方、とりわけ旭川河口の首長を媒介とした政治秩序のなかへと移行していくようである。つまり美作地方のなかで完結していた大王墳―類型墳―非類型墳という直接的な政治秩序が崩れ、大王墳―備前地方の類型墳―美作地方の非類型墳という、備前地方を通じた間接的な政治秩序に編入され、畿内の直接統治がより広域な枠組みへと転化していった可能性が考えられるのである。

　なお、このような備前、美作地方の動態に連動した変化は畿内中枢にも見いだせる。墳長約 280 m、後円部径約 165 m を基調とした規模を有していた五社神古墳までの大形前方後円墳に比べ、その後、前期末葉から中期初頭に相前後して築造された佐紀陵山古墳、津堂城山古墳、巣山古墳、

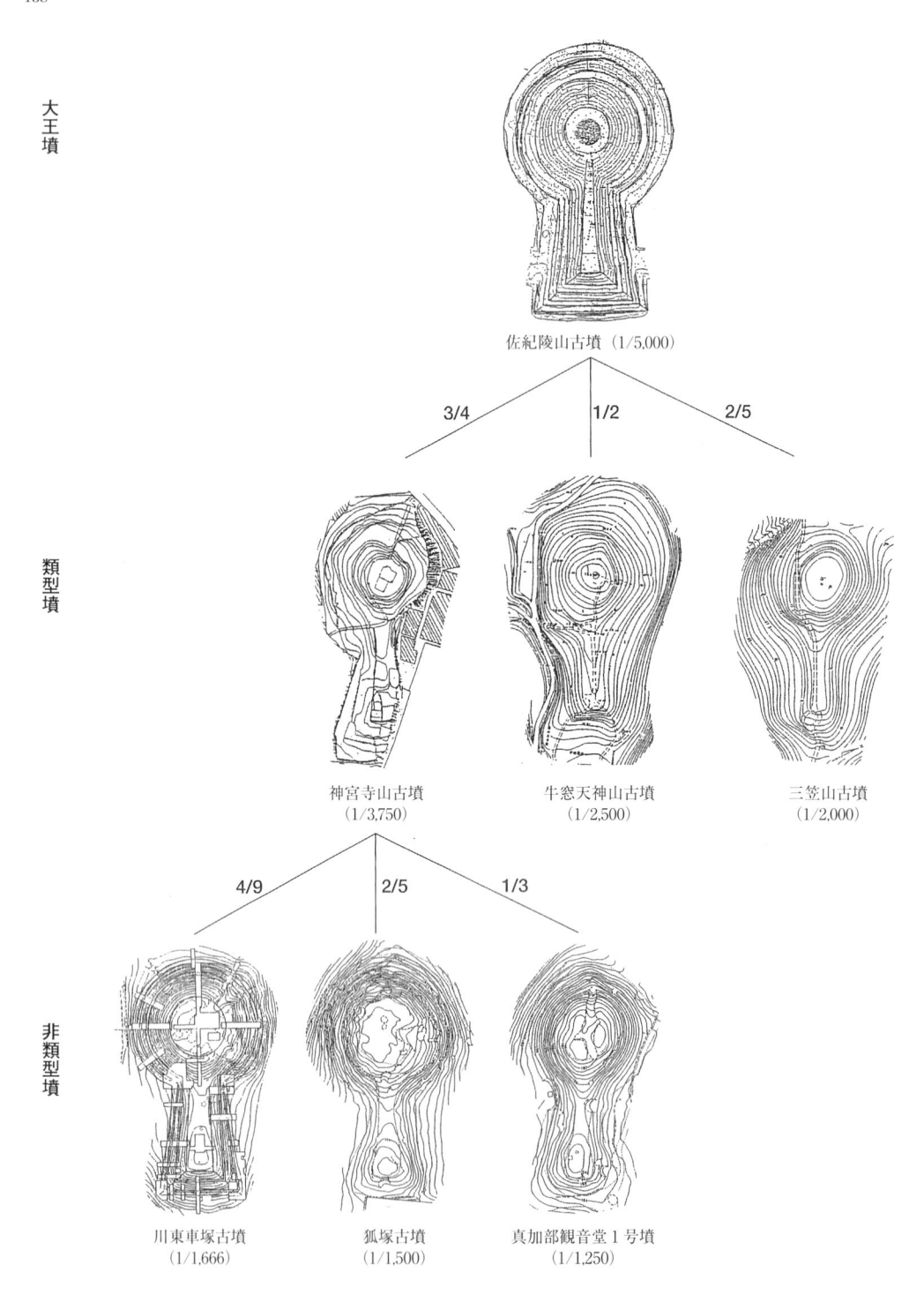

大王墳

類型墳

非類型墳

佐紀陵山古墳 (1/5,000)

3/4　1/2　2/5

神宮寺山古墳
(1/3,750)

牛窓天神山古墳
(1/2,500)

三笠山古墳
(1/2,000)

4/9　2/5　1/3

川東車塚古墳
(1/1,666)

狐塚古墳
(1/1,500)

真加部観音堂1号墳
(1/1,250)

第71図　吉備地方における佐紀陵山類型墳

宝来山古墳などは二百数メートルとやや小さくなり、また佐紀陵山古墳の 1/1 類型墳が丹後、播磨、和泉、伊賀など畿内の各地に造られていくなど、一時的に政権の中枢部にも変質がみられる。つまり、墳丘規模をみる限り、大王を中心としたであろう政権内部での身分格差の接近が推考され、その政権中枢での構造的な変質が地域支配の在り方に影響を与えたとみたいのである。

　以上、川東車塚古墳の編年的位置づけを墳丘築造企画からおこなった。そこでは川東車塚古墳の築造企画にあらたな要素が付加され、佐紀陵山古墳に代表される当初企画が変形した様子が読みとれた。このことから川東車塚古墳の築造企画は、佐紀陵山古墳の築造企画を直接的に受容した神宮寺山古墳を経過して、間接的にもたらされ築造がなされたものと理解し、神宮寺山古墳の築造時期に近接する前期後葉のなかで築造された可能性を示した。また、あわせて派生する問題として該期の政治秩序について概観したが、そこでは重層的な政治秩序を保ちながらも美作地方の政治秩序が備前地方によって再編されるなど、地域的な枠組みに変化が認められた。そして、その要因として畿内における大形前方後円墳の動態の変質、換言すれば政権中枢の政治構造の変質を可能性として考えた。

第 7 節　美作地方諸古墳の編年的位置づけ

　筆者らは、美作地方で 12 基の前方後円（方）墳の測量調査を実施し、その成果報告においてはおもに墳丘形態に目をむけ、その特徴について概観した（倉林ほか編 2000）が、ここでは墳丘の平面形態からみた諸古墳の編年的位置づけと、その背後に潜む政治的関係について考察していく。

　ただし前方後円墳の平面形態の研究は多岐にわたり、研究者によって分析手法のみならず、議論の方向性そのものが一定していないのが実状（第 4 回東北・関東前方後円墳研究会大会実行委員会編 1999）であるため、前方後円墳の平面形態に関するいくつかの研究に対して、その分析手法について取りあげ、ごく簡単にではあるが問題点を指摘したことがある（澤田 1991a）。ここでは重複を避け、おもに平面形態の研究によって生ずる議論の方向について問題点を整理し、そのうえで美作地方の諸古墳を検討する意義を抽出していく。

1.　平面形態研究の諸問題

　これまでの前方後円墳の平面形態に関する研究は多岐にわたるが、大まかには各部位間の比率に基づく設計理念の復元的研究（上田 1963・1979、甘粕 1965、椚 1975、石部ほか 1978）と、測量図同士を重ね合わせ、その相同相違を抽出する資料実体に基づく類型的研究（和田 1981、北條 1986）とに大きく二分されるとみてよい。これらのうち後者の立場をとる研究において、築造企画を共有する前方後円墳の存在が指摘されているが、この見解では列島各地に築造された前方後円墳の出現経緯を畿内との一元的な政治的関係のなかで生じた現象と結論づけている（和田 1981、北條 1986）。けれども、そこで提示された築造企画を共有する資料数は決して多いものではなく、しかも時間的、地域的に限定されている。

このようななかで、筆者は権現山51・50号墳、堂ケ作山古墳、杵ガ森古墳、日上天王山古墳の測量、発掘調査に参加し、各古墳の測量図や全測図を類型的研究の立場で分析してきた（澤田1991a・1992・1995・1997）。そして、それまで限定された地域、時間にしか共有が認められていなかった築造企画が広範な地域、時間幅で波及し、しかも多様な在り方をするのに気がついた。具体的には、畿内の大形前方後円墳と会津盆地の前方後円墳が同一類型で結びつけられる一方、畿内のなかで前方後円形を呈するものの形態差が顕著であるものや、逆に前方後円墳と前方後方墳とが墳形の違いを越えて同一類型にし得るなどの実態であり、それは、これまで捉えられてきた一元的な集団間の政治的関係に再検討を迫るものと思われた。また、これは三角縁神獣鏡が出土する古墳を分析するなかで、近畿地方、中部地方、関東地方のいくつかの前方後円墳で同様な可能性を抽出した（澤田1993b）が、そこでも畿内と地方の集団が一元的な政治的関係のもとで結ばれていると理解し得なかった。すべての前方後円墳、前方後方墳が畿内大形前方後円墳と相似関係にあるのではなく、むしろそれらの多くが大形前方後円墳とは築造企画を異にしているものと解された。

以上の点をここで改めて問題として強調するのは、先の和田晴吾と北條芳隆の見解が前方後円墳成立期のみに認められる個別的な現象ではなく、通時的かつ多元的にみられることを重視したいからにほかならない。筆者は、この問題に対し、畿内大形前方後円墳と築造企画を共有する類型墳と、それからは漏れる非類型墳との2者が重層的に機能し、政治秩序を維持している可能性を考えてきた（澤田1992・1997）。特に不動産である前方後円墳の場合、その形態的類似度は情報伝達の方法や在り方を微細に反映しており、その微細な形態差の把握は等しく集団間の政治的関係を捉えるのに有効な手段となり得る。そして、その分析方法として平面形態の型式学的検討に活路を求めた。けれども、資料的な制約もあり、通時的な展開において、なお十分に論じられなかった。

筆者は、このような問題意識のもと、前方後円墳の築造企画の背後に潜む集団間の政治的関係の追求を中心に課題を設定し、その一端を解明するために美作地方における一連の測量、発掘調査に臨んできた。そして、これらの問題を解く糸口として、美作地方での調査成果を踏まえ、測量図同士を重ね合わせる作業を通じて把握し得る畿内での動態と、それが地方の首長墳でどのように反映されているのかを追究していく。

ここでは、おもに畿内と美作地方の時間的対応関係について検討を加えていくが、その背後に潜む政治的動態についても、その見とおしを最後に示しておきたい。

2. 畿内大形前方後円墳との対比

美作地方の諸古墳を畿内大形前方後円墳との対比によって編年的に位置づけていくが、美作地方ではいくつかの政治的単位地域（近藤1960）（以下、政治圏（近藤1997））を表徴する首長墳系列の存在が指摘されている（近藤1960・1997、倉林1997）ので、その成果をもとに政治圏ごとに検討を加えていく。ただし、累代の首長墳が比較的まとまって資料化できたのは、美作東部滝川流域の美野丘陵に所在する美野地域、滝川北地区（以下、美野グループ）の前方後方墳5基と、勝間田地域、滝川南地区（以下、岡グループ）の3基に限られたので、ここでは美野グループと岡グループを中心に取りあげ、測量図同士の重ね合わせによって検討していく。なお、そのほかの政治圏の

古墳については、各単位地域内での動態把握が困難なのでグループとしての検討を保留し、個々の古墳の編年的位置づけをおこない、詳細については別途、第4章第1節で論じたい。

　a）美野グループ

　美野グループは、植月寺山古墳、美野中塚古墳、西宮神社裏古墳、田井高塚古墳、美野高塚古墳の5基の前方後方墳からなる。これらのうち植月寺山古墳を除き、4基の古墳の測量調査を実施し、新たな情報を得ている。⁽⁷³⁾以下、個々の古墳についてみていく。

　まず美野中塚古墳は、前方部側縁が曲線的に緩く外反し、墳頂平坦面も前端にむかって徐々に高くなっている。また前方部と後円部の墳頂平坦面がスロープ状に連接しているなど、その特徴から箸墓古墳に類似するのがわかる。美野中塚古墳と箸墓古墳を1：5で比較した（第72図1）。これをみると北側くびれ部や段築成の位置関係がやや異なり、後方部墳頂平坦面の位置も若干前方部側に偏っている。けれども、前方部側縁の形態や墳頂平坦面がよく一致するほか、美野中塚古墳の後方部コーナーが箸墓古墳の後円部に内接するなど、両者は1/5規模で築造企画を共有している可能性がある。

　また、浦間茶臼山古墳と2：5の比率で比較したものが第72図2である。これによると、箸墓古墳ではあまり合致しなかった北側くびれ部や段築成も一致するほか、前方部墳頂平坦面もよく合致

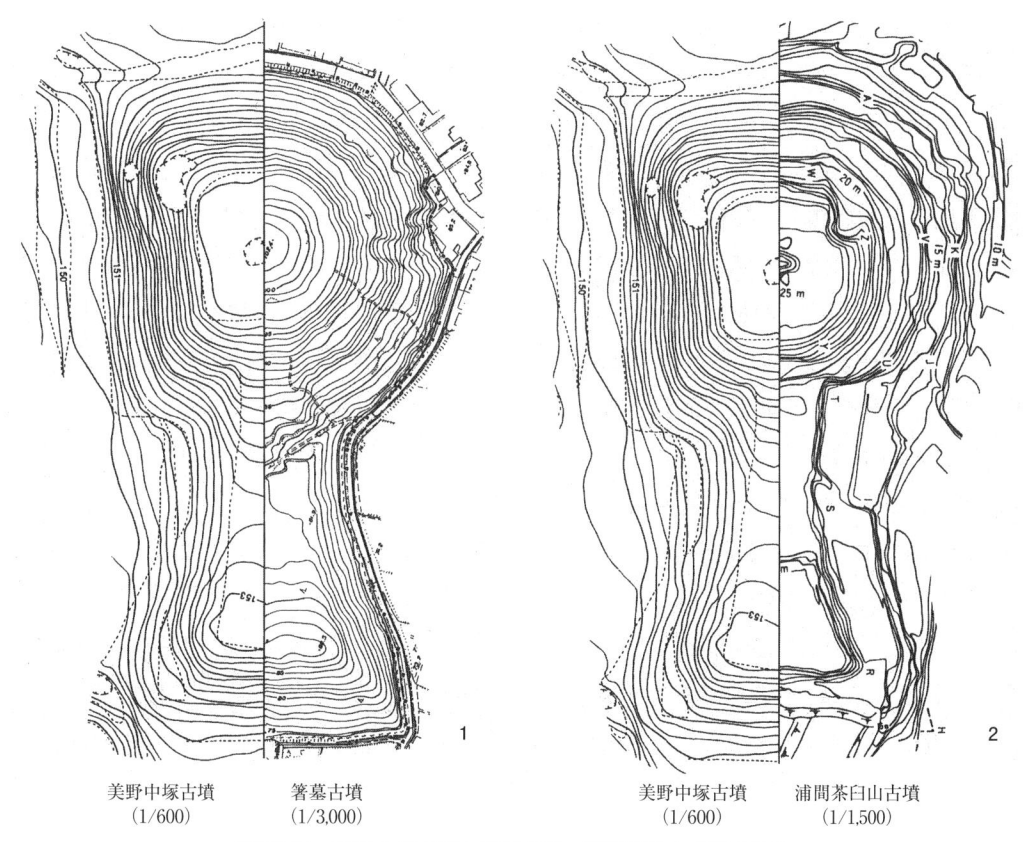

美野中塚古墳	箸墓古墳		美野中塚古墳	浦間茶臼山古墳
（1/600）	（1/3,000）		（1/600）	（1/1,500）

第72図　美野中塚古墳と箸墓古墳・浦間茶臼山古墳の検討

している。また後述のとおり後方部墳頂平坦面の位置も合致している。つまり箸墓古墳との比較で合致しなかった箇所が浦間茶臼山古墳との対比において解消しており、箸墓古墳より直接的ではなく、浦間茶臼山古墳を通じ墳丘企画を設定したとみる方が自然である。また後円部の中心点のずれに関しては、浦間茶臼山古墳では地形の制約を受けて後円部後端側が低く設置され、後円部の中心点が墳頂平坦面のそれとはずれが生じているが、美野中塚古墳の後方部は墳頂平坦面、墳裾線ともこのずれた中心点を基準にした位置で合致しており、浦間茶臼山古墳で変形した築造企画をもとに施工がなされた様子がうかがえる。

　なお、滝川上流域では美野古墳群の対岸に所在する植月寺山古墳が最古式前方後方墳と考えられており（葛原 1987）、その位置づけが問題となろう。結論をいうと、植月寺山古墳は箸墓古墳の1/3規模で築造企画を共有する可能性があり、箸墓類型のなかで捉えられる。美野中塚古墳との関係が問われるが、時間的にはほぼ同時期に築造がなされていたとみてよいだろう。問題は美野中塚古墳の築造企画が植月寺山古墳からもたらされたのか、先に示した浦間茶臼山古墳からなのかであるが、いずれであったかは植月寺山古墳の遺存状態が悪く、にわかに判断し得ない。仮に植月寺山古墳を基準に美野中塚古墳が築造されたとするならば、その規模比は3/5となる。植月寺山古墳の資料性の問題から、ここでは意見を保留せざるを得ないが、この美野中塚古墳は浦間茶臼山古墳ないし植月寺山古墳を基準に築造企画がもたらされた非類型墳と考えておきたい。ただ、いずれの場合であっても、美野中塚古墳の築造を前期でも前半に求めることは許されるだろう。

　次に西宮神社裏古墳については、細く短い前方部の特徴から津山市美和山1号墳に類似しており、1：2の比率で併置したものが第73図1である。前方部側縁、墳頂平坦面ともよく合致し、後方部も美和山1号墳の後円部に内接するなど両者は一致するところが多くあり、西宮神社裏古墳は美和山1号墳より派生した古墳と思われる。美和山1号墳は、行燈山古墳の1/3規模類型墳である可能性があり（澤田 1997）、その意味で西宮神社裏古墳は行燈山古墳より美和山1号墳を介して生じた非類型墳といえる。

　田井高塚古墳に関しては、前方部が短く、側縁が直線的に開く特徴が五社神古墳に類似しており、その規模から1：6で併置したものが第73図2である。くびれ部の位置こそ合致するものの、前方部の墳頂平坦面はもとより前端の位置もあまりよく一致しない様子が了解される。また、赤峪古墳と1：1で併置した（第73図3）が、これによると墳頂平坦面の合致はもとより赤峪古墳の歪んだ前方部西側コーナーに田井高塚古墳の前方部が酷似している。赤峪古墳は第73図4に示したとおり、各部の位置関係が五社神古墳とよく合致しており、五社神古墳の1/6規模類型墳と考えられる。このことから、田井高塚古墳は赤峪古墳より派生的に築造された非類型墳と考えられる。

　一方、美野高塚古墳に関しては下段が前方後方形で上段が円墳であり、ただちに畿内大形前方後円墳のなかに類例を求めるのが困難なように思われる。けれども、段築成の構成や前方部の開き具合に注目すると、宝来山古墳に近い形態を持つ。そこで、美野高塚古墳と宝来山古墳の測量図を1：3で併置したものが第74図1・2である。これによると、宝来山古墳の後円部に美野高塚古墳の後方部が内接するほか、美野高塚古墳の円墳状の部分も宝来山古墳の後円部最上段によく一致する。また、前方部墳頂平坦面が合致している。ただし、両者の場合、前方部の墳裾は厳密には合致

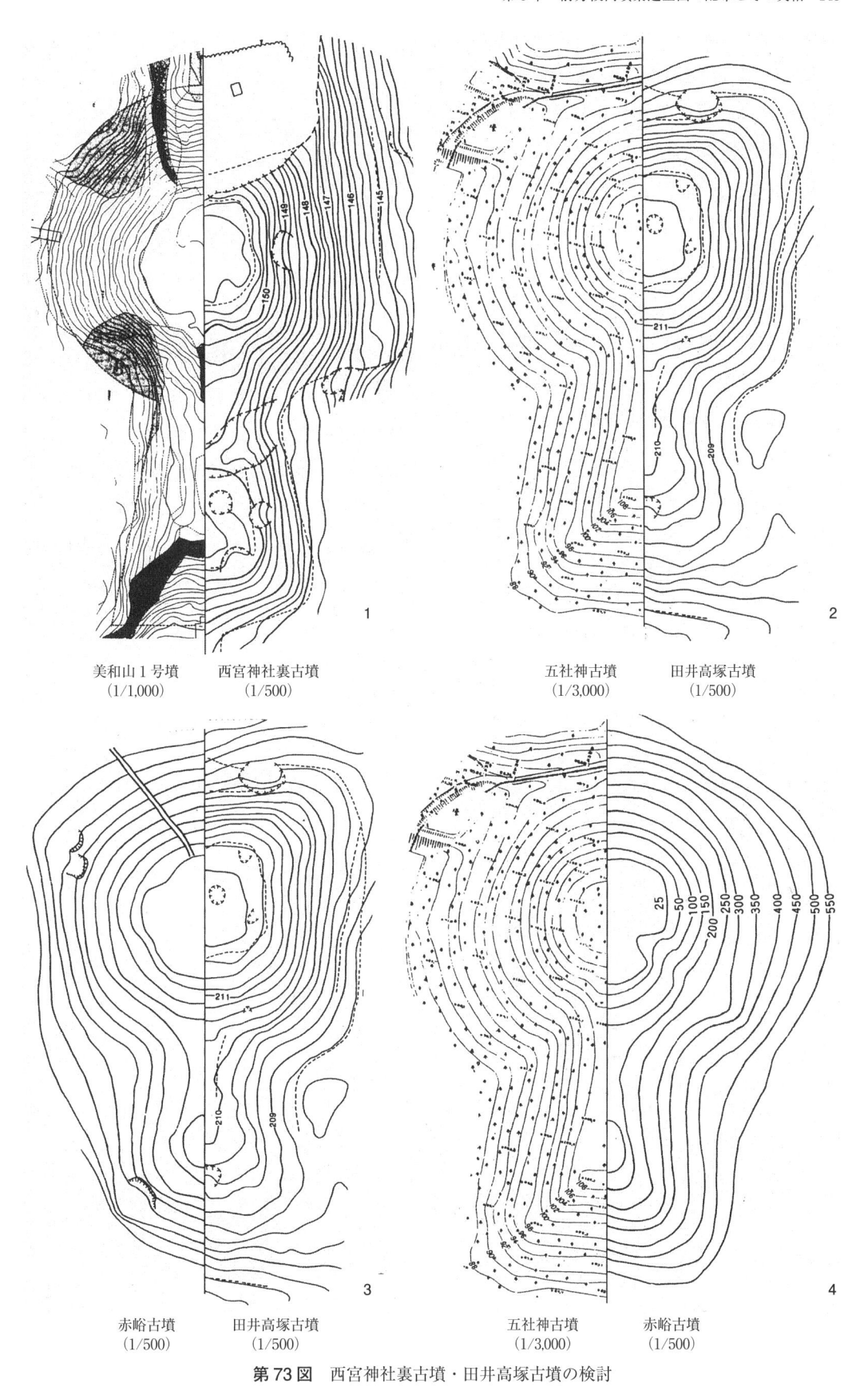

1

美和山1号墳　　　西宮神社裏古墳
（1/1,000）　　　（1/500）

2

五社神古墳　　　田井高塚古墳
（1/3,000）　　　（1/500）

3

赤峪古墳　　　　田井高塚古墳
（1/500）　　　　（1/500）

4

五社神古墳　　　赤峪古墳
（1/3,000）　　　（1/500）

第73図　西宮神社裏古墳・田井高塚古墳の検討

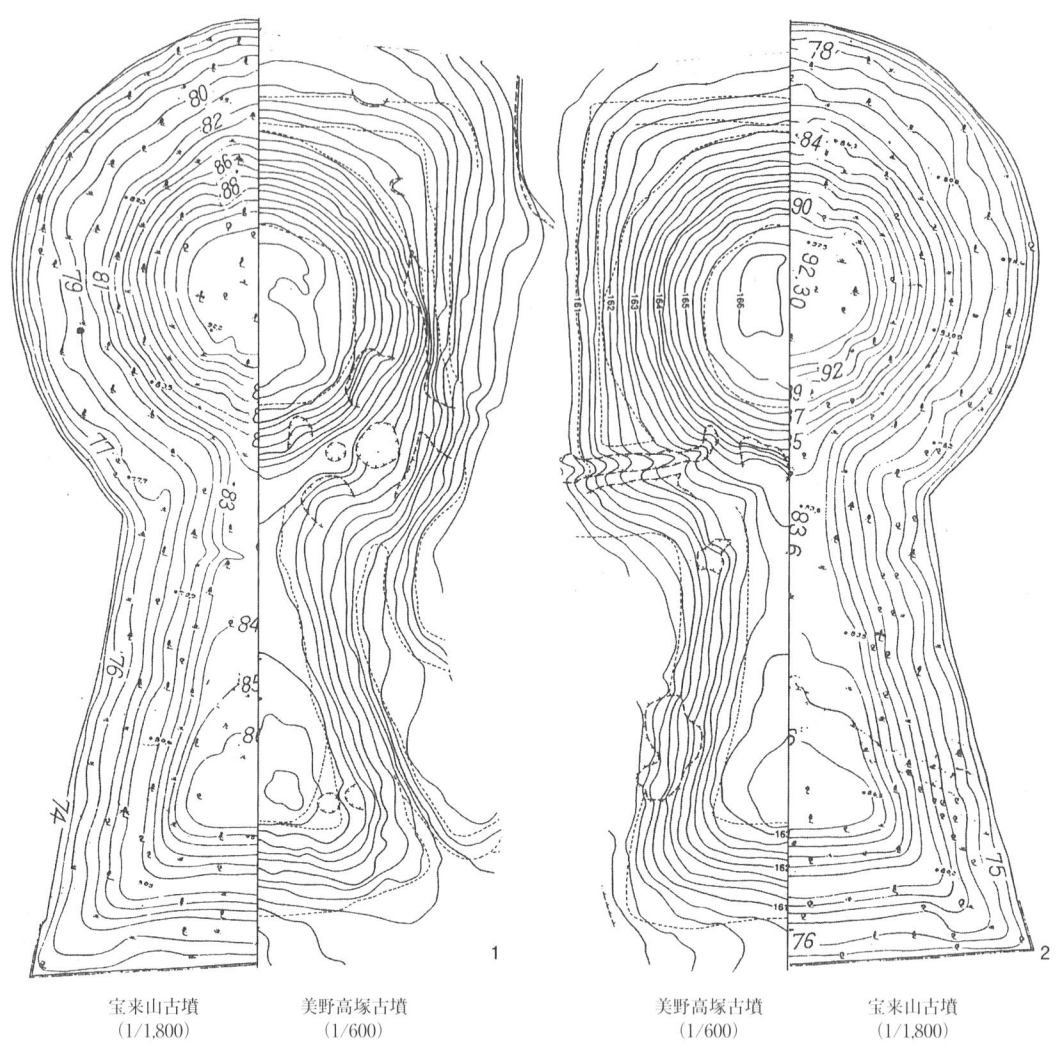

宝来山古墳　　　　美野高塚古墳　　　　　美野高塚古墳　　　　宝来山古墳
（1/1,800）　　　　　（1/600）　　　　　　　（1/600）　　　　　（1/1,800）

第74図　美野高塚古墳と宝来山古墳の検討

せず美野高塚古墳の墳裾は宝来山古墳の上段の傾斜変換線付近に合致している。これをどのように
評価するかが問題となろうが、合致する部分が多く、美野高塚古墳は宝来山古墳の築造企画を踏ま
えて築造がなされた類型墳と考えておきたい。

　以上の検討から築造企画に関しては、類型墳、非類型墳の混在が理解された。すなわち、箸墓古
墳＝浦間茶臼山古墳ないし植月寺山古墳＝美野中塚古墳、行燈山古墳＝美和山1号墳＝西宮神社裏
古墳、五社神古墳＝赤峪古墳＝田井高塚古墳、宝来山古墳＝美野高塚古墳という構図を示し得たか
と思う。これらは同時に類型墳、非類型墳の別はあるけれども、畿内大形前方後円墳と直接的、間
接的な関係性を示している。また規模についても美野中塚古墳が墳長約55mで浦間茶臼山古墳の
2/5、西宮神社裏古墳が復元した墳長約40mで美和山古墳の1/2、田井高塚古墳が墳長約45mで
赤峪古墳と同規模、美野高塚古墳が墳長約67mで宝来山古墳の1/3であり、各々の古墳で条件が
異なるものの、もとになる古墳の規模を通じて一定の縮小がなされている様子が把握された。

　それでは美野グループの諸古墳の変遷に関しても、畿内大形前方後円墳の変遷と軌を一にするのであろうか。これは美野グループの諸古墳の築造企画以外の要素による変遷を辿ることによって、検証が可能である。現状で、すべての古墳からほかの要素が等質に知られているわけではなく、僅かに美野高塚古墳のくびれ部付近で円筒埴輪片を数片表採しているにすぎない。けれども、美野高塚古墳で採集した埴輪片は、山田俊輔の検討（山田 2000）によると月の輪古墳の円筒埴輪に時期的に近く、前期後半の所産とみられるので、築造企画の編年的位置づけと大きな矛盾はない。断片的であるが美野グループにおいては植月寺山古墳、美野中塚古墳→西宮神社裏古墳→田井高塚古墳→美野高塚古墳と変遷した可能性を考えておきたい。

　　b）岡グループ

　岡グループは琴平山古墳、殿塚古墳、岡高塚古墳など、3 基の前方後円墳、前方後方墳で構成されている。美野グループと同様に比較検討したのが第 75 図である。

　それによると、琴平山古墳は改変が著しく墳裾が捉えにくいが、東側面から前方部前端のレベルを基準に墳丘形態を復元的に理解していくと、段築成の有無や、前方部の頂部平坦面の在り方に問題が残るものの、西殿塚古墳の 1/4 規模類型墳である可能性が考えられる（第 75 図 1・2）。現状で美作地方、備前地方のなかで西殿塚類型の大形墳が認められないので、あるいは西殿塚古墳から直接的に築造企画がもたらされた可能性もある。

　殿塚古墳は前方部がやや短く、行燈山古墳の 1/6 ないし美和山 1 号墳の 1/2 規模で、規模的には一致する。行燈山古墳と対比した場合、くびれ部の位置関係が合致するものの、前方部の頂部平坦面の位置関係にずれが認められる（第 75 図 3）。一方、美和山 1 号墳と対比した場合、墳頂平坦面に僅かなずれが生じるが、くびれ部など各所の位置関係が合致する（第 75 図 4）。特に前方部前端の位置が美和山 1 号墳の見かけ上の墳端に一致しており、美和山 1 号墳を介して築造がなされた可能性が高い。また、殿塚古墳は墳裾のレベルが一定していないこと、また死角となる北側面の築造を放棄していること、尾根の先端に後円部を設置していることなど、西宮神社裏古墳にその築造の在り方が酷似している。さらに両者の測量図を 1/1 で重ね合わせた場合、墳頂平坦面の位置関係がよく一致する。このような築造における相同を技術的な共有関係に還元し得るならば、殿塚古墳と西宮神社裏古墳は、同一の技術者集団によって造営されたとみるのが穏当であろう。ともにやや短い前方部を有するなど、墳形が類似する点をあわせて勘案すると、両者は近い時期に築造されたと考えるのが自然である。ここでは、殿塚古墳も西宮神社裏古墳と同様に美和山 1 号墳を介して築造がなされたものと考えておきたい。

　岡高塚古墳は佐紀陵山古墳と 3/10 規模で後方部、前方部とも墳頂平坦面がよく合致する（第 75 図 5）。墳裾も佐紀陵山古墳の中段斜面の下端がくびれ部、前方部とも位置関係がよく一致している。これらは、後述の真加部観音堂 1 号墳、狐塚古墳、川東車塚古墳と同様の現象であり、佐紀陵山古墳より直接的に築造企画がもたらされた類型墳とみるにはやや難がある。むしろ、備前地方の神宮寺山古墳の 2/5 ないし牛窓天神山古墳の 3/5 規模で築造がなされたと考えておきたい[74]。このように、岡高塚古墳は神宮寺山古墳の築造開始時期が上限となり、前期でも末葉に近い時期に築造さ

146

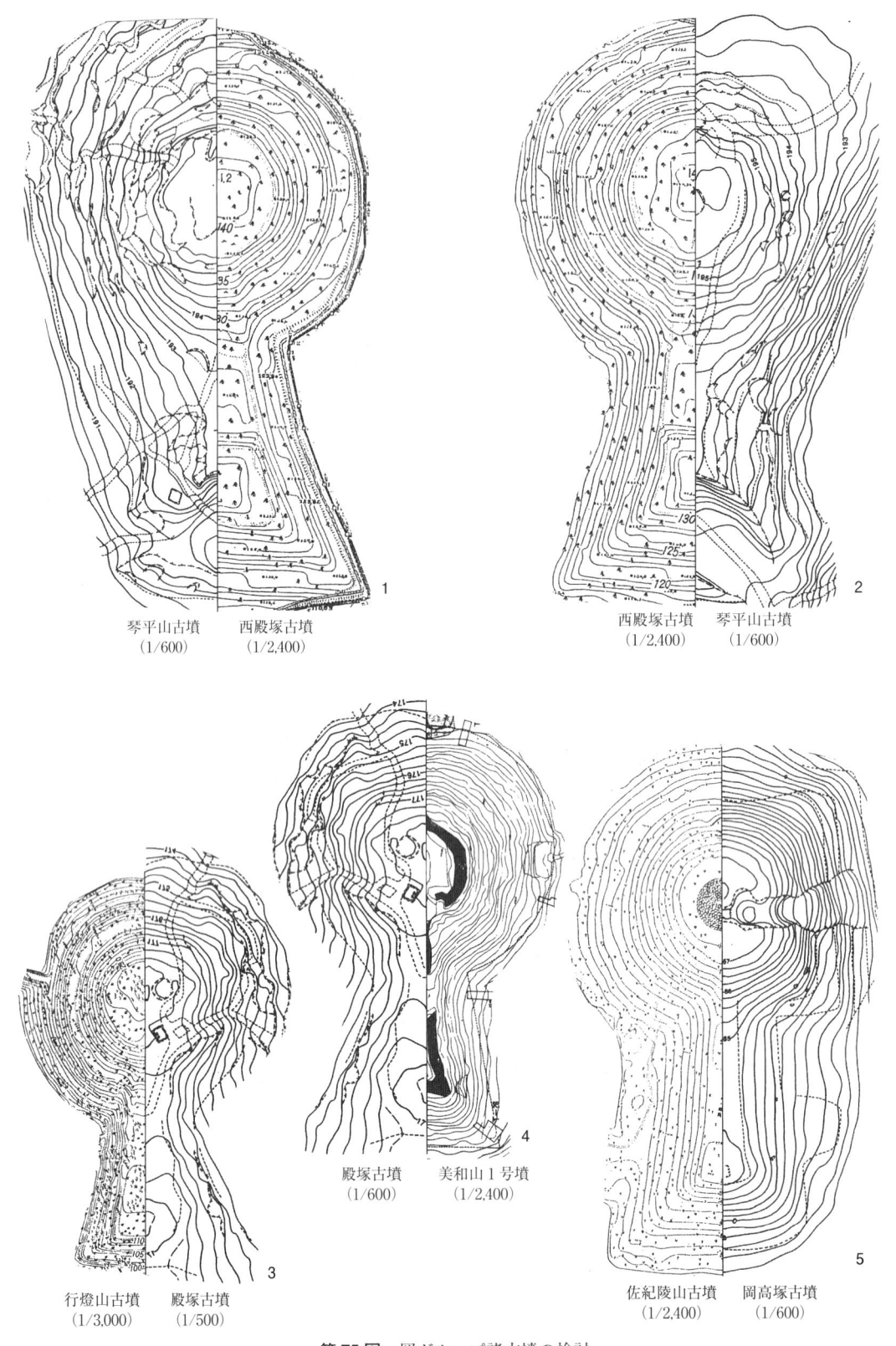

琴平山古墳　　　西殿塚古墳
（1/600）　　　（1/2,400）
1

西殿塚古墳　　　琴平山古墳
（1/2,400）　　　（1/600）
2

殿塚古墳　　　美和山1号墳
（1/600）　　　（1/2,400）
4

行燈山古墳　　殿塚古墳
（1/3,000）　　（1/500）
3

佐紀陵山古墳　　岡高塚古墳
（1/2,400）　　　（1/600）
5

第75図　岡グループ諸古墳の検討

れた可能性が考えられる。本墳からは筒形銅器の出土が伝えられるが、これもこの見解を支持する副葬品である。

　このように築造企画からみた場合、岡グループの３古墳も直接的、間接的に畿内の大形前方後円墳に照応して捉えられ、その対応関係から琴平山古墳→殿塚古墳→岡高塚古墳という首長墳の変遷が推考できる。これら３基の古墳からは土器が確認されておらず、問題を残すが、ここでは先の変遷案を提示しておきたい。なお、この場合、殿塚古墳から岡高塚古墳のあいだに１ないし２世代分の空白ができる。また琴平山古墳が類型墳である可能性があるものの、ほかの２者は非類型墳である可能性を考えたが、これは先に検討を加えた美野グループと同様な在り方を示している。

　　ｃ）そのほかのグループ

　そのほかのグループは点的に調査をおこなっており、先の２つグループと同様に系列的な関係を基軸に検討を進めることは困難である。ここでは個々の古墳について時間的位置づけを中心に所見を示すが、結論をいうと、そのほかの古墳は諏訪神社裏古墳がメスリ山古墳に、奥の前１号墳が渋谷向山古墳に、真加部観音堂１号墳、狐塚古墳、川東車塚古墳の３つの古墳が佐紀陵山古墳に近い形態を有し、それぞれ類型墳、非類型墳の可能性がある。

　各々を概観しておくと、諏訪神社裏古墳は、メスリ山古墳の1/4規模で、後方部、前方部とも墳頂平坦面の位置関係が合致するほか、北側くびれ部もよく合致する（第76図1・2）。後方部はメスリ山古墳の後円部に内接し、対角線が後円部径に一致している。ただし、前方部前端は諏訪神社裏古墳の測量時に観察した傾斜変換線では合致せず、むしろ掘り割りの中間、尾根の付け根に近いところでメスリ山古墳の前端が位置している。この諏訪神社裏古墳は今一つ判然としないところがあるが、以上のことから、ここでは一応、メスリ山古墳との関係を重視し、前期中頃の所産と考えておきたい。なお、これは諏訪神社裏古墳から採集した土器からみても、大きな矛盾がないと考えている。

　また、奥の前１号墳は渋谷向山古墳の1/4規模で後円部、前方部とも墳頂平坦面が合致し、墳裾もくびれ部、前方部前端の位置関係など各所でよく合致する（第76図3・4）。奥の前１号墳の後円部後端側が掘削を省略し、やや高い位置に設置されているが、これは渋谷向山古墳の中段斜面下端に合致しており、後円部後端側もよく一致する。ただし、前方部前端の位置関係をみると渋谷向山古墳のそれがやや短いが、前方部側面では現状で認識し得る傾斜変換線がよく合致しているほか、側面で一致する傾斜変換線付近の等高線が渋谷向山古墳の前端ラインに近いことから、大局的にみれば奥の前１号墳と渋谷向山古墳は築造企画を共有するとみてよいだろう。したがって両者の築造は近い時期の所産で、奥の前１号墳は前期中頃の所産と捉えられるが、これは竪矧板革綴短甲などの採集された副葬品や長持形石棺からしても大きく矛盾するものではない。

　真加部観音堂１号墳、狐塚古墳、川東車塚古墳の３墳は佐紀陵山古墳に近く、規模比をみると真加部観音堂１号墳が規模比1/4、狐塚古墳3/10、川東車塚古墳が1/3と３者で異なっている。ただし、３者とも佐紀陵山古墳の中段より上部が合致するのが特徴である（第77図1〜4）。つまり、各古墳は必ずしも佐紀陵山古墳の墳端に規定されて企画が設定されているわけでなく、いずれも場合

148

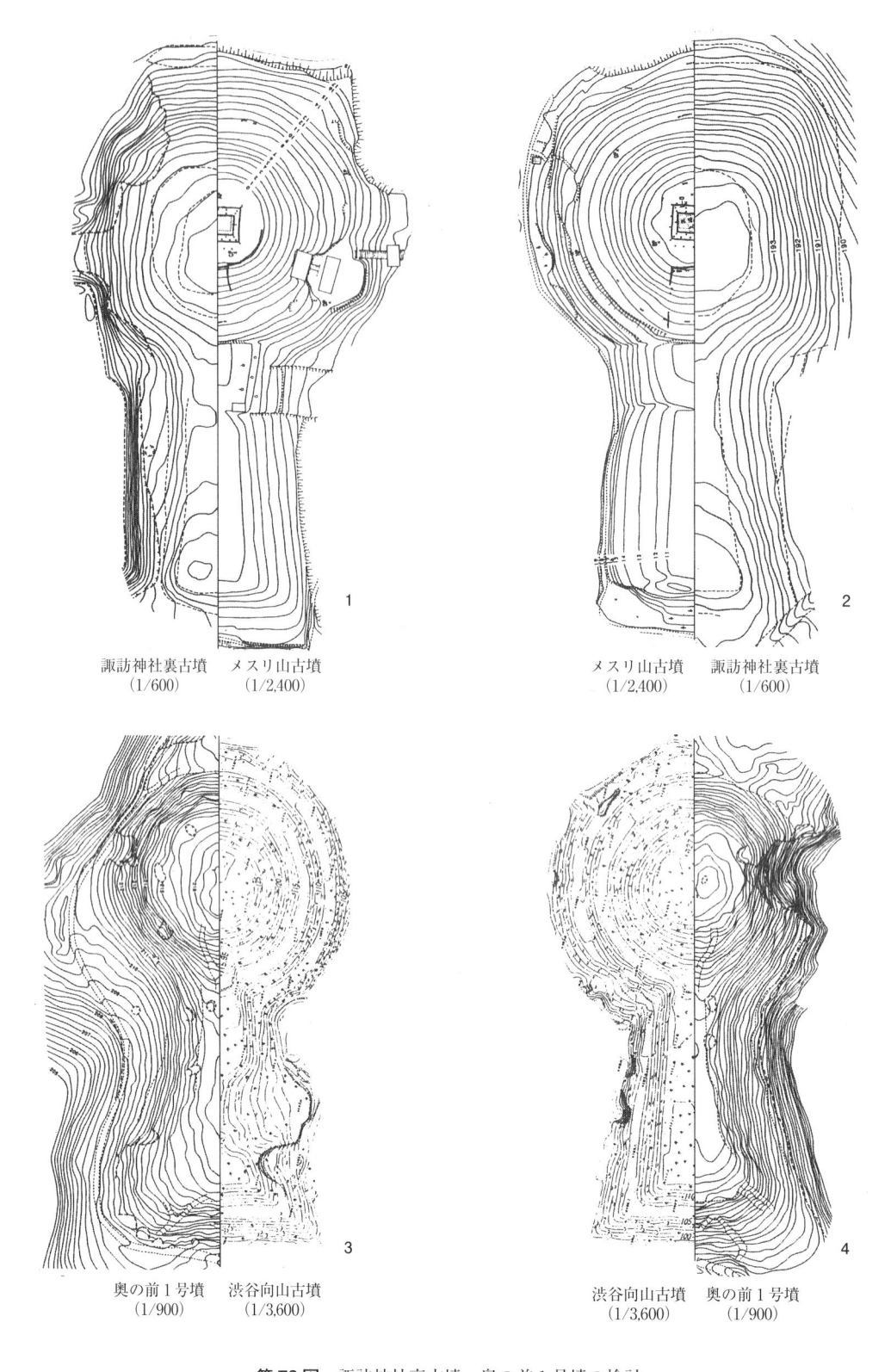

1　諏訪神社裏古墳　メスリ山古墳
　　　（1/600）　　（1/2,400）

2　メスリ山古墳　諏訪神社裏古墳
　　　（1/2,400）　　（1/600）

3　奥の前1号墳　渋谷向山古墳
　　　（1/900）　　（1/3,600）

4　渋谷向山古墳　奥の前1号墳
　　　（1/3,600）　　（1/900）

第76図　諏訪神社裏古墳・奥の前1号墳の検討

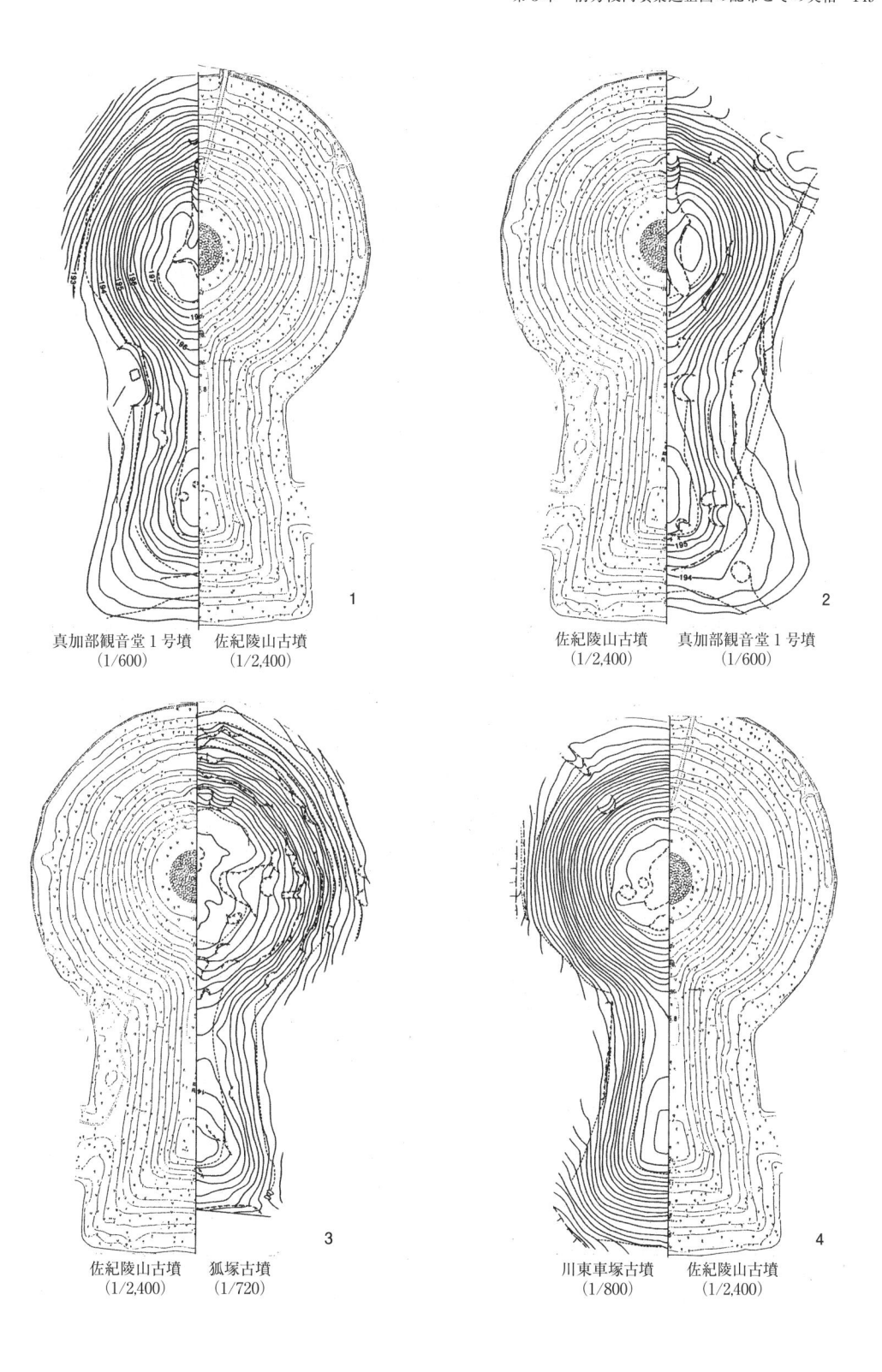

真加部観音堂 1 号墳　佐紀陵山古墳
（1/600）　（1/2,400）
1

佐紀陵山古墳　真加部観音堂 1 号墳
（1/2,400）　（1/600）
2

佐紀陵山古墳　狐塚古墳
（1/2,400）　（1/720）
3

川東車塚古墳　佐紀陵山古墳
（1/800）　（1/2,400）
4

第 77 図　真加部観音堂 1 号墳・狐塚古墳・川東車塚古墳の検討

によっては非類型墳である可能性がある。特に狐塚古墳の3/10の規模比は現状の類型墳のなかには認められない数値であり、その可能性が高い。その場合にモデルとなった地方の類型墳が何であったかが問題となる。神宮寺山古墳あるいは牛窓天神山古墳がその候補となるが、前節での検討結果から現状では神宮寺山古墳とするのが穏当である。したがって真加部観音堂1号墳、狐塚古墳、川東車塚古墳には前期後半の築造時期が考えられる。[75]

　このように類型墳、非類型墳の区別が今一つ判然としないものもあるが、おおむねマスタープランを各古墳で想定でき、各古墳の編年的位置づけをおこなうことができた。最後にこれらの関係から導かれる美作地方の政治的動向に検討を加え、まとめにかえたい。

3. 美作地方における政治秩序

　これまでに類型墳、非類型墳が混在しつつも、畿内大形前方後円墳の築造企画の変遷と美作諸古墳のそれがほぼ軌を一にし、連動する様子を確認してきた。つまり、畿内において更新された築造企画が、順次、備前、美作地方の類型墳にもたらされ、さらにそれらを通じて美作地方の非類型墳にも順次、変更が生じている。これらは政権中枢における新たな築造企画の創出とともに、地方においてその新たな墳丘型式を直接的、間接的に採用し、築造したことを示している。これらの実態を踏まえて、ここでは「類型墳」「非類型墳」の別や墳丘規模に注目しつつ、これまでの研究によって導いた仮説（第78図）（澤田 1992・1994）について検討していきたい。

　これまでの成果では、第13・14表に示したとおり、各地で断片的に類型墳が知られるのみで、一地域内の首長墳系列の展開において類型墳、非類型墳が明確になったのは今回がはじめてである。これは測量図の精度や墳丘に対する発掘調査の有無などの資料性に起因している。この表を作成するにあたって測量図同士を重ね合わせる作業を繰り返しおこなったが、その際に規模の設定にも正数分比に縮小が認められるなど、一定の秩序の存在も確認した。ただし、この正数分比にどのような意味があるのかは今後の検討課題である。簡単に見とおしを示しておくと、周囲に現在の造営地より大きい規模の古墳を築造し得る条件の地形があっても、そこに古墳を築造することなく現在の位置に造営されている点から、前方後円墳の築造にあたって造営地の選択がなされた可能性を指摘できる。このことから無秩序に前方後円墳の規模が設定され、造営をおこなうのではなく、当

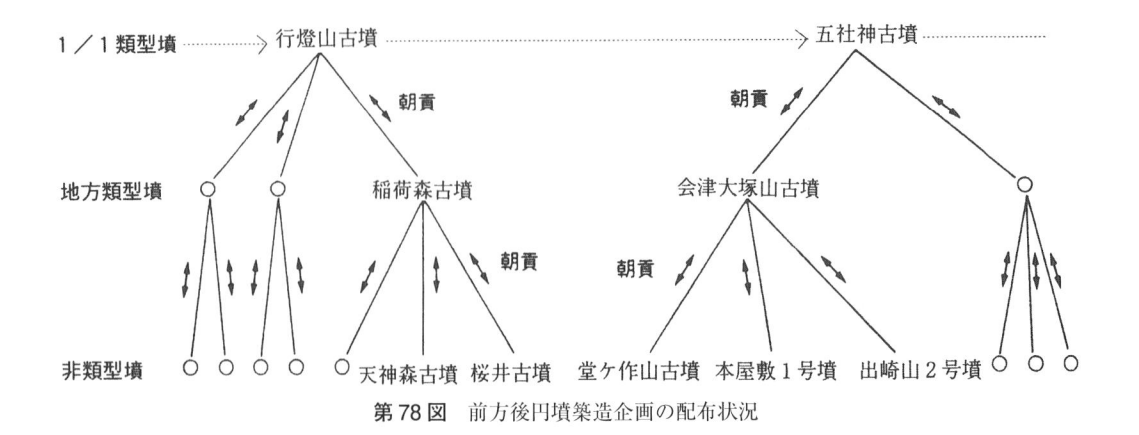

第78図　前方後円墳築造企画の配布状況

第 13 表　箸墓系列の類型墳一覧（2017.5.1 現在）

	箸墓類型	西殿塚類型	行燈山類型	五社神類型	宝来山類型	ウワナベ類型	大山類型	土師ミサンザイ類型	河内大塚類型	今城塚類型	見瀬丸山類型
1/1	箸墓古墳	西殿塚古墳	行燈山古墳	五社神古墳	宝来山古墳	ウワナベ古墳	大山古墳	土師ミサンザイ古墳	河内大塚山古墳	今城塚古墳	見瀬丸山古墳
3/4	椿井大塚山古墳									岩戸山古墳	・
2/3	梵天山古墳	前箱天神山古墳		金蔵山古墳	宮塚畠神山古墳	西陵古墳		軽里大塚古墳			
3/5	弁天山古墳							断夫山古墳		宇治二子塚古墳	
1/2	浦間茶臼山古墳		八幡西車塚古墳		北山古墳	心合寺山古墳				天皇塚古墳	
4/9	朝子塚古墳 飯籠塚古墳 姉ヶ崎天神山古墳 黒塚古墳 弁天山 A1 号墳 禁野車塚古墳 森 1 号墳 豊前石塚山古墳	白山神社古墳 元稲荷古墳	今富塚山古墳 芝丸山古墳 白鳥塚古墳 王手山 7 号墳 中山茶臼山古墳 小熊山古墳	会津大塚山古墳 紫金山古墳						千歳車塚古墳 鹿谷山古墳 邑久築山古墳	
2/5			稲荷森古墳 馬の山 4 号墳	宝塚 1 号墳 平尾城山古墳 花光寺山古墳			舟塚山古墳 百舌鳥御廟山古墳 淡輪ミサンザイ古墳 両宮山古墳	松本塚古墳		井辺八幡山古墳	
1/3	加納白山古墳 五條猫塚古墳 植月寺山古墳 西求女塚古墳		千塚山古墳 壺井丸山古墳 黒崎山古墳 美和山 1 号墳 黒塚山古墳 仁馬山古墳 西都原 72 号墳 南大塚古墳	太田八幡山古墳 矢道長塚古墳 飯岡車塚古墳 梅の子塚古墳 興塚古墳	美野高塚古墳 相の谷古墳			将軍山古墳 新田原 58 号墳	中二子古墳		こうもり塚古墳
1/4	雪野山古墳 奈甘山王山古墳	権現山 50 号墳 琴平山古墳	堂の森古墳 井辺前山 24 号墳	手白塚古墳 甲立古墳			内裏塚古墳 池田古墳 山口白鳥古墳 石人山古墳 横瀬古墳	茶臼塚古墳			山王山古墳
2/9			豊前赤塚古墳？				芭蕉塚古墳 岩屋双子塚古墳				
1/5	美野中塚古墳			五所皇神社裏古墳 秋葉山 2 号墳 長光寺山古墳			月岡古墳 熊本天神山古墳 新田原 92 号墳	西都原 265 号墳			
1/6	杵ガ森古墳 権現山 51 号墳 備前車塚古墳 片山古墳 七つ塚 1 号墳 矢部大坪古墳		白ガ森古墳	大峰山 5 号墳 赤崎古墳							

第14表　桜井茶臼山系列の類型墳一覧（2017.5.1現在）

類型	1/1	3/4	2/3	3/5	1/2	4/9	2/5	1/3	3/10	1/4	2/9	1/6
誉田御廟山類型	誉田御廟山古墳		雲部車塚古墳 作山古墳		太田茶臼山古墳	久津川車塚古墳				保渡田八幡塚古墳 奥城 塚山古墳 御所山古墳		
百舌鳥陵山類型	百舌鳥陵山古墳 造山古墳						佐古田堂山古墳					
仲津山類型	仲津山古墳			別所茶臼山古墳 女狭穂塚古墳	水戸愛宕塚古墳 壇上山古墳	三之分目大塚山古墳 御富士山古墳	佐賀舟塚山古墳					
津堂城山類型	津堂城山古墳 御墓山古墳 太田天神山古墳		昼飯大塚古墳 富田茶臼山古墳		玉丘古墳							
佐紀陵山類型	佐紀陵山古墳 御墓山古墳 網野銚子塚古墳 摩湯山古墳 五色塚古墳	安土瓢箪山古墳 蛭子山古墳 神宮寺山古墳	大鶴巻古墳 石山古墳	常陸鏡塚古墳 亀塚古墳	長柄桜山1号墳 牛窓天神山古墳 大元1号墳 久里双水古墳 佐賀銚子塚古墳 向野田古墳	天皇ノ杜古墳 郡家車塚古墳 和泉黄金塚古墳 西部原46号墳		川東車塚古墳 今岡古墳		若宮古墳		
渋谷向山類型	渋谷向山古墳	浅間山古墳		牧野車塚古墳		亀ヶ森古墳 膳所茶臼山古墳	玉手山1号墳	愛宕山古墳 大分築山古墳		高稲荷古墳 奥の前1号墳	秋葉山1号墳	稲荷前1号墳 御旅山古墳 福島當神山古墳
メスリ山類型					松林山古墳	寺戸大塚古墳		岩7号墳		諏訪神社裏古墳		
桜井茶臼山類型	桜井茶臼山古墳	生目3号墳	下池山古墳 尾上車山古墳	川南39号墳	宝来山古墳	忍ヶ岡古墳		玉手山9号墳	岡5号墳	円満寺山古墳		

初より規模が決定され、その規模に合わせて造営地を選択したことが看取される[76]。つまり、畿内から前方後円墳の築造企画が配布されることを前提とすれば、規模についても畿内の意向に基づいて設定された可能性が考えられる。そして、この規模の差は箸墓類型に属する2/3規模の椿井大塚古墳と1/6規模の備前車塚古墳から出土した三角縁神獣鏡の量（前者は32面程度、後者は8面程度）からみて、墳丘規模と鏡の量に比例関係が認められ、これらが被葬者間に生じた格差を表出していると考えている（澤田 1993b）。

　それでは先に示した美野地域での動態は、どのように理解し得るのであろうか。

　美野地域の場合、類型墳、非類型墳が混在するとはいえ、最初と最後に築造された植月寺山古墳、美野高塚古墳を除き非類型墳を主体として展開する。しかも非類型墳のもととなった地方類型墳は、備前地方、美作地方西部に求められ、この美野地域では備前や美作西部との関係のなかで前方後方墳が築造されていたことが理解される。このことから美野地域の諸古墳は畿内と直接的な交渉を有したうえで前方後方墳を築造していたわけではなく、備前や美作西部を介して間接的に墳墓形式の情報を入手し、築造をなしていたと想定されるが、それはすべての前方後円墳、前方後方墳が直接的に畿内と関係を有しているのではなく、地方における拠点を介して関係を保持する仮説（澤田 1992・1994）を肯定するものである。断片的な資料による見とおしではあるが、南隣の岡グループ、津山市日上天王山古墳周辺や美作地方西部の政治圏でも、類型墳、非類型墳が混在しつつ首長墳系列が展開した可能性が読みとれ、美作地方ではそれが一般的な在り方であったとみられる[77]。したがって、このような間接的な関係のなかに畿内政権の重層的な政治的統治機構（政治秩序）を認めておきたい。ただし、類型墳、非類型墳がなぜ同一政治圏のなかに混在しているのか、実態を踏まえ具体的に説明する必要があるだろう。これは政治圏を横断して補完的に存在している類型墳の在り方などを、美作地方全体をひとつの単位として理解していくなかで深めていく必要性を感じている。特に非類型墳において美作地方内での類型墳に基づくものと、備前地方のそれに基づくものとの2者が認められたが、それらの混在の史的背景や理由も十分に説明し得なかった。美作地方という限られた空間内で、しかも前方後円墳時代前期という限定された時間幅のなかで、より細やかな首長墳系譜の把握による政治的動態の追究が残された重要な課題であり、今後、埋葬施設の構造や副葬品、土器祭祀の動向を踏まえて、その脈絡を解明していく必要がある。

　このように畿内大形前方後円墳の変遷と地方の首長墳との連動性、すなわち美作地方の諸古墳と畿内大形前方後円墳との関係を検討してきた。畿内大形前方後円墳の変遷では2系列の築造企画が互いに技術的な交流をしながら展開している様子を示し得たかと思う。また、美作地方の諸古墳との関係を、東部地域の美野グループの前方後方墳5基を例に考察を加えたが、直接的、間接的な畿内と地方の連動性が看取された。すなわち、編年的位置づけにおいて畿内の築造企画の変遷と、美野グループのそれとが、併行関係にあることを確認した。さらに築造企画を直接的、間接的に共有し、軌を一にして変遷していく関係のなかに、分節的で重層的な政治的統治機構（政治秩序）の存在を想定し得た。また、美作地方のそのほかの政治圏においても、断片的ながら同様の傾向を抽出できたかと思う。けれども、本節では美作地方のなかでも限られた地域、政治圏での検討であり、

美作地方全体を通じた、より細やかな政治的動態の抽出には、なお時間を要する。

　次章では、ここでは取りあげることのできなかった古墳を含め、美作地方全体の首長墳系列を同様な分析視点によって解析していくが、一般化し得るものと、例外として抽出し得るものを峻別し、個々の古墳の性格を個別具体像として浮上させていく。そして、本章で明らかにし得なかった類型墳、非類型墳の混在に表徴される政治的動態や美作地方における該期の歴史像を明らかにしていく。

註

（１）　箸墓古墳（中村・笠野 1976）、浦間茶臼山古墳（宇垣 1984）、七つ坑１号墳（七つ坑古墳群発掘調査団 1987）の３古墳で、採集、出土が確認されている。

（２）　近年の調査で丁瓢塚や養久山１号墳に似た墳丘形態を持つことが明らかになっている（岩本ほか編 2010）。

（３）　東側コーナーは未調査であるが、調査した部分をみるとコーナーにむかって徐々に浅くなっており、西側コーナーと同様に浅くなっている可能性が考えられる。

（４）　後述のとおり、本古墳は箸墓古墳に近い形態を有しており、箸墓古墳やほかの備前車塚古墳（北條 1987）、大迫山第１号墳（川越編 1989）などの箸墓類型墳に属する古墳の特徴からみても肯定し得るものである。

（５）　ただし、先に触れたとおり、前方部側縁は曲線的に外反し開いていくものではなく、直線的であり、渋谷向山古墳と企画を共有している可能性も指摘できるが、杵ガ森古墳の東側くびれ部付近の一旦内湾した後に外反していく側縁の形態など微妙に渋谷向山古墳と違いを見いだすこともできる。杵ガ森古墳は直線的な前方部を有するが、この点や前方部前端線が膨らみを持つ点などから、箸墓類型墳のひとつと判断している。

（６）　分析方法は異なるが、倉林眞砂斗も墳丘築造企画の二次的配分の可能性とその背後にある政治的秩序、社会的秩序の構造的解明について言及している（倉林 1994）。

（７）　標高 124.25 m の等高線を基準に墳頂平坦面の東西方向の中心を求めると確かに今回の調査で設定した位置になるが、124.00 m 付近の傾斜変換線を基準に中心を求めると 0.35〜0.40 m ほど西寄りになる。また、このように西に隔たった位置にした場合、その直下にある中心石槨の長軸の中心をとおることにもなり、ここでは後円部墳頂平坦面の中心を調査時に設定したものより 0.4 m 西に移動して考え、あわせて墳丘主軸も調査時に設定したものより西に 0.4 m 平行した位置に変更しておきたい。以下、特に断らない限り、中心点もしくは墳丘主軸とした場合は、新たに西に 0.4 m 隔てた位置に設定したものを指し、調査時のものを交点もしくは南北メインラインと称している。

（８）　多くの前期前方後円墳（椿井大塚山古墳、行燈山古墳、渋谷向山古墳など）が尾根先端に前方部をむけて築造がなされるなか、この両古墳は、日上天王山古墳と同様に尾根の先端方向に後円部をむけており特徴的である。なお、このように尾根の先端に後円部を築造する例は讃岐地域の積石塚を含む諸墳墓（鶴尾神社４号墓、爺ヶ松古墳、野田院古墳など）や西播磨地域（養久山１号墓、吉島古墳など）の諸墳墓に特徴的にみられる。

（９）　ただし、この場合でもその傾斜の度合いは徐々に傾斜を解消し墳頂部で水平に至るのであり、上段テラスが水平でないとしても墳端に平行するほどの傾斜を有していたとは見なし難い。

（10）　これは頂部平坦面を基準に設定した南北メインラインの設定位置に起因するかも知れない。その意味でこれは前方部においても墳丘主軸を西側に移動することの妥当性を示していると考えている。ただし、一方で西側面の墳端が旧来より対象位置に設置されていなかった可能性も考慮しておきたい。

(11)　日上天王山古墳がなぜこのような地形的制約を受けた地に築造されたのかは、埋葬頭位、墳長規模など
　　　の複合要素の検討によってある程度明確になると考えている。

(12)　ただし、前端斜面に関しては側縁部とは傾斜角度が急であったり、また下段テラスに限っては幅もやや
　　　狭く設定されているなどほかの斜面とは状況が異なっており、箸墓古墳のように前面のみに複数のテラス
　　　が存在する可能性は否定できないと考えている。

(13)　なお、ここで示したくびれ部幅と前方部前面幅は新たに設けた墳丘主軸を基準に対象位置にあるとした
　　　場合の数値である。

(14)　ただし、箸墓古墳を含めた前期前半代の多くの古墳は左右非対称であり、恐らくは日上天王山古墳も同
　　　様であったと予想される。けれども、西側は未調査であり現状ではなおその根拠が明確ではないので、第
　　　39 図では仮に左右対称に復元することにした。

(15)　図示し得なかったが日上天王山古墳の測量図の縮尺をさらに 97％縮めて重ね合わせたところ、それまで
　　　合わなかった箸墓古墳の標高 75 m 付近の等高線が日上天王山古墳の墳端線によく合致することや前方部
　　　前端の位置や幅など、大枠で一致する様子が読みとれた。このことから両者が厳密に 1：5 であった場合に
　　　約 3％の誤差が認められるものと判断している。

(16)　この浦間茶臼山古墳は後世の改変が著しく、旧来の形状が把握しにくいが、宇垣の復元案（宇垣 1987）
　　　のほかにも狐塚省蔵によって空中写真などを用いての復元案が提示されている（狐塚 1988）。狐塚の復元
　　　案は、宇垣のそれに対し批判的であるが、前方部の復元案に関しては両者とも共通するところが多いよう
　　　に見受けられる。大きく異なるのは後円部の捉え方であり、特に後端部の墳端位置の評価がもっとも異
　　　なっている。つまり宇垣は標高 10 m 付近の傾斜変換線を重視し、狐塚は 12 m 付近の傾斜変換線を重視す
　　　る。それが規模や形態の評価に繋がっている。筆者は、具体化された古墳形態よりその背後に認められる
　　　築造企画を復元的に読み取る作業を試みており、その場合、これは現在の土木開発においても同様である
　　　が、当初の設計や企画に沿いながらも実際の地形に合わせて現地において設計、施工変更がなされている
　　　点は留意すべき点であると考えている（小沢 1988、澤田 1992）。もちろん岸本が指摘するとおりその偏差
　　　について（岸本 1988・1996）も留意する必要があるし、変形が何に由来するのかを検討、説明する必要性
　　　は認めざるを得ない。

　　　　このような視点で浦間茶臼山古墳をみると、その立地に関しては西に張り出し付け根で一旦狭くなり先
　　　端にむかって広がりを持つ尾根に築造がなされており、浦間茶臼山古墳はこの一旦狭くなる尾根の鞍部に
　　　くびれ部を設定している。この位置にくびれ部を設定すると前方部が細くなっている尾根の付け根の形状
　　　に合致し、特に前端幅が丁度尾根の付け根の幅に符合している。このように前方部を設定した場合、約
　　　80 m に及ぶ規模の後円部の墳端を水平に削出する際にそのスペースは十分に確保できない。もちろん、径
　　　の小さい後円部の設置は十分にできたであろうが、浦間茶臼山古墳の場合、後円部の側面を削り後端側に
　　　あわせた径の小さい後円部を採用せずに大きな後円部を築造している。これは当初より一定の企画や規模
　　　が存在し、それを貫徹するためになされた処置とみることができよう。ちなみに狐塚が示す南側くびれ部
　　　の成果をもとに後円部を正円であるとして復元すると後端部では標高 10 m 付近をとおることになり、企
　　　画上の後円部がこの標高 10 m 付近の傾斜変換線によって具体化、表徴されている可能性は無視できず、
　　　一概に宇垣の復元案を否定できない。したがって、仮に標高 12 m 付近の傾斜変換線がくびれ部から後端
　　　を通過しもう一方のくびれ部まで連接すると考えた狐塚の復元案が旧状であったとしても、なおその背後
　　　に復元される築造企画はその下段に作り出された標高 10 m の傾斜変換線によってあらわされていると思
　　　われる。つまり、狐塚が主張するような後円部が歪んだ特異な墳丘企画を当初より持ち、その築造を目指
　　　したのではなく、地形の制約によって当初の築造企画を水平位置において貫徹することを断念し後円部に
　　　一定の処置を施したものと考えている。したがって筆者は北條や宇垣の復元案に近く、それが箸墓古墳に
　　　由来する可能性を考えておきたい。なお、ここでの議論は選地の問題とも関係がでてくるだろう。

(17)　岸本は弁天山A1号墳、石塚山古墳を箸墓古墳の2/5、権現山50号墳を箸墓古墳の1/5規模類型墳とみる（岸本 1996）が、前2者は箸墓古墳の4/9規模類型墳、後者は西殿塚古墳の1/4規模（澤田 1991）である可能性が高い。弁天山A1号墳、石塚山古墳はともに120m近い規模を持ち、約280mの規模を持つ箸墓古墳の2/5規模（112m）を考えると7%近い誤差が生じ、先に触れた築造企画を地面に割り付けする際の誤差率が1%未満であるとする宮川徏の見解（宮川 1988）を尊重すれば、岸本の見解をただちに受け入れることはできない。

(18)　この用語は（澤田 1992）で類型墳に漏れるもの対して用いたものである。類型墳とは畿内大形前方後円墳の築造企画を直接的に受容した同一企画の古墳であり、その副葬内容や内部主体の構造とともに小田富士雄の「畿内型古墳」と称されるもの（小田 1970）に近い。けれども非類型墳は類型墳を通じ二次的に築造企画が設定されているものや前方後円（方）形という墳墓形態の形式概念のみを模倣的に受容したもので、類型墳に含み得ない多様な形態を持つ前方後円形ないし前方後方形の古墳を総称したものである。したがって、前方後円形の墳墓を含まない「在地型古墳」（小田 1978）とは根本的にその内容が異なる。そこで混乱を招かぬよう「畿内型古墳」「在地型古墳」の用語を避け、ここでは前稿（澤田 1992）に則り「類型墳」「非類型墳」と称することにした。

(19)　日上天王山古墳の中心石槨では、側壁の控え積みが上部にのみ施されている。これは基底部から数段がほぼ垂直に立ちあがることに起因するのであろうが、上部においてもあまり石材を用いない点が特徴である。また石槨の閉塞状況は亀の甲状に側壁とほぼ同じ大きさの板石を積みあげ、一見筆者の分類（澤田 1993a）によるⅡA式に近い在り方をしている。けれども第一段階での蓋石には幅1mを越える石材を用いておりⅢA式に位置づけることができる。また、先に触れたとおり側壁は基底部から数段はほぼ垂直に立ちあがっており、そのために下部における控え積みが省略されていたとしてもⅣA式の範囲を越えるものではない。ⅢA式の石槨を内包する古墳として権現山51号墳、元稲荷古墳、浦間茶臼山古墳などが挙げられ、ⅣA式を内包するものとして椿井大塚山古墳、備前車塚古墳などが挙げられるが、いずれも古墳時代でも前期前半に位置づけられ、日上天王山古墳もほぼこれらの古墳と併行した時期に石槨の構築がなされたと考えられる。

(20)　美和山1号墳は中世の「美和山城」によって改変が著しいが、すでに発掘調査がなされ部分的にではあるが墳端が明らかになり、その調査成果に基づいて復元案が示されている（中山 1992）。その復元案によると美和山1号墳は石部らの分類（石部ほか 1978）の5区型となる。けれども、前方部前端の復元に関しては、葺石根石など明確な墳端が検出されているわけではなく、やや問題が残る。くびれ部に近いT12では標高141.20m付近で葺石根石を伴う明確な墳端が検出されており、そのレベルで前端部の墳端が設定されていたとすると中山による復元案よりやや内側での墳端の想定が可能である。測量図によると前端部の標高142.00m付近の等高線の間隔が間延びし墳頂平坦面からの続く墳丘斜面とは傾斜を異にしており、前述のやや内側に求められる墳端線の位置とも整合する。したがって、ここでは美和山1号墳の前方部前端の墳端ラインを標高約142.00mの等高線に求め、従来よりやや短い約76mを墳長規模と考えておきたい。なお、この美和山1号墳は行燈山古墳の1/3規模類型墳と思われるが、それは墳端ラインはもとより後円部、前方部墳頂平坦面の位置関係の合致をその根拠としている。

(21)　その後、中山茶臼山古墳の測量調査成果が公表され（宮内庁書陵部陵墓調査室編 2010）、中山茶臼山古墳が行燈山古墳の4/9規模類型墳だと判明した。

(22)　中山俊紀はいくつかの条件をつけながら、日上天王山古墳出土の二重口縁壺形土器を寺沢編年（寺沢 1986）による布留1式に位置づけている（中山 1997）。

(23)　勝田郡勝央町所在の美野中塚古墳（墳長約55m）（倉林・澤田 1996）が、やはり撥形前方部を有し、箸墓古墳ないし浦間茶臼山古墳に近い形態を持っている。ここでは日上天王山古墳に近接した時期に美野中塚古墳が営造された可能性を指摘しておきたい。

(24)　ただし、この復元案は、等高線の流れに沿って前方部の墳裾を推定復元しているので、くびれ部を少し太めに示している。くびれ部の幅は今後の調査で明らかになると思うが、恐らく小熊山古墳のくびれ部はもう少し狭くなると想定している。

(25)　前方部の前端の位置に関しては、東側の隅角付近をよくみると、傾斜変換線（傾斜の変わり目）があれ、それが内側に入ってくるので、測量調査の成果とはいえ、この傾斜変換線を重視して求めた。また、今一つ、墳丘踏査時に墳裾に使われていると思われる石を▼で示した崖面で観察した（第41図）。高さ50cm、幅50cmほどの扁平な石で、墳丘に立てかけていたものと判断されたが、この石が墳端を区画する葺石の根石ならば、この崖面を横切るように墳裾があり、この位置を前端として復元してもよいのではないかと考えている。推定の域をでないが、2つの理由から、この位置からそう遠くないところに前端ラインが想定できる。

(26)　後円部墳端の標高は75.5mでほぼ一定しており、墳頂部の等高線で一番高いのが標高84mなので、その差をとって8.5m程度とした。

(27)　くびれ部から前端に向けて標高が低くなり一定しないが、一番低くなるところが標高74m前後と考えて墳頂部（標高79m）との比高を求め、約5mとした。

(28)　上段斜面では玉手山7号墳、小熊山古墳とも中段斜面1に対して上段の斜面が2となり共通する。なお厳密にいうと小熊山古墳では上段斜面比2を若干下回るが、これは小熊山古墳の前方部墳頂平坦面が築造当初より数十センチほど削平されて低くなったことに起因する。

(29)　後述の第11表にあるとおり、4/9規模で築造された類型墳は少なくない。ほかにも2/3、1/2、2/5、1/3、1/4、1/5、1/6といった規模比の類型墳を抽出し得たが、2/3、1/3、1/6など百分比では整数にならない規模比を含んでおり、4/9は2/3×2/3に、1/3は2/3×1/2に、1/6は1/3×1/2に分解できるので、百分比で考えるよりも二分原理、三分原理、五分原理およびその組み合わせで規模が設定されていた可能性がある。

(30)　本節のもととなる講演をした時点では、宮内庁による中山茶臼山古墳の測量図（宮内庁書陵部陵墓調査室編 2010）は公表されておらず、岡山県史による測量図（近藤 1986b）から1/2規模相似形と考え口頭発表した。本節作成にあたり、この点を改めた。

(31)　石塚山古墳は調査中で詳細はこれからの検討になるが、既存の測量図では箸墓古墳と基本的な枠組みが合致しており、恐らくは配布された築造企画に現地地形に沿って何らかの変形が加えられたものと思われる。

(32)　石塚山古墳は箸墓古墳と2：1で比較しているが、枠組みが一致しており、築造企画を共有しているとみられる。また築山古墳は渋谷向山と3：1で比較した。現状では後円部の墳頂平坦面にずれがみられるなど、微妙な違いが認められる。最近、築山古墳の発掘調査がなされているので、その成果が公表されれば、より正確な比較ができ、今後に再検討の余地を残している。なお、亀塚古墳と佐紀陵山古墳を掲げたが、これも後円部と前方部の墳頂平坦面の位置関係で非常によく合っている。ただ、墳裾のまわりに若干差があります。亀塚古墳は佐紀陵山古墳と3：2で比較したが、最下段を踏まえていないようで、中段より上部が合致する。この両者は条件つきであるが、3：2の規模比で築造企画を共有している可能性がある。

(33)　報告者の一人である藤沢敦も、墳丘の崩壊を考慮し3つの復元案を示しながら、どれが本来の姿であったかについては意見を保留している（藤沢 1989：pp.46-48）。

(34)　1964年の測量調査（伊東・伊藤編 1964）において−12mの等高線がほぼ直線的に前方部前面をめぐっているが、この−12mの等高線は1988年の測量図のおおよそ257.50mに相当する。双方の調査では測点の距離や高さに違いがあるだろうが、より旧状を残した前回の調査とその後に改変を受けた1988年の測量調査成果との一致は、部分的なものであっても評価する必要があろう。また、下段の高低差は等高線でみる限り約2.5mほどであるが、上段斜面の高低差も約2.5mであり、この点からも現状では主軸線上

257.50 m 付近が墳端であった可能性を考慮する必要がある。

(35) 　後円部東側の標高 266.00 m から 267.00 m の等高線付近にみられる平坦面は、東側斜面の等高線が若干乱れることや西側斜面の等高線が整い段築成平坦面の崩壊を想定し難いことから、後世に設置された道と判断するのが妥当だと考えている。

(36) 　したがって、藤沢の示した復元案（藤沢 1989）のうち「3」が従来の姿であったと考えている。

(37) 　箸墓古墳、西殿塚古墳、行燈山古墳、渋谷向山古墳などは、測量図をみる限り前方部が非対称である。

(38) 　菱田哲郎は、椿井大塚山古墳の石室付近を中心に復元した後円部下段の円弧が丘陵切断部のカーブに一致していることを指摘し、墳丘以外の部分にも築造企画が反映されている可能性を考えている（菱田 1989）。甘粕健は、中心点は移動した墳丘の平面企画を想定しているが（甘粕 1989：pp.35-37）、会津大塚山古墳も標高 257.00 m 付近の円弧を復元すると後円部後方の丘陵切断面の基底部のカーブに一致しており、椿井大塚山古墳と同様に墳丘以外にも築造企画が反映している可能性は考えなければならないであろう。

(39) 　幕末の御陵修復によって改変を受けている行燈山古墳の復元は、「文久古図」によって現状より長い前方部を想定するのが一般的なようである（小沢 1988 など）。けれども、渋谷向山古墳では、標高 99 m 付近の等高線が、後円部後端を除いてほぼ一周するなど、強い水平指向の存在がうかがえる。渋谷向山古墳の場合、ほぼ水平に保たれている後円部最下段の基底部と前方部 2 段目の基底部が本来の墳丘の平面企画であった可能性があり、前方部の段築成最下段と考えられている部分は、墳丘を水平に保つための台状の施設である可能性も考えられる。行燈山古墳においても墳丘を形づけている標高 98〜100 m 付近の傾斜変換線は前方部前面より後円部北側面まで観察され、また墳丘の崩壊のために十分に形状を知り得ないが、南側のくびれ部もほぼこの標高に求められることが想定され、墳端は後円部後方を除いてほぼ水平に設定されていたとも考えられる。行燈山古墳の前方部にも渋谷向山古墳同様の台状施設が想定され、標高 98〜100 m 等高線付近の傾斜変換線が本来の築造企画を反映している可能性も考えておく必要がある。ここでは、両古墳の墳端が水平に設定されていた可能性を指摘しておきたい。

(40) 　この五社神古墳に対する見解は、近年の測量成果（宮内庁書陵部陵墓課 2005）によって追認された。

(41) 　氏家和典は、東北地方の前方後円墳、前方後方墳をその規模から 4 つのグループに分け、宮城県雷神山古墳を基準として 1/2、1/3 規模に企画された古墳の存在を指摘している（氏家 1974）。

(42) 　本屋敷 1 号墳の竪櫛は棺内中央より東に隔たった位置より出土し、この位置より 70 cm ほど西に寄ったところから玉類が出土している。この玉類を首飾りとして想定した場合、竪櫛を頭髪に着装していたと考えるには 50 cm を越える巨大な頭部を想定しなければならず、やや難がある。したがって、竪櫛は着装ではなく副葬されたと判断するのが妥当である。

(43) 　遠見塚古墳東槨は、長さ 3.35 m 以上の規模を有する割竹形木棺と考えられ、竪櫛や玉類が出土するなど、一見、本屋敷 1 号墳中心主体に類似する。けれども、木棺の埋葬様式や埋葬頭位、さらに竪櫛の出土量や位置に相違点も見いだせ、遠見塚古墳は本屋敷 1 号墳や会津大塚山古墳と近縁性が高いと考えるにはやや難がある。遠見塚古墳の場合、副葬品の内容には差があるが、ほぼ同様な埋納様式が認められる常陸鏡塚古墳との関連性を考えるべきであろう。なお、遠見塚古墳と常陸鏡塚古墳の墳丘は 1/1 で相似形の可能性もある。

(44) 　特に墳丘の形態に注目するならば、前方部の形状や後方部高など本屋敷 1 号墳と同一であり、両者は 1/1 で相似形の可能性がある。

(45) 　中期古墳ではあるが、都出比呂志は恵解山古墳が大山古墳の 1/4 規模で同企画と考えている（都出 1988）。また、前期古墳に関しては、測量調査の結果、権現山 50 号墳が、前方部の形態や後方部の段築成の状況から前方後方墳と前方後円墳の差は認められるものの西殿塚古墳の 1/4 規模に設定された可能性がでてきた。また、稲荷森古墳が行燈山古墳の 1/2 類型墳である可能性がある。これらのことから箸墓類型

墳以外に西殿塚古墳や行燈山古墳を中心として墳丘企画を共有する「西殿塚類型墳」「行燈山類型墳」の存在を考えている。

(46)　三王山 1 号墳や山谷古墳の内部主体（新潟大学考古学研究室編 1989・1993）は、組立式木棺であるが、埋葬頭位は東西優位である。会津盆地と同様、北陸系土器と東西優位の埋葬頭位とに相関性があるものと考えておきたい。

(47)　小林隆幸が指摘するように、福島県内の前期古墳では東頭位が優勢である（小林 1989）。会津大塚山古墳では墳丘の主軸にやや斜行させて埋葬施設をほぼ東西方向に設置するなど、方位規定概念の存在がうかがえる。一方、東北日本の弥生時代墓制のひとつである土壙墓の主軸方向は、福島県一ノ堰 B 遺跡をみる限り、方位に規定されていたと考えるにはやや難がある。

(48)　伊藤玄三は古墳築造以前に土師器が導入されたことを指摘している（伊藤 1986）。なお、本屋敷古墳群 3 号住居址からは北陸系土器が出土しているが、本屋敷 1 号墳がこの住居址を壊して築造していることから、北陸系土器が移入された後に 1 号墳が築造されたと判断している。

(49)　埋葬頭位や副葬品の配置は明らかではないが、墳丘に関してはこれと同様な例を稲荷森古墳と天神森古墳、桜井古墳にみることができる。註（45）でも触れたとおり稲荷森古墳の墳丘形態は、後円部の段築成や前方部の形態など行燈山古墳に共通する要素を多く持っており、1/2 で築造企画を共有する可能性がある。また、天神山古墳と桜井古墳の墳丘は、会津大塚山古墳と本屋敷 1 号墳同様に前方後円墳と前方後方墳の差があるものの、この稲荷森古墳の墳丘を基準に設定された可能性がある。

(50)　第 1 章第 3 節で示したとおり、古墳時代前期の畿内大形前方後円墳の平面形態の型式学的変遷観として、箸墓古墳→西殿塚古墳→行燈山古墳→五社神古墳→渋谷向山古墳を考えており、東北日本での古墳築造開始の時期を行燈山古墳併行期と考えた。

(51)　小沢一雅は築造企画の決定から墳丘の築造に至る経過を想定し、マスタープラン（当初の築造企画）が立地条件、土木工法などの条件によって変更し得ることから、墳丘は築造企画の反映であることを指摘している（小沢 1988）。筆者も地形の制約によって当初の築造企画を変更した前方後円（方）墳の存在を考えている（澤田 1990・1991）。ここでは、この小沢の主張を支持し、逆に現状で認識し得る墳丘形態から背後に想定される築造企画を復元する。

(52)　1・11 トレンチでの平坦面および傾斜変換線は墳丘主軸に対し平行せず、むしろ中心点より放射状に設定したトレンチに直行しており、その企画が後述のとおり地形の制約を受けて一部で直線的に変更されていたとしてもトレンチ部分は円丘を意識して築造されていたものと考え、後円部としている。したがって、本墳は前方後円墳だと考えている。

(53)　この前方部は現状で矩形を呈するが、これは 3・9・10 トレンチの成果から崩壊によるものではなく、葺石や段築成平坦面が存在することから旧来の姿を留めているものと判断できる。これは、前方部西側コーナー付近の標高 368.00 m より下方の等高線もほぼ同一の傾斜を保っていることから、自然地形の影響によるものと思われるが、3 トレンチでの成果を基にした復元は西側斜面を大きくはみだすものである。この前方部が無規格に施工されているとすれば、この西側斜面を考慮し、やや短い前方部を築造することも可能だったとも想定される。したがって、この前方部は当初の築造企画を変更し、自然地形に沿って整形したものと考えられ、3 トレンチでの成果が、堂ケ作山古墳前方部の当初の築造企画を踏まえている部分と考えている。

(54)　この斜面には葺石の痕跡が観察されず、また 15 区で確認した平坦面においても崩落石は出土していないので、旧来より葺石を有さなかったものと判断している。11 トレンチ最下段の斜面には葺石風の加工が施されているが、これは地山の岩盤を整形したために生じたものと思われ、1 トレンチ最下段斜面と質的に変わるところはない。また、これは 1・11 トレンチ最下段の斜面が、ともに上段、中段斜面と傾斜角度を異にしていることからも、ほかの斜面とは扱いを別にしていると思われ、企画の一部として施工されたも

のとは見なしていない。

(55) 甘粕健は、否定的ながら、この最下段の斜面を基壇部的な付帯施設であると想定している（甘粕 1991）。

(56) 箸墓古墳、西殿塚古墳、行燈山古墳、五社神古墳、渋谷向山古墳など、前期に位置づけられる前方後円墳の後円部上段の段築成平坦面は C 字形を呈し、佐紀陵山古墳、誉田御廟山古墳など前期末から中期以降のそれは前方後円形を呈する特徴がうかがわれる。

(57) 今のところ、堂ケ作山古墳に類似する 3 区型の古墳として、三重県女良塚古墳を挙げることができる。けれども、女良塚古墳の前方部は開かず長方形を呈し、また、段築成の構成などから中期以降に位置づけられることから、ここでは検討の対象から除外した。

(58) 8/27 は、2/3 の 3 乗である。また、筆者はこれまで 4/9 規模類型墳を想定してきた（澤田 1990・1991）が、これは 2/3 の 2 乗であることを念頭においてのものである。

(59) 北條芳隆は、七つ坑 5 号墳が七つ坑 1 号墳のほぼ 1/2 規模相似形であると指摘している（北條 1987）。

(60) 坂本和俊氏のご教示による。

(61) 吉島古墳の墳長は約 28 m であり、権現山 51 号墳の 2/3 もしくは権現山 50 号墳の 1/2 規模に設定されている可能性があり、墳丘の築造企画に関しても再配布された可能性を指摘し得る。

(62) 報告では 6.5 区型の範疇とした（倉林ほか編 2004）が、厳密には墳長 59.1 m、後円部径 33 m に復元できる本墳を、後円部径を 8 として前方部長の比率を求める石部ほかの分類方法によって分析すると、その前方部比は 6.327……となり、6.3 区となる。ただし、後円部径の企画段階で設定された設計図上での規模を 32.6 m として捉えれば、後円部を 8 とした前方部比は 6.503……となり、6.5 区型を指向していたことになる。けれども、いずれの場合にせよ石部らはこのような端数を伴った区型を提示しておらず、この分類手法によれば本墳はやや特殊なものとなる。

(63) 2/9 は 1/3 × 2/3 で説明可能となる。この規模比で築造がなされている例として、岩原双子塚古墳（大山古墳の 2/9 規模）など数基が挙げられ、4/9（2/3 × 2/3）とあわせ畿内大形前方後円墳からの縮小規模比として考慮する必要があるかも知れない。後述のとおり、本墳がただちに渋谷向山古墳の 2/9 規模類型墳という主張をするわけではないが、ここでは 2/9 という規模比が存在する可能性を示し、今後の類例増加を待って、詳細を検討していきたい。

(64) 岸本は、その後、佐紀陵山古墳の築造企画が五社神古墳のそれより生まれる可能性を示唆している（岸本 2000）が、完全 3 段化の成立をどうみるかが、佐紀陵山古墳の築造企画の出自を辿る決め手となる。

(65) なお、神宮寺山古墳の検討にあたって、1947 年に極東米軍が撮影した空中写真（R516-3-68,69）を 5 倍に引き伸ばして実体視したが、北側側面がよく観察され、くびれ部の位置関係などが明確に捉えることができ、鎌木が作成した測量図（鎌木 1962）による比較が裏づけられた。ただ、段築成のめぐり方などにも留意したが、1947 年当時、すでに樹木の繁茂が著しく、現地踏査での観察を上回る成果は得られなかった。けれども、現在、北側側面で観察される平坦面は、その位置関係から段築成の上段平坦面と相当すると思われる。この平坦面は後円部から前方部に連なっており、神宮寺山古墳が完全 3 段化した段築構成を有している可能性が考えられ、これも神宮寺山古墳を佐紀陵山類型と考える根拠のひとつとなっている。

(66) ただし、渋谷向山古墳と五社神古墳の時間差は、異系列上での変化で、築造技術レベルでの系列間交流の産物とみるのが自然であり、必ずしも築造企画の更新といった世代差として置換し得るような時間差を想定しているわけではない。むしろ、両者は近接した時間幅のなかでの先後関係として理解している。

(67) 例として紫金山古墳（4/9）、会津大塚山古墳（4/9）、手古塚古墳（1/4）、長光寺山古墳（1/5）が挙げられる。

(68) 例を挙げておけば、黒島 1 号墳が大山古墳の 1/4、波歌山古墳が大山古墳の中段より上部に由来、鹿歩山古墳が軽里大塚古墳の 4/9、二子塚古墳が見瀬丸山古墳の 1/5 などで、いずれも大山古墳より連なる大王墓系列との関係で展開している可能性がある。

(69)　これは、前方後円墳の築造企画研究を一定の基準で網羅的に扱う遺物研究に置き換えて議論すべきとの、資料操作上の理念に基づく。

(70)　なお、この作業にあたっては、これまであまり問題とされなかった遺跡の立地条件も踏まえて、現存する墳丘形態に反映された築造企画の復元とその類型化に努め、地形の制約などによる変形によって生じたグルーピングエラーの解消と、従来の研究では及ばなかった類型相互の系統、系列関係への言及に留意する。その結果として類型化し得ないものを含んだ多様な在り方を予測できるが、この多様性を抽出し、整理するのが最大の課題である。

　　　また、これらの実体の多様性を踏まえて該期における集団間の政治的関係の実像を解明していくが、その際に多様性を包括し得る新たな解釈理論を創出していく必要がある。もちろん、これは前方後円墳という汎列島的に定式化した墳墓形態の特異性に注目し、そこに反映された政治的紐帯関係を摘出した先行研究（西嶋 1961、近藤 1983、都出 1991）と密接な関連を持つのはいうまでもない。けれども微視的にみた場合、墳墓の定式化とともに一定の秩序に基づく規模の格差が認められ、その格差の追究から、国家的制度としての身分秩序が把握し得る可能性が残されており、部族連合（近藤 1983）あるいは初期国家（都出 1991）という枠組みも再検討の余地があると考えている。

(71)　近藤義郎は（近藤 1960）論考において首長墓が継続して築造される小地域を政治的単位地域と称し、（近藤 1997）論考において政治圏と呼びかえている。ここでは、この小地域に認められる集団を、ある一定領域に勢力を有する政治的グループと認め、政治圏と称した。

(72)　近藤は美野丘陵周辺で首長墓系譜を持つグループを美野地域（近藤 1960）、(4) 圏（近藤 1997）と、また倉林眞砂斗も滝川北地区（倉林 1997）と称している。ここではそれらを近藤の新稿にしたがって政治的まとまりとして捉えているが、ここで (4) 圏と称するには唐突な感があるので美野グループと仮称した。なお、岡グループも同様で近藤の勝間田地域（近藤 1960）、(3) 圏（近藤 1997）、倉林の滝川南地区（倉林 1997）を指す。

(73)　その後、2008 年に植月寺山古墳の測量調査を実施し、墳長 91.5 m の規模と墳丘形態を確認した。その成果から、後述の箸墓古墳の 1/3 規模で築造企画を共有する可能性を追認した。

(74)　神宮寺山古墳は半壊状態であり、資料性に問題を残すが、佐紀陵山古墳の 3/4 規模で墳丘各部がよく合致し、類型墳とみている。また牛窓天神山古墳も墳裾が判然としないが、佐紀陵山古墳の 1/2 規模で墳頂平坦面がよく合致し、佐紀陵山古墳の中段斜面の下端に外形の枠組みが合致する。牛窓天神山古墳は基本的には美作地方の関連古墳と同様な在り方をしており、ただちに類型墳とするのは問題があるかも知れない。けれども、100 m 近い規模や円筒埴輪の存在から、ここでは類型墳と捉えておきたい。

(75)　神宮寺山古墳を基準に各古墳を検討すると真加部観音堂 1 号墳が 1/3、狐塚古墳が 2/5、川東車塚古墳が 4/9 となり、また牛窓天神山古墳を基準に規模比を求めると真加部観音堂 1 号墳が 1/2、狐塚古墳が 3/5、川東車塚古墳が 2/3 となる。3 者の規模比は、おおむね正数分比であり、神宮寺山古墳あるいは牛窓天神山古墳のいずれかを介して企画や規模が設定された可能性が考えられる。

(76)　例えば真加部観音堂古墳などは、円墳の造られている方向に前方部を設ければ、より広く、長い古墳を造ることができた。けれども、実際には北方向に狭く小さい前方部を設置している。これが何に起因したかが、造営地の選択にあたっての条件を解く鍵となろう。同様の例は京都府椿井大塚山古墳ほか多くの古墳で認められており、詳細は第 5 章の註 (1) に譲るが、検討の結果、築造企画や設置規模に制限があったことや墳丘主軸と埋葬頭位の関係に一定の規範があったために、その範囲でもっとも条件の適合する造営地を選択し、古墳を築造した可能性が考えられる。

(77)　美作地方以外でも、都出比呂志の成果（都出 1988）を参考にする限り、京都府向日丘陵においても同様の傾向が読みとれる。

第4章　美作地方における前方後円墳秩序の展開

第1節　美作地方における前方後円墳秩序

　本節では美作地方における首長墳系列の再検討をおこない、あわせて畿内大形前方後円墳（以下、大王墓）系列の変動が、地方においてどのように反映しているのかをみていく。これまでも大王墓と地方の首長墳との連動した関係が論じられ、政治史的な考察が加えられている（小野山1970、都出 1989）が、これまで筆者がおこなってきた美作地方での調査の成果（倉林ほか編2000、河本編 2006）から、この問題に迫りたい。なお、これまでの美作地方における主要古墳の調査状況は第15表のとおりである。

　ここでは、これまでに検討してきた美作地方での首長墳系列（澤田 2005b）に、その後の測量調査成果を加え、新たな首長墳系列を提示する。そして、次に美作地方の首長墳系列が吉備地方、とりわけ備前、備中地方を含めた枠組みのなかでどのように位置づけられるのかを墳丘形態から分析し、そのうえで吉備地方における首長墳の動態と畿内における大王墓の変動がどのような関係にあるのかを追究し、美作地方における前方後円墳秩序の実態を解明していく。

　事例として取りあげる美作地方では首長墳として、これまでに前方後円墳約50基、前方後方墳約10基、計60基程度が確認されている（近藤編 1992a）。ただし、これらのすべてを踏査したわけではなく、未だに実態のわからない古墳も少なくない。そのなかでこれまでの調査や踏査によってある程度の情報の欠落を補った53基の前方後円墳（43基）、後方墳（10基）、それに11基の円墳、方墳を加えて、首長墳系列の抽出に取り組んだ。円墳、方墳は美作地方のなかで比較的大きい部類に入る30 m 級のもの、また造出しのあるものや埴輪が出土しているものなどを加えて前方後円墳、後方墳の空白を補った。

　以下、美作地方の地勢、分析方法を示したうえで、首長墳系列を検討していきたい。

1. 美作の地勢と分析の視点

　美作盆地は東西約 45 km にのびる。盆地のなかには吉井川と旭川が流れ、大きく2つの水系から成り立っているが、吉井川は飯岡地域とした月の輪古墳のある地域で吉野川と合流しており、その上流を吉井川本流と吉野川水系とに分けて考えることができる。そして、それを含めた吉野川水系、吉井川水系、旭川水系の3つの河川によって美作盆地が形成されている。美作地方の古墳はおおむねこれらの主要河川に連なる支流を含めて、河川の作用によって生じた小盆地に造られてい

第15表　美作地方の主要古墳（●・▲は筆者が調査に関わって資料化したもの）

地域	古墳名	墳長	墳形	埋葬施設	副葬品	葺石	三重口縁壺	埴輪	須恵器	墳丘測量図	類型
梶並川流域	河咋古墳	46.5	後円	▲	?	●	?	×	×	●	花光寺山1/2
	樽原寺山古墳	52	後方	●	△	●	?	×	×	●	神宮寺山1/3
	真加部観音堂古墳	44	円	?	?	?	?	?	×	●	
	上軽塚2号墳	26	円	?	?	?	×	?	×	●	
	上軽塚3号墳	25	方	△	?	?	×	?	×	●	
	金焼山古墳	36	帆立	▲	?	?	?	○	○	○	
	塚山古墳	22	帆立	△	?	?	×	×	×	×	
	諛青塚古墳	27	帆立	△	?	?	×	×	×	○	
美野地域	樽月寺山山古墳	91.5	後円	?	▲	●	?	●	●	●	審墓1/3
	美野中塚古墳	51	後方	?	?	?	?	●	×	●	樽月寺山3/5?
	西宮神社裏古墳	(39)	後方	?	?	?	×	×	×	●	美和山1/3
	臼井高塚古墳	42	後方	?	?	?	×	×	×	●	赤磐1/1
	美野高塚古墳	65	後方	?	?	?	×	●	○	●	宝来山1/3
勝間田地域	莘平山古墳	(50)	後円	?	?	?	?	●	×	●	西殿塚1/4
	殿茸塚古墳	40	後円	●	▲	●	?	○	○	●	美和山1/3
	岡高塚古墳	56	後円	▲	?	●	●	●	?	●	神宮寺山2/5
	中塚5号墳	21	後円	?	?	?	?	?	?	○	
	よつみだわ2号墳	20	後円	○	○	?	○	?	○	○	
飯岡地域	大年1号墳	18.5	円	○	△	?	?	?	?	×	
	王子中古墳	40	円	○	?	?	?	?	×	×	
	月の輪塚古墳	55	円	○	?	?	?	○	×	●	
	釜の上古墳	55	円	●	▲	●	●	●	○	●	
加茂川流域	日上天王山古墳	56.9	後円	?	?	?	?	×	×	○	
	近長四ツ塚2号墳	45	後円	○	?	?	?	?	×	○	
	一貫東古墳	31	後円	○	△	?	?	?	?	○	佐紀陵山?
	正仙塚古墳	52	帆立	○	?	?	?	?	×	○	
	井口車塚古墳	35	円	?	?	?	?	×	×	○	
	楢木塚1号墳	30	円	○	△	?	?	?	?	○	
	宗枝6号墳	35	後円	?	?	?	?	?	?	?	
	日土猷山80号墳	32	後円	?	?	?	?	?	?	○	
	茶臼山1号墳	21	後円	△	○	?	○	○	○	○	
津山地域	玉琳大塚古墳	(35)	後円	△	?	?	?	?	?	?	
	美和山1号墳	80	後円	▲	▲	●	?	×	×	●	行燈山1/3
	田邑丸山2号墳	40	後円	○	?	?	?	×	×	○	
	上横野丸山古墳	35	後円	○	○	?	?	×	×	○	
	十六夜山古墳	60	後円	○	○	?	?	○	?	○	
鏡野地域	郷観音山古墳	43	後円	▲	?	●	?	×	?	●	五社神1/6
	赤崎古墳	45	後円	○	?	?	?	×	×	○	
	土居妙見山古墳	25	後円	△	▲	●	●	●	○	●	
	竹田妙見山1号墳	36	後円	?	?	?	?	×	○	○	
	古川3号墳	30	円	○	?	?	?	?	?	×	
	宗枝6号墳	38	円	○	△	?	?	?	?	?	
	沖来日山古墳	24.5	後円	?	?	?	?	?	?	?	
	へいのやま古墳	24	後円	?	△	?	○	?	○	○	
	左衛門山古墳	22	帆立	○	?	?	?	?	○	○	
久米川流域	土居天王山古墳	(27)	後円	▲	?	●	?	?	×	●	桜井茶臼山3/10
	岡5号墳	56.5	後円	?	?	?	?	×	×	●	神宮寺山2/5
	狐塚古墳	52	後円	○	?	?	?	×	×	○	
	久米三成4号墳	(35)	後方?	○	?	?	?	?	?	?	こうもり塚?
	滅ノ池古墳	35	後円	●	●	●	●	●	○	●	
皿川地域	諏訪神社裏古墳	50	後方	●	▲	●	●	●	○	●	メスリ山1/4
	奥の前古墳	65	後円	?	?	?	?	●	○	●	渋谷向山1/4
	瓢箪山1号墳	35	後円	○	△	?	?	○	○	○	
	高野根山1号墳	32	後円	○	?	?	?	?	?	○	
	中宮1号墳	23	帆立	○	?	?	?	?	?	○	
徳文川流域	高野根山2号墳	36	後円	●	▲	●	?	×	○	●	
香合地域	垂水古墳	26	後円	△	?	?	?	?	?	○	
	天皇塚古墳	25	後円	○	?	?	?	?	×	○	
	横の前3号墳	32	後円	○	?	?	?	?	?	○	
	横郡1号墳	31	後円	○	?	?	?	×	○	○	
	井出伊賀古墳	25	後円	○	?	?	?	?	○	○	
	川東車塚古墳	59	後円	●	▲	●	●	?	●	●	神宮寺山4/9

164

る。美作盆地の地勢と古墳の分布は第79図に示したとおりで、このなかから首長墳系列を抽出し
ていく。

　美作地方における首長墳系列の抽出は、近藤義郎がすでにおこなっており（近藤 1960・1997）、
吉野川水系に関しては、月の輪古墳のある飯岡地域を中心として前期に同時に展開した首長墓群を
抽出し、小盆地など地形的に完結する小地域の首長墳系列を把握し、互いに「相対的な自立性」を
持った存在であるとの見解が示されている（近藤 1960）。

　近藤は、その後、1997年にこれらの首長墳系列を捉え直し、吉井川水系の一部も議論の俎上に
のせて再論している（近藤 1997）。本節における抽出作業も基本的に近藤の分析方法に則ってお
り、首長墳系列の概念設定に関する新たな問題提示はない。けれども、この数年間で新たな資料が
加わっており、より詳細な古墳の実態が判明している。ここでは、その成果を踏まえ、今日的な資
料のなかで今一度点検し、基礎的な実態把握として、最小単位での首長墳系列の抽出を目指し作業
をおこなっていく。抽出作業は、近藤にならい、同時に存在する前期の首長墳系列を排他的に扱っ

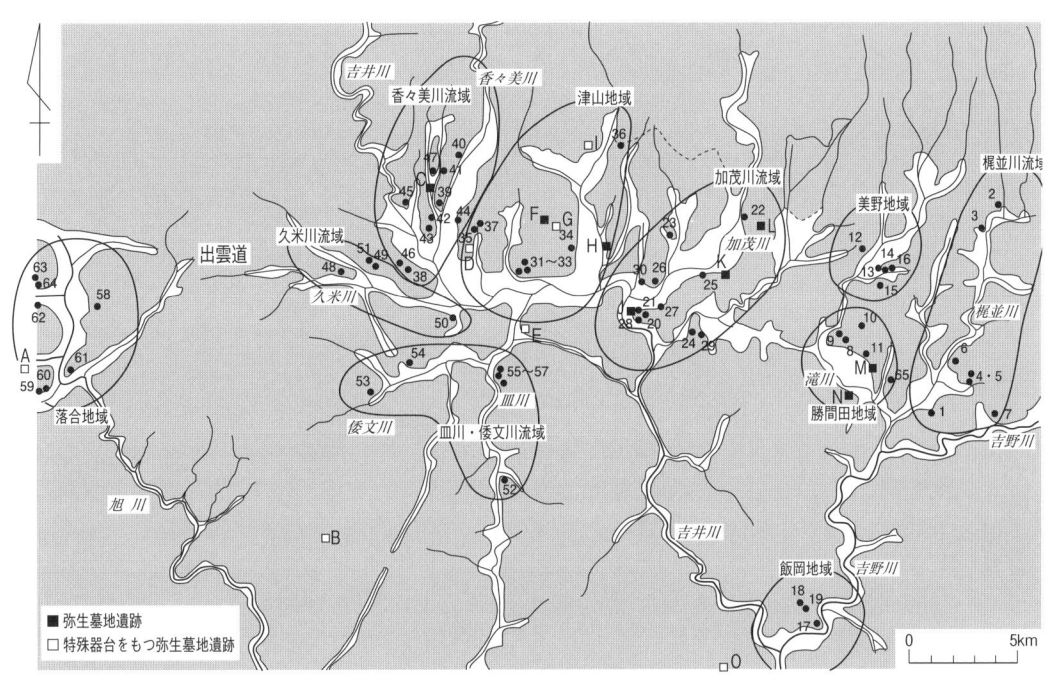

梶並川流域　1. 楢原寺山　2. 河合　3. 真加部観音堂1号　4. 上経塚3号　5. 上経塚1号　6. 金焼山
7. 録青塚　勝間田地域　8. 琴平山　9. 殿塚　10. 岡高塚　65. 中桜5号　11. よつみだわ2号　美野地域　12. 植月寺山
13. 美野中塚　14. 西宮神社裏　15. 田井高塚　16. 美野高塚　飯岡地域　17. 王子中　18. 釜の上　19. 月の輪　加茂川流域
20. 日上天王山　21. 日上畝山1号　22. 近長四ツ塚2号　23. 正仙塚　24. 一貫東1号　25. 井口車塚　26. 橋本塚1号
27. 飯塚　28. 日上畝山80号　29. 茶臼山2号　30. 玉淋大塚　美和山地域　31. 美和山1号　32. 美和山3号
34. 一十六夜山　35. 田邑丸山2号　36. 上横野小丸山　37. 田邑丸山1号　香々美川流域　38. 郷観音山　39. 竹田妙見山
40. 赤畤　41. 土居妙見山　42. 古川3号　43. 宗枝6号　44. 沖茶臼山　45. へいのやま　46. 左衛門山
47. 土居天王山　久米川流域　48. 岡大塚　49. 鴻の池2号　50. 狐塚　51. 久米三成4号
皿川・倭文川流域　52. 諏訪神社裏　53. 奥の前1号　54. 瓢箪山1号　55. 高野根山1号　56. 中宮1号　57. 高野根山2号
落合地域　58. 天皇塚　59. 槇の前3号　60. 横部　61. 川東車塚　62. 日名3号　63. 稲荷山　64. ムスビ山
弥生墓地遺跡　A. 中山遺跡*　B. 仁王免遺跡*　C. 竹田8号墓*　D. 有本遺跡*　E. 皿丸山遺跡　F. 下道山遺跡*
G. 権現山遺跡　H. 竹ノ下遺跡　I. 上原遺跡　J. 日上畝山1号墳下層*　K. 三毛ヶ池遺跡*　L. 才の峙*　M. 小中遺跡
N. 坂田墳墓群　O. 愛宕山遺跡（下線は特殊器台・壺が出土、*は区画墓ないし墳墓）

第79図　美作地方の首長墳分布と政治圏

ておこない、あわせて推定される領域設定をおこなった。その結果が第79図に示した領域であり、各領域で展開する古墳を時系列上に置き換えたものが第80図である。これをもとに近藤が1960年に示した小地域間の「相対的な自立性」（近藤 1960）、つまり美作地方内部における「政治的単位地域」（近藤 1960）あるいは「政治圏」（近藤 1997）というものの相互関係がどのようなものであったかを、今日的に見直すのがここでの課題となる。

　小地域間の相互関係を分析する具体的な方法として、墳丘形態に反映された築造企画の相同相異に注目して検討していくが、すべての古墳の資料の精度が等質であるわけではなく、比較的資料の整っている地域を事例に見とおしを示すに留めた。ただし、将来的には美作地方で抽出される小地域、政治圏が前方後円墳を基調とした墳墓祭式を媒体にどのような関係にあるのか、あるいはその秩序の解明を目指して調査研究を継続しているので、現段階でどの程度の実態解明が進んでいるのかを点検する意味を込めて、羅列的ではあるが個々の首長墳系列の在り方を示し、最後に若干、墳丘形態の相同相異から求められる地域間の関係について触れていきたい。

2. 首長墳の分布と首長墳系列の抽出

　このような作業をとおして抽出した美作盆地の首長墳系列について概要を示していく（第80図）。

　結論的には第3章第7節で示したとおり、10の首長墳系列を確認したが、その分布状況は吉井川と吉野川が合流地点である飯岡地域に1系列、吉野川水系では梶並川沿いに1系列、滝川沿いでは勝間田地域と美野地域に1系列ずつであった。また吉井川水系では5つの首長墳系列が抽出できた。加茂川流域、皿川・倭文川流域、久米川流域、香々美川流域など河川沿いに一系列ずつ、また津山地域とした津山盆地のほぼ中央にもひとつの系列が認められる。津山地域では小盆地地形を単位とした明確な領域区分ができず、津山地域と香々美川流域、あるいは香々美川流域と久米川流域では、同一丘陵上にある古墳においても、その帰属を別なものとして捉えている。このような帰属な判然としないものの峻別にあたっては、個々の古墳が分水嶺のどちらにあり、どちらの盆地を指向しているかを基準とした。また旭川水系でも首長墳系列がひとつ認められる。旭川に備中川と河内川とが合流する落合町域の小盆地で、久米川流域の首長墳系列からは10kmほど西に離れ、その間には分水嶺が存在している。

　このように美作地方の首長墳系列は、津山盆地を中心とした東西の地域にみられ、主として河川に沿って領域を形成している。

3. 各地の首長墳系列

　次に各地域の首長墳系列の特徴についてみていく。なお、各古墳の帰属時期に関して用いた時期区分は、前期、中期、後期の3期区分とともに、ここでは和田晴吾による時期区分（和田 1987）を併用している。

飯岡地域　飯岡地域の首長墳系列は円墳で構成されているのが特徴で、王子中古墳からはじまり月の輪古墳、釜の上古墳という変遷が想定される。釜の上古墳と月の輪古墳の先後関係は、埴輪の新古から求められる（山田 2008、米澤 2008）。また王子中古墳と同じ尾根上には王子上古墳、王

時期 / 地域			旭川水系		吉井川水系					吉野川水系		
			落合地域	皿川・倭文川流域	久米川流域	香々美川流域	津山地域	加茂川流域	飯岡流域	美野地域	勝間田地域	梶並川流域
弥生後期後半			中山遺跡	仁王免遺跡			有本遺跡 皿丸山遺跡 権現山遺跡 上原遺跡		愛宕山遺跡			

第 80 図　美作地方の首長墓系列

子下古墳の円墳があり、これらの実態が判明すれば、これらの古墳を組み込んだ首長墳系列も提示できるようになる。

　また月の輪古墳に後続するものとして、円墳である伊勢山古墳が存在しており、これを加えても本地域の首長墳系列は円墳で構成されている。伊勢山古墳は径30ｍと月の輪古墳の半分程度の規模であり、月の輪古墳の築造後、中期以降に顕著な首長墳が造られなくなるのも特徴のひとつである。

　梶並川流域　梶並川流域の首長墳は、河川に沿って南北10ｋｍのやや広い範囲で展開している。広範な領域をひとつの首長墳系列として捉えたものの、地勢をみると美作町域の豊国原盆地と勝田町域の真加部地域とに二分される感がある。また分布図のなかで「梶並川」と記したところにはゴルフ場があり、このゴルフ場内にも古墳が存在する可能性がある。今後の発見によっては、将来的に2つの首長墳系列に分けて考える必要がある。

　梶並川流域では河合古墳の築造時期が前期初頭と判明し、この河合古墳から首長墳の築造がはじまり、3期の前方後方墳である栖原寺山古墳に引き継がれることが明らかとなった。栖原寺山古墳に後続するのは真加部観音堂古墳であり、前方後円墳から前方後方墳に移行したのち前方後円墳に回帰し、また中期には円墳、方墳へ、さらに中期末になって再び小形ながら前方後円墳へと移り変わっている。その意味で、この地域の首長墳系列は墳形が一定しないのが特徴である。

　このように本地域では前期初頭、後期後半を除いて首長墳が展開し、前方後円墳→前方後方墳→前方後円墳⇒円墳⇒小形前方後円墳（以下、時期内での変化に→を用い、時期をまたぐ変化の際に⇒を用いる）と推移していく。なお、この地域では弥生時代後期後半代の弥生墳丘墓が調査され、河合古墳に先立つ首長の存在とその墳墓の実態が明らかになりつつある[1]。この墳丘墓は豊国原盆地と真加部地域のあいだにあり、古墳の空白地帯に築かれた点には注意を要する。

　勝間田地域　勝間田地域の前期の首長墳は、琴平山古墳が西殿塚古墳の1/4規模類型墳で、殿塚古墳が行燈山古墳に由来する美和山1号墳の1/2規模（第82図1）（澤田 2000）、また岡高塚古墳が佐紀陵山古墳に由来する神宮寺山古墳を経由して築造企画がもたらされた可能性がある（澤田 2004）。したがって、その変遷として琴平山古墳→殿塚古墳と前方後円墳が続けて築かれた後、前方後方墳である岡高塚古墳の築造が想定される。このように、この地域では前期のなかで前方後円墳から前方後方墳へとかわっており、この点が特徴となっている。また、ここでは顕著な中期古墳がみられず、中期末頃と思われる中塚古墳群の形成まで首長墳の築造が停止している。中塚古墳群は横穴式石室を採用する前の6〜7基からなる初期群集墳と思われるが、小形前方後円墳を1基含んでいる。詳細な墳形や規模は不明であり、これも今後の調査を踏まえて位置づけを確定していく必要がある。

　いずれ本地域では前方後円墳→前方後方墳⇒なし⇒小形前方後円墳（群集墳）と推移している。

　美野地域　この美野地域では前期に前方後方墳が集中して築かれている。墳長91.5ｍの植月寺山古墳を最大規模として、美野盆地を挟んだ南の丘陵上に美野中塚古墳→西宮神社裏古墳→田井高塚古墳→美野高塚古墳の順に築造されたと思われる。そして、植月寺山古墳が美野中塚古墳と同様に撥形前方部を有し、箸墓古墳の1/3類型墳の可能性がある（第81図1）。また美野中塚古墳の墳丘

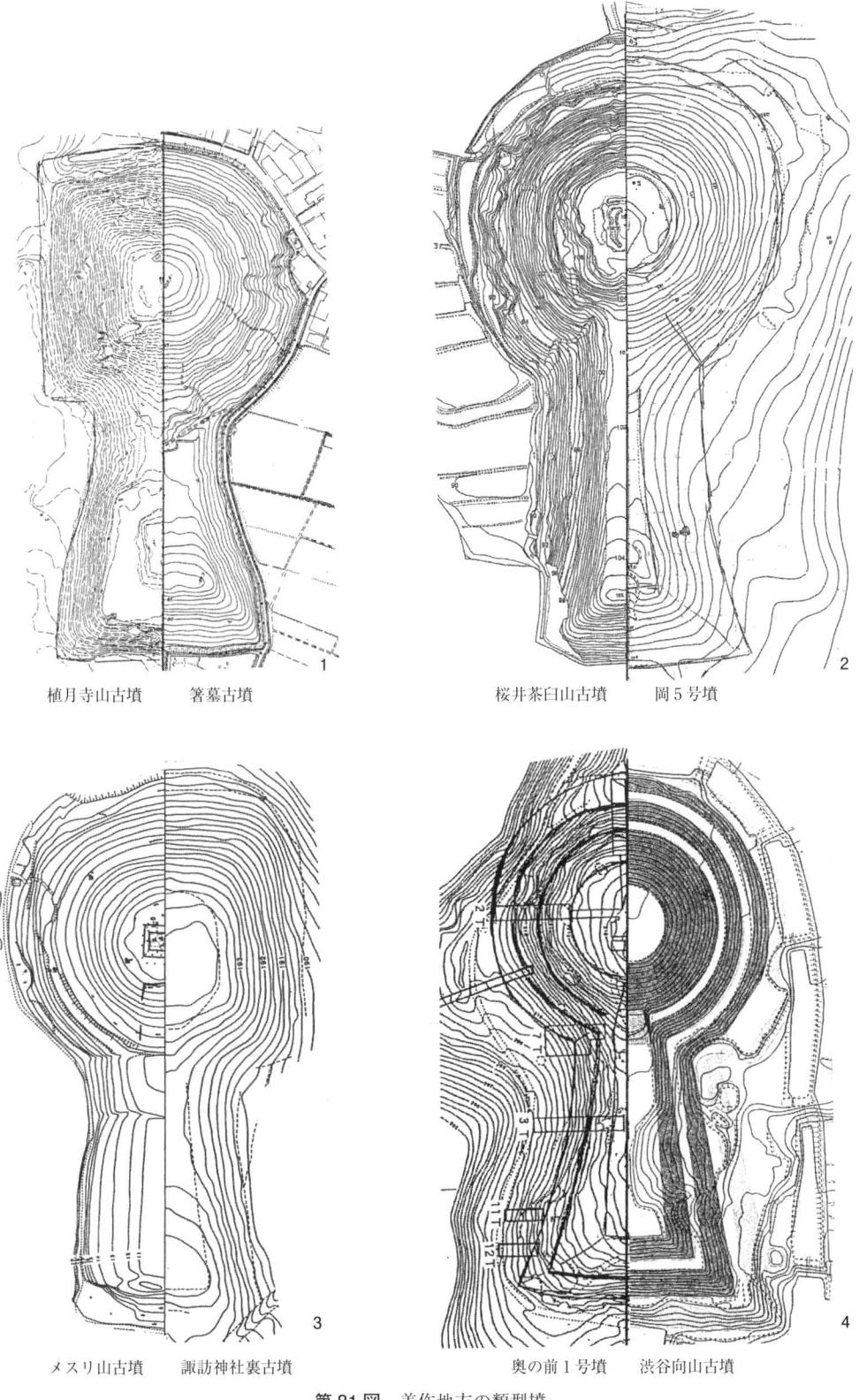

植月寺山古墳　　箸墓古墳　　　　　　桜井茶臼山古墳　　岡 5 号墳

メスリ山古墳　　諏訪神社裏古墳　　　　　奥の前 1 号墳　　渋谷向山古墳

第 81 図　美作地方の類型墳

形態が植月寺山古墳のそれにきわめてよく似ている（澤田 2000）。この成果は植月寺山古墳の築造を契機に、その規模を減じて築造された可能性を示しており、植月寺山古墳と美野中塚古墳とはほぼ併行して築かれた可能性を示している。つまり、ある1時期に2つの首長墳が併存していたのであり、第80図ではこの点を踏まえて表示した。

この地域での特徴は前期を通じて前方後方墳が連続して築かれ、美野高塚古墳を最後に中期以降に顕著な首長墳が築かれないところにある。また現状で勝間田地域とは異なり後期に首長墳と呼べる顕著な古墳が認められず、前期末で首長墳系譜が途絶える。あえて示せば前方後方墳⇒なし⇒なし、となる。

加茂川流域　津山盆地のなかで東半に展開する首長墳系列が加茂川流域であり、吉備地方南部から吉井川に沿って遡上した場合、この地域が津山盆地への入り口となる。この地域では古墳時代全時期を通じて首長墳が築かれるほか、のちの時代に国分寺、国分尼寺が造られるなど、美作地方の中心地といえる。

加茂川流域では前期初頭から末葉まで前方後円墳が築かれ、中期に円墳ないし造出し付円墳が展開している。前期には発掘調査され埋葬施設と墳丘形態が明らかな日上天王山古墳と、長持形石棺が知られている正仙塚古墳を定点にして系列関係が組み立てられる。日上天王山古墳には調査成果から浦間茶臼山古墳に併行する1期後半の築造時期が与えられ（澤田 1997）、また正仙塚古墳には、知られている石棺がのちに触れる奥の前1号墳の石棺と比較して僅かに新しい所産と考えられるので、3期末から4期前半のなかでの築造時期が与えられる。そして、中期には、釜の上古墳にほぼ同時かやや後出する頃に井口車塚古墳が築かれ、続けて橋本塚古墳、飯塚古墳が築造される。その後、中期末から初期群集墳である日上畝山古墳群の形成がはじまり、そのなかで前方後円墳の築造が再開し、それを契機として10期まで小形前方後円墳が築かれている。今のところ横穴式石室を持つ前方後円墳がみられないので、11期を空白と考えているが、あるいは未知の首長墳があるのかも知れない。

いずれ前方後円墳⇒造出し付円墳⇒小形前方後円墳と、形態を違えながらも首長墳が前期初頭から後期まで連続するのがこの地域の特徴となっている。また、もうひとつの特徴として挙げられるのが、墳長57mの日上天王山古墳を最大として、他地域にみられるような70m、80m級の大形墳が造られていない点である。つまり前期から後期まで一貫して首長墳が築かれ、のちに国分寺が建立される中心地でありながら、美作地方のなかで最大規模の古墳が築かれていない。このことは、美作地方のなかでも中心的な役割を果たしつつ、最高位に就くことのなかった首長の存在を暗示しており、地方の政権構造を勘案するうえで示唆的である。

津山地域　ここでは現状で1期の首長墳はみられない。2期に前方後円墳である美和山1号墳と前方後方墳である田邑丸山2号墳とが併行して築造されており、美野地域の植月寺山古墳と美野中塚古墳と同様な状況がみられる。美和山1号墳は墳長約72mで、大王墓である行燈山古墳の築造企画に則って1/3規模で築かれた可能性があり、2期の所産と考えられる。田邑丸山2号墳は三角縁神獣鏡のうち波紋帯神獣鏡群で構成される鏡群の出土が知られており、やはり2期の所産として理解できる。後続する首長墳としては、やや奥まった横野川上流に位置を変えて築造された上横野

小丸山古墳が挙げられる。美和山 1 号墳の立地する丘陵上には、前期のなかで数基の円墳群が築かれるものの、後続する前方後円墳はみられない。また田邑丸山 2 号墳の周辺でも、円墳である 1 号墳が築かれたのち、前期末葉で首長墳の築造が一旦停止する。そして、時期を隔てた中期末に十六夜山古墳が築かれ、前方後円墳の築造が再開している。しかし、これも単発的であり、その後、この地で首長墳を見いだすことはできない。

　このように、津山地域では前方後円墳・前方後方墳→前方後円墳⇒なし⇒前方後円墳→なし、という推移を辿る。

　香々美川流域　香々美川流域では、前期初頭から後期まで前方後円墳を主体とした首長墳の連続した築造がみられ、津山地域とは異なる様相を呈している。ここでは、中国製三角縁神獣鏡が出土した郷観音山古墳から首長墳の築造がはじまり、前期に前方後円墳が築かれる。中期初頭に円墳である宗枝 6 号墳が築かれ、一旦首長墳の築造が休止するものの、8 期に 40 m の円墳である沖茶臼山古墳が築かれて首長墳の築造が再開され、後期を通じて前方後円墳が造られていく。ただし、この地域の墳丘規模は小さく、もっとも大きい赤峪古墳でも 45 m 程度で、多くのものが 20〜40 mほどである。とはいえ、墳丘規模が小さい一方で三角縁神獣鏡をはじめとする銅鏡の出土が多く、古墳の規模と副葬品の内容に格差が認められる。

　このように本地域では前方後円墳⇒円墳⇒前方後円墳という展開がみられ、前期初頭から後期後葉までほぼ一貫して首長墳が築かれている。また墳丘規模と副葬品の質に格差が認められるが、加茂川流域の首長と同様に、ここにも本地域の首長が美作地方のなかで担った地位や役割が反映しているとみておきたい。

　久米川流域　久米川流域の首長墳は、これまで未知の部分が多くあったが、測量調査によって岡5 号墳（岡大塚古墳）、鴻ノ池 2 号墳の編年的位置づけが可能となり、資料不在の状況を脱した。

　まず岡 5 号墳は測量調査成果から桜井茶臼山古墳と 3/10 規模での築造企画の共有（第 81 図 2）が明らかとなり、前期前半代の築造時期が想定可能となった。1〜2 期のあいだに位置づけてよい。一方、鴻ノ池 2 号墳は陶棺を内包する横穴式石室を持つ前方後円墳で、その築造企画はこうもり塚古墳に由来する可能性があり、10 期ないし 11 期の築造と考えられる。このほか、この地域のなかで定点となるのは狐塚古墳と久米三成 4 号墳であるが、狐塚古墳が前期末、久米三成 4 号墳が中期初頭に位置づけられる。今のところ首長墳に相応しい中期古墳、後期前半の古墳を確認しておらず、久米三成 4 号墳の築造後に首長墳が一時途絶えている。なお久米三成 4 号墳は、報告者によって前方後方墳とされている（河本・柳瀬 1979）が、2 基の方墳との見方もある（近藤編 1992a）。どちらにしても、墳丘規模、副葬品の内容からみて当地の首長墳のひとつとして捉えることに問題はない。いずれ本地域の首長墳系列では、前方後円墳（→方墳）⇒なし⇒前方後円墳という展開が考えられる。

　なお、岡 5 号墳が桜井茶臼山古墳の類型墳だと判明したのは重要で、後述の皿川・倭文川流域に所在する諏訪神社裏古墳がメスリ山古墳と築造企画を共有している（第 81 図 3）ほか、奥の前 1号墳のそれが渋谷向山古墳に由来する可能性があり（第 81 図 4）、桜井茶臼山系列の一連の類型墳がこの地に集中して築かれている。

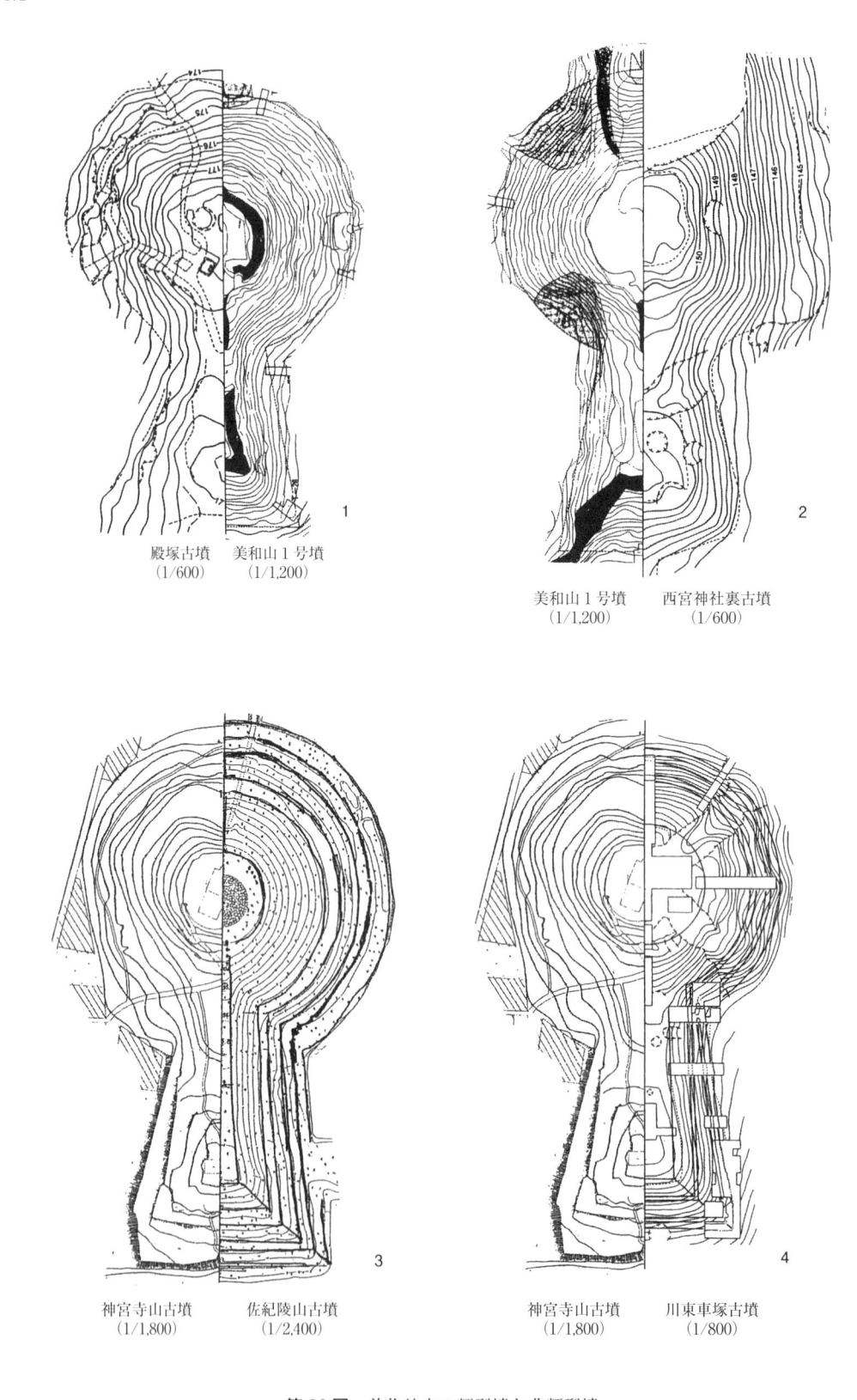

1　殿塚古墳　　美和山1号墳
　　（1/600）　　（1/1,200）

2　美和山1号墳　　西宮神社裏古墳
　　（1/1,200）　　（1/600）

3　神宮寺山古墳　　佐紀陵山古墳
　　（1/1,800）　　（1/2,400）

4　神宮寺山古墳　　川東車塚古墳
　　（1/1,800）　　（1/800）

第82図　美作地方の類型墳と非類型墳

　皿川・倭文川流域　皿川・倭文川流域は、当初、2つの流域に分けて首長墳系列の検討をおこなった。けれども、検討の結果、両地域をまたいで首長墳に連なりが認められ、これをひとつの首長墳系列と捉え、皿川・倭文川流域とすることにした。

　この地域で最初に築かれるのは諏訪神社裏古墳で、前方後方墳であるもののメスリ山古墳か桜井茶臼山古墳の築造企画に則って築かれた可能性があり、2期を前後する時期の所産と考えている。そして、次代の首長墳として奥の前1号墳が倭文川の最深部に築かれている。この古墳は、その築造企画が大王墓である渋谷向山古墳に由来する可能性があるほか、長持形石棺や竪矧板革綴短甲などの副葬品、埴輪から3期の所産と考えている。ただし、奥の前1号墳に後続する中期の首長墳は現在のところみられない。その後は、9期になって皿川、倭文川の双方で小形前方後円墳が造られ、後期を通じて皿川流域の佐良山山塊に後期群集墳が築かれていく。

　したがって、この地域では前方後方墳→前方後円墳⇒なし⇒前方後円墳（群集墳）という推移を辿る。

　落合地域　落合地域は、今のところ墳長約30mの前方後円墳である天王塚古墳がもっとも古く、幅が狭く短小な前方部形態から行燈山古墳に併行する時期が考えられる。ただし、これは大王墓である行燈山古墳から直接的に築造企画がもたらされたのではなく、行燈山古墳の4/9規模類型墳と考えられる吉備南部地域の中山茶臼山古墳か、美作地方のなかでは1/3規模類型墳である津山地域にある美和山1号墳からもたらされた可能性がある。同様な例はほかにもあり、勝間田地域の殿塚古墳や美野地域の西宮神社裏古墳などが、行燈山古墳に由来する中山茶臼山古墳か美和山1号墳を経て築造されたと考えられる（澤田 2000）（第82図1・2）。

　天王塚古墳に後続する首長墳として、3期の築造が想定される30m級の前方後円墳2基が挙げられ、続けて前期末（4期）の川東車塚古墳を挙げることができる。なお、この川東車塚古墳の築造企画は備前地方の神宮寺山古墳からの派生を考えている（第82図3・4）（澤田 2004）。詳細は第3章第6節で論じたが、神宮寺山古墳は佐紀陵山古墳の築造企画に由来する可能性があり、川東車塚古墳も前期のなかに位置づけられると考えた。美作地方には、現状で佐紀陵山古墳から直接的に築造企画がもたらされたと思われる類型墳は認められない。川東車塚古墳に墳丘形態が類似し前期末の築造と考えられる古墳として、久米川流域の狐塚古墳や勝間田地域の岡高塚古墳、梶並川流域の真加部観音堂1号墳などが挙げられるが、これらの被葬者はすべて備前地方の神宮寺山古墳の首長と接点を持っていた可能性がある（澤田 2000）。

　川東車塚古墳の築造以降、今のところ中期の顕著な首長墳が確認できず、この地域では首長墳の築造が停止する。とはいえ、長い空白の後、後期の10期後半になって横穴式石室を伴った前方後円墳が再び出現する。本地域の状況をまとめると、前方後円墳⇒なし⇒なし→前方後円墳となる。

　各地の首長墳の様相　最後に各地の様相をまとめておくと、前期に前方後円墳のみが首長墳として展開するのが加茂川流域、香々美川流域、落合流域であり、準じるものとして久米川流域が加えられる。また前方後方墳だけで構成されるのが美野地域で、混在するのが梶並川流域、勝間田流域、津山地域、皿川・倭文川流域となる。混在の仕方は前方後方墳→前方後円墳、前方後円墳→前方後方墳、前方後円墳→前方後方墳→前方後円墳の3種が認められる。また飯岡地域は円墳だけで構成

されており、美作地方のなかで特異な存在となっている。

　前期から中期への変化は、美作地方のなかでは斉一的で、加茂川流域と梶並川流域の2地域を除いて前方後円墳の築造が停止する。その契機は飯岡地域の釜の上古墳、月の輪古墳の築造に求められ、以降、加茂川流域でも30m級の造出し付き円墳に転化したうえで継続的に、また梶並川流域でも20m級の円墳、方墳に転化して首長墳系列が展開する。基本的に限定された地域に前代とは異なる墳形となって首長墳が築造される。また中期末には、各地域で前方後円墳の築造が再開するが、その規模を前期の半分程度としている。ちなみに律令期に中心地となる国府が設置されるのが津山地域で、国分寺、国分尼寺が建立されるのが加茂川流域となる。

　また大王墓と築造企画を共有する類型墳をみていくと、箸墓系列では箸墓古墳：植月寺山古墳（1/3規模）、西殿塚古墳：琴平山古墳（1/4規模）、行燈山古墳：美和山1号墳（1/3規模）、五社神古墳：赤峪古墳（1/6規模）、宝来山古墳：美野高塚古墳（1/3規模）、一方、桜井茶臼山系列では桜井茶臼山古墳：岡5号墳（3/10規模）、メスリ山古墳：諏訪神社裏古墳（1/4規模）、渋谷向山古墳：奥の前1号墳（1/4規模）と畿内地方で前期に展開する2つの大王墓系列を受容し、そのまま再現している。

　次に、このような首長墳系列の動態の背景について考えていく。

4. 美作地方における首長墳の展開

　美作地方における首長墳の展開を理解する前提として吉備南部の動向を示しておくと、吉備地方南部では畿内の大王墓と直接的な関係締結のもとで築造される類型墳と、それに基づいて二次的に造られる非類型墳とが存在する（澤田 2003）。そして、結論的には美作地方でも吉備地方南部の動向と軌を一にしている。

　美作地方で畿内の大王墓と直接的に交渉を持っている類型墳は、箸墓系列で植月寺山古墳、琴平山古墳、美和山1号墳、美野高塚古墳、桜井茶臼山系列で岡5号墳、諏訪神社裏古墳、奥の前1号墳であった。基本的に前期を通じて畿内から直接的に墳丘の築造企画がもたらされ、2つの大王墓系列をそのまま再現している。そして、これらの類型墳は地域を横断して継続的に造営されており、美作地方を代表する首長あるいは首長権の移動として捉えられる。また、これらの類型墳から美作地方の小地域に波及し、築造された首長墳がある。非類型墳と呼ぶもので先に例示したなかでは、美和山1号墳から波及した殿塚古墳、西宮神社裏古墳である（第82図1・2）。ただし、美作地方の場合、美作地方内部で完結せず、備前地方の類型墳から波及したものも少なからずあり、例を挙げれば、日上天王山古墳は浦間茶臼山古墳に由来する可能性があり（澤田 1997）、先の川東車塚古墳も神宮寺山古墳に由来する可能性がある（澤田 2004）。これらのように美作地方のすべての古墳で由来を厳密に求め、帰属を明確に示すのは現状の資料状況では困難であるが、ひとつの仮説として吉備内部で混在した状況を示しておきたい。なお想定される吉備地方での類型墳と非類型墳の関係を第83図として掲げた。

　このような前期における首長墳の築造状況に続いて、前期末ないし中期初頭に飯岡地域に釜の上古墳ないし月の輪古墳が築かれ、前期に各地域で継続的に造営されていた前方後円墳が斉一的に築

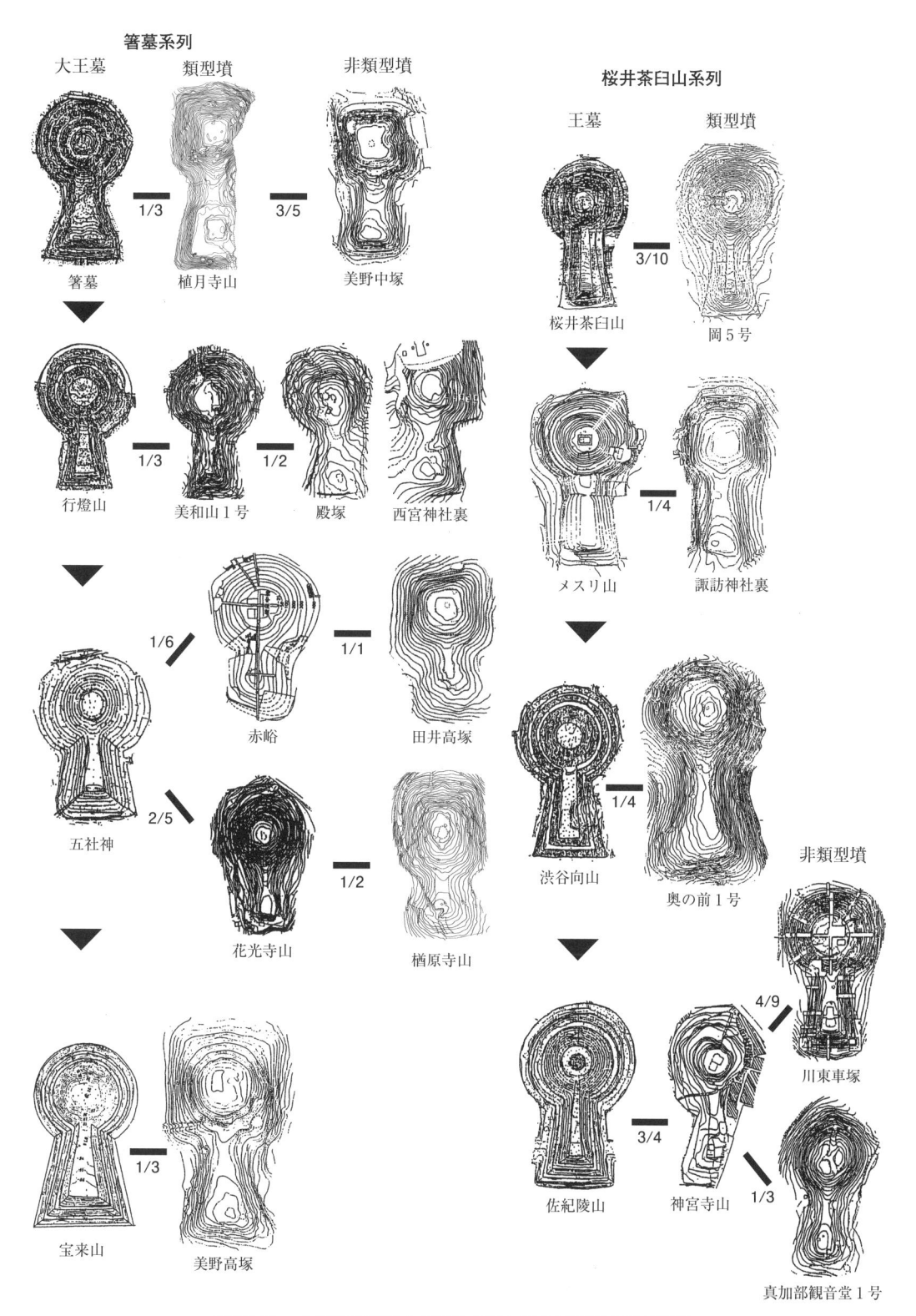

第 83 図　古墳時代前期の吉備地方における類型墳と政権構造

造を停止していく。月の輪古墳の副葬内容や埋葬頭位、埴輪が金蔵山古墳のそれに近く、美作地方における前方後円墳の築造停止は、備前地方の金蔵山古墳の造営と軌を一にし、連動する可能性がある。その意味で、美作地方は、中期以降、備前地方の動態のなかに呑み込まれていく。美作地方では6期、7期に加茂川流域で30m級の円墳が継続的に造られるのみで、8期に30m級の前方後円墳の築造が単発的に再開する程度である。これも、備前地方で金蔵山古墳に続く顕著な首長墳がなく、後続する超大形前方後円墳が備中地方に造営地を変えて築かれるのと無縁ではない。美作地方において9期に二重周濠を持つ墳長65mの十六夜山古墳が築かれるのは、周濠の存在や墳丘形態、埴輪の内容からみて、畿内政権との直接的な関係に基づく古墳築造の再開を意味するが、備前地方で8期以降に両宮山古墳が再び築かれることを勘案すると、やや遅れるとはいえ、その動態に連動した現象といえる。これ以降、美作地方では10期、11期に類型墳の展開は続かず、30m級の小前方後円墳が各地域で造られて、古墳時代の終焉をむかえる。

もちろん、この時期は墳丘形態ではなく、横穴式石室の大きさや規格に身分格差を表出していた可能性もあり、前期、中期と首長墳の概念規定自体を同列に扱うのは無理があるのかも知れない。

とはいえ、中期と後期とで首長墳の築造状況が大きく異なるのは、後期では前期の地域的枠組みを踏まえて、小さいながらも前方後円墳を築くところである。その意味で前期に形成された系列的な地域的枠組みは後期まで維持、継承されていたとみてよいのだろう。すなわち中期には一時的に首長墳が造られる地域が限定されていくものの、それは畿内政権の構造が変質し、地域支配の在り方に変化が生じたために起きた現象と考えたい。少なくとも、中期に首長墳の築かれない地域が、無人の荒野に帰したと考える必要はない。美作地方の8割近い住民の移住は想定できず、大王墓の変動が美作地方でも機敏に反映されたとみておきたい。

いずれにせよ、先にみたような美作地方の首長墳系列の動態は、美作あるいは吉備といった地方の内部事情によってのみ完結するのではなく、そこには築造企画の波及にみられるように大王墓の動態が背景に潜んでいる。また、ここでいう大王墓の動態とは、単に築造地の変動のみを指すのではなく、地方首長墳の墳形の変化や築造地の限定などから鑑みて、当然のことながらその担い手の交代や政策の変更を含めた政権構造の変動をも指している。

このように美作地方の首長墳系列の抽出と動態の把握に努め、あわせてその動態の背景を墳丘平面形態から考察してきた。その結果、美作地方では前期に多くの地域で首長墳系列が形成され、多様な墳形がみられ、また中期には首長墳系列は1つないし2つの限定された地域においてのみ展開し、墳形が円墳に収斂すること、さらに中期末から後期にかけては前期に形成した各小地域での小形前方後円墳の築造再開していく様子が把握できた。また、墳丘平面形態の在り方として類型墳、非類型墳の存在を示し、それぞれの由来について例を示し、美作地方と吉備地方南部との関係についても触れた。そこでは美作地方における首長墳系列の展開の背景に吉備地方南部の影響が考えられ、畿内大王墓の変動にも機敏に反応している様子がうかがえた。そして、これが美作地方での領域支配の実相であり、畿内政権と直接関係のある地域首長と、地域首長を介在して政権との関係を結ぶ小首長によって分節的ながらも領域支配を進める政権構造の在り方が読みとれる。ただし、墳

丘形態の相同相異に関わる議論を必ずしも完全に克服し得たわけではないので細部に問題を残した。分節的な政権構造の実態とその変化の要因については、今後の調査研究の進展を待って再論を期したい。

第2節　美作地方の前方後方墳

　美作地方では月の輪古墳に代表される近藤義郎による一連の首長墳の調査研究（近藤 1960・1994 ほか）、大塚初重（大塚 1962）、茂木雅博（茂木 1974）による前方後方墳研究の成果などによって早くから前方後方墳の存在が知られてきた。また筆者は、近藤義郎、倉林眞砂斗とともに美作地方の首長墳の究明から前方後円墳秩序の解明に取り組み、美作地方の主要な前方後円墳、前方後方墳、円墳、方墳について、墳丘測量をはじめ出土遺物、埋葬施設の調査を重ね、実態把握と資料の蓄積に力を注いできた（倉林ほか編 2000・2004、河本編 2006、澤田編 2011）。美作地方では前期の首長墳約 60 基中、10 基が前方後方墳であり、また前節で示したように前方後方墳のみで構成される首長墳系列もあり、前方後方墳が比較的集中して築造された地域といえる。

　本節では美作地方の首長墳系列を再度整理したうえで前方後方墳の存在形態とその特徴を確認し、そこで把握した特徴から美作地方の前方後方墳が示す事柄について考えていく。さらにこの作業を通じて、弥生時代末期に東海地方ないし近江地方で成立したとされる前方後方形墳墓（赤塚 1988・1992・1996、宇野 1995、植田 2003 など）が古墳時代に入りどのような秩序に組するのかを追究していきたい。

1.　美作地方の首長墳系列

　美作地方の主要古墳の分布、推定される築造時期から求めた前期の首長墳系列は第 84 図に示したとおりである。詳細な作業過程は第3章第7節、第4章第1節に記したが、河川の作用によって開析された小盆地などをひとつの単位として 10 の首長墳系列が抽出できた。そこで読みとれる首長墳系列は、①前方後円墳のみで構成されるもの（加茂川地域、香ヶ美川流域、落合地域）、②前方後方墳のみで構成されるもの（美野地域）、③両者が混在するものがあり、混在するものは③-1 前方後方墳が系列の先頭にあるもの（梶並川流域、皿川・倭文川流域）、③-2 中途で前方後方墳が加わるもの（勝間田地域、津山地域）である。さらに④円墳のみで構成される地域（飯岡地域）など、多様な在り方を示している。つまるところ、このなかで前方後方墳に限ってみても、その発現の仕方は多様であり、一定ではない。少なくとも関東地方に通有の前方後方墳が先行し、やがて前方後円墳に変わる（大塚 1985）という首長墳系列の動向はここでは一般化し得ない。

　また前方後方墳の埋葬施設や出土遺物に関しては、その多くが竪穴式石槨（楢原寺山古墳、岡高塚古墳、田邑丸山2号墳）であり、銅鏡（楢原寺山古墳、田邑丸山2号墳）や筒形銅器（岡高塚古墳）などを伴っている。土器に関しては、畿内的なもの（楢原寺山古墳）、山陰的なもの（田邑丸山2号墳、美野高塚古墳）の出土が確認されているが、現状で東海系の土器は認めていない。そして、これらのなかに弥生時代終末期に遡るものはなく、すべてが古墳時代、つまり前方後円墳時代

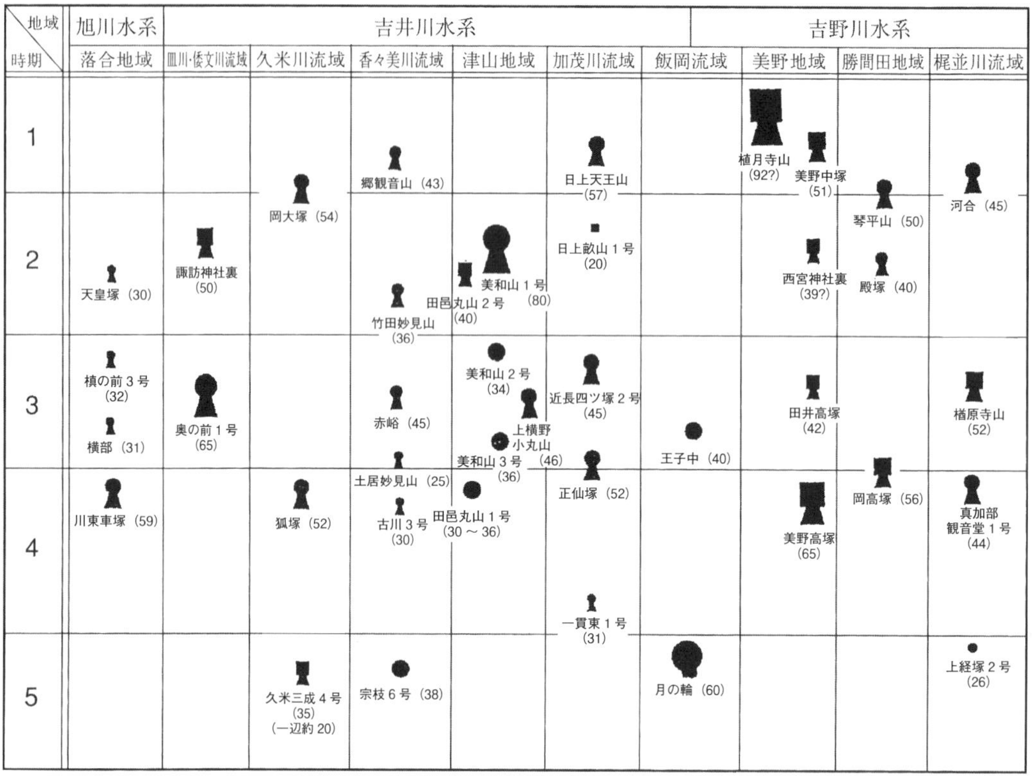

第84図　美作地方の首長墳系列

地域／時期	旭川水系		吉井川水系					吉野川水系		
	落合地域	皿川・倭文川流域	久米川流域	香々美川流域	津山地域	加茂川流域	飯岡流域	美野地域	勝間田地域	梶並川流域
1			郷観音山 (43)		日上天王山 (57)			植月寺山 (92?)　美野中塚 (51)		河合 (45)
2	天皇塚 (30)	諏訪神社裏 (50)	岡大塚 (54)	竹田妙見山 (36)　田邑丸山2号 (40)	美和山1号 (80)　日上畝山1号 (20)			西宮神社裏 (39?)	琴平山 (50)　殿塚 (40)	
3	横の前3号 (32)　横部 (31)	奥の前1号 (65)		赤峪 (45)	美和山2号 (34)　上横野小丸山 (46)　美和山3号 (36)	近長四ツ塚2号 (45)　王子中 (40)		田井高塚 (42)		楢原寺山 (52)
4	川東車塚 (59)			狐塚 (52)　土居妙見山 (25)　古川3号 (30)	田邑丸山1号 (30〜36)　一貫東1号 (31)	正仙塚 (52)		美野高塚 (65)	岡高塚 (56)	真加部観音堂1号 (44)
5			久米三成4号 (35)(一辺約20)	宗枝6号 (38)		月の輪 (60)				上経塚2号 (26)

の所産といえる。このような美作地方の首長墳の在り方のなかで、前方後方墳の築造が何に由来するのかを次に確認しておきたい。

2. 美作地方の古墳秩序

　先にみた、美作地方の前方後方墳はどのような脈絡で築造されているのであろうか。実は筆者らの研究課題のひとつはここにあった。そして、この点に関し墳丘形態、とりわけそこに反映された築造企画から追究したが、そこでは、美作地方の前方後方墳は常に前方後円墳との関わりのなかで築造されたとの結論が得られた。いくつかの例を第85・86図に掲げたが、植月寺山古墳は箸墓古墳との関係（1/3規模類型墳）で造られており、また美野中塚古墳はその植月寺山古墳との関係（3/5規模）で築造企画が設定されている。さらに西宮神社裏古墳は行燈山古墳の1/3類型墳である美和山1号墳との関係（1/2規模）で造られている。ここで注目すべきは美和山1号墳の築造企画が前方後円墳である殿塚古墳とも1/2規模で共有されていることである。つまり美和山1号墳の築造企画は前方後方墳と前方後円墳の双方に派生している。

　ほかにも諏訪神社裏古墳がメスリ山古墳の1/4規模類型墳、田井高塚古墳が五社神古墳の1/6規模類型墳である赤峪古墳の1/1規模、美野高塚古墳が宝来山古墳の1/3規模類型墳、岡高塚古墳が佐紀陵山古墳の2/3規模類型墳である神宮寺山古墳の2/5規模といった具合に、常に前方後円墳との関わりを有している。つまるところ美作地方の前方後方墳は直接、間接の別があるものの畿内大

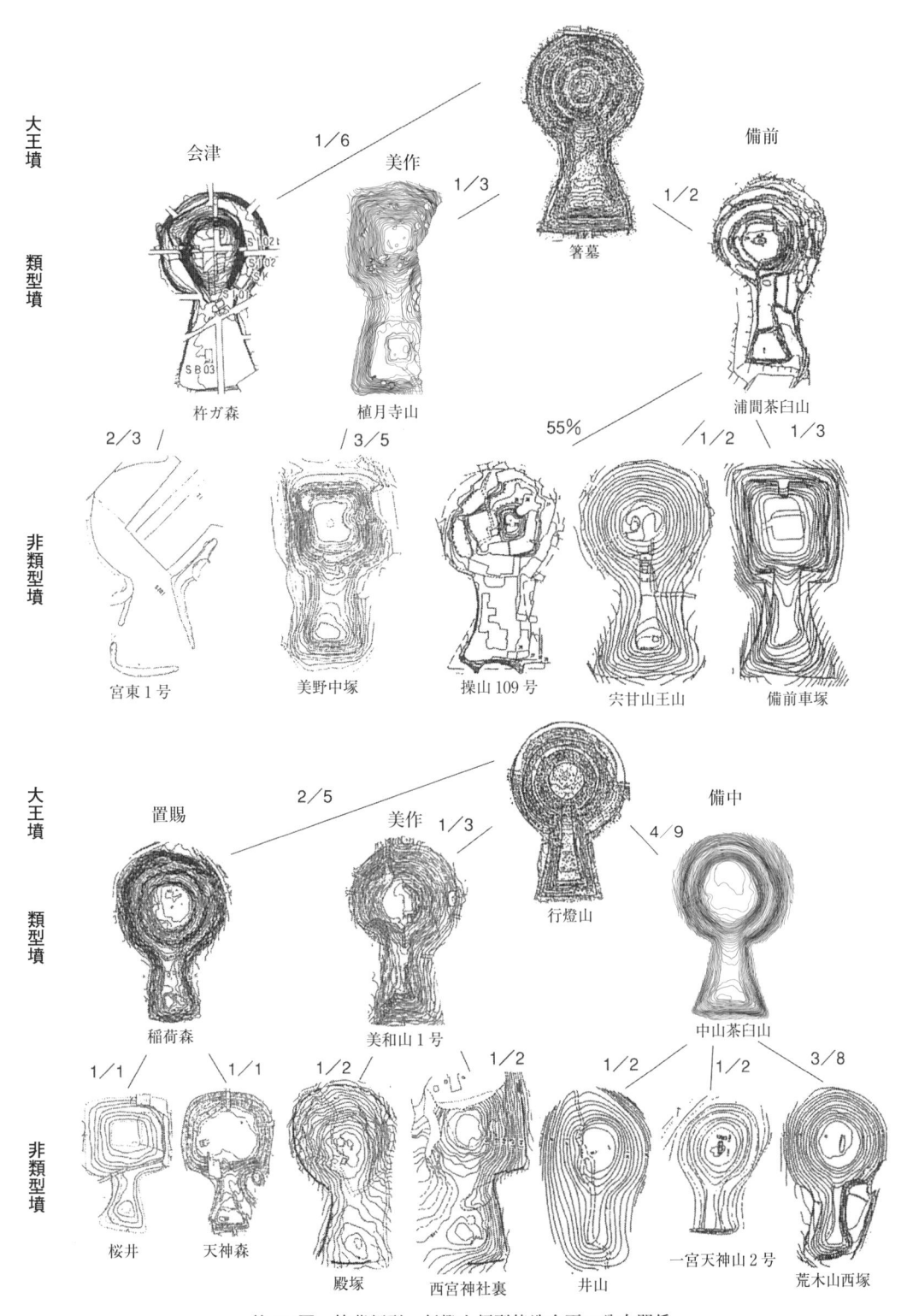

第 85 図　箸墓類型、行燈山類型築造企画の分有関係

180

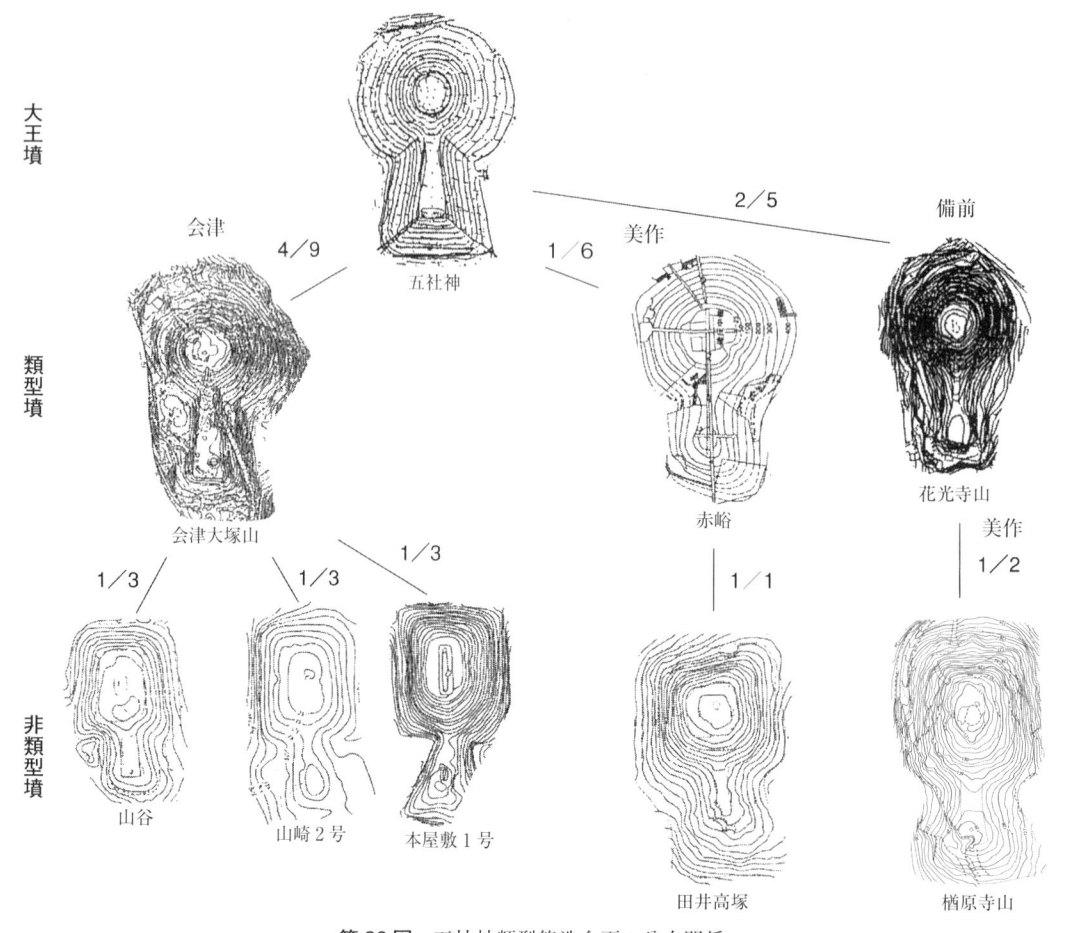

第86図 五社神類型築造企画の分有関係

形前方後円墳（大王墓）の形態と連動し、かつ墳丘規模が設定されているのであり、原則的には前方後円墳秩序のなかでの築造が理解される。なお、このような築造状況は備前や備中のほか東日本でも認められる（第85・86図）。

　このように美作地方の前方後方墳の特徴は、その築造が前方後円墳との関わり合いのなかでなされているところにある。最後にこのような特徴を持つ美作地方の前方後方墳築造の歴史的背景について触れておきたい。

3. 美作地方の前方後方墳が示すもの

　美作地方の前方後方墳の最大の特徴は、前方後円墳秩序のなかで築かれていったものであり、赤塚次郎が主張する東海地方に起源が求められる前方後方形墳墓の直接的系譜を持つもの、つまり大王墳と築造企画を共有しないものは認められなかった。もちろん現状で美作地方では東海地方で特徴的にみられる「S字状口縁台付甕形土器」は不在である。したがって赤塚の主張は美作地方において普遍性を持たない。この主張は東海地方と毛野地方に強く認められるほか東日本の一部地域でみられる特殊な現象であり、美作地方でみた前方後方墳の築造状況の方が実は列島各地に展開して

いる前方後方墳の普遍的な姿をあらわしている可能性すらある。とりわけ東日本では両者が混在しており、その意味でも特殊性と普遍性を峻別して理解する必要がある。

　それでは、なぜ美作地方の前方後方墳は前方後円墳との関係のなかで築造されたのであろうか。その要因のひとつは前方後円墳秩序の成立過程のなかに隠されているのではないか。つまり前方後円墳祭式自体、讃岐、播磨、吉備、丹後地方などで執りおこなわれていた墓制や墓前祭式を統合、総体化したもの（北條 2000）と考えてよく、前方後円墳秩序が成立する過程で東海地方において創出、展開していた前方後方形という墳墓形式が取り入れられ、それが反映したとみるのが穏当であろう。前方後円墳秩序とは政治的統治システムであり、そのなかには身分表示システムも含まれるとみて良い。そして、その一端として前方後方形の墳墓形式が採用、編入されたのであり、それが列島規模に展開していった歴史的意義を問う必要があるのではないだろうか。

　美作地方は前方後円墳、前方後方墳、円墳、方墳のすべての墳墓形式で首長墓が構成されており、また弥生時代以来の地域的伝統を断ち切ってこれらを受容している。その意味で前方後円墳秩序の実態を究明する資料的資質が整っている。それゆえ美作地方の前方後方墳は、前方後円墳秩序のなかに組み込まれた前方後方墳の姿をよく表現している。

　以上、美作地方の前方後方墳が前方後円墳秩序のなかで捉えられることを示してきた。少なくとも前方後方墳が集中して築造された地域にあっても、東海地方を起源とする前方後方形墳墓とは直接的な系統系列関係にない実態を示し得たかと思う。とはいえ東日本のように前方後円墳秩序のなかの前方後方墳と東海地方に由来する前方後方形墳墓が混在している地域では、両者をどう峻別するのかが当座の課題といえよう。また峻別された 2 者を二項対立的に捉え、いずれか一方を強調して議論するのではなく、両者の論理整合的な理解によって、より動的な歴史叙述が可能になると考えている。その意味で赤塚次郎が東海地方で把握した現象は重要であるが、その独自性の強調には違和感がある。前方後方形墳墓が東日本の一部に伝播した一方で、なぜ前方後円墳秩序に組み入れられたのかを議論する段階にきており、美作地方の前方後方墳はそのような問題を提起している。

註

（1）　2011 年 1〜3 月に美作市（旧勝田町）杉原で一辺 14 m の方形墳墓が発見され、発掘調査がなされた。弥生時代後期後半代の土器を伴うことから弥生墳丘墓と思われ、梶並川流域において河合古墳に先行する弥生時代首長の存在が明らかとなった。この杉原墳丘墓については美作市教育委員会池田和雅氏に教示を得た。記して謝意を表したい。

（2）　正仙塚古墳と奥の前 1 号墳の石棺の新古関係は備前地方の花光寺山古墳の石棺と考えあわせると理解しやすい。すなわち副室の在り方に違いがあり、花光寺山古墳の石棺では両小口に付け足すかたちで副室が設けられており、奥の前 1 号墳では足下方向の小口にのみ副室を設けている。これに対し、正仙塚古墳の石棺では小口板の外に付け足すかたちで副室を設けておらず、副室を省略する方向で変化している様子がうかがえる。この副室の在り方に注目して、花光寺山古墳の石棺→奥の前 1 号墳の石棺→正仙塚古墳の石棺という新古関係を考えている。なお、この変化の方向性は、出土した銅鏡の新古関係からも肯定し得るとみている。

第5章　国家形成過程における前方後円墳秩序の役割
——考古学的成果から国家形成を考える——

　本書では、これまでに前方後円墳の成立過程を竪穴式石槨と前方後円墳築造企画の変遷、三角縁神獣鏡の製作動向から明らかにしてきた。また前方後円墳の持つ政治秩序の実態を築造企画の配布から読みとり、豊前地方や美作地方の首長墳系列を事例に畿内政権と関わりやその構造についても論じ、前方後円墳秩序の構造的理解に努めた。本章ではそれらを再確認しつつ、前方後円墳秩序の果たした国家形成過程における役割やその評価についても論じてみたいと思う。さらに、古墳築造の論理や前方後円墳成立期の暦年代にも言及し、これまで交わることがなかった文献史学における邪馬台国時代と考古学における古墳時代との接点を求め、考古学的研究から歴史叙述を試みたい。

第1節　前方後円墳の成立、変遷過程とその暦年代観

1.　前方後円墳の起源

　前方後円墳の起源の解明は近藤義郎の一連の研究によるところが大きい（近藤 1968・1977・1986a・1998 ほか）。近藤は最古式前方後円墳を、①前期古墳のなかから最古式前方後円墳を探る、②弥生時代墳墓のなかに最古式前方後円墳の起源となる要素を探る、③海外からの影響を探る、という3つの方向性から追究した。そして、撥形前方部を持ち、かつ特殊器台形埴輪を持つ古墳が最古式前方後円墳であることを明らかにしたうえで、弥生墳丘墓のなかに最古式前方後円墳と共通し、連なる要素の存在を見いだし、弥生墳丘墓から飛躍的継承をもって前方後円墳に転化したという考えを提示した。また、このような飛躍的継承をなす背景として中国からの技術的影響を考慮したが、この近藤の考えは、その後の前方後円墳の成立に関する研究に多大な影響を与えた。

　このような近藤の主張は吉備地方南部の弥生墳丘墓の調査研究に負うところが大きい。なかでも楯築弥生墳丘墓の調査成果は特殊器台を用いた墳墓祭式と地域首長の登場とを明確にした。すなわち楯築弥生墳丘墓の中心埋葬施設上でおこなわれた特殊器台を伴う供飲供食儀礼を首長権継承儀礼と推断した。さらに近藤は突出部の機能にも言及し、円丘部に設けた中心主体へ葬列が至る通路あるいは待機所として突出部を捉え、墓道としての機能を想定した。そして、前方部がこのような機能を引き継ぎ、形骸化したものと捉え、前方部の起源を論じた（近藤 2000・2005）。最古式前方後円墳の前方部が曲線的な側面形をとり、しかも左右非対称であること、また低平に造られていることを勘案すれば、近藤の示した突出部から前方部への転化は肯定し得るものである。

　また、これらの近藤の研究に前後して、弥生時代の前方後円形墳墓の存在が知られるようになっ

た。纒向石塚など寺沢薫が「纒向型前方後円墳」と呼ぶもの（寺沢 1988）や鶴尾神社 4 号墓の発掘調査（渡部ほか編 1983）、丁瓢塚の測量調査成果（岸本 1988）などである。これらは楯築弥生墳丘墓から最古式前方後円墳（箸墓古墳）は飛躍的に継承されたのではなく、一定の形態的変化と各地弥生墳丘墓の持つ諸要素を総体化したうえで巨大化し、成立した可能性を示すものであった。さらに筆者は丁瓢塚段階でのちの箸墓古墳が持つ墳丘築造企画の配布による政治的統治システムが限られた地域のなかで備わっており、箸墓古墳はその政治的統治システムを列島規模に拡大し、各地の首長と政治的紐帯関係を締結していったと理解した（澤田 1993b）。弥生墳丘墓から前方後円墳への総体化、巨大化は、このような漸移的な変化のなかで起こったのであり、決して墳墓というハードウェアの即物的な変質に留まるものではない。むしろ、弥生墳丘墓が備えていた、各地の地域集団が共有した儀礼行為の持つ本質——ソフトウェア——が継承、総体化されるなかで、その表現装置であるハードウェアが形式化していったと考えるべきである。近藤の説く、弥生墳丘墓で機能的に存在した突出部が前方部に引き継がれるのは、その典型で、特殊器台から特殊器台形埴輪を経て円筒埴輪に至る過程（近藤・春成 1967）と同じような理解ができる。

　このように弥生墳丘墓から前方後円墳へ転化する背景には、往時の列島規模での政治的統治システムの確立が認められる。

2. 前方後円墳築造の論理と暦年代

a）前方後円墳の変遷

　筆者は、先に示した成立過程を経て弥生墳丘墓から誕生した最古式前方後円墳が箸墓古墳だと考えている（澤田 1993b）。また、桜井茶臼山古墳も黒田弥生墳丘墓を経て誕生したと考えており（澤田 2005a）、大和盆地東南部において箸墓古墳と桜井茶臼山古墳を起点とする 2 つの大形前方後円墳系列が各地に展開した弥生墳丘墓から成立し、これ以降、2 系列が併存し展開していたと考えている（澤田 2000・2005a、岸本 2005・2008）。本書でも第 1 章、第 2 章で論じたので詳細は省くが、これまでに考えた畿内大形前方後円墳の成立過程と変遷観を第 87 図に改めて示した。

　箸墓古墳を起点とする系列（以下、箸墓系列）は、箸墓古墳→西殿塚古墳→行燈山古墳→五社神古墳→宝来山古墳、桜井茶臼山古墳の起点とする系列（以下、桜井茶臼山系列）は、桜井茶臼山古墳→メスリ山古墳→渋谷向山古墳→佐紀陵山古墳と展開し、それぞれ中期古墳と連続する。箸墓系列の中期古墳は宝来山古墳以降、前方部を長くし、幅を広げる方向で変化し、宝来山古墳→（ウワナベ古墳）→大山古墳→土師ミサンザイ古墳→田出井古墳と続き、後期には河内大塚古墳、今城塚古墳を経過して五条野丸山古墳へと至る。一方、桜井茶臼山系列の中期古墳は、佐紀陵山古墳以降、佐紀陵山古墳→（津堂城山古墳）→仲津山古墳→百舌鳥陵山古墳→誉田御廟山古墳と展開する。桜井茶臼山系列は誉田御廟山古墳以降、型式変化が乏しく、基本的に中期後半から後期初頭にかけて誉田御廟山古墳で到達した墳丘型式を保っている。その意味では、前期初頭以来の 2 系列は中期までの展開とみてよい。けれども後期の前方後円墳には前方部前端を幅広にする一群と幅広ながらも前端にむけて開かず柄鏡形にするものがあり、前期の 2 系列との関係性はともかく、後期も別なかたちで 2 系列が生じ、保たれている。

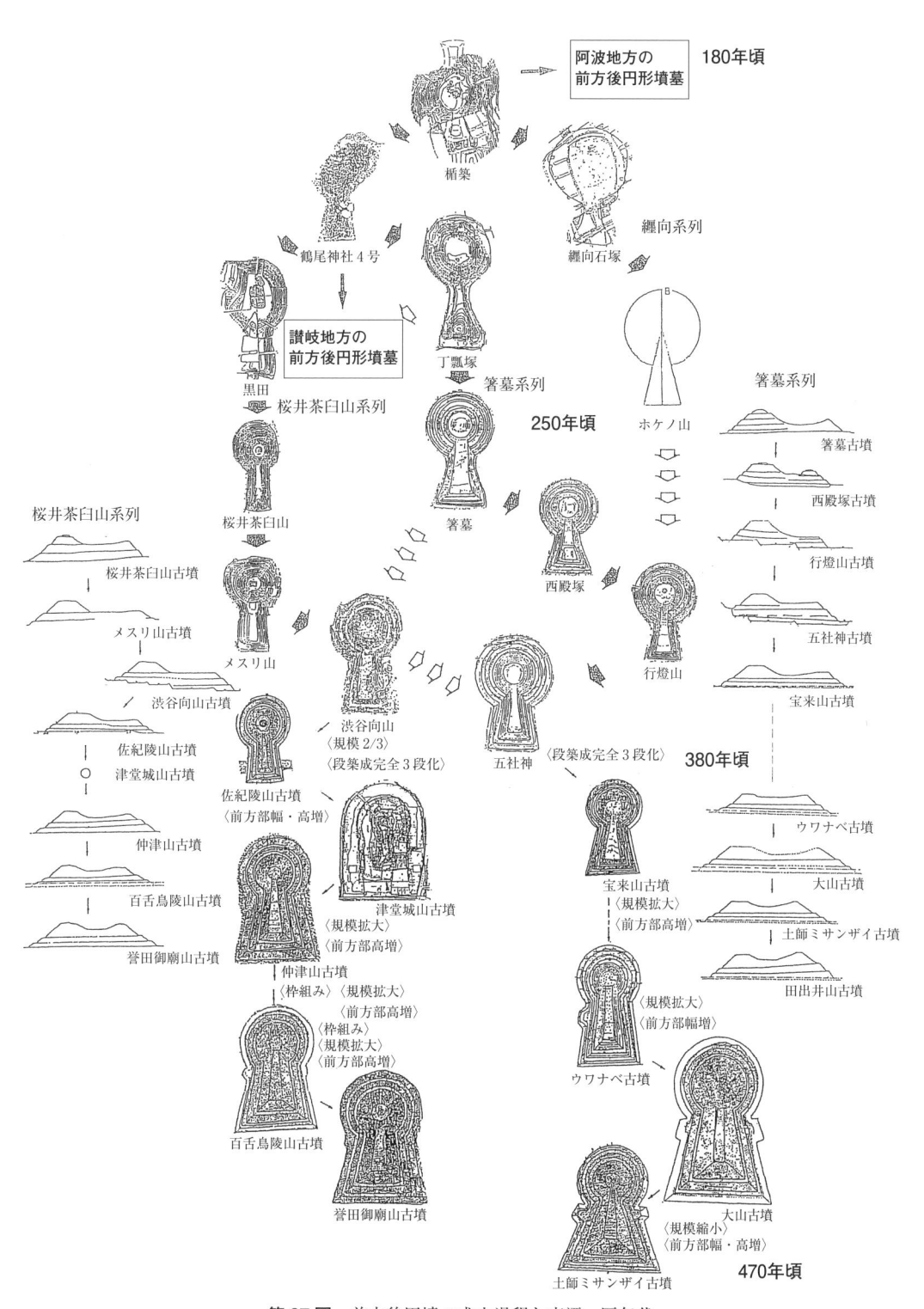

第 87 図　前方後円墳の成立過程と変遷、暦年代

186

b）古墳築造の論理と古墳編年

ここでは古墳を構成する要素を確認し、古墳築造の論理から個別の古墳を編年的に位置づける際の留意点について論じておきたい。

古墳の編年的位置づけは、これまで副葬品や土器、埴輪の研究成果に依存してきた。少なくとも和田晴吾の編年案（和田 1987）や『前方後円墳集成』で示された編年的枠組み（広瀬 1992）において、墳丘築造企画など不動産資料の型式学的研究成果に基づく編年的位置づけは加味されていない。しかし、その後、前方後円墳の築造企画研究によって明らかになった事柄は少なくない。本書でもこれまで畿内大形前方後円墳の型式組列を示し、一代限りの更新で型式変化し、二系列が成立当初より展開し（第1章第3節、第2章）、しかもそれらと築造企画を共有する前方後円墳、前方後方墳が各地で規模を縮小して造営されている様子を明らかにしてきた（第3章）。また、このような墳丘形態の型式変化や築造企画を共有する類型墳あるいはそれから漏れる非類型墳から政治秩序を考えていく過程で、古墳築造過程における墳丘形態による編年的位置づけは、実は遺物と埋葬施設を絡めた考察によって明らかになるものと思われた。特に前方後円（方）墳の多くが被葬者の生前に築造が開始される寿陵としての性格（茂木 1979 など）から、墳丘形態、規模が被葬者の生前に決められていた可能性を考慮する必要がある[(1)]。そして、それゆえ墳丘築造企画の波及の背景に、これまで副葬品において指摘された配布、下賜といった論理の適合が明確となった。第88図はその構造性を示したもので、まずはこの構造性のなかから古墳の持つ構成諸要素の性格を確認するが、古墳には築造開始から埋葬を経て、古墳の完成まで一連の営みがあり、その過程で墳丘形態、副葬品群、埋葬施設のそれぞれが示す時間的意味づけをどのように加味し得るのか検討しなければならない。そして、これらを明らかにするためには、そもそも型式学的研究法による個々の型式が指し示すものが何か、原点に立ち返った思考が必要となる。

型式学的研究法では、それぞれの資料を分類類型化し、類型認定された型式に時間序列をつけて編年的位置づけをしていくが、個々の型式が示す時間的位置は基本的には製作時点となる。また同一型式は一定の時間幅のなかで同時に製作され、存在したことになる。その意味で、同一型式は製作時の同時性を示していると考えてよい。

このような型式学的研究法の持つ原理原則を前提とすると不動産の場合は、地面に遺構を構築、特に古墳などは大地にそれを築造するので、遺構たる墳丘形態の型式は築造企画がその地にもたらされ、墳丘が築造を開始した時期を示している。動産たる遺物の場合も同じで、第1章第4節で三角縁神獣鏡の編年について論じたとおり、型式学的に同じ段階と認定されたものは、一定の時間幅のなかで同時に製作されたものとして捉えている。これはほかの副葬品や土器類なども同じで、それぞれの個々の型式は

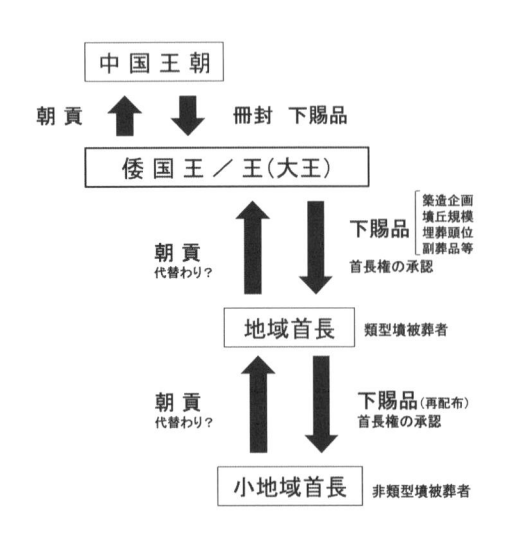

第88図　古墳時代前期の政権構造

それらが製作された時期を指し示している。

　古墳の場合はそれら動産、不動産の型式が、型式群として把握されるのが特徴で、墳丘、埋葬施設などの不動産はその場で造られ、副葬品などは別の場所で作られたのち何某かの経路を経て古墳の被葬者のもとに辿り着き、最後に埋納されて一体化していく。不動産と動産で、また不動産でも墳丘と埋葬施設では示される時間的位置が異なっている。つまり、埋葬施設の型式が示すのは埋葬時＝被葬者の死亡時期だと考えられるし、副葬品群は入手開始からその終了までなされ、その埋納は一般的に一括して埋葬施設になされるので、おおむね被葬者の首長としての在任期間＝活躍期を示しているとみてよい。そして、これが古墳における型式群把握の一般原則であり、古墳を構成する諸要素は築造開始から埋葬の完了、墳丘の完成までの型式群で成り立っている。

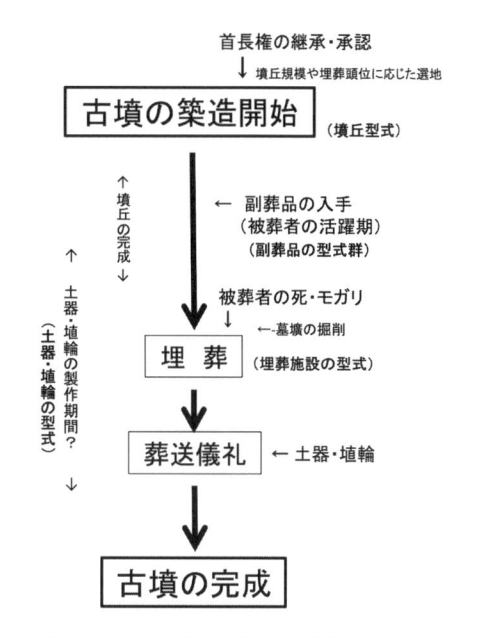

第89図　古墳築造過程での型式群の在り方（寿陵が示す古墳の営み）

　このように古墳は不動産、動産の個別型式の複合体であることを前提にするが、動産たる副葬品や土器、埴輪の個別型式がただちに古墳の編年的位置を決定するのではなく、あくまでそれらが製作された時期を示すのであり、最終的な副葬品群、土器、埴輪群の一括性を束ねるのが築造開始を指す墳丘、埋納の完了を指す埋葬施設といった不動産の型式となる。つまり、動産である副葬品を古墳編年に転嫁していくためには、古墳の築造とそれらの製作時期との関係性、つまり製作から入手、副葬、埋置への経路を確認する議論が必要となる。そして、その古墳築造の論理というべき構図をチャート化したのが第89図である。

　第1章ではその点を意識し、前方後円墳築造企画、竪穴式石槨の編年案とともに副葬品の例として三角縁神獣鏡の編年案を提示したが、三角縁神獣鏡の場合、中国において製作され、中国王朝から倭国王への下賜品としてもたらされたのち、さらに倭国王（大王）が下賜品として倭国内の地域首長に配布したので、地域首長墳の築造以前に製作され入手したものを含め、地域首長の生存期間中に製作された複数型式の鏡が最終的に埋納されることになる。逆にいうと、この型式群が被葬者の首長としての在任期間＝活躍期を示している。また各型式の配布主体がわかれば、どの倭国王（大王）と接点があったのかが明らかとなる。ただし、これは三角縁神獣鏡の下賜品としての特殊性によるのであって、ほかの副葬品がすべてこのように説明できるわけではない。別の生産、流通論理を持つ副葬品とは峻別して理解していく必要がある。また土器や埴輪についても同様であり、古墳の築造開始から完成までのあいだで、どのようなタイミングで製作され、供献、樹立されたのか、土器や埴輪の編年的位置づけと古墳編年とを結びつけるための論理が必要となる。

　このように古墳の持つ個別要素の編年的位置づけを古墳編年に変換、還元するためにはいくつか

留意すべき論理が存在する。このような古墳築造の論理を抜きに古墳編年を論じるのは個別研究が進んだ現状であまり生産的ではない。副葬品などの高精度編年の究明は、それらの製作順序や生産体制を明らかにしているが、それがどのような経路を辿って古墳に到達したのか、また被葬者がどのように扱ったのかも吟味し、古墳を構成する個別要素の持つ性格と時間意味づけを見きわめて、古墳編年を確立していく必要がある。

　ｃ）畿内大形前方後円墳の暦年代

　このような論理をもとに畿内大形前方後円墳に暦年代をどのように与えてゆくのかが次なる課題となる。この課題に対しては第１章で三角縁神獣鏡の製作動向（第４節）と副葬されるまでの過程（第５節）を検討したが、そこでの考察と三角縁神獣鏡にある紀年鏡を手掛かりに古墳の暦年代が求められる。

　ところで、このような前方後円墳の造られた時代は暦年代としてどのように捉えられるのであろうか。ここでは、特に前方後円墳成立期の暦年代について改めて触れておきたい。それは、かつて考古学の側から古事記や日本書紀の記載を念頭において古墳時代のはじまりを４世紀初頭としていた（小林 1961）からで、この見解を覆し、その開始期が遡れば、邪馬台国時代と古墳時代とが重なり合い、文献史学と考古学的研究成果が連接するからである。結論的には三角縁神獣鏡の暦年代は、その第Ⅰ段階に景初三年（239 年）、正始元年（240 年）の紀年銘鏡が含まれ、また第Ⅳ段階の鏡式に 260 年前後の暦年代が与えられている（福永 2005）ので、製作開始から第Ⅳ段階までの暦年代観が明らかになりつつある。そして、今日では景初三年、正始元年（239 年、240 年）に製作が開始された三角縁神獣鏡の年代に近い３世紀中頃に最古式前方後円墳、つまり箸墓古墳が築造されたという考えが支持されつつある（白石 1999、岡村 1999、岸本 2001・2004a、澤田 2003b、福永 2005 など）。

　このような今日の見解は、三角縁神獣鏡の編年研究の深化によって紀年鏡の編年的位置づけが可能となったことによる。つまり、景初三年、正始元年（239 年、240 年）といった銘文を持つ紀年鏡が、５段階に編年される鏡群のなかで第Ⅰ段階に位置づけられ、三角縁神獣鏡の製作開始時期に対して暦年代が与えられるようになった。一方、製作の存続期間はそれより後出する鏡群に暦年代を与えられれば明らかになるが、三角縁神獣鏡にはほかに紀年鏡はなく、現状で直接的に知る手だてを欠いている。しかし、画紋帯神獣鏡や規矩鏡などの三角縁神獣鏡関連鏡群のなかには紀年鏡があり、それらの鏡群との時間的な併行関係からの追究が可能である。結論をいえば景元四年（263 年）銘を持つ円圏規矩鏡の唐草紋様と第Ⅳ段階の鏡群に配されるそれとが類似しており、「中国製」三角縁神獣鏡のおおよその時間幅が与えられている（福永 2005）。泰始２年（266 年）には魏が滅び西晋と王朝が交代するが、恐らくこのときにも倭国王は朝貢し、見返りに銅鏡を下賜されているので、それが第Ⅳ段階の三角縁神獣鏡だとすると、「中国製」三角縁神獣鏡は西暦 239 年から 266 年頃まで少なくとも 30 年以上の時間幅で製作が存続していたことになる。これに続いて第Ⅴ段階や倣製とされる三角縁神獣鏡が生産されるので、全体としてみれば 50 年間以上の存続期間が見込まれる。

　次に、このような三角縁神獣鏡は、それを出土する古墳にどのような暦年代を付与できるかであるが、それは三角縁神獣鏡が作られてからどのような経緯を辿り、どの位の時間をかけて古墳に埋納されたかがわかれば、ある程度近似した年代の推定が可能となる。結論をいえば、複数面の三角縁神獣鏡が出土する古墳で、その鏡群がどのような段階の鏡からなるかを追究したところ、その構成が常に隣り合う鏡群からなり、第Ⅰ段階と第Ⅴ段階といった離れた型式の確実な共伴例は今のところ認めていない（澤田 1993a・1993b）。このことから製作から舶来、被葬者の入手、埋納までが順次なされている様子が想定でき、伝世など不規則な事態はある程度排除して考えられるようになった。したがって、それらの鏡群のうちもっとも新しい鏡の年代が最終的に入手した時期を示しており、次段階の鏡を入手することなく古墳に葬られた被葬者が死亡し埋葬されたとすれば、その間に古墳の築造が完了されていたことになり、ここに古墳の築造年代の推定が可能となる。

　ここでは細かい論証過程を省くが、墳丘形態の型式、埋葬施設の型式など、複数の要素を緻密に検討すれば、より明確に上記の事象を抽出できる（澤田 1993b）。具体例を挙げれば（第90図）、奈良県黒塚古墳は箸墓古墳と築造企画を共有し、ⅢA式の竪穴式石槨を内包するが、ここからは第Ⅰ段階から第Ⅲ段階の３つの鏡群が出土し、第Ⅳ、Ⅴ段階が欠落する。これは第Ⅳ段階の鏡が作られる前か、被葬者がそれを入手する前の、埋葬を含めた古墳築造の完了を示している。これに対し備前車塚古墳はやはり箸墓古墳と築造企画を共有するものの、鏡群は第Ⅰ段階から第Ⅳ段階で構成され、黒塚古墳より新しいⅣA式の竪穴式石槨を内包している。つまり備前車塚古墳は黒塚古墳より長い鏡群と新しい石室を有しているが、黒塚古墳の場合、その築造は第Ⅳ段階の三角縁神獣鏡が登場する以前に完了し、一方の備前車塚古墳の造営は第Ⅴ段階のそれがもたらされる以前になされていたことになる（澤田 2003b）。

　これらのことから、この両者には僅かな時間差があるとはいえ西暦260年前後に相次いで築造を終えていたとみられ、箸墓古墳を代表とする最古式前方後円墳に西暦239〜260年という暦年代が与えられる。そして、第Ⅰ〜Ⅳ段階の三角縁神獣鏡を出土した古墳の多くは箸墓古墳と築造企画を共有しており、箸墓古墳の被葬者がこれらの三角神獣鏡を入手して各地の首長に配布した主体なら

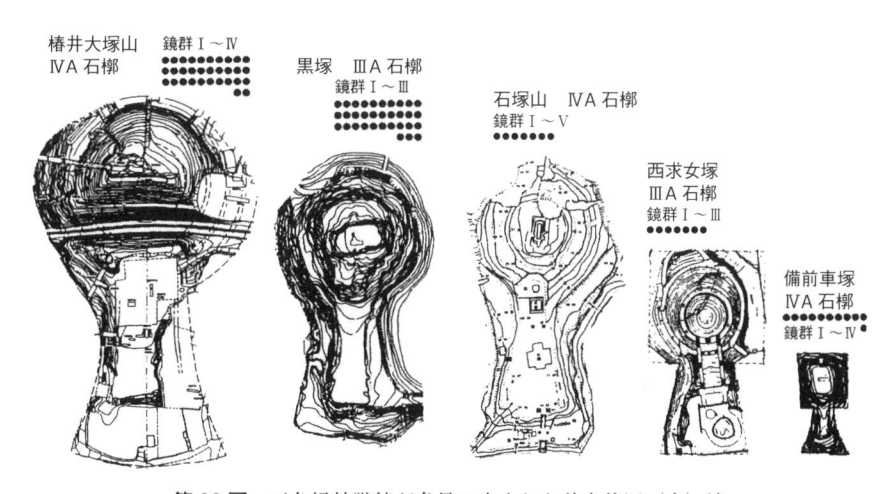

第90図　三角縁神獣鏡が多量に出土した前方後円（方）墳

ば、箸墓古墳の被葬者は少なくとも239年に魏と朝貢したと考えられる。そうすると箸墓古墳の被葬者は239年頃の政権担当者であり、その築造開始年代は239年を下限とする時期に求められる。

　また、箸墓古墳の被葬者の死亡年代については後続する畿内大形前方後円墳の在り方から推し量るしかない。第3章第1節でみた権現山51、50号墳では箸墓類型墳である権現山51号墳で第Ⅱ・Ⅲ段階の三角縁神獣鏡が出土しているので、西殿塚類型墳である権現山50号墳には第Ⅳ段階以降の三角縁神獣鏡が副葬されたと想定される。また西殿塚古墳に続く行燈山類型墳では第Ⅴ段階の三角縁神獣鏡が伴う可能性が⁽²⁾あるので、箸墓古墳被葬者は第Ⅰ～Ⅲ段階の三角縁神獣鏡の配布主体であり、西殿塚古墳被葬者は第Ⅳ段階、行燈山古墳被葬者は第Ⅴ段階の鏡の配布主体であったと考えられる。また行燈山古墳に後続する五社神古墳では各地で築造企画を共有五社神類型墳から第Ⅴ段階に続くいわゆる倣製三角縁神獣鏡の出土が確認されており、五社神古墳被葬者が倣製三角縁神獣鏡の配布主体であったと推考される。そして、このように畿内大形前方後円墳の諸古墳がどの段階の三角縁神獣鏡の配布主体であるかが明確になれば、三角縁神獣鏡の暦年代から古墳の暦年代観が導かれる。

　これにしたがえば、箸墓古墳は260年前後の製作である第Ⅳ段階が出現する以前に築造が完了しており、おおむね250年前後の暦年代観が与えられる。また箸墓古墳に続く西殿塚古墳は、その築造開始年代が250年前後で第Ⅴ段階が製作される前に築造が完了する。第Ⅴ段階の鏡式の製作年代が問題となるが、3世紀第4四半期として280～290年頃として、西殿塚古墳被葬者の活躍期として250～280年前後の暦年代観が与えられよう。行燈山古墳の築造完了年代は倣製三角縁神獣鏡の製作年代に依拠することになるが、倣製化の契機を中国王朝との国交断絶に求めれば西晋の滅亡する316年が倣製三角縁神獣鏡の製作開始の上限となるので、築造完了は316年を前後する時期であり、行燈山古墳被葬者の活躍期として280～315年頃の暦年代観が与えられる。五社神古墳ではこれを上限とした築造開始年代となるが、古墳の完成年代は捉えにくい⁽³⁾。

　その後の古墳の暦年代観は三角縁神獣鏡の製作年代からは求められないが、前期の終わり、つまり中期の開始については、年輪年代法による初期須恵器の暦年代の推定（田中 2006）から想定可能であり、この成果から前期末から中期初頭に位置づけられ初期須恵器を持たない津堂城山古墳の築造開始時期を370～380年とみることができる。そして、その範囲で前期の存続期間は120～130年間となる。また、中期から後期への移行は稲荷山古墳出土の「辛亥」銘鉄剣の歴年代（西暦471年）と供伴須恵器の編年観から5世紀末葉と考える（白石 1985a）のが穏当であろう。中期もその範囲でおよそ120年間となる。一方、前方後円墳の終焉は、須恵器や装飾付大刀、「戊申」銘大刀の年代観から与えられ、畿内よりやや遅れて前方後円墳の築造を終える東国でも6世紀末葉だと考えられており（新納 1984・2009）、古墳時代の終わりもほぼこの時期と考えて差し支えないだろう。したがって、後期もおよそ100年間の時間幅を持っている。

　このような理解によって古墳時代前期を4つの小時期に区分すると、ひとつの時期がおおむね30年間となる。なお、第87図にはこのような暦年代観も示した。以下、本章ではこのような暦年代観を前提に議論を進めていく。

第 2 節　定式化した前方後円墳の持つ秩序

1. 築造企画の共有

　これまで示したように古墳時代は、弥生時代の地域社会を越える列島規模の政治的関係が形成された時代であり、畿内に誕生した政権のもとに各地の支配者が結びつきはじめた時代で、280 m を越える大形前方後円墳が 3 世紀後半から 6 世紀末までの約 350 年間、大和盆地や河内平野に集中して築造され続けた。箸墓古墳にみるような大形前方後円墳は、中期に一時的に 350 m を超えるものも造られるが、おおむね 280 m を前後する規模で推移している。後述のとおり、このような大形前方後円墳には時の最高権力者である「倭国王」が葬られたと考えられるが、これらは一貫して畿内で造営されていく。さらにこれら巨大前方後円墳には、先にみたとおり複数の系列があることが判明したほか、大和盆地、河内平野の巨大前方後円墳と築造企画を共有しつつ規模を縮小して各地方で築造された類型墳の存在が確認されつつある（和田 1981、北條 1986、澤田 2000、岸本 2004b など）。また、このような類型墳は、その時々の最大規模前方後円墳で展開する主系列とそれに準ずる規模を持つ別系列に存在することが判明しつつある（第 3 章第 13・14 表）。これらは倭国王との関係による類型墳の築造だけではなく、それとは別に地域権力と結びつく権力主体の存在を示しており、文献史から指摘のある司祭王としての倭王と、執政王に対応する可能性があるとも考えられるようになった（岸本 2008）。その当否はともかく、各地に存在する類型墳によって政治の中心地である中央と、その配下にあった地方という関係が想定可能となる。

　また、列島各地で類型墳の存在が確認されつつあるものの、すべての前方後円墳、後方墳が畿内大形前方後円墳と築造企画を共有しているわけではなく、地方で変容を遂げたものも存在する。むしろ、その方が多いことがわかりつつあり、筆者は大形前方後円墳と築造企画を直接共有して地方に築造されたものを類型墳、地方の類型墳をもとに大形前方後円墳と築造企画に変形が加えられたものを非類型墳と呼んでいる（澤田 1990・2000）。そして、その両者の関係性が往時の政権構造を知る手だてとなる。次に美作地方を例にその具体像を確認していく。

2. 共有の実態——類型墳（地域首長）と非類型墳（小首長）——

　美作地方では、第 91 図に示したとおり、畿内大形前方後円墳と直接的な関係を持って築造される類型墳と、それに基づいて二次的に造られる非類型墳とが存在する（澤田 2003a）。

　まず畿内政権と直接的に関係を持つ類型墳は、箸墓系列で箸墓古墳の 1/3 規模の植月寺山古墳、行燈山古墳の 1/3 規模の美和山 1 号墳、宝来山古墳の 1/3 規模の美野高塚古墳、桜井茶臼山系列で桜井茶臼山古墳の 3/10 規模の岡 5 号墳、メスリ山古墳の 1/4 規模の諏訪神社裏古墳、渋谷向山古墳の 1/4 規模の奥の前 1 号墳であった。基本的に前期初頭から末まで、前期を通じて畿内から直接的に墳丘の築造企画がもたらされている。また、畿内大形前方後円墳の 2 系列をそのまま再現しているが、これらはひとつの地域の首長墳系列としてのみ集約されるのではなく、地域を横断して造営された点に特徴があり、美作地方を代表する首長あるいは首長権の移動として注目すべき事柄で

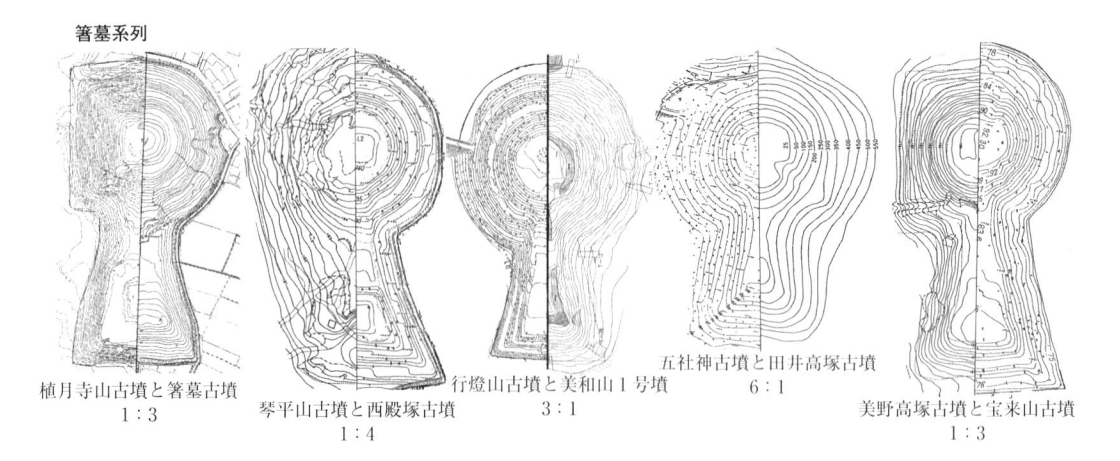

箸墓系列

植月寺山古墳と箸墓古墳
1：3

琴平山古墳と西殿塚古墳
1：4

行燈山古墳と美和山1号墳
3：1

五社神古墳と田井高塚古墳
6：1

美野高塚古墳と宝来山古墳
1：3

桜井茶臼山系列

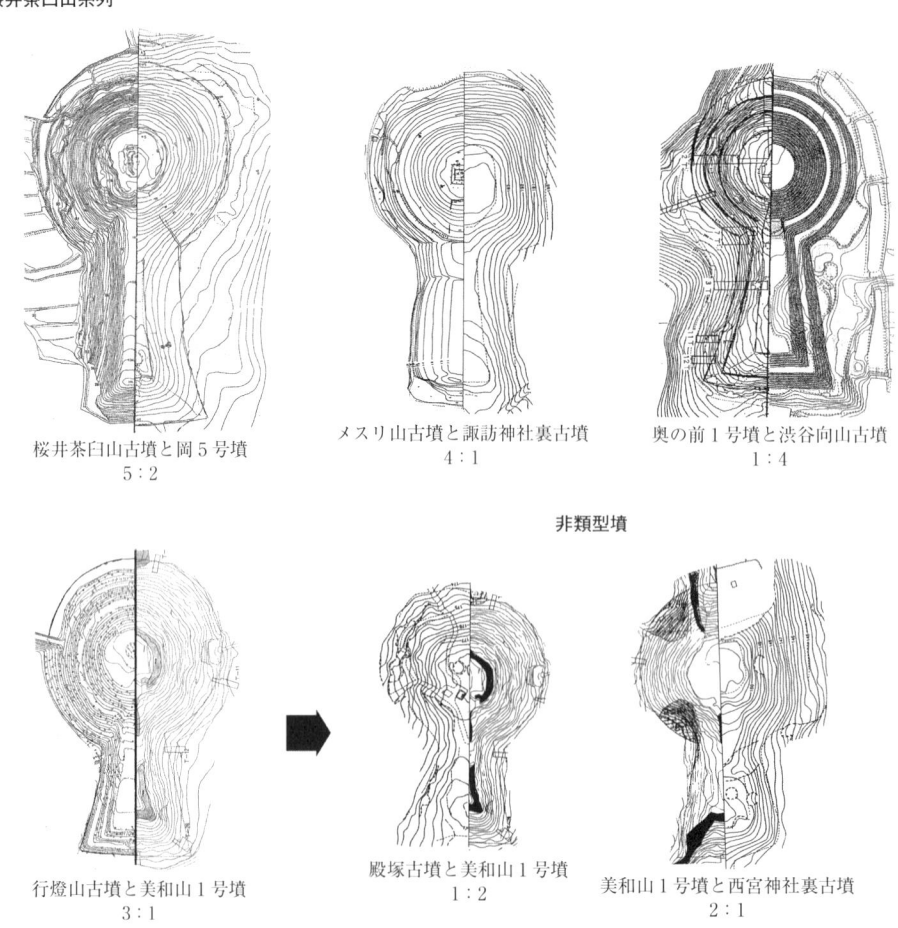

桜井茶臼山古墳と岡5号墳
5：2

メスリ山古墳と諏訪神社裏古墳
4：1

奥の前1号墳と渋谷向山古墳
1：4

非類型墳

行燈山古墳と美和山1号墳
3：1

殿塚古墳と美和山1号墳
1：2

美和山1号墳と西宮神社裏古墳
2：1

第91図　美作地方における類型墳・非類型墳

ある。

　そして、これらの類型墳から美作地方の小地域に波及し、築造される首長墳がある。先に例示したなかでは美和山1号墳から波及したと思われる殿塚古墳、西宮神社裏古墳などである（第91図下段）。ただし、美作地方の場合、美作地方内部で完結せず、備前地方の類型墳から波及したものも少なからず存在する。浦間茶臼山古墳に由来する日上天王山古墳（澤田 1997）や、神宮寺山古墳に由来する川東車塚古墳（澤田 2004）などである。このような具合に美作地方すべての古墳の帰属を示すことは困難であるが、ここではひとつの仮説として吉備地方内部で混在した状況があることを示しておきたい。想定される吉備地方での類型墳と非類型墳の関係は、すでに第83図として掲げたが、両者が併存した状況のなかに古墳時代前期における吉備地方の政治史的展開が隠されているとみている。

3.　地方における前方後円墳の築造実態──首長墳系列の形成──

　築造企画共有の実態を吉備地方の例で概観してきた。そこでは美作地方でのケーススタディから古墳時代前期の政権構造についての理解を示したが、ここでは今一度、美作地方の首長墳の分布状況を確認し、そこから読みとれる首長墳系列と政治圏から構造性の実態を再度確認しておきたい。ところで、ここでいう首長墳とは複数の集落からなる農業共同体（近藤 1959）を統括する人物の墳墓であり、それは前方後円墳、前方後方墳と大形円墳、方墳という古墳の形であらわされている。したがって、以下では前方後円墳、前方後方墳、大形円墳、方墳の分布状況から首長墳系列を抽出し、そこに反映された領域を農業共同体の統治範囲として捉え、政治圏として把握している。

a）首長墳の分布

　先述のとおり、美作盆地は東西約45kmに長い地勢を有し、旭川水、吉井川水、吉野川水の3つの河川によって形成されている。美作地方の古墳はこれらの3つの主要河川に連なる支流を含めて、河川の侵食作用によって生じた小盆地に造営されている。美作盆地の地勢と古墳の分布は第79図に示したとおりで、このなかから首長墳系列を抽出した。

　美作地方の首長墳は、これまでに前方後円墳約50基、前方後方墳約10基の計60基程度が確認されている（近藤編 1992a）。ただし、未だに実態のわからない古墳も少なくなく、調査活動、実地踏査によってある程度情報の欠落を補うことができた53基の前方後円墳（43基）、前方後方墳（10基）、それに11基の円墳、方墳を加えて（倉林ほか編 2000・2004、河本編 2006、澤田編 2008）、首長墳系列の抽出をおこなった。円墳、方墳は美作地方のなかで比較的大きい部類とし得る30m級のもの、また造出しの付くもの、埴輪が出土しているものなどを加えて前方後円墳、後方墳の空白を補った。

b）首長墳系列の把握

　美作地方における首長墳系列の抽出は、第4章第1節で示したとおり、すでに近藤義郎がおこなっており（近藤 1960・1997）、本書では基本的に近藤の分析方法に則っている。ただし、この時

点からは新たな調査活動によって新資料が加わっており、より詳細な古墳の実態が判明している。ここでは、それらの成果も踏まえ、今日的な資料のなかで首長墳系列の抽出をおこなった。抽出作業は、近藤にならい、同時に存在する前期の首長墳系列を排他的に扱っておこない、あわせて推定される領域設定をおこなった。その結果が第79図に示した領域であり、美作盆地には10の首長墳系列すなわち10の領域が認められた。これらは10の農業共同体と、それに反映された政治圏の存在を示している。なお各領域で展開する古墳を時系列上に置き換えたものが第80図であった。

　　c）政治圏の形成

　第4章では美作地方全体で10の首長墳系列を確認したが、吉井川と吉野川が合流地点である飯岡地域、吉野川水系では梶並川流域、滝川沿いでは勝間田地域と美野地域で1系列ずつ把握している。また盆地中央部の吉井川水系では、5つの首長墳系列を抽出している。加茂川流域、皿川・倭文川流域、久米川流域、香々美川流域など吉井川支流の河川で1系列ずつ、また津山地域とした津山盆地のほぼ中央にも1系列が認められた。さらに盆地の西端にあたる旭川水系でも首長墳系列を認めている。旭川に備中川と河内川とが合流する落合町域の小盆地で、久米川流域の首長墳系列からは10kmほど西に離れ、独立している。

　このように美作地方の首長墳系列は、津山盆地を中心とした東西の地域にみられ、主として河川に沿って政治圏を形成している。

　　d）美作地方における首長墳の展開

　先に美作地方における古墳時代前期の首長墳の築造状況を示したので、これに続く前期末からの様相を少し示しておきたい。なお、ここでは古墳の帰属時期の区分として和田晴吾による11期区分（和田　1987）を用いている。

　第4章ですでに論じたとおり、美作地方では前期末ないし中期初頭に飯岡地域に釜の上古墳ないし月の輪古墳が築かれ、前期に各地域で継続的に造営されていた前方後円墳が斉一的に築造を停止する。この時期の前方後円墳の築造停止は、備前地方の金蔵山古墳の造営と軌を一にし、連動する可能性があり、中期以降、備前地方の動態のなかに組み込まれていく。また美作地方では6期、7期に加茂川流域で30m級の円墳が継続的に造られるのみで、これも備前地方の金蔵山古墳に後続する大形前方後円墳が備中地方に造営地を替えて築かれることと無縁でない。さらに、美作地方の9期における十六夜山古墳の築造は、周濠の存在や墳丘形態、埴輪から畿内政権との直接的な関係締結に起因した古墳築造の再開を意味するが、この時期がいわゆる「雄略朝期」（松木1991）にあたり、その動態に連動した現象と想定できる。そして、これ以降、美作地方では10期、11期に類型墳の展開は続かず、30m級の小前方後円墳が各地域で築造されて、古墳時代の終焉をむかえる。

　美作地方で特徴的なのは、首長墳たる前方後円墳が中期に築造を停止するものの、後期に至って前期の地域的枠組みを踏まえて、小さいながらも前方後円墳の築造を再開するところにある。そして、その意味で前期に形成された系列的な地域的枠組みは後期まで維持、継承されていた。すなわち、吉備地方全体を視野に入れて中期の首長墳系列を検討すると、一時的に首長墳が造られる地域

が限定されていくものの、それは畿内巨大前方後円墳系列の構造変質に連動して地域支配の在り方に変化が生じたために起きた現象であり、少なくとも中期に首長墳の築かれない地域が無人化したと考えるのは困難であり、畿内政権の変動が美作地方でも機敏に反映したとみるのが穏当な結論となる。

　このように美作地方では、狭小な盆地ながら前期に 10 に及ぶ地域で前方後円墳、前方後方墳を中心とした首長墳系列が形成されるが、中期の首長墳系列は円墳を基調として 1 つないし 2 つの限定された地域においてのみ展開するようになり、中期末から後期にかけては、前期に形成した各地域で小形前方後円墳の築造が再開する。そして、このような美作地方における首長墳系列の展開の背景に吉備地方南部の影響が考えられ、あわせて畿内巨大前方後円墳系列の変動にも機敏に反応している様子がうかがえた。いずれにせよ、このような首長墳系列の動態は、地方での内部事情によって生じたのではなく、その原因には築造企画の波及にみられるような畿内巨大前方後円墳系列の動態、つまり政権の担い手の交代や政策の変更を含めた政権構造の変動が関係している。

　以上、美作地方の首長墳系列の抽出と動態の把握に努め、あわせてその動態の背景について墳丘平面形態や政治圏の把握から再度概観してきた。墳丘平面形態の在り方として類型墳、非類型墳の 2 者が存在し、それぞれの由来について例を示したほか、政治圏での在り方や政治圏相互での関係についても触れ、類型墳が旧国程度を治める地域の首長として畿内政権と直接関係を持ち、非類型墳が旧郡程度を治める小首長で類型墳たる地域の首長を通じた畿内政権との関係を示してきた。以後、ここでは前者、類型墳の首長を地域首長、後者、非類型墳の首長を小首長と呼ぶことにしたい。そして、これらの点を踏まえ、吉備の分析例から了解し得る前方後円墳築造の論理について今一度整理し、最後に古代国家形成期に果たした前方後円墳秩序の役割について考えていきたい。

第3節　前方後円墳築造の論理

1. 領域支配の実相

　先に示した政治圏を結びつけるものが領域間の通交ルートと交通手段であり、それを示すものが古墳の築造位置や立地に示されている。例えば日上天王山古墳は吉井川下流からの津山盆地の入り口となる位置で視野に入るが、これは日上天王山古墳の造営地が吉井川を用いた河川での通交を意識し、選択されていた。その点で日上天王山古墳は津山盆地という新たな領域に入ったことを示すランドマークとして機能していた可能性が指摘されている（倉林 1997・2000）。同様な例はほかの政治圏でも認められ、特に前期の首長墳が主要河川に面した低丘陵の縁辺に立地する場合が多く、領域を意識した造営地の選択が看取される（澤田編 2008）（第79図）。このような状況は吉備地方南部でもみられ、前期の首長墳の多くが主要河川か吉備の穴海を望む位置に立地している（第92図）。そして、このことは河川交通による美作地方と外界との繋がりを示している。波止場跡と思われる施設が発見された岡山市上東遺跡（下澤 2001）などは往時の足守川河口に位置しており、海上交通と河川交通の結節点であったと考えられるが、このような結節点となる「津」あるいは

「湊」は、当然、旭川河口や吉井川河口にも存在したとみてよい。また牛窓湾岸に展開する首長墳系列は海上交通を担った集団の反映とみることもできる（近藤 1956）。このように考えれば、さほど生産基盤を持たない飯岡地域に月の輪古墳や釜の上古墳などの大形円墳が築かれるのも偶然ではなく、この地域が吉井川上流域の河川交通を掌握し、吉備地方南部と北部を結ぶ物流拠点として経済的な拠点を築き、首長墳を築造し得たことも納得できる（今井 1988、近藤 1994）。このように美作地方でも吉備地方南部、とりわけ備前地方を経由して、河川交通を主体とした広域交流が古墳時代前期に成立していた。

　これに対し、中期、後期は様相を異にする。吉備地方南部の首長墳の分布図に古代山陽道の推定位置を示したものが第93図下段であるが、前期古墳の立地が海岸ないし河川を指向するのに対し、中期、後期の首長墳は内陸に築かれる傾向があり、しかも古代山陽道に面した位置に造営される古墳が多くなる。造山古墳や作山古墳、それに両宮山古墳の吉備の三大古墳や、それに付随する中小規模の前方後円墳の多くがこの動きに連動する。首長墳が前期に続き領域支配の象徴として築かれたのであれば、中期には陸路を意識したランドマークを作りあげたことになり、陸上交通への転換が看取できる。そして、その背景に広域陸路の整備という大規模公共事業の存在を考えておく必要がある。つまり、往時の山陽道の整備とそれを用いた広域移動の活発化が中期、後期の古墳造営地からうかがえるのである。これは実は美作地方でも例外ではなく、やはり中期、後期の首長墳の分布図に出雲道を記すと、それに沿って古墳が位置している（第93図上段）。

　このように古墳時代の首長墳は領域支配の証として、路を往来する人々の視野に配慮して造営地を選択している。そして、その領域がいかなる首長によって治められたかを誇示していた。古墳時代は広域的ネットワークの形成と通交、交流、流通を基盤に展開していくが、その背景には領域支

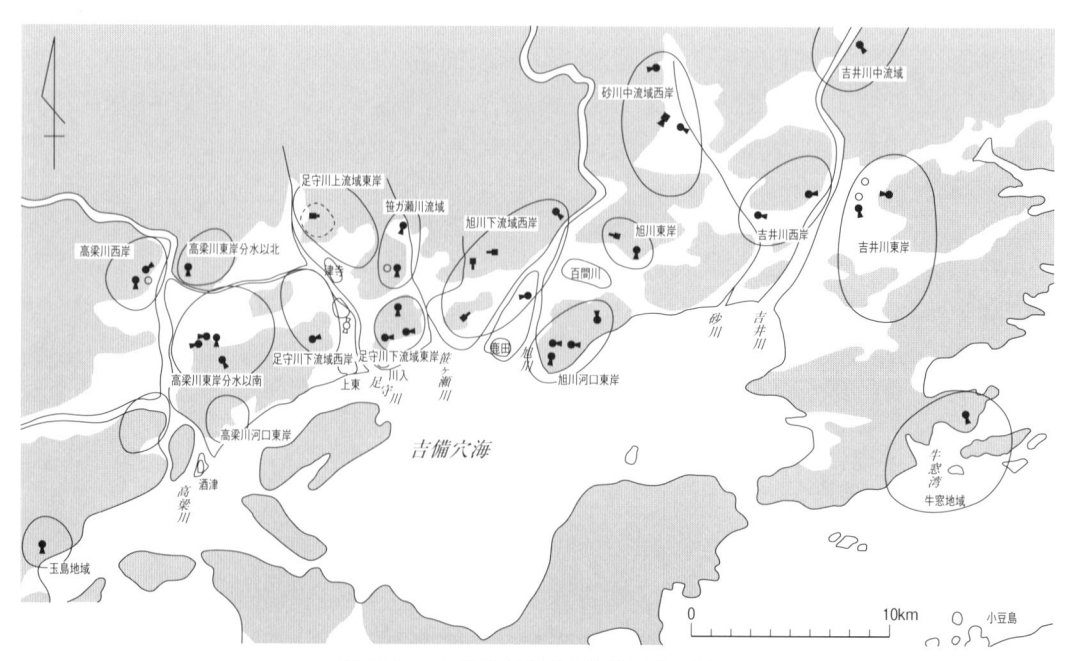

第92図　吉備地方南部の前期古墳分布図

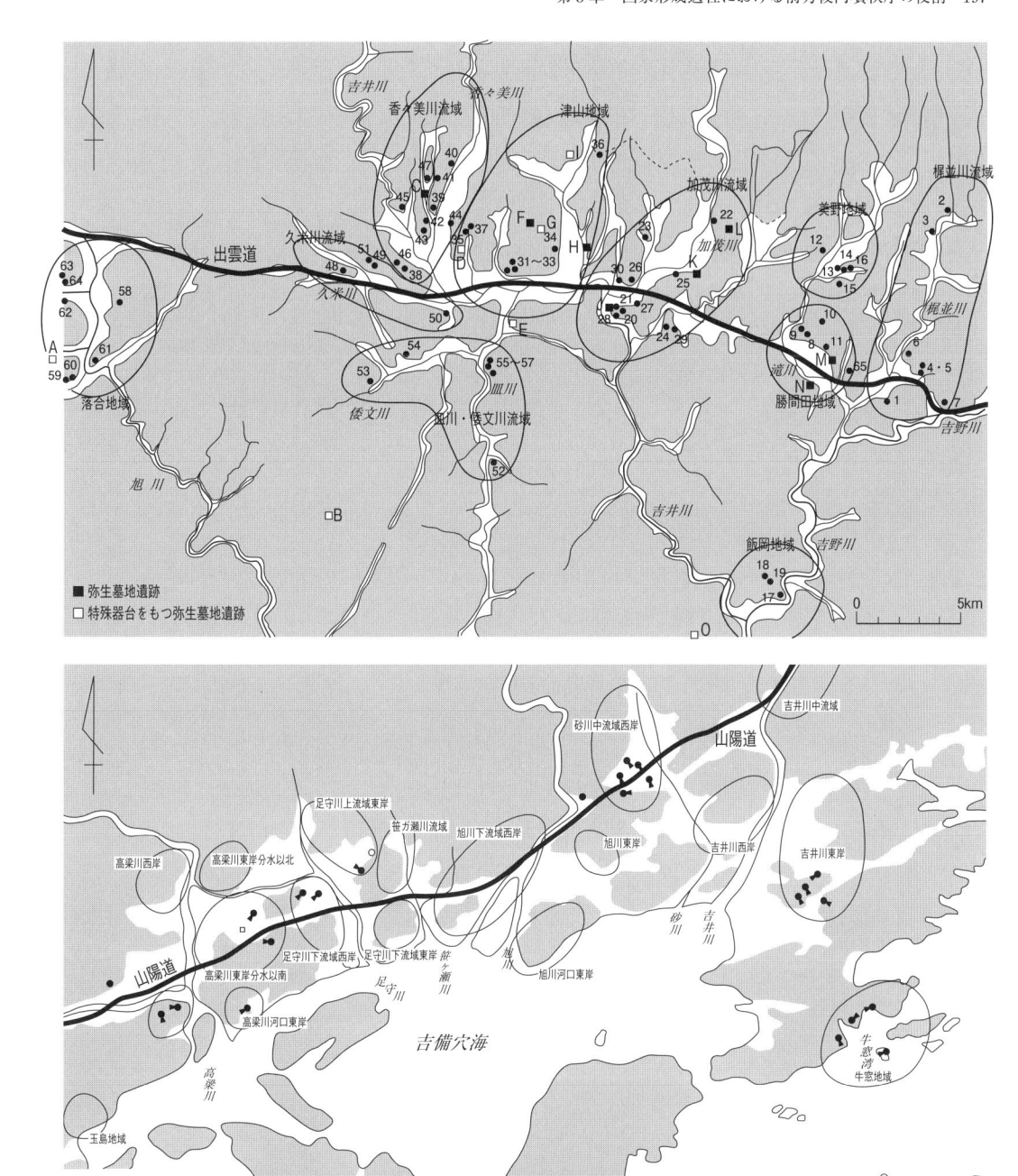

第93図　美作地方の首長墳と出雲街道（上）、吉備地方南部の中・後期古墳と山陽道（下）

配があり、それを結ぶ路の整備が不可欠であった。

2. 古墳築造の契機

ところで、これまで検討してきた首長墳の築造契機はどのように求められるのであろうか。

先に古墳の暦年代を決める際に三角縁神獣鏡の製作から舶来、被葬者の入手、埋納までが順次な

されている様子を示し伝世の可能性を否定したが、あわせて変化の方向性が一致するのが、埋葬施設の型式変化と墳丘築造企画のそれであった（澤田 1993a・1993b）。この3者の変化の方向性が一致する背景に一定の原則や秩序がある。そして、この原則を読み解くために検討しなければならないのが、古墳の築造開始から中心埋葬完了までのプロセスとなる。すなわち、古墳の被葬者がどのタイミングで古墳を造営したかである。

　現状の調査成果をみると墳丘完成後に改めて中心埋葬のための墓坑を穿ち、埋葬施設を設けている古墳が圧倒的に多く、被葬者の生前に墳丘が完成し死後埋葬施設を設ける（茂木 1979、吉留 1992）というのが導かれる結論である。つまり、古墳の築造は生前に墳丘形態や規模が決定し開始され、一定の完成をみたのち一時放置され、死後、埋葬時に埋葬施設を設けたと復元できる。さらに、これに副葬品群が関係するが、原則的に副葬品は生前、存命中に入手するものであり、副葬品の型式群の広さは基本的に生存期間を示している。先に三角縁神獣鏡を複数面出土する古墳で保有状況をみたが、鏡群幅の違いはこのような原則の存在によって生じたのであり、魏王朝から三角縁神獣鏡を下賜された畿内政権の一括保有、地域首長への順次配布、死亡による埋納という一代限りの一連の行為が関与していたのである。

　このように前方後円墳に葬られる首長は生前に墳丘形態と規模を決められており、古墳そのものが寿陵としての性格を有していた。前方後円墳は各地で累代の首長墳として代々築造されるが、つまるところ、その築造企画の決定は地域首長交替の際に新首長が畿内政権の承認を得た証としてなされ、副葬品の下賜とともに墳丘築造企画、規模そのものが下賜されたものであった。そして、ここに古墳築造を契機とした朝貢関係の締結が想定し得るのである。

第4節　国家形成期における前方後円墳秩序の役割

1. 前方後円墳秩序の実態

　先に最古式前方後円墳に西暦239〜260年という暦年代が与えられるとし、前方後円墳の築造開始期と邪馬台国時代とが重なり合うことを示した。このことは文献史料による倭国王の起点と巨大前方後円墳の築造開始との同一性を示しており、最大かつ最古式の箸墓古墳が邪馬台国の女王卑弥呼の墓の候補として挙げられるに至っている（岸本 2004a）。また、三角縁神獣鏡の製作動向や製作年代を考慮すれば、卑弥呼が魏王朝より下賜された鏡が三角縁神獣鏡である可能性は高い。また、先にみた三角縁神獣鏡を複数面出土する古墳で、その保有状況をみた場合、製作から埋納までの経路が一定の原則で順次なされており、そこには三角縁神獣鏡を下賜された卑弥呼の一括保有、地域首長への配布、埋納という一連の行為を想定し得た。そして、その背景に魏に対しておこなった朝貢と同様の関係が、卑弥呼と地域首長とのあいだに読みとれるのである。

　つまり、前代の首長が死亡し、首長権を継承した新たな地域首長が女王卑弥呼に朝貢し、政権傘下への編入と自らの地位承認の証しとして、副葬品の配布や時の倭国王と同じ築造企画で地位に応じた規模の古墳築造が許されたのであり、その範囲で古墳築造の契機は、西嶋が唱えたとおり冊封体制への編入（西嶋 1961）を意味する。ただし、この畿内政権との直接的な関係は類型墳の被葬

者たる地域首長とのあいだでおこなわれ、非類型墳の被葬者たる小首長は地域首長を介して畿内政権と間接的に関係を結び、その傘下に加わった。そして、ここにも墳丘築造企画、規模あるいは副葬品の配布（再配布）が認められ（澤田 1990、田中 1991）、地域首長と小首長のあいだにも朝貢関係が存在した。そして、このような二重の朝貢関係が前方後円墳秩序の基本原理であり、秩序の実態だと考えられる。

2. 国家形成に果たした役割と評価

　ここまで論じた前方後円墳の墳形、系列秩序、領域支配が、古墳時代の政権構造の特質を反映しており、これによって畿内政権と地域権力との関係性、さらにその史的背景や畿内政権内部における二つの大王墓系列の実態を明らかにしたことによって、古墳時代のダイナミックな政治史像の追究が可能になった。すなわち、前方後円墳は、支配者の威勢を示すモニュメントであるが、祖霊祭祀の共有のための重要な装置として生みだされ、畿内政権の頂点に立つ倭国王の墳墓である前方後円墳にならって築造するといった、一定の秩序にしたがった埋葬祭祀の執行を通じた畿内政権の枠組みへの参画とそこでの地位を示す身分表示システムであった。政権との関係は基本的に一代限りであり、歴代の倭国王の墳墓が新たな築造企画に更新され、新たな副葬品や祭式を次々に加えるなど、地域首長が模倣すべき祭式の刷新によって畿内政権は求心力を保ち、権力構造を強化していった。

　このような身分表示システムは地域首長と小首長のあいだにも敷設されるが、こうして列島規模にわたり前方後円墳の共有が実現し、そこに中央と地方の関係が定着していくと、倭国王を筆頭とする序列関係の形成が機能し、政権構造が確立していった。そして、この政権構造の確立を示す転換が、列島各地の首長墳系列を統合し、小首長墳の築造を停止させた中期の変動となる。この小首長墳の極端な減少は陸路の整備といった観点からみれば、前期の造墓活動に費やした労力を公益性の高い社会基盤整備への転嫁ともみられ、地方支配の完成と王権構造の強大化に伴う政策転換と捉えることも可能である。

　こうした前期末から中期初頭の政策転換は、倭五王による宋朝への再編入と倭王権を支える臣下への官位要請にもあらわれており、文献上にもそうした動向がよく反映されている。川口勝康は、宋朝への入朝と部下たちを含めた将軍号の除正を求める一連の動向を「中国王朝内部の身分秩序を周辺諸国にまで拡大した冊封体制の論理を倭国内の身分秩序の形成に利用した」と評価する（川口 1987：pp.30-31）が、先にみた前方後円墳秩序の在り方からみて、「冊封体制の論理を倭国内の身分秩序の形成に利用した」のは前方後円墳の成立当初と考えるのが自然で、むしろ冊封体制から一時離脱した 4 世紀代にこの論理を国内で徹底させたとみるべきである。宋朝に対しては、その追認を求めるものであったと考えるのが穏当である。

　さらに、このような倭王墓や地域首長系列の変動は中期から後期の転換にも認められる。この変動は川口の主張する倭国王が内政的に「大王」となる雄略朝期の「全国的な政治的統属関係の形成」の指標となる「大王の成立」（川口 1987：p.32）と重なるが、これらの変動にもかかわらず前方後円墳築造企画に基づく汎列島的な秩序や序列が開始当初からその終焉まで一貫して保たれてい

る点には注意を要する。つまり、考古学的成果からみて倭王権の基本構造の確立は最古式前方後円墳の築造開始当初に求められ、それを基盤とした政権の政策変更や政策転換が2つの大きな変動をもたらしたと考えられるのであり、むしろ冊封体制の体現である前方後円墳秩序を維持したなかで、川口が指摘するような冊封体制から脱皮し、純化した日本的な特質を持つに至った継体、欽明朝以降の王権維持構造（川口 1987・1993）を考古学的にどう実態把握し評価していくかが今後の課題となる。

註

（1） 椿井大塚山古墳では、180 m 級規模で墳丘を造っているが、第 94 図に示した周辺地図で検討すると、規模や形態を考慮しなければほかの地に造営するのが可能だった様子がうかがえる。第 94 図で A 地点が椿井大塚山古墳の所在地であるが、ほかにも尾根の規模や方向などを考慮しなければ B 地点、C 地点、D 地点あるいはやや南に離れた E 地点、F 地点、G 地点など椿井大塚山古墳の所在地と同様の地形が存在する。さらにここではマークしていないが木津川の沖積平地に造れば、もっと自由な形態や規模での造営が可能であったとみられる。椿井大塚山古墳は現在の所在地においても後円部後端を省略して造営するなど、この地に対する指向が感じられ、この指向性が造営地として選定した理由と直結するように思われた。

　　そこで墳丘主軸に対して直交あるいは平行させて埋葬頭位を北にむけるという墳丘主軸と埋葬頭位の方向にみられる規則性（都出 1979、北條 1987）を踏まえて検討していくと、A 地点もしくは B 地点がこれにもっとも近い造営地となる。B 地点は 200 m 以上の墳丘規模で墳丘主軸に平行させて北頭位がとれる造

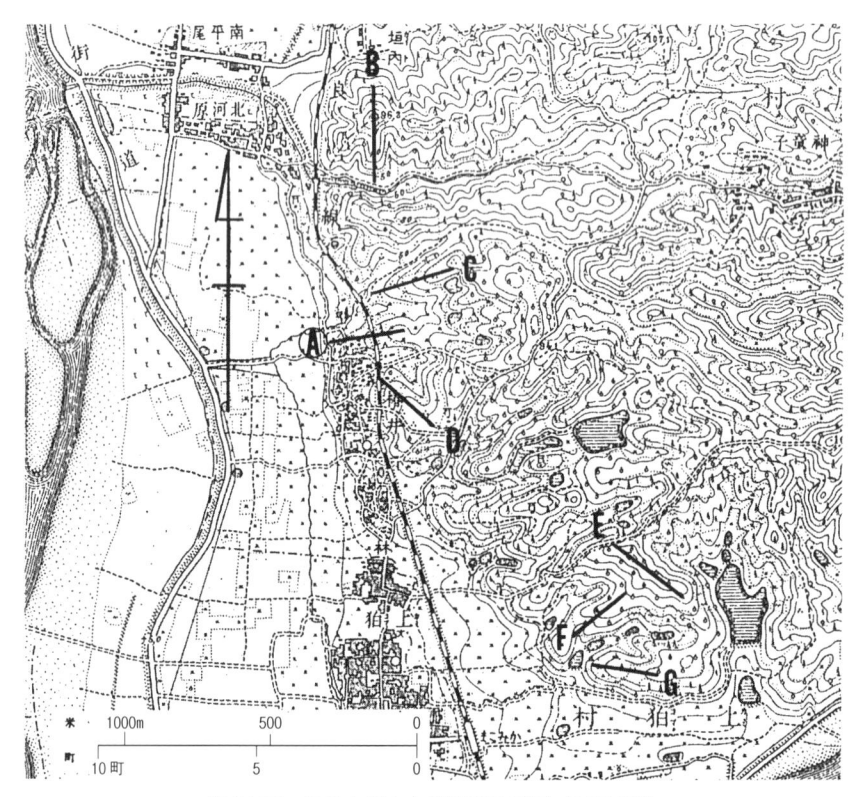

第 94 図　椿井大塚山古墳周辺地形図　（1/25,000）

営地であり、180 m の墳丘規模で墳丘主軸に対して直交させて北頭位がとれる造営地としては A 地点が最適となる。もちろん、100 m 級など極端に規模を減じればほかにも適地が見いだせる。

　なお、このような造営地の検討は、ほかの地域でもおこなっているが、継続して前方後円墳が営まれるところでは、都出が指摘するとおり前期の後半になると北にむける埋葬頭位にずれが生じてくる（都出 1979）。これは厳密な北頭位設定の放棄に起因するとみてよい。というのは墳丘主軸に埋葬施設を直交あるいは平行させてなおかつ頭位を北にしようとすると、どうしても造営地が限られ、のちに造られる古墳には適地がなくなるため、墳丘主軸に埋葬施設を直交ないし平行させるのを優先せざるを得なかったと考えられるからである。

　以上のことから古墳造営地の選択には墳丘形態、規模のほか墳丘主軸と埋葬施設の設置方法、さらにその頭位が大きく関わっていると考えられるが、とりわけ墳丘形態、規模は畿内政権との関係でもたらされた約束事であり、築造企画の配布を前提とするならば、身分格差として畿内政権が生前に地域首長に与えたとするのが穏当な考えとなる。

（2）　三角縁波紋帯鏡群（小林 1979）が第 V 段階にあたり、龍子三ッ塚 1 号墳や田邑丸山 2 号墳などの前方後円墳、前方後方墳で出土しているが、ともに行燈山類型墳とは見なし難い。したがって、現状で第 V 段階に位置づけられる三角神獣鏡の行燈山類型墳からの出土例はなく、類推の域をでていない。けれども、第 4 章第 4 節で検討したように玉手山 7 号墳や小熊山古墳など発掘調査によって明らかになった行燈山類型墳もあるので、今後の調査成果に期待したい。

（3）　五社神古墳は、最近の調査での前期末から中期初頭に位置づけられる埴輪の採集、出土の確認（宮内庁書陵部陵墓課 2005）によって、その築造時期を前期末から中期初頭と考えるようになった。けれども、倣製三角縁神獣鏡を出土する各地の類型墳を重視するならば、その築造時期は倣製三角縁神獣鏡の製作年代に近づけて考える必要がある。その場合、五社神古墳の被葬者が 315 年頃から 370 年頃まで 50 年以上にわたって生存、在位したために埴輪の生産、樹立が前期末から中期初頭となったのか、古墳築造開始後、何らかの理由で埴輪の生産、樹立が遅れたかのどちらかと思われる。280 m 級の大王墓の系列的変遷を勘案すれば前者と考えてよいが、後者でも次のケースではあり得ると考えている。

　ひとつは複数埋葬があり、埴輪の生産、樹立が前期末から中期初頭の埋葬に伴う場合で、今一つは五社神古墳の築造の契機となった被葬者が何らかの理由で埋葬されず、時を経て別の被葬者が埋葬されたケースである。これは大王として在位し五社神古墳を築造し、倣製三角縁神獣鏡や築造企画を配布するなど一定の活躍期間があったものの、死亡時に何らかの理由で埋葬されなかった場合である。塚口義信は、『古事記』にある香坂王、忍熊王の反乱伝承に注目し、その本願地を五社神古墳が所在する佐紀西群古墳群の形成した政治集団に求め、その政治集団が神功、応神に象徴される集団の反乱によって敗れ、失脚したと論じる（塚口 1993）が、この見解から五社神古墳の被葬者が大王の座から失脚し順当に埋葬されなかった可能性も考えられる。埋葬施設のない未完成古墳の存在は茂木雅博がすでに指摘しているところ（茂木 1992）であり、また近年の調査例では湊茶臼山古墳で中心埋葬が検出できず、葺石の施工や埴輪の樹立が不十分なことから未完成古墳と考えられる（安川編 2013）例もあり、五社神古墳も築造の契機となった本来的な被葬者の埋葬が放棄され、のちに反乱に勝利した側によって何らかの理由で転用された可能性が考えられなくもない。

　このように五社神古墳では政争など不測の事態が想定でき、築造開始から埋葬、埴輪の樹立を経て、古墳が完成するまでに長期間を要した可能性も考えられる。

終章　前方後円墳秩序の実相

　以上、本書では前方後円墳の築造企画を中心とした遺構、遺物研究による編年と暦年代の比定をベースに考古学的知見から国家形成過程を考察した。ひとつの意図は古墳時代開始期の暦年代を明らかにし、文献史学による研究成果との連接にあったが、ここでは史料による「倭国王」の起点と最古式前方後円墳との同一性を確認し、倭国政権（第5章では畿内政権、倭王権ともした）の構造性と特質を示してきた。そして、迂遠な手続きを踏んだものの、①中央政権の存在、②地域集団の序列化にみる身分秩序の存在、③東北日本南部から九州島に至る汎列島的な地域集団の掌握による領域支配の確立、④古墳の築造や水路、陸路の確保にみる土木技術の保有と政策としての公共事業の展開など、国家秩序としての身分秩序、領域支配、社会基盤整備の存在を確認した。

　また十分に触れられなかったが、前期前半の卑弥呼、台与による魏晋朝冊封体制への編入、前期後半の冊封体制からの離脱、朝鮮半島の加耶、新羅との通交、そして中期の宋朝冊封体制への再編入といった外交関係の転換も考古学的に跡づけられつつある（福永 2005、田中 2009 など）。本書ではこのような動態を大王墓と地方の首長墳の連動性に求めたが、副葬品にも五社神古墳の築造に相前後して三角縁神獣鏡や小札冑に代表される中国王朝との関わりから、竪矧板革綴短甲や筒形銅器に代表される朝鮮半島との関わりへの転換が反映されており、今後の研究課題と考えている。

　このように倭国は成立当初より、内政秩序として身分秩序、領域支配、社会基盤整備（インフラ投下）能力を備え、加えて外交交渉能力や外交政策も持ち合わせていたわけで、文明国の外縁に位置していたとはいえ、「社会を社会として存続せしめるために不可欠な社会的機能（＝公共機能）」（小谷 1985：p.123）を持つ独自の国家的枠組みや基本機能を有していたとみるのが穏当である。ただし、それが川口勝康の指摘する純化した日本的特質を持つのは継体、欽明朝以後であり、東アジア世界における自立を重視し、それを国家の指標とするならば、国家の完成は6世紀以降となる。また、福永伸哉は、古墳時代開始当初からの中国王朝との頻繁な交

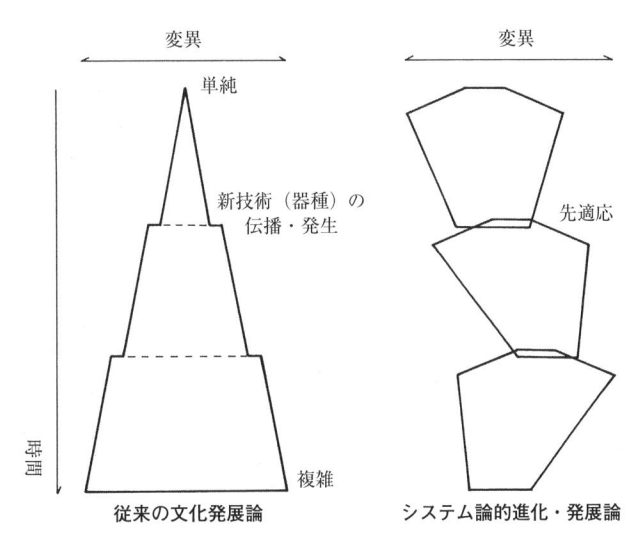

第95図　システム論的進化発展モデル

渉に注意を払い、「文明化した国家社会から多くの刺激を受けながら展開する日本のような」国家を「二次国家」（福永 2005：p.322）として捉え、その特殊性とともに新たな理論的枠組みの必要性を論じるが、本書の第 1 章では弥生時代終末期における地域的な格差を伴う築造企画の共有を原則とした政治システムを先適応段階と位置づけ、その政治システムを箸墓古墳の被葬者（＝女王卑弥呼）が引き継いで汎列島的な政治支配に転化し発展させたと捉え、先史学的なシステム論的進化発展モデル（佐藤 1990）（第 95 図）を念頭に弥生時代終末から古墳時代初頭の移行過程を示唆したつもりであった。その意味で本書での今一つの目論見は、墳墓形式、祭式の共有を基軸とした独自の領域支配秩序の創出に表徴される列島人類史上の特殊な社会の変化形態の把握と評価であった。その歴史理論化は当面の課題として、ここでは実体として女王卑弥呼が創設した前方後円墳秩序が、変質しながらも、その後およそ 350 年間、自ら「倭国」と称した汎列島的な支配領域の維持装置として役割を果たし、機能していたことを強調して論じ終えたい。

引用・参考文献

会津大塚山古墳測量調査団　1989『会津大塚山古墳測量調査報告書』会津大塚山古墳測量調査団

赤塚次郎　1988「東海の前方後方墳」『古代』第86号　早稲田大学考古学会　pp.84-109

赤塚次郎　1992「東海系のトレース—3・4世紀の伊勢湾沿岸地域」『古代文化』第44巻第6号　古代學協会　pp.35-49

赤塚次郎　1996「前方後方墳の定着—東海系文化の波及と葛藤」『考古学研究』第43巻第2号　考古学研究会　pp.20-35

赤塚次郎　2001「男王、卑弥呼と素より和せず—狗奴国はどこか」『三国志がみた倭人たち』山川出版社　pp.255-270

東　潮　2004「倭の五王と巨大前方後円墳」『中・後期古墳の階層秩序』第9回中国四国前方後円墳研究会徳島大会発表要旨集　中国四国前方後円墳研究会　pp.5-15

阿部朝衛　1989a「土師器からみた東北地方古墳成立期の様相」『帝京史学』第4号　pp.71-103

阿部朝衛　1989b「新潟県阿賀野川以北の古墳時代前期」『北越考古学』第2号　pp.25-36

甘粕　健　1964「前方後円墳の性格に関する一考察」『日本考古学の諸問題—考古学研究会十周年記念論文集—』考古学研究会十周年記念論文集刊行会　pp.173-202

甘粕　健　1965「前方後円墳の研究—その形態と尺度について」『東洋文化研究所紀要』37　東京大学東洋文化研究所　pp.1-110

甘粕　健　1985「前方後円墳の技術史—土木構造物の起点を考える—」『第五回日本土木技術学会発表論文集』日本土木史学会　pp.1-10

甘粕　健　1989「築造企画」『会津大塚山古墳測量調査報告書』会津大塚山古墳測量調査団　pp.35-37

甘粕　健　1991「堂ケ作山古墳の墳形に関する復原的考察」『堂ケ作山古墳Ⅰ』会津若松市教育委員会　pp.42-48

甘粕　健　1993a「みちのくをめざして　日本海ルートにおける東日本の古墳出現期にいたる政治過程の予察」『日本考古学協会1993年度新潟大会　東日本における古墳出現過程の再検討』日本考古学協会新潟大会実行委員会　pp.1-6

甘粕　健　1993b「総括—山谷古墳の歴史的意義」『越後山谷古墳』新潟県巻町教育委員会　pp.129-147

甘粕　健　1994「東日本における古墳の出現—みちのくをめざして—」『東日本の古墳の出現』山川出版社　pp.7-30

天野末喜　1993「津堂城山古墳」『新版古市古墳群』藤井寺市教育委員会　pp.36-43

飯塚恵子ほか編　1981『元島名将軍塚古墳』高崎市文化財調査報告書第22集　高崎市教育委員会

石川隆司　1985「古墳と遺物」『本屋敷古墳群の研究』法政大学　pp.36-41

石川隆司　1986「東北日本に於ける出現期古墳の様相」『法政考古学』第11集　法政考古学会　pp.47-78

石野博信　1983「古墳出現期の具体相」『関西大学考古学研究室開設三十周年記念考古学論叢』関西大学　pp.111-130

石野博信　1994「纒向編年と古墳の出現」『東日本の古墳の出現』山川出版社　pp.202-207

石野博信・関川尚功編　1976『纒向』桜井市教育委員会

石部正志・田中英夫・堀田啓一・宮川徙　1978「前方後円墳の築造企画の基準と単位」『考古学ジャーナル』

150　ニューサイエンス社　pp.27-34

石部正志・田中英夫・堀田啓一・宮川徙　1979「畿内大形前方後円墳の築造企画について」『古代学研究』第89号　古代学研究会　pp.1-22

伊藤玄三　1986「東北日本古墳文化の伝播と性格」『帝京史学』第2号　pp.59-77

伊東信雄・伊藤玄三編　1964『会津大塚山古墳』会津若松市史別巻1　学生社

揖保郡御津町教育委員会編　2005『綾部山39号墓発掘調査報告書』御津町埋蔵文化財調査報告書5　揖保郡御津町教育委員会

今井　堯　1972「原始社会から古代国家の成立へ」『津山市史』第1巻原始・古代　津山市　pp.15-70

今井　堯　1987「美作の前方後方墳四題」『古代吉備』第9集　古代吉備研究会　pp.102-112

今井　堯　1988「吉備における古墳被葬者の検討―金蔵山古墳南石室と月の輪古墳造出し粘土槨被葬者の検討―」『古代吉備』第10集　古代吉備研究会　pp.54-63

今井堯・渡辺健治　1963「美作勝央町琴平山古墳」『古代吉備』第5集　古代吉備研究会　pp.21-24

岩本　崇　2003「「倣製」三角縁神獣鏡の生産とその展開」『史林』第86巻第5号　史学研究会　pp.1-39

岩本　崇　2008「三角縁神獣鏡の生産とその展開」『考古学雑誌』第92巻第3号　日本考古学会　pp.1-51

岩本　崇　2014「副葬鏡群の変遷モデルと中国四国の前期古墳」『前期古墳編年を再考する―広域編年再構築の試み―』発表要旨集・資料集　中国四国前方後円墳研究会　pp.7-22

岩本崇ほか編　2010『龍子三ッ塚古墳群の研究』大手前大学史学研究所・龍子三ッ塚古墳群調査団

上田宏範　1950「前方後円墳築造の計画性」『古代学研究』第2号　古代学研究会　pp.10-17

上田宏範　1963「前方後円墳における築造企画の展開」『近畿古文化論攷』吉川弘文館　pp.111-136

上田宏範　1969『前方後円墳』学生社

上田宏範　1979『前方後円墳』〔第2版〕学生社

植田文男　2003「近江の前方後方墳と大和」『初期古墳と大和の考古学』学生社　pp.385-395

上野祥史　2009「古墳出土鏡の生産と流通」『季刊　考古学』106　雄山閣　pp.48-51

宇垣匡雅　1984「特殊器台形埴輪に関する若干の考察」『考古学研究』第31巻第3号　考古学研究会　pp.59-82

宇垣匡雅　1987a「吉備の前期古墳―I　浦間茶臼山古墳の測量調査―」『古代吉備』第9集　古代吉備研究会　pp.87-101

宇垣匡雅　1987b「竪穴式石室の研究―使用石材の分析を中心に―」『考古学研究』第34巻第1・2号　考古学研究会　pp.22-48　pp.66-92

宇垣匡雅　1988「吉備の前期古墳―II　宍甘山王山古墳の測量調査―」『古代吉備』第10集　古代吉備研究会　pp.40-50

宇垣匡雅　1990「網浜茶臼山古墳・操山109号墳の測量調査―吉備の前期古墳III―」『古代吉備』第12集　古代吉備研究会　pp.9-18

宇垣匡雅　1992「備前」『前方後円墳集成』中国・四国編　山川出版社　pp.61-67

宇垣匡雅　2004「吉備の首長墓系譜」『古墳時代の政治構造』青木書店　pp.60-79

氏家和典　1974「東北地方における大型古墳の問題」『東北の考古・歴史論集』平重道先生還暦記念会　pp.127-156

宇野隆夫　1995「前方後方形墳墓体制から前方後円墳体制へ―東日本からみた日本国家の形成過程―」『古墳文化とその伝統』勉誠出版　pp.75-97

梅原末治　1921『佐味田及新山古墳研究』岩波書店

梅原末治　1923「豊前宇佐郡赤塚古墳調査報告」『考古学雑誌』14-3　日本考古学会　pp.135-148

梅原末治　1925「揖保郡香島村吉島古墳」『兵庫県史蹟名勝天然記蹟念物調査報告』第2輯　兵庫県　pp.86-95

梅原末治　1932「龍子の三ッ塚古墳」『兵庫県史蹟名勝天然記蹟念物調査報告』第9輯　兵庫県　pp.81-93

梅原末治　1933『讃岐高松石清尾山石塚の研究』京都帝国大学文学部考古学研究報告第12冊　刀江書院

梅原末治　1937「乙訓村長法寺南原古墳の調査」『京都府文化財調査報告』第17冊　京都府教育委員会　pp.1-22

梅原末治　1937「備前行幸村花光寺山古墳」『近畿地方古墳墓の調査』二　日本古文化研究所　pp.67-80

梅原末治　1965「椿井大塚山古墳」『京都府文化財調査報告書』第23集　京都府教育委員会　pp.1-61

梅本康広編　2001『寺戸大塚古墳の研究Ⅰ　第6次調査報告篇』向日丘陵古墳群調査報告1　向日市埋蔵文化財センター

梅本康広編　2014『元稲荷古墳』向日市埋蔵文化財調査報告書101　向日市教育委員会

大塚初重　1962「前方後方墳序説」『明治大学人文科学研究科紀要』1　明治大学　pp.1-59

大塚初重　1985「東国古墳発生論」『論集日本原史』吉川弘文館　pp.699-723

岡林孝作　2002「木槨・竪穴式石室」『日本考古学協会2002年度橿原大会　研究発表要旨』日本考古学協会2002年度橿原大会実行委員会　pp.93-94

岡林孝作　2002「木槨・竪穴式石室の成立過程」『日本考古学協会2002年度橿原大会研究発表資料集』日本考古学協会2002年度橿原大会実行委員会　pp.235-262

岡林孝作　2008「竪穴式石室の成立過程」『橿原考古学研究所論集』第15　八木書店　pp.143-171

岡村秀典　1984「前漢鏡の編年と様式」『史林』第67巻第5号　史学研究会　pp.1-42

岡村秀典　1999『三角縁神獣鏡の時代』歴史文化ライブラリー66　吉川弘文館

岡山県古代吉備文化財センター編　2003『改訂　岡山県遺跡地図』〈第8分冊　勝英地区〉岡山県教育委員会

奥野正男　1982『邪馬台国の鏡—三角縁神獣鏡の謎を解く—』新人物往来社

小郷利幸　1994「津山市セウ田古墳群墳丘測量調査報告」『年報　津山弥生の里』第1号　津山弥生の里文化財センター　pp.42-51

小郷利幸　2000「まとめ」『田邑丸山古墳群　田邑丸山遺跡』津山市埋蔵文化財発掘調査報告第67集　津山市教育委員会　pp.69-85

小郷利幸　2003「考察」『橋本塚古墳群』津山市埋蔵文化財発掘調査報告第73集　津山市教育委員会　pp.46-60

小郷利幸ほか　1998「吉井川、砂川流域の古墳の測量調査（2）—古墳時代前・中期の首長墓の動向—」『古代吉備』第20集　古代吉備研究会　pp.33-59

小郷利幸編　1992『近長丸山古墳群』津山市埋蔵文化財発掘調査報告第41集　津山市教育委員会

尾崎喜左雄　1970「前橋天神山古墳の出土鏡」『考古学雑誌』第55巻第3号　日本考古学会　pp.75-78

小沢一雅　1978「前方後円墳の形態研究とその計数的方法の試み」『考古学研究』第25巻第2号　考古学研究会　pp.29-46

小沢一雅　1988『前方後円墳の数理』雄山閣

小田富士雄　1970「畿内型古墳の伝播」『古代の日本』第3巻　角川書店　pp.67-89

小田富士雄　1978「西日本における発生期古墳の地域相—総括にかえて—」『古文化談叢』第4集　九州古文化研究会　pp.77-120

尾上元規　1998「十六夜山古墳の築造年代と評価」『十六夜山古墳　十六夜山遺跡』岡山県埋蔵文化財発掘調査報告130　岡山県教育委員会　pp.51-54

小野山節　1970「五世紀における古墳の規制」『考古学研究』第16巻第3号　考古学研究会　pp.73-83

小野山節・森下章司　1993「紫金山古墳」『紫金山古墳と石山古墳』京都大学文学部博物館　pp.60-85

鏡野町史編集委員会・鏡野町教育委員会編　2000『鏡野町史』考古資料編　鏡野町

笠野　毅　1979「景行天皇陵渡土堤改修区域の調査」『書陵部紀要』第30号　宮内庁書陵部　pp.84-94

208

笠野　毅　1992「狭木之寺間陵の墳丘外形調査」『書陵部紀要』第 43 号　宮内庁書陵部　pp.118-122

片岡宏二編　1985『三国の鼻遺跡 I　三国の鼻 1 号墳の調査』小郡市文化財調査報告書 25　小郡市教育委員会

堅田　直　1964『池田市茶臼山古墳の研究』大阪古文化研究会

加藤晴彦編　1998『白米山古墳 II』加悦町文化財調査報告書第 26 集　加悦町教育委員会

金井亀喜編　1974『西願寺遺跡群』広島県教育委員会

鎌木義昌　1962「神宮寺山古墳」『岡山市史』(古代編)　岡山市役所　pp.165-175

鎌木義昌　1978『楢津古墳発掘調査報告』楢津古墳発掘調査団

鎌木義昌・近藤義郎　1968「備前車塚古墳」『考古学研究』第 14 巻第 4 号　考古学研究会　pp.99, 100-101

亀田修一　1997「古墳」『牛窓町史』資料編 II　牛窓町　pp.132-232

蒲生君平　1808『山陵志』九志二之一

川口勝康　1978「瑞刃刀と大王号の成立」『古代史論叢』上　吉川弘文館　pp.109-186

川口勝康　1987「大王の出現」『日本の社会史』第 3 巻　権威と支配　岩波書店　pp.17-42

川口勝康　1993「刀剣の賜与とその銘文」『岩波講座　日本通史』第 2 巻　古代 1　岩波書店　pp.331-348

川口勝康　2005「『後漢書』倭伝ノート―范曄の「史料と考証」―」『人文学報』第 357 号　東京都立大学人文学部　pp.83-105

川越哲志編　1989『大迫山第 1 号古墳発掘調査概報』東城町教育委員会・広島大学文学部考古学研究室

関西大学考古学研究室編　1968『岐阜県海津郡南濃町庭田　円満寺山古墳調査報告』関西大学考古学研究年報 2　関西大学考古学研究室

神原英朗　1973「さくら山方形台状墓」『四辻土壙墓・四辻古墳群ほか　方形台状墓発掘調査概報 3 編』岡山県営山陽新住宅市街地開発事業用地内埋蔵文化財発掘調査概報　山陽団地埋蔵文化財発掘調査団　pp.207-216

菊地芳朗　1994「会津大塚山古墳の築造年代」『会津大塚山古墳の時代―激動の三・四世紀―』福島県立博物館　pp.121-124

岸本直文　1988「丁瓢塚古墳測量調査報告」『史林』第 71 巻第 6 号　史学研究会　pp.154-175

岸本直文　1989「三角縁神獣鏡製作の工人群」『史林』第 72 巻第 5 号　史学研究会　pp.22-33

岸本直文　1991「関連する鏡群における位置付け」『権現山 51 号墳』『権現山 51 号墳』刊行会　pp.157-167

岸本直文　1991「三角縁神獣鏡の製作技術についての一試論」『権現山 51 号墳』『権現山 51 号墳』刊行会　pp.168-175

岸本直文　1992「前方後円墳築造規格の系列」『考古学研究』第 39 巻第 2 号　考古学研究会　pp.45-63

岸本直文　1995a「前期巨大前方後円墳の変遷」『前期前方後円墳の再検討』埋蔵文化財研究会　pp.1-2

岸本直文　1995b「『陵墓』古墳研究の現状」『「陵墓」から見た日本史』青木書店　pp.43-71

岸本直文　1995c「三角縁神獣鏡の編年と前期古墳の新古」『展望考古学』考古学研究会　pp.109-116

岸本直文　1996「前方後円墳の築造規格」『考古学による日本歴史 5　政治』雄山閣　pp.113-119

岸本直文　1997「三大古墳の古墳築造企画」『日本海三大古墳がなぜ丹後につくられたのか　その謎に迫る』加悦町教育委員会　pp.31-41

岸本直文　2000「畿内大型前方後円墳の築造規格の再検討」『人文研究』第 52 巻第 2 分冊　大阪市立大学文学部　pp.9-47

岸本直文　2001「銅鏡百枚―卑弥呼が魏からもらった鏡」『三国志がみた倭人たち』山川出版社　pp.211-224

岸本直文　2004a「西求女塚鏡群の歴史的意義」『西求女塚古墳　発掘調査報告書』神戸市教育委員会　pp.339-348

岸本直文　2004b「行燈山型の前方後円墳」『玉手山 7 号墳の研究』大阪市立大学考古学研究報告第 1 冊　大阪市立大学日本史研究室　pp.125-136

岸本直文　2005「桜井茶臼山古墳の歴史的位置」『桜井茶臼山古墳の研究』大阪市立大学考古学研究報告第 2 冊　大阪市立大学日本史研究室　pp.115-125

岸本直文　2008「前方後円墳の二系列と王権構造」『ヒストリア』第 208 号　大阪歴史学会　pp.1-24

岸本直文編　2005『桜井茶臼山古墳の研究』大阪市立大学考古学研究報告第 2 冊　大阪市立大学日本史研究室

岸本直文ほか編　2004『玉手山 7 号墳の研究』大阪市立大学考古学研究報告第 1 冊　大阪市立大学日本史研究室

岸本道昭　2013「箸墓古墳と西殿塚古墳の立ち入り観察」『考古学研究』第 60 巻第 1 号　考古学研究会　pp.8-11

北野耕平　1964「前期古墳における内部構造の問題」『河内における古墳の調査』大阪大学文学部国史研究室研究報告第 1 冊　臨川書店（再版）　pp.186-196

北野耕平　1974「摂津会下山二本松古墳における内部構造の考察」『兵庫史学』第 65 号　神戸大学　pp.12-23

北野博司編　1987『宿東山遺跡』石川県埋蔵文化財センター

狐塚省蔵　1988「浦間茶臼山古墳考」『鎌木義昌先生古稀記念論集　考古学と関連科学』鎌木義昌先生古稀記念論文集刊行会　pp.223-250

君嶋俊行　2004「土師器」『川東車塚古墳の研究』美作地方における前方後円墳秩序の構造的研究Ⅱ　吉備人出版　pp.130-134

京都大学考古学研究室・向日丘陵古墳群調査団　1971「京都向日丘陵の前期古墳群の調査」『史林』第 54 巻第 6 号　史学研究会　pp.116-139

京都大学文学部考古学研究室編　1989『椿井大塚山古墳と三角縁神獣鏡』京都大学文学部博物館図録　京都大学文学部

葛原克人　1987「古墳時代前期」『岡山県の考古学』吉川弘文館　pp.198-292

葛原克人　1991「前期古墳の消長」『岡山県史』第二巻　原始・古代Ⅰ　岡山県　pp.302-380

葛原克人ほか　1992「集成 8　前方後円墳」『吉備の考古学的研究（下）』山陽新聞社　pp.497-546

宮内庁書陵部陵墓課　1989「大市墓の墳丘調査」『書陵部紀要』第 40 号　宮内庁書陵部　pp.78-83

宮内庁書陵部陵墓課　2005「神功皇后　狭城盾列池上陵墳塋裾護岸その他整備工事区域の調査および墳丘外形調査」『書陵部紀要』第 56 号　宮内庁書陵部　pp.5-58

宮内庁書陵部陵墓調査室編　2010「大吉備津彦墓の墳丘外形調査報告」『書陵部紀要』第 61 号（陵墓篇）　宮内庁書陵部　pp.21-31

椚　国男　1969「前方後円墳の設計について」『信濃』第 21 巻第 4 号　信濃史学会　pp.43-60

椚　国男　1975『古墳の設計』築地書館

椚　国男　1977「前方後円墳は八分比で設計」『科学朝日』2 月号　朝日新聞社　pp.46-52

椚　国男　1978「前方後円墳の設計法と中国漢代の棋盤と地図」『考古学ジャーナル』150　ニューサイエンス社　pp.11-18

倉林眞砂斗　1994「墳形の違い」『国府台』5　和洋女子大学文化資料館　pp.33-52

倉林眞砂斗　1996「房総における前方後円墳秩序」『国府台』6　和洋女子大学文化資料館　pp.8-47

倉林眞砂斗　1997「美作地方における政治勢力と諸関係」『日上天王山古墳』津山市埋蔵文化財発掘調査報告書第 60 集　津山市教育委員会　pp.128-143

倉林眞砂斗　1998「畿内中枢の構造的把握」『古代学研究』第 143 号　古代学研究会　pp.1-19

倉林眞砂斗　1999「特大前方後円墳の区型複合と系列的関係」『国府台』9　和洋女子大学文化資料館　pp.1-30

倉林眞砂斗　2000「前方後円墳秩序の素描―吉備中枢との関わりから―」『美作の首長墳―墳丘測量報告―』美作地方における前方後円墳秩序の構造的研究Ⅰ　吉備人出版　pp.159-192

倉林眞砂斗・澤田秀実　1996「美作における前方後方墳の測量調査」『中四研だより』第 3 号　中国四国前方後

　　　円墳研究会　pp.9-10

倉林眞砂斗・澤田秀実　1997「美野丘陵における前方後方墳の測量調査」『中四研だより』第6号　中四国前方
　　　後円墳研究会　pp.13-16

倉林眞砂斗・澤田秀実　1997「美作東部における墳丘測量調査」『中四研だより』第7号　中四国前方後円墳研
　　　究会　pp.3-5

倉林眞砂斗・澤田秀実　1998「奥の前1号墳（油木高塚古墳）の墳丘測量調査」『中四研だより』第9号　中四
　　　国前方後円墳研究会　pp.3-4

倉林眞砂斗ほか編　2000『美作の首長墳―墳丘測量報告書―』美作地方における前方後円墳秩序の構造的研究
　　　I　吉備人出版

倉林眞砂斗ほか編　2004『川東車塚古墳の研究―発掘調査報告―』美作地方における前方後円墳秩序の構造的
　　　研究II　吉備人出版

栗林誠治　2016「四国東部（香川県・徳島県）における前期古墳の様相」『前期古墳編年を再考するIII―地域の
　　　画期と社会変動―』中国四国前方後円墳研究会第19回研究集会（山口大会）実行委員会　pp.103-
　　　114

車崎正彦　1999a「三角縁神獣鏡は卑弥呼の鏡か」『卑弥呼は大和に眠るか』文英社　pp.151-198

車崎正彦　1999b「三角縁神獣鏡は国産か舶載か？魏晋鏡説の立場から」『図説　古墳研究最前線』新人物往来
　　　社　pp.28-35

桑田俊明　2004「首長と古墳の出現（古墳時代）」『落合町史』通史編　落合町　pp.170-255

桑原邦彦　1984「長光寺山古墳」『山陽町史』山陽町教育委員会　pp.184-199

河本　清　1986「日上畝山古墳群」『岡山県史』第18巻　考古資料　岡山県　pp.295-296

河本清・柳瀬昭彦　1979『久米三成4号墳』岡山県埋蔵文化財発掘調査報告（30）　岡山県教育委員会

河本清編　2006「考古　古墳時代」『美作町史』資料編I　美作町　pp.51-339

小島俊次　1965『奈良県の考古学』郷土考古学叢書1　吉川弘文館

小島俊次編　1961『桜井茶臼山古墳　附櫛山古墳』奈良県史跡名勝天然記念物調査報告書第19冊　奈良県教育
　　　委員会

小谷汪之　1985『歴史の方法について』東京大学出版会

小林隆幸　1989「前期古墳の埋葬頭位」『新潟県三条市　保内三王山古墳群　測量・発掘調査報告書』三条市教
　　　育委員会　pp.126-129

小林行雄　1937「前方後円墳」『考古学』第8巻第1号　東京考古学会　pp.1-14

小林行雄　1941「竪穴式石室構造考」『紀元二千六百年記念史学論文集』（「竪穴式石室構造考」『古墳文化論考』
　　　平凡社　pp.157-178（再録））

小林行雄　1952「同笵鏡による古墳の年代の研究」『考古学雑誌』第38巻第3号（1961「同笵鏡考」『古墳時代
　　　の研究』青木書店　pp.95-133（再録））

小林行雄　1955「古墳の発生の歴史的意義」『史林』第38巻第1号（1961「古墳の発生の歴史的意義」『古墳時
　　　代の研究』青木書店　pp.135-159（再録））

小林行雄　1956「前期古墳の副葬品にあらわれた文化の二相」『京都大学文学部五十周年記念論集』（1961「前
　　　期古墳の副葬品にあらわれた文化の二相」『古墳時代の研究』青木書店　pp.161-190（再録））

小林行雄　1957「初期大和政権の勢力圏」『史林』第40巻第4号　史学研究会（「初期大和政権の勢力圏」『古
　　　墳時代の研究』青木書店　pp.191-223（再録））

小林行雄　1961『古墳時代の研究』青木書店

小林行雄　1962「紫金山古墳の調査」『大阪府の文化財』大阪府教育委員会　p.65

小林行雄　1971「三角縁神獣鏡の研究―型式分類編―」『京都大学文学部紀要』第13（1976『古墳文化論考』

平凡社　pp.303-377（再録））

小林行雄　1976『古墳文化論考』平凡社

小林行雄　1979「三角縁波文帯神獣鏡の研究」『辰馬考古資料館　考古学研究紀要』1　（財）辰馬考古資料館　pp.43-77

小林行雄・近藤義郎　1959「古墳の変遷」『世界考古学体系』日本Ⅲ　古墳時代　平凡社　pp.11-50

近藤義郎　1956「牛窓湾をめぐる古墳と古墳群」『私たちの考古学』第3巻第2号　考古学研究会　pp.2-10

近藤義郎　1959「共同体と単位集団」『考古学研究』第6巻第1号　考古学研究会　pp.13-20

近藤義郎　1960「地域集団としての月の輪地域の成立と発展」『月の輪古墳』月の輪古墳刊行会　pp.368-387

近藤義郎　1966「古墳発生をめぐる諸問題」『日本の考古学Ⅴ　古墳時代（下）』河出書房　pp.356-383

近藤義郎　1968「前方後円墳の成立と変遷」『考古学研究』第15巻第1号　考古学研究会　pp.24-32

近藤義郎　1977a「古墳以前の墳丘墓—楯築遺跡をめぐって—」『岡山大学法文学部学術紀要』第37号　岡山大学法文学部　pp.1-21

近藤義郎　1977b「前方後円墳の成立」『考古論集—慶祝松崎寿和先生六十三歳論文集』pp.249-256

近藤義郎　1980『楯築遺跡』山陽新聞社

近藤義郎　1983『前方後円墳の時代』岩波書店

近藤義郎　1984「前方後円墳の成立をめぐる諸問題」『考古学研究』第31巻第3号　考古学研究会　pp.39-50

近藤義郎　1986a「前方後円墳の誕生」『岩波講座　日本考古学』6　変化と画期　岩波書店　pp.171-226

近藤義郎　1986b「中山茶臼山古墳」『岡山県史』第18巻　考古資料　岡山県　p.248

近藤義郎　1987「最古の前方後円墳」『吉備の考古学』福武書店　pp.260-268

近藤義郎　1991「むすび—最古型式前方後円（方）墳における二者—」『権現山51号墳』『権現山51号墳』刊行会　pp.186-191

近藤義郎　1994「『月の輪地域の政治的統一』再考」『古代吉備』第16集　古代吉備研究会　pp.16-21

近藤義郎　1995a「あとがき—前方後円墳の成立をめぐる二つの課題—」『岡山市矢藤治山弥生墳丘墓』矢藤治山弥生墳丘墓発掘調査団　pp.97-116

近藤義郎　1995b「大和の最古式前方後円墳と宮山型特殊器台」『みずほ』16　大和弥生文化の会　pp.50-65

近藤義郎　1997「むすび—日上天王山古墳と美作東部諸首長の動向」『日上天王山古墳』津山市埋蔵文化財発掘調査報告書第60集　pp.145-155　津山市教育委員会

近藤義郎　1998a『月の輪古墳』吉備考古ライブラリィ①　吉備人出版

近藤義郎　1998b『前方後円墳の成立』岩波書店

近藤義郎　2000『前方後円墳観察への招待』青木書店

近藤義郎　2001『前方後円墳と吉備・大和』吉備人出版

近藤義郎　2005『前方後円墳の起源を考える』青木書店

近藤義郎ほか　1996「川東車塚古墳の発掘調査」『中四研だより』第4号　中国四国前方後円墳研究会　pp.6-7

近藤義郎編　1983『吉島古墳』兵庫県揖保郡新宮町教育委員会

近藤義郎編　1985『養久山墳墓群』兵庫県揖保川町教育委員会

近藤義郎編　1986『岡山県史』第18巻　考古資料　岡山県

近藤義郎編　1987『倉敷市楯築弥生墳丘墓第Ⅴ次・第Ⅵ次発掘調査概要報告』倉敷市教育委員会

近藤義郎編　1991『権現山51号墳』『権現山51号墳』刊行会

近藤義郎編　1992a『前方後円墳集成』中国・四国編　山川出版社

近藤義郎編　1992b『楯築弥生墳丘墓の研究』楯築刊行会

近藤義郎編　1992c『前方後円墳集成』九州編　山川出版社

近藤義郎編　2000『赤峪古墳』鏡野町綜合調査ならびに鏡野町史編纂事業に伴う埋蔵文化財発掘調査報告書

212

　　　　　鏡野町埋蔵文化財発掘報告第6集　鏡野町史編集委員会・岡山県苫田郡鏡野町教育委員会

近藤義郎・新納泉編　1991『浦間茶臼山古墳』浦間茶臼山古墳発掘調査団

近藤義郎・春成秀爾　1967「埴輪の起源」『考古学研究』第13巻第3号　考古学研究会　pp.13-35

近藤義郎ほか編　1997『日上天王山古墳』津山市埋蔵文化財発掘調査報告書第60集　津山市教育委員会

阪口英毅編　2005『紫金山古墳の研究―古墳時代前期における対外交渉の考古学的研究―』平成14～16年度科学研究費補助金（基盤研究（B）(2)）研究成果報告書　京都大学大学院文学研究科

佐藤宏之　1990「後期旧石器時代前半期石器群構造の発生と成立」『法政考古学』第15集　法政考古学会　pp.1-42

澤田秀実　1990「東北日本における前方後円墳の出現とその様相―主に福島県の前方後円（方）墳の検討から―」『法政考古学』第15集　法政考古学会　pp.43-61

澤田秀実　1991a「墳丘形態からみた権現山51・50号墳」『権現山51号墳』『権現山51号墳』刊行会　pp.131-146

澤田秀実　1991b「権現山50号墳測量調査報告」『権現山51号墳』『権現山51号墳』刊行会　pp.192-199

澤田秀実　1992「墳丘形態からみた堂ヶ作山古墳」『堂ヶ作山古墳Ⅱ』会津若松市教育委員会　pp.33-40

澤田秀実　1993a「三角縁神獣鏡の製作動向」『法政考古学』第19集　法政考古学会　pp.17-37

澤田秀実　1993b「前方後円墳の成立過程」『研究論集』Ⅻ　東京都埋蔵文化財センター　pp.1-40

澤田秀実　1994「関東・東北地方の三角縁神獣鏡と古墳」『倭人と鏡』その2　埋蔵文化財研究会　pp.37-49

澤田秀実　1995「墳丘形態からみた杵ガ森古墳」『会津坂下町杵ガ森古墳・稲荷塚遺跡発掘調査報告書』会津坂下町教育委員会　pp.196-202

澤田秀実　1997「墳丘形態からみた日上天王山古墳」『日上天王山古墳』津山市埋蔵文化財発掘調査報告書第60集　pp.79-86　津山市教育委員会

澤田秀実　1998「墳丘と埋葬施設」『前期古墳から中期古墳へ』東北関東前方後円墳研究会　pp.55-66

澤田秀実　1999「前方後円墳築造企画の型式学的研究―類型的研究法による―」『前方後円墳の築造企画』東北関東前方後円墳研究会　pp.71-82

澤田秀実　2000「墳丘形態からみた美作諸古墳の編年的位置づけ」『美作の首長墳―墳丘測量調査報告―』美作地方における前方後円墳秩序の構造的研究Ⅰ　吉備人出版　pp.95-120

澤田秀実　2003a「吉備南部における前、中期の政治秩序―築造企画の検討から―」『中国四国前方後円墳研究会　第8回研究会　古墳の諸要素から政治秩序をいかに読み取るか？発表要旨』中国・四国前方後円墳研究会　pp.1-11

澤田秀実　2003b「古鏡」『古墳学入門』学生社　pp.182-197

澤田秀実　2004「墳丘形態からみた川東車塚古墳の編年的位置づけ」『川東車塚古墳の研究』美作地方における前方後円墳秩序の構造的研究Ⅱ　吉備人出版　pp.145-158

澤田秀実　2005a「吉備の首長墓系列―美作地方を中心に―」『第10回研究会　前半期の首長墳の消長　発表要旨』中国・四国前方後円墳研究会　pp.16-19

澤田秀実　2005b「桜井茶臼山古墳築造企画の成立過程」『桜井茶臼山古墳の研究』大阪市立大学考古学研究報告第2冊　大阪市立大学日本史研究室　pp.43-56

澤田秀実　2005c「美作地方の首長墓系列―地方における政治的支配と変動―」『前方後円墳の築造規格からみた古墳時代の政治的変動の研究』平成13～16年度科学研究費補助金（基盤研究B）研究成果報告書　大阪市立大学大学院文学研究科　pp.17-30

澤田秀実　2007「書評　福永伸哉著『三角縁神獣鏡の研究』」『考古学研究』第54巻第3号　考古学研究会　pp.99-101

澤田秀実　2011「美作地方における首長墳系列の再検討」『空中写真を用いた湮滅古墳の復元的研究』平成19

　　　　　　　〜22 年度科学研究費補助金基盤研究（B）研究成果報告書　くらしき作陽大学　pp.52-65

澤田秀実　2012「国家形成過程における前方後円墳秩序の役割―考古学的成果から国家形成を考える―」『メト
　　　　　　　ロポリタン史学』第 8 号　メトロポリタン史学会　pp.29-57

澤田秀実　2017「行燈山古墳の立ち入り観察参加記」『考古学研究』第 64 巻第 1 号　考古学研究会　pp.6-10

澤田秀実編　2008「釜の上古墳測量調査報告」『月の輪古墳発掘に学ぶ』増補改訂版　美前構シリーズ普及会
　　　　　　　pp.103-172

澤田秀実編　2011『空中写真を用いた湮滅古墳の復元的研究』平成 19〜22 年度科学研究費補助金基盤研究（B）
　　　　　　　研究成果報告書　くらしき作陽大学

塩谷　修　1990「関東地方における古墳出現の背景―とくに古墳祭祀の系譜について―」『土浦市立博物館紀
　　　　　　　要』第 2 号　土浦市立博物館　pp.1-15

柴田常恵ほか　1953『日吉加瀬古墳』三田史学会

嶋田　暁　1967「古式古墳の竪穴式石室の構築について」『愛泉女子短期大学紀要』愛泉女子短期大学　pp.1-
　　　　　　　18

下澤公明　1982「弥生時代後期の土器」『百間川兼基遺跡 1 百間川今谷遺跡 1』岡山県埋蔵文化財発掘調査報告
　　　　　　　51　岡山県教育委員会　pp.489-495

下澤公明　2001「波止場状遺構について」『下庄遺跡　上東遺跡』岡山県埋蔵文化財発掘調査報告書 157　岡山
　　　　　　　県教育委員会　pp.314-322

白石太一郎　1985a「年代決定論（2）」『岩波講座　日本考古学』1　研究の方法　岩波書店　pp.217-242

白石太一郎　1985b『古墳の知識Ⅰ　墳丘と内部構造』考古学シリーズ 19　東京美術

白石太一郎　1999『古墳とヤマト政権』文春新書 036　文藝春秋

白石太一郎・春成秀爾・杉山晋作・奥田尚　1984「箸墓古墳の再検討」『国立歴史民俗博物館研究報告』第 3 集
　　　　　　　国立歴史民俗博物館　pp.41-81

末永雅雄　1950「桜井茶臼山古墳」『大和の古墳』〔改訂版〕近畿日本叢書　近畿日本鉄道近畿文化会　pp.160-
　　　　　　　164

末永雅雄　1954「茶臼山古墳」『古代学研究』第 9 号　古代学研究会　pp.25-29

末永雅雄　1964『北玉山古墳』関西大学文学部考古学研究紀要第 1 冊　関西大学文学部

末永雅雄　1975『古墳の航空大観』学生社

仙台市教育委員会　1983『史跡遠見塚古墳　昭和 57 年度環境整備予備調査概報』仙台市文化財調査報告書第
　　　　　　　48 集　仙台市教育委員会

総社市史編さん委員会編　1987『総社市史』考古資料編　総社市

第 4 回東北・関東前方後円墳研究会大会実行委員会編　1999『前方後円墳の築造企画　発表要旨資料』東北・
　　　　　　　関東前方後円墳研究会

高上　拓　2016「高松市稲荷山北端 1 号墳の調査」『中四研だより』第 38 号　中国四国前方後円墳研究会
　　　　　　　pp.7-9

高松雅文　2005「竪穴式石室の編年的研究」『待兼山考古学論集』大阪大学考古学研究室　pp.451-468

田代克己　1968『羽曳野市壺井御旅山前方後円墳発掘調査概報』大阪府文化財調査概要 1967　大阪府教育委員
　　　　　　　会

伊達宗泰　1981「寿陵についての一覚書」『花園史学』2　花園大学史学会　pp.64-72

伊達宗泰　1999『「おおやまと」の古墳集団』学生社

伊達宗泰・小島俊次ほか　1977『メスリ山古墳』奈良県史跡名勝天然記念物調査報告第 35 冊　奈良県教育委員
　　　　　　　会

田中勝弘　1973「前期古墳の竪穴式石室構造について」『史想』第 16 号　京都教育大学考古学研究会　pp.23-

214

　　　　　49

田中清美　2006「初期須恵器生産の開始年代─年輪年代法から導き出された初期須恵器の実年代─」『韓式土器
　　　　　研究』Ⅸ　韓式系土器研究会　pp.39-49

田中晋作　2009『筒形銅器と政権交代』学生社

田中　琢　1991「三角縁神獣鏡をどう使ったか」『日本の歴史②　倭人争乱』集英社　pp.237-252

長光寺山古墳調査団編　1977『長光寺山古墳』山陽町教育委員会

塚口義信　1993「佐紀盾列古墳群とその被葬者たち─四世紀末の内乱と"河内大王家"の成立─」『ヤマト王権
　　　　　の謎をとく』学生社　pp.77-128

塚口義信　1997「桜井茶臼山古墳・メスリ山古墳の被葬者について」『日本書紀研究』第21冊　塙書房
　　　　　pp.69-86

辻田淳一郎　2007『鏡と初期ヤマト政権』すいれん舎

辻　秀人　1991「調査のまとめ」『堂ヶ作山古墳Ⅰ』会津若松市教育委員会　p.41

都出比呂志　1979「前方後円墳出現期の社会」『考古学研究』第26巻第3号　考古学研究会　pp.17-34

都出比呂志　1981「埴輪編年と前期古墳の新古」『王陵の比較研究』京都大学文学部考古学研究室　pp.35-47

都出比呂志　1985「前方後円墳の成立と箸墓古墳─とくに段築成の意義について─」『古墳の起源と天皇陵』帝
　　　　　塚山考古学研究所　pp.122-127

都出比呂志　1986『竪穴式石室の地域性の研究』昭和60年度科学研究費補助金（一般C）研究成果報告書　大
　　　　　阪大学文学部国史学研究室

都出比呂志　1988「古墳時代首長系譜の継続と断絶」『待兼山論叢』史学篇第22号　大阪大学文学部　pp.1-16

都出比呂志　1989「前期古墳と鏡」『謎の鏡─卑弥呼の鏡と景初四年銘鏡─』同朋舎出版　pp.23-57

都出比呂志　1990「日本古代国家形成過程─前方後円墳体制の提唱」『日本史研究』第338号　日本史研究会
　　　　　pp.3-8

都出比呂志　1991「日本古代の国家形成論序説─前方後円墳体制の提唱」『日本史研究』第343号　pp.5-39
　　　　　日本史研究会

寺沢　薫　1986「畿内古式土師器の編年と二・三の問題」『矢部遺跡』奈良県史跡名勝天然記念物調査報告第
　　　　　49冊　奈良県立橿原考古学研究所　pp.327-398

寺沢　薫　1988「纒向型前方後円墳の築造」『考古学と技術』同志社大学考古学シリーズⅣ　同社大学考古学シ
　　　　　リーズ刊行会　pp.99-111

寺沢　薫　2000『王権誕生』日本の歴史　第02巻　講談社

寺沢薫編　1989『纒向石塚古墳　範囲確認調査（第4次）概報』桜井市教育委員会・（財）桜井市文化財協会

堂ケ作山古墳調査団編　1991『堂ケ作山古墳Ⅰ』会津若松市教育委員会

堂ケ作山古墳調査団編　1992『堂ケ作山古墳Ⅱ』会津若松市教育委員会

富樫卯三郎・高木恭二　1982「熊本県城ノ越古墳出土の三角縁神獣鏡について─鳥取県普段寺2号墳出土鏡と
　　　　　の比較」『考古学雑誌』第67巻第3号　日本考古学会　pp.110-114

戸原純一・笠野毅　1977「崇神天皇陵外堤及び墳丘護岸区域の事前調査」『書陵部紀要』第28号　宮内庁書陵
　　　　　部　pp.94-101

豊岡卓之・坂靖　1996「古墳の外形と墳丘の規模・構造」『中山大塚古墳』奈良県立橿原考古学研究所調査報告
　　　　　第82冊　奈良県教育委員会　pp.158-160

豊岡卓之編　2004『桜井茶臼山古墳　範囲確認調査報告』奈良県文化財調査報告書110　奈良県立橿原考古学
　　　　　研究所

中村一郎・笠野毅　1976「大市墓の出土品」『書陵部紀要』第27号　宮内庁書陵部　pp.57-65

中山俊紀　1992『史跡美和山古墳群』津山市埋蔵文化財発掘調査報告第42集　津山市教育委員会

中山俊紀　1997「壺形土器」『日上天王山古墳』津山市埋蔵文化財発掘調査報告書第 60 集　津山市教育委員会　pp.124-127

生江芳徳　1977「会津坂下町宇内青津古墳群出崎山支群の測量調査」『福島考古』第 18 集　福島県考古学会　pp.57-74

名本二六雄　1983「竪穴式石室 A 群小論―広島県下の例を中心に―」『遺跡』第 23 号　遺跡刊行会　pp.26-45

奈良県立橿原考古学研究所附属博物館編　1988『馬見丘陵の古墳―佐味田宝塚・新山古墳とその周辺―』河合町・河合町教育委員会

奈良県立橿原考古学研究所附属博物館ほか編　2000『大古墳展―ヤマト王権と古墳の鏡―』東京新聞

奈良県立橿原考古学研究所編　1996『中山大塚古墳』奈良県立橿原考古学研究所調査報告第 82 冊　奈良県教育委員会

奈良県立橿原考古学研究所編　1999『黒塚古墳　調査概報』学生社

奈良県立橿原考古学研究所編　2001『ホケノ山古墳　調査概報』大和の前期古墳Ⅳ　学生社

新潟大学考古学研究室編　1989『新潟県三条市　保内三王山古墳群　測量・発掘調査報告書』三条市教育委員会

新潟大学考古学研究室編　1993『越後山谷古墳』新潟県巻町教育委員会

新納　泉　1984「関東地方における前方後円墳の終末年代」『日本古代文化研究』創刊号　古墳文化研究会　pp.41-47

新納　泉　1987「戊辰年銘大刀と装飾付大刀の編年」『考古学研究』第 34 巻第 3 号　考古学研究会　pp.47-64

新納　泉　1989「王と王の交渉」『古代史復元 6　古墳時代の王と民衆』講談社　pp.145-161

新納　泉　1991a「権現山鏡群の型式学的位置」『権現山 51 号墳』『権現山 51 号墳』刊行会　pp.176-185

新納　泉　1991b「石槨構造とその編年的位置」『浦間茶臼山古墳』浦間茶臼山古墳発掘調査団　pp.93-102

新納　泉　2009「前方後円墳廃絶期の暦年代」『考古学研究』第 56 巻第 3 号　考古学研究会　pp.71-90

西川　宏　1964「吉備政権の性格」『日本考古学の諸問題』考古学研究会 10 周年記念論文集刊行会　pp.145-171

西川　宏　1975『吉備の国』学生社

西嶋定生　1961「古墳と大和政権」『岡山史学』第 10 号　岡山史学会　pp.154-207

西田守夫　1970「三角縁神獣鏡の形式系譜緒説」『東京国立博物館紀要』第 6 号　東京国立博物館　pp.195-239

西谷真治　1965「向日町元稲荷古墳」『京都府文化財調査報告書』第 23 冊　京都府教育委員会　pp.63-84

西谷真治・鎌木義昌　1959『金蔵山古墳』倉敷考古館研究報告第 1 冊　倉敷考古館

根木　修　1989「波歌山古墳採集資料と牛窓半島の古墳」『古代吉備』第 11 集　古代吉備研究会　pp.31-54

萩生田和郎　1991「堂ケ作山古墳の発見について」『堂ケ作山古墳 I』会津若松市教育委員会　pp.8-9

蓮岡法暲　1972「島根県加茂町神原神社古墳出土の景初三年陳是作重列式神獣鏡」『考古学雑誌』第 58 巻第 3 号　日本考古学会　pp.89-91

蓮岡法暲ほか編　2002『神原神社古墳』島根県加茂町教育委員会

土生田純之　2002「弥生王墓から古墳へ―墳頂部出土飲食器の検討―」『専修人文論集』第 70 号　専修大学学会　pp.279-296

土生田純之　2003a「古墳とは何か」『古墳学入門』学生社　pp.6-15

土生田純之　2003b「古墳の定義についての研究略史」『考古学論叢』上巻　関西大学考古学研究室開設五拾周年記念考古学論叢刊行会　pp.211-228

濱田耕作　1936「前方後円墳の諸問題」『考古学雑誌』第 26 巻第 9 号　日本考古学会　pp.527-539

春成秀爾　1976「古墳祭式の系譜」『歴史手帖』第 4 巻 7 号　名著出版　pp.82-90

春成秀爾　1982「備前の大形古墳の再検討」『古代を考える』31　古代を考える会　pp.1-38

216

東影悠編　2011「桜井茶臼山古墳　第7・8次調査概要報告」『東アジアにおける初期宮都および王墓の考古学的研究』平成19〜22年度科学研究費補助金基盤研究（A）研究成果報告書　奈良県立橿原考古学研究所　pp.61-130

樋口隆康　1992『三角縁神獣鏡綜鑑』新潮社

菱田哲郎　1989「椿井大塚山古墳の墳丘と石室」『椿井大塚山古墳と三角縁神獣鏡』京都大学文学部　pp.51-54

日高　慎　2003「古墳の発生」『古墳学入門』学生社　pp.166-171

平岡正宏　1994「上横野小丸山古墳発掘調査報告」『年報　津山弥生の里』第1号　津山弥生の里文化財センター　pp.21-28

広瀬和雄　1992「前方後円墳の畿内編年」『前方後円墳集成』中国・四国編　山川出版社　pp.24-26

広瀬和雄　2003『前方後円墳国家』角川書店

弘田和司ほか　1992「岡山県吉井川流域における古墳の展開（上）—備前市長尾山古墳・牛窓町黒島1号墳の測量調査—」『古代吉備』第14集　古代吉備研究会　pp.155-177

福尾正彦　1982「狭木之寺間陵整備工事区域の調査」『書陵部紀要』第38号　宮内庁書陵部　pp.57-74

福尾正彦・徳田誠志　1992「狭木之寺間陵整備工事区域の調査」『書陵部紀要』第43号　宮内庁書陵部　pp.95-118

福永伸哉　1992「三角縁神獣鏡製作技法の検討—紐孔方向の分析を中心として—」『考古学雑誌』第78巻第1号　日本考古学会　pp.45-60

福永伸哉　1992「墳丘の構造」『長法寺南原古墳の研究』大阪大学文学部考古学研究報告第2冊　大阪大学南原古墳調査団　pp.13-34

福永伸哉　1994「倣製三角縁神獣鏡の編年と製作背景」『考古学研究』第41巻第1号　考古学研究会　pp.47-72

福永伸哉　1996「舶載三角縁神獣鏡の編年と製作年代」『待兼山論叢』史学篇第30号　大阪大学文学部　pp.1-22

福永伸哉　2005『三角縁神獣鏡の研究』大阪大学出版会

福永伸哉ほか　2003『シンポジウム　三角縁神獣鏡』学生社

福永伸哉編　1993『雪野山古墳』III　大阪大学考古学研究室・大阪大学考古学友の会

藤沢　敦　1989「立面構成」『会津大塚山古墳測量調査報告書』会津大塚山古墳測量調査団　pp.46-48

古川利意　1993「会津坂下町の古墳時代の調査」『企画展　発掘ふくしま』福島県立博物館　pp.68-71

古瀬清秀ほか　1985「雨滝山遺跡群」『香川県寒川町史』寒川町　pp.122-176

古屋紀之　2002「古墳出現前後の葬送祭祀—土器・埴輪配置から把握される葬送祭祀の系譜整理—」『日本考古学』14　日本考古学協会　pp.1-20

北條芳隆　1986「墳丘に表示された前方後円墳の定式とその評価—成立当初の畿内と吉備の対比から—」『考古学研究』第32巻第4号　考古学研究会　pp.42-66

北條芳隆　1987「墳丘と方位からみた七つ坑1号墳の位置」『七つ坑古墳群』七つ坑古墳群発掘調査団　pp.95-109

北條芳隆　1992「弥生終末期の墳丘墓と前方後円墳」『吉備の考古学的研究（上）』山陽新聞社　pp.455-482

北條芳隆　1999a「讃岐型前方後円墳の提唱」『国家形成期の考古学』大阪大学考古学研究室　pp.205-229

北條芳隆　1999b「14年目の箸墓類型」『古墳の形と分布から何がわかるのか？』資料集　宮崎県埋蔵文化財センター　pp.16-19

北條芳隆　2000「前方後円墳と倭王権」『古墳時代像を見なおす—成立過程と社会変革—』青木書店　pp.77-135

北條芳隆　2002「前方後円墳の成立」『日本考古学協会　2002年度橿原大会　研究発表資料』日本考古学協会

　　　　　　　2002 年度橿原大会実行委員会　pp.239-242

北條芳隆　2003『東四国地域における前方後円墳成立過程の解明』平成 12〜14 年科学研究費補助金基盤研究
　　　　（C）（2）研究成果報告書

北條芳隆ほか　1987「1 号墳」『岡山市七つ坑古墳群』七つ坑古墳群発掘調査団　pp.12-63

法政大学考古学研究室編　1985『本屋敷古墳群の研究』法政大学

前島巳基・松本岩雄　1976「島根県神原神社古墳出土の土器—土器型式にみるその編年的位置について」『考古
　　　　学雑誌』第 62 巻第 3 号　日本考古学会　pp.23-37

間壁忠彦　1970「沿岸古墳と海上の道」『古代の日本』第 4 巻　中国・四国　角川書店　pp.86-106

間壁忠彦　1996「大形墳墓の出現と前・中期古墳」『新修　倉敷市史』第 1 巻　考古　倉敷市　pp.225-299

間壁忠彦ほか　1968「岡山県井原市金敷寺裏山古墳」『倉敷考古館研究集報』第 5 号　倉敷考古館　pp.29-39

間壁忠彦ほか　1977「岡山県真備町黒宮大塚古墳」『倉敷考古館研究集報』第 13 号　倉敷考古館　pp.1-55

正岡睦夫　1995「吉備」『全国古墳編年集成』雄山閣　pp.40-43

松木武彦　1991『吉備における「『雄略朝』」期の考古学的研究』平成 9〜12 年度科学研究費補助金基盤研究 B
　　　　（2）研究成果報告書　岡山大学文学部

松島栄治　1981「前橋天神山古墳」『群馬県史』資料編 3　原始古代 3　群馬県　pp.48-58

松本和男　1975「録青塚古墳の出土遺物について」『岡山県埋蔵文化財報告』5　岡山県教育委員会　pp.60-61

松本和彦　2015「四国北東部（香川県）」『前期古墳編年を再考するⅡ—古墳出土土器をめぐって—』中国四国
　　　　前方後円墳研究会第 18 回研究集会（香川大会）実行委員会　pp.179-200

松本豊胤ほか編　1983『香川の前期古墳』日本考古学協会昭和 58 年度大会　香川県実行委員会

真野和夫ほか　1981『宇佐市川部・高森地区遺跡緊急発掘調査概報Ⅳ』大分県教育委員会

湊哲夫・安川豊史　1978「古墳時代」『図録津山の史跡』津山市教育委員会　pp.9-16

宮川　徏　1984「築成からみた前方後円墳の群的構成の検討—巨大古墳の出現とその背景—」『橿原考古学研究
　　　　所論集』第 6　吉川弘文館　pp.187-255

宮川　徏　1988「前方後円墳築造企画と技法の伝承性」『橿原考古学研究所論集』第 8　吉川弘文館　pp.163-
　　　　211

茂木雅博　1974『前方後方墳』雄山閣

茂木雅博　1979「寿陵試論」『古代学研究』第 91 号　古代学研究会　pp.1-12

茂木雅博　1988「前方後円墳の起源」『論争・学説　日本の考古学 5　古墳時代』雄山閣　pp.35-57

茂木雅博　1992『前方後円墳—埋葬されない墓をもとめて』同朋舎出版

森下章司　1998「古墳時代前期の年代試論」『古代』第 105 号　早稲田大学考古学会　pp.1-27

森下章司　2005「前期古墳副葬品の組合せ」『考古学雑誌』第 89 巻第 1 号　日本考古学会　pp.1-31

森下章司　2007「銅鏡生産の変容と交流」『考古学研究』第 54 巻第 2 号　考古学研究会　pp.34-49

森下衛・辻健二郎編　1991『船坂・黒田工業団地予定地内遺跡群発掘調査概報』園部町文化財調査報告第 8 集
　　　　園部町教育委員会

森本六爾　1929『川柳村将軍塚古墳の研究』岡書院

諸橋轍夫　1956『大漢和辞典』3　大修館書店

諸橋轍夫　1957『大漢和辞典』6　大修館書店

安川豊史　1991「美作」『前方後円墳集成』中国・四国編　山川出版社　pp.68-72

安川豊史　1998「まとめ」『日上畝山古墳群』津山市埋蔵文化財発掘調査報告第 63 集　津山市教育委員会
　　　　pp.45-50

安川豊史・坂本心平　1996「正仙塚古墳測量調査報告」『年報　津山弥生の里』第 3 号　津山弥生の里文化財セ
　　　　ンター　pp.35-39

218

安川満編　2013『湊茶臼山古墳—範囲確認調査報告書—』岡山市教育委員会

安田滋編　2004『西求女塚古墳　発掘調査報告書』神戸市教育委員会

保田義治編　1989『茶山古墳群』津山市埋蔵文化財発掘調査報告第 27 集　津山市教育委員会

柳沢一男　1995「日向の古墳時代前期首長墓系譜とその消長」『宮崎県史研究』第 9 号　宮崎県　pp.21-56

柳瀬昭彦・伊藤晃　1974「第Ⅲ部　上東遺跡の調査　第 4 章　まとめにかえて」『山陽新幹線建設に伴う調査
　　　　Ⅱ　（岡山以西）』埋蔵文化財発掘調査報告書第 2 集　岡山県教育委員会　pp.231-235

山田　暁　2013「竪穴式石槨の構築原理の変化」『ヒストリア』第 241 号　大阪歴史学会　pp.1-23

山田俊輔　2004「前期古墳の葺石」『川東車塚古墳の研究』美作地方における前方後円墳秩序の構造的研究Ⅱ
　　　　吉備人出版　pp.159-170

山田俊輔　2008「円筒埴輪からみた釜の上古墳」『月の輪古墳発掘に学ぶ』増補改訂版　美前構シリーズ普及会
　　　　pp.128-139

山本三郎　1980「畿内における古墳時代の政治動向についての一視点—埋蔵施設の構造を中心として—」『ヒス
　　　　トリア』第 87 号　大阪歴史学会　pp.1-32

山本三郎　1992「竪穴系の埋葬施設」『古墳時代の研究』第 7 巻　古墳Ⅰ　墳丘と内部構造　雄山閣　pp.96-
　　　　110

雪野山古墳発掘調査団編　1996『雪野山古墳の研究』報告篇　八日市市教育委員会

八日市市教育委員会　1989『雪野山古墳発掘調査　現地説明会資料』

吉田和彦ほか　2006『小熊山古墳発掘調査報告書』杵築市埋蔵文化財調査報告書 10　杵築市教育委員会

吉田博行編　1990『阿賀川地区遺跡発掘調査報告書　宮東遺跡・中西遺跡・男壇遺跡・御稷遺跡』会津坂下町
　　　　文化財調査報告書第 16 集　会津坂下町教育委員会

吉田博行編　1991『杵ガ森古墳』会津坂下町文化財調査報告書第 33 集　会津坂下町教育委員会

吉田博行編　1995『坂下西第一地区発掘調査概報　杵ガ森古墳・稲荷塚遺跡』会津坂下町文化財調査報告書第
　　　　22 集　会津坂下町教育委員会

吉留秀敏　1992「寿陵考」『究班』埋蔵文化財研究会 15 周年論文集　15 周年記念論文集編集委員会　pp.213-
　　　　222

米澤雅美　2008「釜の上古墳家形埴輪の編年的位置づけ」『月の輪古墳発掘に学ぶ』増補改訂版　美前構シリー
　　　　ズ普及会　pp.140-151

和田聡・古川利意　1993『坂下北部地区遺跡発掘調査報告書　臼ガ森古墳・森前遺跡』会津坂下町文化財調査
　　　　報告書第 32 集　会津坂下町教育委員会

和田晴吾　1981「向日市五塚原古墳の測量調査より」『王陵の比較研究』京都大学考古学研究室　pp.49-63

和田晴吾　1984「石川県国分尼塚 1・2 号墳」『月刊文化財』11 月号　No.254　第一法規　pp.11-17

和田晴吾　1987「古墳時代の時期区分をめぐって」『考古学研究』第 34 巻第 2 号　考古学研究会　pp.44-55

和田晴吾　1989「葬制の変遷」『古代史復元 6　古墳時代の王と民衆』講談社　pp.105-119

渡部明夫　1983「鶴尾神社 4 号墳をめぐる問題」『鶴尾神社 4 号墳調査報告書』高松市歴史民俗協会　pp.59-76

渡部明夫・藤井雄三編　1983『鶴尾神社 4 号墳調査報告書』高松市歴史民俗協会

挿図出典一覧

第1章

第1図　筆者作成

第2図　間壁 1968、神原 1973、間壁ほか 1977、鎌木 1978

第3図　金井編 1974、前島ほか 1976、古瀬ほか 1985、近藤編 1985

第4図　末永 1964、西谷 1965、近藤編 1983、近藤・新納編 1991

第5図　堅田 1964、松本ほか編 1983、和田 1989

第6図　末永 1964、堅田 1964、西谷 1965、間壁ほか 1977、近藤編 1985、和田 1989

第7図　末永 1975、白石ほか 1984

第8図　小島 1965、末永 1975、伊達ほか 1977、白石ほか 1984、天野 1993

第9図　末永 1975

第10図　岸本 1984

第11図　梅原 1933、渡部ほか編 1983、岸本 1988、近藤編 1983

第12図　近藤編 1983、岸本 1988、改変作成

第13図　近藤編 1987、改変作成

第14図　梅原 1933、末永 1975、渡部ほか編 1983、白石ほか 1984、近藤編 1987、岸本 1988、寺沢編 1989、改変作成

第15図　岸本 1989

第16図　京都大学考古学研究室編 1989

第17図　筆者作成

第18図　筆者作成

第19図　1：京都大学考古学研究室編 1989（原品京都大学総合博物館所蔵）、2：奈良県立橿原考古学研究所附属博物館編 1988（原品宮内庁書陵部所蔵）、3・4：樋口 1992

第20図　1：Image: TNM Image Archives（東京国立博物館所蔵三角縁四神四獣鏡）、2：樋口 1992、3・4：京都大学考古学研究室編 1989（原品京都大学総合博物館所蔵）

第21図　1：京都大学考古学研究室編 1989（原品京都大学総合博物館所蔵）、2：樋口 1992、3〜6：京都大学考古学研究室編 1989（原品京都大学総合博物館所蔵）

第22図　1：京都大学考古学研究室編 1989（原品京都大学総合博物館所蔵）、2：奈良県立橿原考古学研究所附属博物館編 1988（原品宮内庁書陵部所蔵）、3：樋口 1992、4：京都大学考古学研究室編 1989（原品京都大学総合博物館所蔵）、5・6：樋口 1992

第23図　1・2：樋口 1992、3：京都大学考古学研究室編 1989（原品京都大学総合博物館所蔵）、4・5：樋口 1992、6：Image: TNM Image Archives（東京国立博物館所蔵三角縁三神三獣鏡）

第24図　岸本 1989

第25図　岸本 1989、改変作成

第1表　筆者作成

第2表　筆者作成

第3表　筆者作成

第 4 表　筆者作成

第 5 表　筆者作成

第 6 表　筆者作成

第 7 表　筆者作成

第 2 章

第 26 図　岸本編 2005、改変作成

第 27 図　白石ほか 1984、豊岡ほか 1996、改変作成

第 28 図　渡部ほか編 1983、森下ほか編 1991、岸本編 2005、改変作成

第 29 図　末永 1975、石野ほか編 1976、伊達ほか 1977、渡部ほか編 1983、寺沢 1988、岸本 1988、森下ほか編 1991、近藤編 1992、改変作成

第 30 図　梅原 1933、石野ほか編 1976、森下ほか編 1991、豊岡編 2004、改変作成

第 31 図　渡部ほか編 1983、森下ほか編 1991、奈良県立橿原考古学研究所編 2001、改変作成

第 8 表　筆者作成

第 3 章

第 32 図　近藤編 1991、改変作成

第 33 図　近藤編 1991、改変作成

第 34 図　近藤編 1991、改変作成

第 35 図　白石ほか 1984、近藤編 1991、改変作成

第 36 図　末永 1975、近藤編 1991、改変作成

第 37 図　白石ほか 1984、吉田編 1990、吉田編 1995、改変作成

第 38 図　近藤ほか編 1997、改変作成

第 39 図　近藤ほか編 1997

第 40 図　白石ほか 1984、狐塚 1988、近藤ほか編 1997、改変作成

第 41 図　吉田ほか 2006、改変作成

第 42 図　吉田ほか 2006、改変作成

第 43 図　吉田ほか 2006

第 44 図　吉田ほか 2006

第 45 図　岸本編 2004b

第 46 図　岸本編 2004b

第 47 図　岸本編 2004b

第 48 図　岸本編 2004b、吉田ほか 2006、改変作成

第 49 図　岸本編 2004b、吉田ほか 2006、改変作成

第 50 図　岸本編 2004

第 51 図　岸本編 2004、改変作成

第 52 図　筆者作成

第 53 図　筆者作成

第 54 図　近藤編 1992c、改変作成

第 55 図　近藤編 1992a、宮内庁書陵部陵墓調査室編 2010、改変作成

第 56 図　会津大塚山古墳測量調査団 1989、改変作成

第 57 図　会津大塚山古墳測量調査団 1989、改変作成

第 58 図　法政大学考古学研究室編 1985、改変作成

第 59 図　末永 1975、会津大塚山古墳測量調査団 1989、改変作成

第 60 図　生江 1977、法政大学考古学研究室編 1985、会津大塚山古墳測量調査団 1989、改変作成
第 61 図　伊東・伊藤編 1964、法政大学考古学研究室編 1985、改変作成
第 62 図　阿部 1989a
第 63 図　堂ケ作山古墳調査団編 1992、改変作成
第 64 図　堂ケ作山古墳調査団編 1992、改変作成
第 65 図　末永 1975、会津大塚山古墳測量調査団 1989、堂ケ作山古墳調査団編 1992、改変作成
第 66 図　筆者作成
第 67 図　筆者作成
第 68 図　倉林ほか編 2004、改変作成
第 69 図　末永 1975、倉林ほか編 2004、改変作成
第 70 図　鎌木 1962、末永 1975、倉林ほか編 2004、改変作成
第 71 図　鎌木 1962、末永 1975、近藤編 1986、総社市史編さん委員会編 1987、倉林ほか編 2000、倉林ほか編 2004、改変作成
第 72 図　白石ほか 1984、狐塚 1988、倉林ほか編 2000、改変作成
第 73 図　末永 1975、中山 1992、倉林ほか編 2000、近藤編 2000、改変作成
第 74 図　末永 1975、倉林ほか編 2000、改変作成
第 75 図　末永 1975、中山 1992、倉林ほか編 2000、改変作成
第 76 図　末永 1975、伊達ほか 1977、倉林ほか編 2000、改変作成
第 77 図　末永 1975、倉林ほか編 2000、改変作成
第 78 図　筆者作成
第 9 表　筆者作成
第 10 表　筆者作成
第 11 表　筆者作成
第 12 表　筆者作成
第 13 表　筆者作成
第 14 表　筆者作成

第 4 章

第 79 図　筆者作成
第 80 図　筆者作成
第 81 図　伊達ほか 1977、白石ほか 1984、岸本ほか編 2004、岸本編 2005、改変作成
第 82 図　鎌木 1962、末永 1975、中山 1992、倉林ほか編 2000、改変作成
第 83 図　鎌木 1962、末永 1975、伊達ほか 1977、中山 1992、亀田 1997、近藤編 2000、倉林ほか編 2000、倉林ほか編 2004、河本編 2006、改変作成
第 84 図　筆者作成
第 85 図　末永 1975、白石ほか 1984、近藤編 1986、近藤 1986b、狐塚 1988、宇垣 1988、宇垣 1990、吉田編 1990、中山 1992、吉田編 1995、倉林ほか編 2000、宮内庁書陵部陵墓調査室編 2010、改変作成
第 86 図　末永 1975、生江 1977、法政大学考古学研究室編 1985、近藤編 1986、会津大塚山古墳測量調査団 1989、新潟大学考古学研究室編 1993、亀田 1997、近藤編 2000、倉林ほか編 2000、河本編 2006、改変作成
第 15 表　倉林 2000、改変作成

第 5 章

第 87 図　末永 1975、石野ほか編 1976、伊達ほか 1977、渡部ほか編 1983、寺沢 1988、岸本 1988、森下ほか編

1991、近藤編 1992b、改変作成

第 88 図 　筆者作成

第 89 図 　筆者作成

第 90 図 　澤田 2003b

第 91 図 　鎌木 1962、末永 1975、伊達ほか 1977、白石ほか 1984、中山 1992、倉林ほか編 2000、岸本ほか編 2004、岸本編 2005、改変作成

第 92 図 　春成 1982、改変作成

第 93 図 　上：筆者作成、下：春成 1982、改変作成

第 94 図 　筆者作成

終　章

第 95 図 　佐藤 1990

初出一覧

まえがき

「国家形成過程における前方後円墳秩序の役割―考古学的成果から国家形成を考える―」『メトロポリタン史学』第8号　メトロポリタン史学会（2012年、冒頭部分を一部加筆して改稿）

第1章

第1節、第2節、第6節

「前方後円墳の成立過程」『研究論集』XII　東京都埋蔵文化財センター（1993年、一部加筆修正）

第3節

「墳丘形態からみた権現山51号墳・50号墳」『権現山51号墳』『権現山51号墳』刊行会（1991年、前半部分を加筆修正）

「墳丘形態からみた美作諸古墳の編年的位置づけ」『美作の首長墳―墳丘測量調査報告―』美作地方における前方後円墳秩序の構造的研究I　吉備人出版（2000年、前半部分を一部修正）

第4節

「三角縁神獣鏡の製作動向」『法政考古学』第19集　法政考古学会（1993年、一部加筆修正）

第5節

「前方後円墳の成立過程」『研究論集』XII　東京都埋蔵文化財センター（1993年、IV章を大幅改稿）

第2章

「桜井茶臼山古墳築造企画の成立過程」『桜井茶臼山古墳の研究』大阪市立大学考古学研究報告第2冊　大阪市立大学日本史研究室（2005年、加筆修正）

第3章

第1節

「墳丘形態からみた権現山51号墳・50号墳」『権現山51号墳』『権現山51号墳』刊行会（1991年、前半部分を一部改稿）

第2節

「墳丘形態からみた杵ガ森古墳」『杵ガ森古墳』会津坂下町教育委員会（1995年、修正）

第3節

「第3章　発掘調査の成果　小結」ならびに「墳丘形態からみた日上天王山古墳」『日上天王山古墳』津山市埋蔵文化財調査報告第60集　津山市教育委員会・日上天王山古墳発掘調査委員会（1997年3月、合成し修正）

第4節

2006年11月11日のきつき城下町資料館での講演をもとにした新稿

第5節

「東北日本における前方後円墳の出現とその様相―主に福島県の前方後円（方）墳の検討から―」『法政考古学』第15集　法政考古学会（1990年、一部修正）

「墳丘形態からみた堂ケ作山古墳」『堂ケ作山古墳II』堂ケ作山古墳調査団・会津若松市教育委員会（1992年、一部修正）

第 6 節

「墳丘形態からみた川東車塚古墳の編年的位置づけ」『川東車塚古墳の研究』美作地方における前方後円墳秩序の構造的研究Ⅱ　吉備人出版（2004 年、一部修正）

第 7 節

「墳丘形態からみた美作諸古墳の編年的位置づけ」『美作の首長墳—墳丘測量調査報告—』美作地方における前方後円墳秩序の構造的研究Ⅰ　吉備人出版（2000 年、後半部分を加筆修正）

第 4 章

「美作地方における首長墳系列の再検討」『空中写真を用いた湮滅古墳の復元的研究』平成 19〜22 年度科学研究費補助金基盤研究（B）研究成果報告書（2011 年、加筆修正）

第 5 章

「国家形成過程における前方後円墳秩序の役割—考古学的成果から国家形成を考える—」『メトロポリタン史学』第 8 号　メトロポリタン史学会（2012 年、加筆修正）

「墳丘と埋葬施設—不動産資料による古墳編年の論理—」『中四研だより』第 35 号　中国四国前方後円墳研究会（2015 年、加筆修正）

終　章

「国家形成過程における前方後円墳秩序の役割—考古学的成果から国家形成を考える—」『メトロポリタン史学』第 8 号　メトロポリタン史学会（2012 年、まとめ部分をもとにした新稿）

また、これらの研究課題に関わる調査研究遂行に際して得た研究助成金は以下のとおりで、本書はその成果物のひとつでもある。

1992 年度　東京埋蔵文化財センター職員研究所助成金「竪穴式石室の変遷—技術系統論的研究から—」（研究代表）

1995 年度　科学研究費補助金奨励研究（A）「前方後円墳築造企画の型式学的研究」（研究代表）

1995 年度　東京都立大学特別研究費若手研究「前方後円墳築造企画の型式学的研究—古墳時代前期の政治的関係の抽出—」（研究代表）

1995〜97 年度　文部省科学研究費補助金一般研究（C）「美作地方における前方後円墳秩序の構造的研究」（研究代表者　倉林眞砂斗、分担研究）

1997 年度　東京都立大学特別研究奨励費若手研究「前方後円墳築造企画からみた政治秩序の構造的把握」（研究代表）

1997〜98 年度　文部省科学研究費補助金奨励研究（A）「前方後円墳築造企画からみた政治秩序の構造的研究」（研究代表）

2000 年度　東京都立大学特別研究費若手研究「美作地方における古墳出土遺物の基礎的研究」（研究代表）

2000〜03 年度　日本学術振興会科学研究費補助金基盤研究（C）一般「前方後円墳時代の首長ネットワークに関する多角的研究」（研究代表者　倉林眞砂斗、分担研究）

2001〜04 年度　日本学術振興会科学研究費補助金基盤研究（B）「前方後円墳の築造規格からみた古墳時代の政治的変動の研究」（研究代表者　岸本直文、分担研究）

2007〜10 年度　日本学術振興会　科学研究費補助金（基盤研究 B）「空中写真を用いた湮滅古墳の復元的研究」（研究代表）

2009 年度　くらしき作陽大学 GR 研究助成金「美作地方における古墳時代政治秩序の研究—梶並川流域を中心に—」（研究代表）

あ　と　が　き

　本書は 2016 年 7 月に専修大学大学院に提出し、審査を経て 2017 年 3 月 27 日に博士（歴史学）の学位を授与された学位請求論文をもとに、口頭試問において指摘された疑義や課題を一部修正し再構成したものである。専修大学大学院への学位請求論文提出をお許し下さり、草稿段階から適切なご助言を下さった主査の土生田純之先生、また悪文で愚直な議論展開となった論文を熟読下さり、過分な講評とともに適切なご助言を下さった副査の荒木敏夫先生、高久健二先生、右島和夫先生にまず衷心より御礼申し上げたい。

　学位請求論文を審査いただいた先生がたのご助言をもとに再構成したとはいえ、故あって自らが体験したフィールド調査を中心とした構成に固執したため、第 2 章、第 3 章が冗長となったことを寛容いただきたい。

　自らが体験したフィールド調査といっても、基本的には 1982 年の福島県双葉郡浪江町の本屋敷古墳群の発掘調査から 2010 年の岡山県美作市河合古墳の測量調査までの成果であり、このなかで本書のテーマの直接的なきっかけとなったのは、1985 年、1986 年に参加した岡山県倉敷市の楯築弥生墳丘墓の第 5 次、第 6 次発掘調査である。ここで得た経験則と恩師、先輩、友人がその後の調査研究スタイルのみならず生活スタイルをも決定した。

　80 年代後半は大学院浪人と修士課程在籍で 5 年を過ごしたが、この楯築弥生墳丘墓の調査の後、兵庫県姫路市の丁瓢塚や同御津郡揖保川町・御津町の権現山 51・50 号墳の調査、さらに福島県会津若松市の堂ケ作山古墳、福島県河沼郡会津坂下町の杵ガ森古墳へと連なっていった。これ以外にも東京都板橋区赤塚氷川神社北方遺跡での集落調査や埼玉県で進められていた県史編纂事業や詳細遺跡分布調査事業での古墳調査にも参加する機会を得、測量、発掘調査、整理作業に関して経験則を蓄積していった。また、修士課程在籍中に西田守夫先生の講義に触れ、三角縁神獣鏡の勉強をはじめたが、この頃の興味関心は前方後円墳の成立過程にあり、おもに本書第 1 章に関する事柄であった。

　1990 年 3 月に大学院修士課程を首尾よく修了したのち、4 月から東京都埋蔵文化財センターに勤務し、2 年間ほど多摩ニュータウン遺跡群で古墳時代前期と後期の集落調査に従事した。赤塚氷川神社北方遺跡とあわせここでの調査成果を本書に組み込めなかったが、墳墓での研究成果を集落研究で把握し得る社会構成や生活実態と対比し、検証する必要があり、将来的にはそこでの成果もまとめていくつもりである。

　1993 年 10 月からは縁があって東京都立大学助手に採用され、新たな研究スタイルが求められた。というのも採用条件にフィールド調査の実施、指導が含まれていたからである。職務としての発掘調査から解放された都立大学での新たな職場環境で無為に 5 ヶ月ほど過ごしたが、楯築弥生墳丘墓が機縁となった恩師近藤義郎先生より津山市日上天王山古墳の発掘調査への参加をお誘いいただ

き、その調査を端緒に近藤先生、倉林眞砂斗さんとの美作地方での調査研究が1994年3月からはじまった。美作地方での調査は、分布調査はもとより、測量、発掘、過去に出土した副葬品の追跡調査を悉皆的に進め、以後、美作町史編纂や科研研究とあわせ2010年まで濃密なものとなった。この間の2002年4月に現職場に異動したが、幸いにもフィールドに近い倉敷であり、近藤先生をはじめ同僚先輩であった河本清先生の多大な助力を得て、円滑に進めることができた。また岸本直文さんとの積年の課題であった桜井茶臼山古墳の測量調査を嚆矢とした畿内での一連の調査研究や中国四国前方後円墳研究会での活動も、倉敷での生活環境があったからこそなし得たことだった。

　美作でのフィールド調査は、院生時代に会津地方での調査研究経験で培った、首長墳系列の把握やそれが示す領域支配、情報や物資の伝達ルートについてであった。その成果はおもに第3章以降に盛り込んだが、調査成果についてはいくつか未報告なものもあり、本書での資料提示や記述は見切り発車の感がなくもない。今後引き続き整理作業に邁進し、課題として残した、4世紀代の冊封体制からの離脱、朝鮮半島との密接な関係といった事柄を解明していくつもりである。

　本書はこのような過程で書き溜めてきた拙稿を中心に構成したが、おおむね前方後円墳の成立から前期末への展開を、執筆年代を無視して古墳編年をベースとした時系列に沿って並べかえたために、議論に齟齬が生じたり、継ぎ接ぎだらけで見苦しくなったかも知れない。これを回避するために多少なりとも手を加えたが、故あって原著のままとし必要に応じて新たに加えた註によって最近の見解を補ったところも少なくない。また執筆当時の悪文は文意を損ねない範囲で極力修整に努めた。議論のなかには、すでに定説化したものもあり、導きだされた結論を含め、時機を逸した論考だと汗顔しているが、ご指導、ご助力、ご鞭撻いただいたすべての皆さんに、生来の愚鈍をお詫び申し上げたい。なお、本書での初出論考は前掲のとおりである。

　このような20数年にわたる本研究課題の遂行にあたっては実に多くの方々にお世話になったが、特に伊藤玄三先生、近藤義郎先生、甘粕健先生、西田守夫先生からは直接的に懇切丁寧なご指導を賜った。また当初、学位請求を予定していた東京都立大学の小野昭先生、それにかわって学位請求を快諾下さった専修大学の土生田純之先生からも有益なご助言を賜ったほか、美作でのフィールド調査では河本清先生、倉林眞砂斗先生より多大なご助言、ご助力を賜った。さらに私がこのような研究スタイルで考古学研究を続けてこられたのは鈴木敏弘さん、岸本直文さん、松木武彦さん、川村浩司さん、野崎貴博さん、飯塚武司さん、佐藤宏之さん、高橋和さん、車崎正彦さん、曽布川拓也さんの励ましによるところが大きいし、なによりも調査をともにした皆さんなしにはあり得なかった。私事ではあるがこの場を借りて衷心より感謝申し上げたい。そのほか、各論考の執筆や遺物観察、遺跡見学、文献調査に際しても、実に多くの方々にお世話になった。ご学恩に報いることができたか甚だ心許ないが、主立った方々のご芳名を記して謝意を表したい。

　赤澤威、赤羽目匡由、穴沢咊光、甘粕健、新井悟、有馬伸、飯塚武司、池田和雅、石井則孝、石田一成、石橋峯幸、石部正志、伊藤玄三、伊藤聖浩、岩本崇、植田千佳穂、内山敏行、梅本康広、大久保徹也、大谷晃二、大塚初重、大矢正彦、岡内三眞、岡田敏彦、置田雅昭、小郷利幸、小田和利、小野昭、小野雅明、鍵谷守秀、金沢悦男、可児通宏、亀田修一、河内一浩、川村浩司、菊地芳朗、岸本直文、絹川一徳、君嶋俊行、木村誠、木許守、切明友子、葛原克人、倉林眞砂斗、栗林誠

治、車崎正彦、河本清、小林三郎、駒宮史朗、近藤昭男、近藤利子、近藤義郎、齋藤努、酒井将史、坂本和俊、佐久間正明、佐藤昭嗣、佐藤攻、佐藤宏之、鹿見啓太郎、清水康二、下垣仁志、鈴木敏弘、角南勝弘、清喜裕二、清家章、関雅之、曽布川拓也、高橋克壽、高橋昌子、高橋和、田中晋作、田中弘志、田中敏、田中祐介、谷井彪、田部秀男、團正雄、千種浩、辻秀人、徳田誠志、利根川章彦、冨田和気夫、中田宗伯、中山俊紀、南雲弥恵子、新納泉、仁木康治、西口正純、西田守夫、西村淳、沼澤豊、野崎貴博、乗岡実、橋本達也、橋本博文、土生田純之、日置智、樋口隆康、日高慎、平岡正宏、平ノ内幸治、広井造、福井万千、福尾正彦、福島雅儀、福永伸哉、福本明、藤沢敦、藤田和尊、藤本峯夫、藤原好二、藤原知広、古瀬清秀、古谷毅、北條芳隆、星野薫、星野良史、盆子原奈々、増野晋次、増田直人、益崎卓己、松木武彦、松田英毅、松本茂、馬淵久夫、水野敏典、三ツ井朋子、湊哲夫、宮川徙、宮原晋、持田大輔、森幸彦、安川豊史、安川満、安田滋、安村俊史、柳澤一男、山口慶一、山田俊輔、山田昌久、大和修、行田裕美、横田義章、吉田和彦、吉田広、吉田博行、米川裕治、若松良一、和田聡、渡邊貞幸、渡辺昌明

　赤磐市教育委員会、岡山県教育委員会、岡山県古代吉備文化財センター、岡山市埋蔵文化財センター、岡山市立オリエント美術館、岡山大学考古学研究室、落合町教育委員会、柏原市教育委員会、勝田町教育委員会、河合町教育委員会、京都大学総合博物館、宮内庁書陵部陵墓課、久米町教育委員会、くらしき作陽大学音楽学部、倉敷埋蔵文化財センター、考古学研究会、権現山50号墳測量調査団、権現山51号墳発掘調査団、勝央町教育委員会、総社市教育委員会、中国四国前方後円墳研究会、津山市教育委員会、津山弥生の里文化財センター、堂ケ作山古墳調査団、東京国立博物館、東京都立大学人文学部史学科考古学研究室、東京都立大学人文学部歴史学研究室、東京都埋蔵文化財センター、東北・関東前方後円墳研究会、奈良県立橿原考古学研究所、日上天王山古墳調査団、広島大学考古学研究室、法政大学考古学研究室、美作町教育委員会、メトロポリタン史学会

　最後に本書の出版の経緯を記して終えることにしたい。

　学位授与ののち本書の内容が出版に堪えられるかどうか思案していたが、土生田純之先生をはじめとする学位審査にあたられた先生方や小野昭先生、それに六一書房会長の八木環一さんの後押しが本書の出版の動機付けとなった。特に八木さんには恩師の先生方とは違ったかたちながら学生時代から今日までお世話になっており、筆者を育てて下さった恩人のお一人である。その意味で本書の出版にあたっては、まずもって八木環一さんのかわらぬご厚情に感謝申し上げたい。また、出版を引き受けて下さった佐藤涼子さんをはじめとする同成社の皆さんに感謝申し上げるとともに、後押しして下さった土生田純之先生、小野昭先生にも心より御礼申し上げたい。

　ところで本書の校正の最中、松田英毅学長、竹内京子音楽学部長をはじめとする、くらしき作陽大学音楽学部教員の皆さんが学位授与の祝宴を催して下さった。心温まる宴であったが、そのお心遣いに衷心より御礼を申し上げる次第である。所属する学部の専門分野とは異なる筆者の学位取得や本書の刊行が大学運営に多少なりとも寄与するならば幸甚の至りである。なお、ついでながら倉敷に赴任して15年となるが、趣味の世界でも良き先輩、友人に恵まれ、その皆さんの励ましが研究活動を円滑に遂行させ本書の完成に至ったことを付記し、謝意を表したい。

　最後になったが、編集作業を担当され細部にまで目配り下さった三浦彩子さん、本書への餞として巻頭言をご執筆下さった伊藤玄三先生に心から御礼申し上げるとともに、反骨精神旺盛な筆者の良き理解者であった亡き父親に本書を献じることをお許しいただき、擱筆したい。

2017年9月　秋風にそよぐ玉島にて

澤田秀実

前方後円墳秩序の成立と展開

■著者略歴■

澤田秀実（さわだ　ひでみ）

1963 年　神奈川県川崎市生まれ

1991 年　法政大学大学院人文科学研究科日本史学専攻修士課程
　　　　修了

2017 年　専修大学大学院文学研究科　博士（歴史学）授与

東京都埋蔵文化財センター調査研究員、東京都立大学人文学部史
学科助手を経て、くらしき作陽大学音楽学部准教授（現職）

〔主要著作〕

・「前方後円墳の成立過程」『研究論集』XII（東京都埋蔵文化財セ
　ンター、1993 年）

・「三角縁神獣鏡の製作動向」『法政考古学』第 19 集（法政考古
　学会、1993 年）

・「竪櫛からみた黄泉国神話の成立」『専修考古学』第 7 号（専修
　大学考古学会、1997 年）

・「6〜7 世紀における出土銅鋺の理化学的研究」『アジア鋳造技
　術史学会　研究発表概要集』5 号（アジア鋳造技術史学会、
　2011 年）（持田大輔・長柄毅一・齋藤努と共著）

・「国家形成過程における前方後円墳秩序の役割―考古学の成果
　から国家形成を考える―」『メトロポリタン史学』第 8 号（メ
　トロポリタン史学会、2012 年）

2017 年 10 月 15 日発行

著　者　澤 田 秀 実

発行者　山 脇 由 紀 子

印　刷　亜細亜印刷㈱

製　本　協 栄 製 本 ㈱

発行所　東京都千代田区飯田橋 4-4-8　㈱同 成 社
　　　　（〒 102-0072）東京中央ビル
　　　　TEL 03-3239-1467　振替 00140-0-20618